明清以来徽州地区农业地理研究

Research on Agricultural Geography in Huizhou Prefecture Since the Ming and Qing Dynasties

梁诸英　著

方志出版社
Publishing House of Local Records

图书在版编目（CIP）数据

明清以来徽州地区农业地理研究 / 梁诸英著 .-- 北京：方志出版社，2018.5

ISBN 978-7-5144-3083-7

Ⅰ. ①明… Ⅱ . ①梁… Ⅲ . ①农业地理—研究—徽州地区—明清时代 Ⅳ . ① F329.954

中国版本图书馆 CIP 数据核字（2018）第 103909 号

明清以来徽州地区农业地理研究

著　　者：梁诸英
责任编辑：张　昊

出 版 人：冀祥德
出 版 者：方志出版社
地址　北京市朝阳区潘家园东里 9 号（国家方志馆 4 层）
邮编　100021
网址　http://www.fzph.org
发　　行：方志出版社图书经销中心
电话　（010）67110500
经　　销：各地新华书店
排　　版：北京纺印图文设计制作有限公司
印　　刷：北京中科印刷有限公司

开　　本：700 × 1000　1/16
印　　张：20.75
字　　数：334 千字
版　　次：2018 年 5 月第 1 版　2018 年 5 月第 1 次印刷

ISBN 978-7-5144-3083-7　定价：128.00 元

第六批《中国社会科学博士后文库》编委会及编辑部成员名单

序　言

博士后制度在我国落地生根已逾30年，已经成为国家人才体系建设中的重要一环。30多年来，博士后制度对推动我国人事人才体制机制改革、促进科技创新和经济社会发展发挥了重要的作用，也培养了一批国家急需的高层次创新型人才。

自1986年1月开始招收第一名博士后研究人员起，截至目前，国家已累计招收14万余名博士后研究人员，已经出站的博士后大多成为各领域的科研骨干和学术带头人。这其中，已有50余位博士后当选两院院士；众多博士后入选各类人才计划，其中，国家百千万人才工程年入选率达34.36%，国家杰出青年科学基金入选率平均达21.04%，教育部“长江学者”入选率平均达10%左右。

2015年底，国务院办公厅出台《关于改革完善博士后制度的意见》，要求各地各部门各设站单位按照党中央、国务院决策部署，牢固树立并切实贯彻创新、协调、绿色、开放、共享的发展理念，深入实施创新驱动发展战略和人才优先发展战略，完善体制机制，健全服务体系，推动博士后事业科学发展。这为我国博士后事业的进一步发展指明了方向，也为哲学社会科学领域博士后工作提出了新的研究方向。

习近平总书记在2016年5月17日全国哲学社会科学工作座谈会上发表重要讲话指出：一个国家的发展水平，既取决于自然科学发展水平，也取决于哲学社会科学发展水平。一个没有发达的自然科学的国家不可能走在世界前列，一个没有繁荣的哲学社会科学的国家也不可能走在世界前列。坚持和发展中国特色社会主义，需要不断在实践和理论上进行探索、用发展着的理论指导发展着的实践。在这个过程中，哲学社会科学具有不可替代的重要地位，哲学社会科学工作者具有不可替代的重要作用。这是党和国家领导人对包括哲学社会科学博士后在内的所有哲学社会科学领域的研究者、工作者提出的殷切希望！

中国社会科学院是中央直属的国家哲学社会科学研究机构，在哲学社会科学博士后工作领域处于领军地位。为充分调动哲学社会科学博士后研究人员科研创新积极性，展示哲学社会科学领域博士后优秀成果，提高我国哲学社会科学发展整体水平，中国社会科学院和全国博士后管理委员会于2012年联合推出了《中国社会科学博士后文库》（以下简称《文库》），每年在全国范围内择优出版博士后成果。经过多年的发展，《文库》已经成为集中、系统、全面反映我国哲学社会科学博士后优秀成果的高端学术平台，学术影响力和社会影响力逐年提高。

下一步，做好哲学社会科学博士后工作，做好《文库》工作，要认真学习领会习近平总书记系列重要讲话精神，自觉肩负起新的时代使命，锐意创新、发奋进取。为此，需做到：

第一，始终坚持马克思主义的指导地位。哲学社会科学研究离不开正确的世界观、方法论的指导。习近平总书记深刻指出：坚持以马克思主义为指导，是当代中国哲学社会科学区别于其他哲学社会科学的根本标志，必须旗帜鲜明加以坚持。马克思主义揭示了事物的本质、内在联系及发展规律，是“伟大的认识工具”，是人们观察世界、分析问题的有力思想武器。马克思主义尽管诞生在一个半多世纪之前，但在当今时代，马克思主义与新的时代实践结合起来，愈来愈显示出更加强大的生命力。哲学社会科学博士后研究人员应该更加自觉坚持马克思主义在科研工作中的指导地位，继续推进马克思主义中国化、时代化、大众化，继续发展21世纪马克思主义、当代中国马克思主义。要继续把《文库》建设成为马克思主义中国化最新理论成果的宣传、展示、交流的平台，为中国特色社会主义建设提供强有力的理论支撑。

第二，逐步树立智库意识和品牌意识。哲学社会科学肩负着回答时代命题、规划未来道路的使命。当前中央对哲学社会科学愈发重视，尤其是提出要发挥哲学社会科学在治国理政、提高改革决策水平、推进国家治理体系和治理能力现代化中的作用。从2015年开始，中央已启动了国家高端智库的建设，这对哲学社会科学博士后工作提出了更高的针对性要求，也为哲学社会科学博士后研究提供了更为广阔的应用空间。《文库》依托中国社会科学院，面向全国哲学社会科学领域博士后科研流动站、工作站的博士后征集优秀成果，入选出版的著作也代表了哲学社会科学博士后最高的学术研究水平。因此，要善于把中国社会科学院服务党和国家决策的大智库功能与《文库》的小智库功能结合起来，进而以智库意识推动品牌意识建设，最终树立《文库》的智库意识和品牌意识。

第三，积极推动中国特色哲学社会科学学术体系和话语体系建设。改革开放30多年来，我国在经济建设、政治建设、文化建设、社会建设、生态文明建设和党的建设各个领域都取得了举世瞩目的成就，比历史上任何时期都更接近中华民族伟大复兴的目标。但正如习近平总书记所指出的那样：在解读中国实践、构建中国理论上，我们应该最有发言权，但实际上我国哲学社会科学在国际上的声音还比较小，还处于有理说不出、说了传不开的境地。这里问题的实质，就是中国特色、中国特质的哲学社会科学学术体系和话语体系的缺失和建设问题。具有中国特色、中国特质的学术体系和话语体系必然是由具有中国特色、中国特质的概念、范畴和学科等组成。这一切不是凭空想象得来的，而是在中国化的马克思主义指导下，在参考我们民族特质、历史智慧的基础上再创造出来的。在这一过程中，积极吸纳儒、释、道、墨、名、法、农、杂、兵等各家学说的精髓，无疑是保持中国特色、中国特质的重要保证。换言之，不能站在历史、文化虚无主义立场搞研究。要通过《文库》积极引导哲学社会科学博士后研究人员：一方面，要积极吸收古今中外各种学术资源，坚持古为今用、洋为中用。另一方面，要以中国自己的实践为研究定位，围绕中国自己的问题，坚持问题导向，努力探索具备中国特色、中国特质的概念、范畴与理论体系，在体现继承性和民族性，体现原创性和时代性，体现系统性和专业性方面，不断加强和深化中国特色学术体系和话语体系建设。

新形势下，我国哲学社会科学地位更加重要、任务更加繁重。衷心希望广大哲学社会科学博士后工作者和博士后们，以《文库》系列著作的出版为契机，以习近平总书记在全国哲学社会科学座谈会上的讲话为根本遵循，将自身的研究工作与时代的需求结合起来，将自身的研究工作与国家和人民的召唤结合起来，以深厚的学识修养赢得尊重，以高尚的人格魅力引领风气，在为祖国、为人民立德立功立言中，在实现中华民族伟大复兴中国梦征程中，成就自我、实现价值。

是为序。

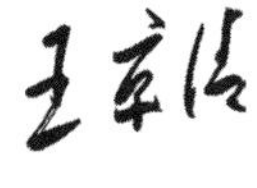

中国社会科学院副院长

中国社会科学院博士后管理委员会主任

2016 年 12 月 1 日

摘 要

我国的历史农业地理学是在著名历史地理学家史念海教授的倡导下逐步形成的。史先生在20世纪80年代提出“历史农业地理”概念，得到了学术界的普遍认同。随着历史地理研究的繁荣与人们对农业地理相关问题研究的重视，历史农业地理研究取得了丰硕成果，学者从不同区域、不同视角展开讨论，内容涉及人口与耕地关系研究、农业与环境关系研究、水利事业发展研究等多个方面。但由于历史农业地理研究起步较晚，仍存在一些不足。比如研究区域不平衡问题，从区域角度来看，对明清以来徽州农业地理的系统、深入的研究还很欠缺。

因此，徽州农业历史地理研究属于历史农业地理和徽学研究者关注较少的问题。有鉴于此，本研究对明清以来徽州农业地理问题作较为全面、系统的考察。之所以选择徽州为研究区域，还出于徽州是南方山多地少、人地矛盾突出、农业开发生态影响显著的典型区域，且具有地域性资料非常丰富这一得天独厚的条件。

本书主要考察明清以来徽州农业的地理格局及其演变的内在机制，探讨徽州农业地理的长时段区际变化过程和农业发展的空间特征。研究在史料挖掘和研究内容方面做突破。研究注重运用契约、族谱、地方档案、碑刻、近代调查资料等史料，力求用翔实的资料支撑观点；在内容方面，本研究不求面面俱到，对学界已经论述较为深入的问题将不再作重复研究，而是以专题研究的方式，对学界关注甚少的问题作较深入的探讨，着重探讨分析农业发展区域性特征及农业开发对生态环境的影响等问题。

基于以上考虑，本研究分为人口迁移篇、地理交通篇、资源利用篇、农业结构篇、农业设施篇、水利建设篇、生态环境篇等七大部分作专题探讨。各部分探讨的内容如下。

在人口迁移篇，专题论述两个问题，一是晚清至抗战前徽州与浙江之间人口迁移及影响；二是明清以来徽州与安庆地区人口迁移及影响。在地理交通篇，探讨了三个问题。一是对明清徽州地理交通闭塞情况及其影响作了考察。二是对民国时期徽州交通网络的多元格局作较为详细的考察。三是对明清以来徽州农业变迁与地形地理因素的关系作探讨。在资源利用篇，首先，对明清时期徽州地区的农业技术作系统梳理，重新审视明清徽州农业技术。其次，考察了明清时期徽州山地资源无序利用及生态破坏问题。第三，研究指出，清代徽州棚民长期存在，既与徽州地区重视契约有关，也与棚民种植玉米能有力地缓解当地粮食紧张局面有关。在农业结构篇，选择徽州地区粮食种植结构、玉米种植状况、明清徽州林木盗砍现象及原因等问题作了专题论述。在农业设施篇，考察了两个问题。一是对明、清、民国时期徽州地区厕所粪窖交易作了探讨。二是专门论述了明清时期徽州地区的水碓业。在水利建设篇，首先专题探讨了明清时期徽州地区灌溉水利发展的状况，此外，还专题分析了明清徽州绅商投资徽州农业水利的状况及原因。在生态环境篇，首先专题探讨了明清时期徽州水灾对徽州社会多方面的影响及成灾严重的原因。此外，还专门考察了明清以来徽州野生动物变迁的深刻的社会背景和生态环境方面的动因。

在最后的理论总结中，本书对历史地理学领域的重要问题——“人地关系”问题作出了自己独到的思考。通过对徽州地区这一特定区域的农业地理变迁的研究，认为徽州人地关系是在自然环境与农业开发相互影响的基础上形成的动态平衡的关系，区域性制度和文化因素对这种动态平衡关系起着重要而深远的作用。对徽州明清以来人地关系的形成的理论可以总结为：制度与文化制约下的区域人地关系动态平衡。本书最后对徽州地区的农业开发提出了若干针对性建议。

此研究属于历史农业地理和徽学研究者关注较少的问题。希望这一研究能为明清史、历史农业地理和徽学的研究者提供新的文献资料和有益的启示。

关键词： 明清以来；徽州地区；历史农业地理；生态变迁

Abstract

China' s historical agricultural geography has been formed gradually under the proposal of Professor Shi Nianhai, a famous historical geographer. After being brought forward in the 1980s by Mr. Shi, the concept "historical agricultural geography" has been generally accepted in the academic circle.

Along with the flourishing of research on historical geography and people' s regard for research on issues concerned with agricultural geography, the research on historical agricultural geography has become prosperous and obtained plentiful and substantial achievements, and scholars have developed discussion from different regions and visual angles, involving the research on the relationship between population and cultivated land, the research on the relationship between agriculture and environment, and the research on the development of water conservancy undertaking, etc. meanwhile, there are problems like unbalance of researched regions. As observed from regional angle, generally speaking, there is short of systematic and deep – going research on the agricultural geography of Huizhou since the Ming and Qing Dynasties.

So, the research on Huizhou' s agricultural historical geography has attracted little attention of the historical agricultural geography and Huizhou studies researchers. In this view, the present research carries out relatively overall and systematic observation on the agricultural geography of Huizhou since the Ming and Qing Dynasties. Huizhou is selected as the research area because of that, Huizhou is a typical region where there are many mountains but few lands, obvious conflict between people and land, and agricultural development has obvious impact on ecology in south areas, and this place has a god – given condition that it has very abundant regional materials.

This research mainly observes the geographical pattern of Huizhou's agriculture and the intrinsic mechanism of its evolution since the Ming and Qing Dynasties, and discusses the long – period inter – regional change process of Huizhou's agricultural geography and the spatial characteristics of agricultural development here. This research has achieved breakthrough in terms of historical materials digging and research content. It lays stress on the application of historical materials like contract, pedigree of clan, local archives, inscriptions on tablets, and modern investigation materials, etc. , and strives to support its point of view with full and accurate materials; in terms of content, this research does not strive to be exhaustive, or repeatedly research the issues having already been deeply expounded in the academic circle, but carries out deep – going discussion on the issues having attracted little attention of the academic circle in the form of special research, and focuses on discussing and analyzing the regional characteristics of agricultural development, and the impact of agricultural development on ecological environment, etc.

Based on the above considerations, this research carries out special discussions by seven parts, namely the chapter of population, chapter of geographic traffic, chapter of resources utilization, chapter of agricultural structure, chapter of agricultural facilities, chapter of water conservancy construction, and chapter of ecological environment. The contents discussed in each part are as shown below:

In the part of population research, two issues are specially discussed. The first is the population mobility between Huizhou and Zhejiang in the period of from late Qing Dynasty to before Anti – Japanese War, and its impact; and the second is the population mobility between Huizhou and Anqing since the Ming and Qing Dynasties, and its impact.

In the chapter of geographic traffic, three issues are discussed. Firstly, this chapter investigates Huizhou's geographic traffic locking in the Ming and Qing Dynasties and its impact. Secondly, this chapter surveys in detail the diversified patterns of Huizhou's traffic network during the Republic of China period. Thirdly, this chapter discusses the relationship between the agricultural change and geographical factors of Huizhou since the Ming and Qing Dynasties.

In the chapter of resources utilization, firstly, aiming at the situation that extremely little attention is paid to Huizhou's agricultural production technology in the research on Huizhou's social and economic history, this paper systematically combs and resurveys Huizhou's agricultural technologies in the Ming and Qing period. Secondly, this chapter surveys the disorderly utilization and ecological destruction of Huizhou's mountainous resources in the Ming and Qing period. Thirdly, the long – term existence of shed people in Huizhou in the Qing Dynasty was related to not only that Huizhou paid attention to contract, but also that shed people's planting of bract reed effectively relieved the local pattern of tight food supply.

In the chapter of agricultural structure, this paper specially discusses the grain planting structure in Huizhou, the planting status of maize, the phenomenon of forest tree pilferage and felling in Huizhou in the Ming and Qing period and the reasons, etc.

In the chapter of agricultural facilities, two issues are surveyed. Firstly, this chapter discusses the transaction of toilet dung depositary in Huizhou in the Ming and Qing Dynasties, and the Republic of China period. Secondly, this chapter specially expounds the industry of rice – polishing device using water power in Huizhou in the Ming and Qing Dynasties.

In the chapter of water conservancy construction, this paper firstly discusses the development state of irrigation and water conservancy in Huizhou in the Ming and Qing period specially. In addition, it specially analyzes the state and reasons of Huizhou's gentry merchants' investment in Huizhou agricultural water conservancy in the Ming and Qing Dynasties.

In the chapter of ecological environment, this paper firstly discusses the impact of Huizhou's flood disaster on Huizhou's society in multiple aspects in the Ming and Qing Dynasties, and the reasons for the heavy disasters. In addition, this paper specially surveys the transition of wild animals in Huizhou since the Ming and Qing Dynasties, and considers that ecological and human factors have eventually induced the gradual decrease of wild animal resources in Huizhou.

In the final theory summary, through the research of the agricultural geographical change of this particular region Huizhou, we found that the man – land relationship of Huizhou is the dynamic equilibrium relationship which is formed on the basis of mutual influence between the natural environment and agricultural development. and the regional institutional and cultural factors play an important and profound role on the dynamic equilibrium relationship.

The theory of the man – land relationship since Ming and Qing Dynasties in

Huizhou can be summarized as follows: the theory of regional man – land dynamic equilibrium under the restriction of system and culture In the end, some suggestions are put forward for the agricultural development in Huizhou area.

This book is concerned with is neglected problems of the historical agricultural geography and the Huizhou studies. I hope this study can provide a new reference and beneficial enlightenment for the researchers of the history of the Ming and Qing Dynasties, historical agricultural geography and Huizhou studies.

Keywords: Since the Ming and Qing Dynasties; Huizhou; historical agricultural geography; Ecological Change

目　录

Contents

前　言

一、相关研究现状

本书对明清以来的徽州农业地理进行较为系统的研究，关注农业开发的自然地理条件、生态环境变迁问题，涉及历史农业地理、徽学等多个领域。现对涉及的相关领域的研究现状作一介绍。

1. 历史农业地理相关研究动态

我国的历史农业地理学是在著名历史地理学家史念海教授的倡导下逐步形成的。史先生在20世纪80年代提出“历史农业地理”概念后，得到了学术界的普遍认同，现有的论文多，专著亦层出不穷。郭声波的《四川历史农业地理》、韩茂莉的《宋代农业地理》《辽金农业地理》、萧正洪的《环境与技术选择——清代中国西部地区农业技术地理研究》、吴宏岐的《元代农业地理》、王双怀的《明代华南农业地理研究》、李令福的《明清山东农业地理》、马雪芹的《明清河南农业地理》、王社教的《苏皖浙赣明代农业地理研究》、龚胜生的《清代两湖农业地理》、周宏伟的《清代两广农业地理》、马波的《清代闽台农业地理》都受到学术界的好评。

研究历史经济地理及环境史的专家也对各历史时期农业地理状况作了研究，比如蓝勇的《历史时期西南经济开发与生态变迁》、黎小龙的《西南开发与社会史研究》、王建革的《农牧生态与传统蒙古社会》、朱士光的《黄土高原地区环境变迁及其治理》、肖瑞玲的《明清内蒙古西部地区开发与土地沙化》、满志敏的《中国历史时期气候变化研究》、杨伟兵的《云贵高原的土地利用与生态变迁（1659—1912）》。

总体来看，改革开放以来，随着历史地理研究的繁荣与人们对农业地理相关问题研究的重视，历史农业地理研究一片繁荣，取得了丰硕成果，学者从不同区域、不同视角展开讨论，涉及人口与耕地关系研究、农业与环境关系研究、水利事业发展研究等多个方面，但存在研究区域不平衡的问题。从区域角度考察，王社教的著作对明代安徽农业地理作了开创性研究，简要论及了明代徽州状况。总体来看，对明清以来徽州农业地理的较为系统、深入的研究还很欠缺。

2. 徽学相关研究动态

国内外对徽学研究颇为重视，除有关徽商、徽州学、徽州文化、徽州宗族、徽州契约等的著作外，众多专家在徽州社会经济史研究中对徽州农业地理相关问题作了探讨。海外学者对明清徽州乡村秩序、租佃制度、历史地理、契约文书等问题有研究，有日本的藤井宏、仁井田升、臼井佐知子、中岛乐章、熊远报、重田德、斯波义信、宫洋一，荷兰的宋汉理，美国的居蜜、约瑟夫·麦克德谟克、凯瑟·海泽顿，韩国的朴元熇，他们对明清以来徽州农业地理变迁鲜有关注。国内研究者对徽州土地制度、历史地理、契约文书、民俗、碑刻等较关注。比如叶显恩对明清徽州农村社会与佃仆制的研究，章有义、刘和惠、汪庆元、夏维中对明清徽州土地关系问题的研究，王振忠对新发现的16世纪至20世纪民间档案文书资料的深入挖掘，唐力行对徽州区域社会经济史的研究以及与江南的比较，李琳琦、周晓光、陈瑞、邹怡对徽州茶林生产及贸易的研究，卞利对明清徽州经济民俗以及对徽州护林碑新史料的研究，朱万曙主编的《论徽学》的专题探讨。

但同时，明清阶段农业地理的研究无论在资料利用还是研究内容上仍显不足。在新史料挖掘利用方面尚存在很大空间。近年来徽州契约文书资料的整理成果丰硕，已整理的大型资料存在不少农业地理变迁的内容，比如刘伯山主编的《徽州文书》，王钰欣、周绍泉主编的《徽州千年契约文书》，黄山学院编纂的《中国徽州文书》。学界对这些资料中关于明清以来徽州农业地理的内容极少利用；徽州族谱资料众多且齐全，对族谱资料中的农业地理的研究也非常少。在研究内容上也仍有很大拓展空间。历史农业地理变迁是一复杂过程，包括农业生产自然条件、人口增减、土地垦殖、农业生态环境、水利建设、农作物分布等多方面因素。

从论文检索结果来看，现有关注的主要是明清时期徽州自然特点[①]、土地制度[②]、自然灾害[③]、茶林生产、棚民等问题，而不是对农业地理进行综合考察，未能揭示明清以来徽州农业的全貌。

二、本书的研究意义及创新之处

1. 研究意义

鉴于以上所述可知，徽州农业历史地理研究属于历史农业地理和徽学研究者关注较少的问题。本研究对明清以来徽州农业地理问题作较为全面、系统的考察。之所以选择徽州为研究区域，还出于徽州是南方山多地少、人地矛盾突出、农业开发生态影响显著的典型区域，且具有地域性资料非常丰富这一得天独厚的条件。

研究这一课题具有多方面的意义。一方面，徽州地区是安徽典型的山地丘陵地带，并且在明清近代呈现出较为严重的人地矛盾。徽州地区的农业垦殖有明显的发展，对农业生态环境、地理状况也有深远的影响。对这典型的山地丘陵区域在明清以来的农业地理变迁的考察，有利于历史农业地理学的学科建设。选择徽州地区作为研究对象，还因为关于徽州地区的历史农业地理的研究具有自身得天独厚的资料条件，比如徽州大量契约文书的发掘。徽州契约文书不仅真实记录了当时人们的生产、生活实态，而且数量多、时间跨度大、系统性强，能更好复原历史现实。此外，徽州还有大量档案资料、族谱资料、碑刻资料。对这些珍贵资料中关于农业地理内容的挖掘，是再现区域历史农业地理的基础。在扎实

---

① 王社教根据安徽农业生产的自然条件、作物结构、农业生产水平等的差异，将安徽划分为四个区域，探讨了皖南山地丘陵的地理特点；王振忠对皖南徽州的地名变迁的地理背景作了独到研究，指出徽州地名经历了“雅化”的过程。参见王社教：《清代安徽农业生产的地区差异》，《中国农史》1999 年第 4 期；王振忠：《历史地名变迁的社会地理背景——以明清以来的皖南低山丘陵为中心》，《上海师范大学学报（哲社版）》2008 年第 3 期。

② 美国人居蜜写的《1600—1800 年皖南的土地占有制和宗法制度》对皖南地区的土地占有制和宗法制度作了分析，参见［美］居蜜：《1600—1800 年皖南的土地占有制和宗法制度》，《中国社会经济史研究》1982 年第 2 期。

③ 张小坡聚焦于清光绪三十四年（1908）徽州暴发的特大水灾作了研究，参见张小坡：《论晚清徽商对徽州社会救济事业的扶持——以光绪三十四年水灾赈捐为例》，《安徽大学学报（哲学社会科学版）》2009 年第 5 期。

史料的基础上，通过对明清以来徽州农业地理的研究，将其置于人地互动关系的深层加以考察，力求使研究和结论更具科学性和现实参考意义，从而对当前如何促进徽州地区农业可持续发展，也有历史借鉴作用及启发意义。

另一方面，国内外学者对徽学研究很重视，研究徽州农业地理学术意义明显。明清时期徽商实力雄厚，乡绅在地方治理中作用显著，但徽商在近代趋于衰落。此研究关注长时段变迁，系统探讨明清以来徽州农业地理状况，并关注徽商、徽州宗族、徽州乡绅等力量在不同历史阶段对徽州作物生产、水利建设、农业生产环境的影响，可以为中国古代史研究、徽学研究特别是徽州社会经济史研究，提供新的学术资源，补充新的内容。

2. 本书的突破之处

本研究力求在史料挖掘、研究内容、研究视角方面作突破。

研究注重运用契约、族谱、地方档案、碑刻、近代调查资料等史料，力求用翔实的资料支撑观点。尤其是花了大量精力，对已出版的大型徽州文书资料集作了全面查阅、整理、分析。这些文书资料包括刘伯山主编的《徽州文书》，王钰欣、周绍泉主编的《徽州千年契约文书》，黄山学院编纂的《中国徽州文书》。此外，对《申报》资料、民国期刊资料也作了大量检索和利用。还对系列影印出版的民国时期大型资料集作了全面查阅和利用，包括殷梦霞、李强选编的《民国赈灾史料续编》，张研、孙燕京主编的《民国史料丛刊》，殷梦霞、李强选编的《民国经济志八种》，殷梦霞、李强选编的《民国铁路沿线经济调查报告汇编》。还对上海图书馆馆藏的族谱资料进行摘抄和利用。还有自藏孤本资料，比如李家骧编的《祁门县乡土地理志稿本》。在扎实资料基础上的论述，说服力强。

从研究领域来看，努力拓展中国古代史、历史农业地理研究与徽学研究领域。在内容方面，本研究不求面面俱到，对学界已经论述较为深入的问题没有作重复研究。研究主要包括人口迁移、地理交通、资源利用、农业结构、农业设施、水利建设、生态环境等几大部分内容。在每一部分，都是以专题研究的方式，全部研究共 18 个专题。每个专题都对学界关注甚少的问题作较深入的探讨，专题论述均会对学界已有相关研究作一简要介绍。

在研究角度方面，力求体现历史农业地理、生态史与社会史的结合。在研究的各个专题中，大多注意到从“地理—开发—生态—社会”四者互动的角度对明清以来徽州农业地理变迁的前因后果做考察。

研究不仅仅就农业地理变迁论农业地理变迁，而是注重社会因素的作用。我们注意到，区域性农业地理一方面制约着当地人民资源利用方式以及农业生产活动，另外，人们在资源开发利用的过程中不仅会直接影响原有地理形态，不合理的农业开发还会加剧生态环境的恶化。生态环境的恶化是导致农业自然灾害的原因之一。另一方面，自然灾害往往又会给生态环境带来沉重的破坏。在自然灾害与生态环境形成恶性循环的过程中，地方社会也不是无所作为，尤其是在生态环境变迁过程中徽商、宗族、绅士、政府等地方力量在生态环境变迁方面发挥了重要的作用，显示了传统社会的生态环境应对方面虽然存在某种不足，但基层社会力量和政府的良性互动是不可忽视的一个方面。

三、本书研究的主要内容

本研究主要考察明清以来徽州农业的地理格局及其演变的内在机制，探讨徽州农业地理的长时段区际变化过程和农业发展的空间特征。研究在史料挖掘和研究内容方面做突破。研究注重运用契约、族谱、地方档案、碑刻、近代调查资料等史料，力求用翔实的资料支撑观点；在内容方面，本研究不求面面俱到，对学界已经论述较为深入的问题将不再作重复研究，而是以专题研究的方式，对学界关注甚少的问题作较深入的探讨，着重探讨分析农业发展区域性特征及农业开发对生态环境的影响等问题。

基于以上考虑，本研究分为人口迁移篇、地理交通篇、资源利用篇、农业结构篇、农业设施篇、水利建设篇、生态环境篇等七大部分作专题探讨。各部分探讨的内容如下。

在人口迁移篇，专题论述两个问题，一是晚清至抗战前徽州与浙江之间人口迁移及影响，二是明清以来徽州与安庆地区人口迁移及影响。研究表明，近代徽州地区与浙江地区之间的人口迁移不是单向的，除了徽商在浙江地区经商以外，徽人外出经商使得徽州本地人口真空得以出现，与徽州邻近的浙江一些地方的农民来到徽州地区，从事开垦或打零工等活动，地理上的邻近之便是重要原因。近代徽州与浙江地区有丰富的经济互动，徽州向浙江的产品输出具有资源依赖的特征，而近代浙江向徽州地区输出的主要是种类丰富的工业品。

关于明清以来徽州与安庆地区人口迁移问题，研究显示明清以来徽州与安庆地区虽然相隔较远，但人口迁移频繁，并且呈现双向互动的特征。明清时期，安庆人到徽州从事山地开垦，徽州人到安庆地区则从事经商活动，徽商对安庆地区的社会事业多有捐助。步入近代，徽州人在安庆地区仍多有经商者，经营行业也很广泛，对安庆地区商业繁荣作用重大，但关于徽商对安庆地区社会公益事业捐助的记载已不多见。而近代安庆人到徽州主要从事对漆树等作物的种植及加工，仍属于资源利用的性质，此外，有大量安庆人受雇于徽州地区茶叶采制的各个环节。

在地理交通篇，探讨了三个问题。一是对明清徽州地理交通闭塞情况及其影响作了考察，指出交通闭塞对明清徽州社会有多方面的影响，不利于徽州粮食调剂，造成徽州闭塞的社会风气，影响徽州对外贸易。二是对民国时期徽州交通网络的多元格局作出较为详细的考察。研究指出，民国时期徽州地区区域内外公路的修建，使得徽州与浙江的经济联系更为密切，便于徽州地区的商品输出，但公路运输并不能占主导的地位。公路建成后，徽州区内外的水路运输仍然很重要，徽州境内的传统石板路状况及承担的功能依然如故。这种多元格局的交通网络状况，使得徽州对外输出商品运费高昂的状况基本上没有变化，并且，囿于徽州山地陡峻的自然特点，徽州地区所修建的公路自身也存在质量不佳、易受山水冲击等弱点。此外，徽州地区在抗日战争期间为了抵御日军进攻，政府多次下令拆毁公路。在这些因素的作用下，徽州公路建设对徽州经济发展促进作用不宜高估。三是对明清以来徽州农业变迁与地理因素的关系作探讨，认为明清民国时期徽州地区农业变迁与地形地理因素有着密切的关系，表现在徽州山多地少的自然特点使得徽州地区粮食紧张，促使徽州人多外出经商觅食或致富。这样一来，徽州地区一方面山多地少，另一方面徽州本地出现了人口真空，外来棚民来到徽州从事杂粮开垦活动。无序开垦加上徽州山地的自然特征使得水旱灾害更容易发生。

与此相联系的是，在水旱灾发生的背景下，当地灌溉设施也呈现出区域性特点。此外，徽州茶叶名产的出现也与独特的山地资源有关。

在资源利用篇，首先对明清时期徽州地区之农业技术作较系统的梳理，重新审视明清徽州农业技术，发现徽州农业技术具有两大特点，一是能做到因地制宜，形式多样。二是精耕细作、多劳集约。其次，专题考察了明清时期徽州山地资源无序利用及生态破坏问题，研究指出，明清时期徽州山地资源之无序利用对徽州地方森林植被有很大的破坏，造成了溪河、塘堨淤塞的情况。从史料来看，咸同兵燹以后，塘堨淤塞的现象更为明显，应该与咸同兵燹对徽州地方社会毁灭性的打击有一定的关系。再次，清代徽州棚民长期存在，既与徽州地区重视契约有关，也与棚民种植玉米能有力缓解当地粮食紧张局面有关。

在农业结构篇，选择徽州地区粮食种植结构、玉米种植状况、明清徽州林木盗砍现象及原因等问题作了专题论述。第一，考察了明清以来徽州的粮食种植问题，指出明清民国时期徽州粮食种植制度呈现出集约利用的特征，与徽州地区山多田少的地理特征有关。明清时期徽州所种植的稻类，包括籼稻、糯稻、粳稻三种，旱地地块种植豆麦。此外，还发展了水田稻麦复种的种植制度，还有稻与油菜、红花草的复种。至民国时期，除了稻麦复种，还有稻与油菜、红花草等的复种，以及套种种植制度。第二，在清代徽州农村社会，玉米种植并没有做到令行禁止，玉米实物租大量出现，反映出民众对玉米这一粮食种类的认可。此外，清代徽州地区玉米种植虽然对山地生态有所破坏，但也有促使徽州林木种植的一面。第三，民国时期徽州玉米种植在当地农业生产中占有重要地位。若从农家经济来看，玉米种植也是徽州农民民食的重要保障，并影响着农民日常生活形态。这些状况的出现，与徽州山地广布的自然特点、粮食紧缺因素、租佃制度等因素均有关系。在此部分的最后，还对明清徽州林木盗砍现象及原因作了系统考察，指出明清徽州林木盗砍既有人口激增的背景，也与人口迁移趋于频繁有关，并且在明清时期徽州逐利民俗的大背景下，徽州人的贪图小利以及棍徒横行等因素也加重了徽州林木盗砍现象。

在农业设施篇，考察了两个问题。一是对明清民国时期徽州地区厕所粪窖之交易作了探讨。明清民国时期徽州地区有大量厕所粪窖的交易情况，徽州地区厕所粪窖交易的价格远高于一般田地的价格，这与徽州人地紧张状况有关，也反映了徽州地区人畜粪肥料对当地农业生产的重要性。二是专门论述了明清时期徽州地区的水碓业，指出水碓对明清时期徽州地区农产品加工具有重要作用，而且富裕农家通过经营水碓也拓宽了谋利的途径。从徽州地区地名、水名、田地、塘堨名等多有冠以“碓”的状况，也可见水碓对徽州社会的重要性。明清徽州水碓业的发展也与水运航道、农业灌溉、本土文化存在一定的冲突。

在水利建设篇，首先专题探讨了明清时期徽州地区灌溉水利发展的状况。研究认为，明清时期徽州地区粮食供应严重不足，并且该地区河流易盈易涸，塘堰易于受冲击、淤塞。面对这不利的自然条件，徽州地区的灌溉水利有明显的发展，体现在塘堰灌溉工程数量的增多、塘额的大幅度扩大、对旧有塘堰工程的修治、对水资源利用的扩大与改进等方面。此外，还专题分析了明清徽州绅商投资徽州农业水利的状况及原因。明清时期徽州绅商积极投资于徽州水利，徽州绅商投资徽州水利的原因有政府的倡捐、徽州粮食短缺、儒商的仁义观念、徽人强烈的宗族意识。

在生态环境篇，首先专题探讨了明清时期徽州水灾对徽州社会多方面的影响及成灾严重的原因，指出明清徽州水灾以明后期至清代为严重，尤其是伴随着徽州山地开垦所致植被破坏，水灾的破坏力更大，从而对徽州社会有多方面影响。徽州山洪频发致使泥沙俱下，受冲击田亩被泥沙所覆盖，对农业生态产生了深远的影响。针对此类“砂积田亩”问题，地方社会采取了多种应对措施。此外，还专门考察了明清以来徽州野生动物变迁的深刻社会背景和生态环境方面的因素。明清以来徽州地区野生动物有明显的变迁，有些明清时期常见的物种逐渐变得稀少甚至灭绝。徽州野生动物变迁有山地开垦、人类捕杀等因素，也与冻灾、旱灾相关。所以，人类与生态的双重因素最终造成徽州野生动物资源的渐趋减少。

在最后“结论及建议”部分，对徽州农业地理变迁的原因、后果、地方社会应对等问题作了总结，并在徽州地区历史农业地理大量实证性研究的基础上，总结了人地关系理论模式——制度与文化制约下的区域人地关系动态平衡理论。最后，在对农业地理及生态环境长时段历史变迁研究的基础上，有针对性地提出现实层面的建议。

四、研究可能存在的不足

本书在研究过程中收集了大量资料，在理论总结之前的各小节中，采取的是专题探讨的方式，所以存在探讨的有些方面（比如物种多样性）还不够深入的情况。这种不足除了限于篇幅的原因外，还与写作角度有关，本书在写作过程中注重农业开发、生态环境、地方社会之间的互动关系。

某些专题探讨中，论述时段只涉及明清，笔者是考虑到此专题的民国时期的定性评述与明清时期基本没有差异，为减少篇幅，故对民国阶段的史料利用较少。

此外，本书定量分析与图表编制的研究方法存在欠缺，由于地图绘制不够，使得历史时期人类农业生产活动对地理环境的影响空间上表现得不够直观。

第一章　人口迁移篇

第一节　晚清至抗战前徽州与浙江之间人口迁移及农业经济互动

徽学现有研究比较关注近代徽州地区向江南地区的人口迁移，主要是徽商在商品经济最为发达的江南地区的经济及社会活动，以及对经商地的影响。这方面的成果较多，主要有唐力行对近代杭州徽商作的研究[①]，对近代徽州旅沪同乡会所作的系列研究[②]，以及对徽州与苏州区域间互动关系的系列研究[③]；王振忠对近代沪、浙、徽人生活实态的挖掘[④]，

① 唐力行：《从杭州的徽商看商人组织向血缘化的回归——以抗战前夕杭州汪王庙为例论国家、民间社团、商人的互动与社会变迁》，《学术月刊》2004 年第 5 期。

② 唐力行：《城乡之间：徽州旅沪同乡会的救乡功能》，《安徽史学》2013 年第 1 期；唐力行：《城乡之间：1947 年歙县旅沪同乡会扑灭家乡疟疾运动会》，《史林》2013 年第 1 期；唐力行：《徽州旅沪同乡会与社会变迁（1923—1953）》，《历史研究》2011 年第 3 期；唐力行：《徽州旅沪同乡会的社会保障功能（1923—1949）》，《上海师范大学学报（哲学社会科学版）》2012 年第 3 期。

③ 唐力行、徐茂明：《明清以来徽州与苏州基层社会控制方式的比较研究》，《江海学刊》2006 年第 1 期；唐力行、徐茂明：《明清以来徽州与苏州社会保障的比较研究》，《江海学刊》2004 年第 3 期；唐力行：《明清以来苏州、徽州的区域互动与江南社会的变迁》，《史林》2004 年第 2 期；唐力行：《从碑刻看明清以来苏州社会的变迁——兼与徽州社会比较》，《历史研究》2000 年第 1 期。

④ 王振忠：《徽州商业文化的一个侧面——反映民国时期上海徽州学徒生活的十封书信》，《复旦学报（社会科学版）》1999 年第 4 期；王振忠：《上海徽商余之芹的生平及其时代——近代徽州重要史料〈经历志略〉研究》，《安徽史学》2013 年第 2 期；王振忠：《徽州与衢州：江南城乡的片断记忆——稿本〈静寄轩见闻随笔、静寄轩杂录〉初探》，《社会科学》2011 年第 3 期。

对苏州徽商作的专题研究[①]，以及对江南城镇中的徽州木商所作的细致的个案分析[②]；张朝胜对民国时期旅沪徽州茶商的研究[③]；陈忠平、王廷元、翟屯建对明清徽商与江南地区经济发展之间关系所作的论述[④]；陈学文对明清徽商在浙江衢州、杭州活动作了考察[⑤]，祝碧衡对明清徽商在浙江衢、严二府的活动作了考察[⑥]；黄彩霞对杭州徽商会馆作了考察[⑦]；汪庆元对明清徽商与杭州文化的关系作了探讨[⑧]。范金民的《明代地域商帮兴起的社会背景》受到明清商业史研究界的重视，该文被英文出版的 *Frontiers of History in China* 收录[⑨]。

所以，现有研究关注的主要是明清徽商在浙江的活动。据管见所及，对近代浙江向徽州地区人口迁移问题的关注较少。本节对晚清至抗战前徽州与浙江之间的人口迁移及影响作一探讨。

一、晚清至民国时期徽州与浙江之间人口迁移

明清时期徽商在浙江地区活动已很频繁，为近代徽州与浙江社会互动提供了基础。再加上近代中国经济社会开放程度加深的因素，步入近代，浙江与徽州之间劳动力之间仍存在一定的迁移。这种迁移是双向的，既包括徽州人向浙江地区的迁移，以经商为主体；也包括浙江地区劳动

---

① 王振忠：《〈唐土门簿〉与〈海洋来往活套〉——佚存日本的苏州徽商资料及相关问题研究》，连载《江淮论坛》1999 年第 2 期、1999 年第 3 期、1999 年第 4 期。

② 王振忠：《晚清民国时期江南城镇中的徽州木商——以徽商章回体自传小说〈我之小史〉为例》，《社会·历史·文献——传统中国研究国际学术讨论会论文集》，2006 年版。

③ 张朝胜：《民国时期的旅沪徽州茶商——兼谈徽商衰落问题》，《安徽史学》1996 年第 2 期。

④ 陈忠平：《明清徽商在江南市镇的活动》，《江淮论坛》1985 年第 5 期；王廷元：《明清徽商与江南棉织业》，《安徽师大学报（哲学社会科学版）》1991 年第 1 期；翟屯建：《徽商与明清时期江南经济的发展》，《东南文化》1993 年第 3 期。

⑤ 陈学文：《明清时期徽商在浙江衢州》，《史林》2008 年第 4 期；陈学文：《明清徽商在杭州的活动》，《江淮论坛》1990 年第 1 期。

⑥ 祝碧衡：《论明清徽商在浙江衢、严二府的活动》，《中国社会经济史研究》2000 年第 3 期。

⑦ 黄彩霞：《从杭州商会的公益善举看社会的变迁——兼与在杭徽商会馆比较》，《安徽师范大学学报（人文社会科学版）》2012 年第 5 期。

⑧ 汪庆元：《明清徽商与杭州崇文书院考述》，《徽学》2004 年。

⑨ Fan Jinmin, “The social background of the emergence of regional merchant groups in the Ming Dynasty”, *Frontiers of History in China*, July 2007, Volume 2, Issue 3, pp. 345 – 378.

力向徽州地区的迁移。

1. 徽州人向浙江地区的迁移

延续明清时期徽州人擅于经商的传统，晚清至民国时期徽州民众有大量人口外流。据1934年的估计，“徽州的民众，大概有十万人以上流寓在外省外县，觅食糊口。尤其是徽州的壮丁，奔走四方，以贸迁为生计的，几乎要达到全县壮丁的五分之一以上”①。民国年间徽州人在浙江经商者甚众，“尝就苏杭等处一考，徽州人之众约在十万以外，每年至少有一万人有回家不得之苦”②。民国时期绩溪县经商人口中也多有到江南地区的，“在这九万人口中，出外经商的当达三分之一。据说除本省外，近如苏浙赣，远及平津汉各地，俱有绩商踪迹”③。

也可以从县域角度来考察，清末刘汝骥指出，休宁县北乡之龙源、北山，东乡之十五六八都，南乡之临溪、汉口及高枧以上诸族，经商的目的地除了汉口外，“至苏杭沪甬，一水顺流，往者尤众，其老迈一乡不相往来者，山农村丁而已”④。关于徽州外出经商之人口所占的比例，清末祁门县“为工商者约十分之二”⑤，对绩溪县来说，商人占三成，即“就百分比例之，除无职业者若干人，农约三十，商约三十，士约一十，工则百分中不过数人焉。”⑥

至于徽人在浙江经商的行业，茶业当为首要。歙县吴习斋指出“徽人足迹几遍全国，京津沪杭之茶叶店无一非徽人所设”⑦。徽人在浙江经商的行业除了茶业外，要数木材业为大宗，“试就杭城江干一望，层垒累积者弥望皆是，沿河而下之木材充塞两岸，自衢严一带来者不过十之一

---

① 碧玉：《徽州的“客民”》，《社会周报（上海）》1934年第1卷第12期，第231页。

② 吴习斋：《余屯长途汽车之急宜创办》，《申报》第一万七千九百零二号，1922年12月23号。

③ 洪素野：《皖南旅行记》，中国旅行社印行，1944年3月出版，第59页，复旦大学图书馆特藏库藏。

④ 刘汝骥：《陶甓公牍》卷十二《法制科》，载《官箴书集成》第10册，黄山书社1997年版，第585页。

⑤ 刘汝骥：《陶甓公牍》卷十二《法制科》，载《官箴书集成》第10册，黄山书社1997年版，第601页。

⑥ 刘汝骥：《陶甓公牍》卷十二《法制科》，载《官箴书集成》第10册，黄山书社1997年版，第612页。

⑦ 吴习斋：《余屯长途汽车之急宜创办》，《申报》第一万七千九百零二号，1922年12月23号。

二，余皆我徽境所产之各项木植也，年亦在数百万”[①]。

在杭州的徽商还经营烟土等非法贸易，并有被警察查出的情况，据1923年《申报》的报道，有徽商王某“由沪贩杭烟土，寄顿姚园寺巷安裕里汤姓家，今日由沪探跟踪到杭，协警破获，起出小土一大箱，解送警厅讯办”[②]。

徽人在浙江地区的迁移以经商为主体，但也有其他情况，比如战乱时期徽人向江浙的避乱。咸丰年间，歙县的程兆纶任浙江金华府知府，曾为徽州难民慷慨救助：“时徽属难民赴浙者众，兆纶倡立义局，全活甚多。”[③] 还有贫困的徽州人到邻近的浙江县份从事垦荒的情况。据对歙县长陔区南源村的调查：“全村没有地主、富农，仅有中农二户，其余都系贫、雇农。该村除了二三户鳏寡不种地外，其余的农民差不多全都到一、二十里地以外的山上，租入浙江遂安业主的山地种植苞芦。其租佃手续大多是集体租入后，大家分种，租额也较低，一般是收一石交九升至一斗左右。山地多半是遂安的祠堂公地，主要由于山地费工、成本高，庄稼易遭山地野兽破坏，因此租额较一般为低。”[④]

徽人在浙江经商行为，既有把杭州货物运送到徽州等地方的情况，又有徽商把杭州作为上海商品运入徽州等内地的中转站。据1923年《申报》的报道，在查禁日货的活动中，曾有错把上海运往杭州的货物当成日货的情况，报道称，“学生检查日货，……并有徽商在沪办来洋布一箱，亦被在南星站扣留，现已由沪行来函证明并非日货”[⑤]。

晚清以来徽人在浙江杭州经商人员中有不少成功者，但经商过程中常常充满艰辛。近代报纸对浙江徽商的艰辛经商经历多有记载。比如晚清浙江徽商常遭抢劫，兹列一记载如下。

“由杭州上驶过严郡之淳安、遂安，而达徽州之屯溪一带，时有抢劫行旅之案，入夏以来多至三四十起。七月初黟县茶商某君往返十日被刦两次，失赃三千余元，报县请缉，影响全无，业经上控抚院。日前又有

① 吴习斋：《余屯长途汽车之急宜创办》，《申报》第一万七千九百零二号，1922年12月23号。

② 《杭州快信》，《申报》第一万八千一百七十一号，1923年9月27号。

③ 光绪《重修安徽通志》卷二百五十一《义行五》。

④ 华东军政委员会土地改革委员会编：《安徽省农村调查》，系华东农村经济资料第四分册，1952年12月版，内部资料，第219页。

⑤ 《杭州快信》，《申报》第一万八千零四十六号，1923年5月24号。

徽商公所董事刘廷璧等具呈抚宪，谓七月二十三日又有商人汪万寿等在建德县属停船被盗戕伤事主（按，六七两月建德县严东关以上商船被劫者多至十九案），吁请从严查办，以安商业。”①

这里再列举一具体个案。在光绪三十三年（1907）十二月，金华县的徽商程世华的信船在严州府城十里之马目埠遭到匪盗百余人抢劫，“失信八百余号，银洋货物六千余元，此等银钱均系店伙零星碎数寄回岁底养亲育子之用”②。

有些徽州商人在苏杭境内经商过程中甚至遇到船毁人亡的悲剧，也可见经商之艰辛。清末即有此例，“徽人某甲寄寓苏，年七十余，止有一子，甫及成丁，今春令回乡省墓，祭祠事毕回苏，行至杭境某河，忽然舟裂，舟中人尽遭灭顶，嗣由邻舟捞救，死者五人而其子与焉，某闻凶耗，独自雇舟，欲觅其子，家人追而挽之，自是神情若失，日夕呼号，至今十余日，神志逾迷，而形容更瘦云”③。

当然，在浙江杭州的外来徽州人除了商人和店主外，也有不少伙计和学徒，所以才会如此人数众多。大量徽州人进入浙江杭州，也加重了地方社会管理方面的负担。比如民国年间杭州出现茶叶店伙计因赌博输钱而自杀的事情。“杭县上纤埠有徽州人汪子卿所开之茶叶店，学徒吴永泉，年十六岁，勤恳服务，颇得汪之信任，银洋往来，悉交执管。讵有赌徒叶金标以彼年轻可欺，引诱聚赌。吴果中奸谋，陆续窃取店款三百余元、输负净尽，后悔不及，复恐为汪察觉，于前晚潜至河畔，投水自杀，次晨尸浮水面。”④

2. 浙江向徽州的人口迁移

关于近代徽州的外来人口问题，学界在探讨太平天国战后皖南移民问题时，均注意到皖南广德、宣城、泾县等有大量移民输入，比如葛庆华对太平天国战后皖南地区移民的研究⑤，但对徽州地区没有多少例证和论述。曹树基注意到了徽州府，在探讨人口史时指出：“战后徽州府并无

① 《禀请查办徽河盗匪杭州》，《申报》第一万三千五百十三号，清宣统二年（1910）八月十七日。

② 《浙省乱事汇闻》，《申报》第一万二千五百六十九号，清光绪三十三年（1907）十二月十九日。

③ 《金阊杂事》，《申报》第一千九百四十二号，清光绪四年（1878）七月二十五日。

④ 《学徒亏款投河自杀》，《申报》第二万一千二百五十八号，1932 年 6 月 13 号。

⑤ 葛庆华：《太平天国战后皖南地区的移民活动》，《中国历史地理论丛》2002 年第 2 期。

移民迁入，所以可将战后人口统统视为土著。”[①] 从现有史料看，曹树基对战后徽州府无移民迁入的说法是正确的。但战后几十年后，情况应该有了变化。尤其是清末，徽州府是有客民迁入的，学界对这一点没有太多注意，这里作一探讨。

晚清徽州府的客民最早出现在什么时候？据现有记载，徽州府的客民最早当是在清末民初，原因是徽人外出经商造成本地劳动力的真空。光绪年间徽州府知府刘汝骥明确陈述了这一点：“此外，经商远出者，白岳、惭江，直视同传，舍田土荒芜，既让安庆人以入垦矣；工匠缺乏，又召江西人以伐木烧炭矣。”[②] 清末徽州知府刘汝骥还指出徽州屯溪镇外来人口之多，“查屯溪为徽州巨镇，浙赣通衢，其土著者不过十之二三，其来此求生活者大抵皆数米而食，栉薪而炊之客民，居其多数。究之无论为客民、为土著，既受一廛而为氓。”[③]

对于外来客民到徽州垦荒，民国时期碧玉所写的文章也指出了徽州本地劳动力真空这一原因，徽州有大约五分之一的劳动力外出，徽州本地“便不由要感着工作无人的恐慌了”，“却也有需要大批雇农的必要”，碧玉的文章还指出二十几年前在徽州的江西客民与徽州本地人起了冲突从而导致徽州人对江西客民的不信任，由此也印证了江西客民进入徽州在清末民初年间。[④]

晚清时期徽州府的客民还包括浙江人。来徽州的浙江人从事的工作与徽州其他地方客民没有甚大差别。首先，近代浙江农民流向徽州地区多有进行农业开垦活动。在歙县，“农民多本地人，客籍以浙江温、台、绍人为多。”[⑤] 歙县客民很多，据说有一个奇怪的所谓水土方面的原因。歙县东乡农民几乎全部为客民，原因是“水土不宜本地人民，偶有居留者，即发腹胀病而死，但客民居之，则绝无问题，亦云奇矣”[⑥]。

---

① 葛剑雄主编：《中国移民史》（第六卷），福建人民出版社 1997 年版，第 461 页。

② 刘汝骥：《陶甓公牍》卷十二《法制科》，载《官箴书集成》第 10 册，黄山书社 1997 年版，第 586 页。

③ 刘汝骥：《陶甓公牍》卷十《禀详》载《官箴书集成》第 10 册，黄山书社 1997 年版，第 544 页。

④ 碧玉：《徽州的“客民”》，《社会周报（上海）》1934 年第 1 卷第 12 期，第 231 页。

⑤ 殷梦霞、李强选编：《民国经济志八种（第二册）》，国家图书馆出版社 2009 年版，第 390 页。

⑥ 殷梦霞、李强选编：《民国经济志八种（第二册）》，国家图书馆出版社 2009 年版，第 390 页。

此外，浙江农民多有到皖南徽州作为茶业雇佣劳动力的情况。据1934年调查，徽州茶叶采摘的摘工情况是，“歙、绩两县，摘工多淳安、遂安及本省旌德、太平县人。休、黟摘工，以安庆六邑人居多。婺源多浙之开化、遂安及赣之浮梁，从前德兴、乐平人最多，近以该处匪患未平，来者甚少”①。具体到徽州休宁县，茶叶采制的情况也是如此，“采茶工人，概由妇女任之，多来自浙省遂安，本省旌德、太平以及安庆六邑，尤以安庆附近来者居多”②。

步入近代，浙江人还到徽州从事种菇业。近代浙江农民掌握了香菇栽培的技术，便在徽州从事香菇种植业，从而把种菇这一新行业引进到皖南。在20世纪30年代的休宁，约有二三百浙江人到徽州从事香菇种植，近代经济调查对浙江人来徽州种菇的情况有详细记载，现介绍如下。

“香菇行为屯溪特殊商业……开设者多系浙江处属人，专代客买卖抽取佣金（五分），并为种菇农民往来停驻之旅舍。查香菇产地，在休婺交界山地，以婺源地产者最多，休地仅小数。种菇者均系浙江龙泉、庆元、松阳等地农民。每于十月以后，纷纷来徽种植，在山自搭草棚，准备粮食，将带去之菇泥（即菇种）种于杂树之上，一年之后，即可采收。种菇农民，约有二三百人，自十月进山后，至翌年清明收菇后始离山，将所采之菇焙干挑至黎阳行家求售，合计两县所产，年达二千余担。往年菇价高，每担冬菇可售二百三十元至三百元，去年（二十二年）平菇尚售一百九十元，厚菇二百十元，普通亦售一百六十元。今年（二十三年）采菇之时，天气既感骤热，又受雨水冲洗，菇质大损，产量亦减，加之日菇充斥市场，菇价因之大跌，开空前之新纪录。”③

近代徽州地区香菇种植不仅仅是休宁、婺源等县。据调查，徽州歙县也产菇，香菇产于该县，“种植者全系浙江处州人”④。

浙江人来到皖南的地域，除了徽州地区，还有宁国等其他地方。宁国府早在清代就与浙江地区有较密切交流，比如对于清代宁国府“靛”

① 张研、孙燕京主编：《民国史料丛刊（第554册）》，大象出版社2009年版，第258页。
② 殷梦霞、李强选编：《民国经济志八种（第二册）》，国家图书馆出版社2009年版，第484页。
③ 殷梦霞、李强选编：《民国经济志八种（第二册）》，国家图书馆出版社2009年版，第514页。
④ 殷梦霞、李强选编：《民国经济志八种（第二册）》，国家图书馆出版社2009年版，第392页。

的种植，“近年温处人赁山种地，所产甚茂”[①]。在民国时期，宁国县马铃薯的种植情况也有浙江人的作用，“近浙人开山，种者甚多。”[②]

晚清以来，之所以会有浙江人到偏僻的徽州地区从事垦殖等活动，与晚清徽州的时代特点有关。晚清兵燹导致徽州劳动力大减、荒地增多，一直到清末，徽州荒地仍不少。比如在绩溪县，“绩邑山多田少，道、咸之间产米合小麦仅敷民食十分之六，杂粮俱作正餐；兵燹以后户口未复，产米与民食约可相敷，小麦产数不过稻米十分之二三，种杂粮者更少，而荒田尚多”[③]。晚清以来浙江人来徽州的工作，与江西、安庆等人来到徽州地区的大的背景是一致的。有人指出，民国时期徽州外来客民的工作种类，“第一是服务于一般自耕农和佃农家中，也有许多是自己揽田耕种的。此外，担任采茶和制茶工作的，作一种劳力的小工，作巨室大户的雇佣的。”[④]

虽然浙江人到徽州有传播香菇种植技术等有利的一面，但也有不利的一面。比如，清末徽州外来的杭州客民也一定程度上影响了地方社会治理，时人指出遂安的客民为“遂棍”，“以土客言，交际则遂棍、赣痞口舌兴戎，近时怀、桐等人又稍稍有事焉”[⑤]。

二、近代徽州对浙江的产品输出

关于近代安徽的对外贸易，学界有一些研究，比如谢国兴在《近代史研究所集刊》中撰文考察了近代安徽的对外贸易问题。[⑥] 但针对徽州地区与浙江之间贸易情况的论述较为零散，这里对近代徽州向浙江的产品输出作一考察。

---

① 嘉庆《宁国府志》卷十八《食货志·物产》。

② 民国《宁国县志》卷七《物产志》。

③ 刘汝骥：《陶甓公牍》卷十二《法制科》，载《官箴书集成》第10册，黄山书社1997年版，第618页。

④ 碧玉：《徽州的“客民”》，《社会周报（上海）》1934年第1卷第12期，第231页。

⑤ 刘汝骥：《陶甓公牍》卷十二《法制科》，载《官箴书集成》第10册，黄山书社1997年版，第587页。

⑥ 谢国兴：《安徽的对外贸易与经济变迁（1877～1937）》，《近代史研究所集刊》第20期，1991年6月，第403—421页。

1. 茶叶

徽州山地丘陵众多，农业经济以茶业为最著名。步入近代，茶叶无疑是徽州地区向浙江农产品输出之大宗，比如歙县，“销运外埠之农产品，以茶叶最多，水果次之”①。

徽州的茶叶输出以屯溪为集聚中心，向杭、沪销售。比如在休宁县，“茶为本县大宗出产，屯溪镇为茶市之中心，每年茶叶上市前，各地茶商，咸集该镇采办，运销沪、杭等处”②。另据《中国经济志·安徽省休宁县》，汇集在屯溪的绿茶分为洋庄绿茶和本庄绿茶，洋庄绿茶用来外销，年输出 82289 箱，价值达 2470000 元，这些绿茶全系屯溪茶号所产；本庄绿茶中，年输出 4000 件，价值 200000 元，三分之二系过境转销北方、沪杭、闽粤各省③。清末在祁门县，“乡民趋重在农，天将曙，举家爨火，致力于山场。此外以植茶为大宗，东乡绿茶得利最厚，西乡红茶出产甚丰，皆运售浔、汉、沪、港等处”④。徽州茶叶虽以销往浙江杭州为重要方向，但徽州茶业的来源地也包括与徽州紧邻的浙江地区。对于歙县茶行来说，其茶叶来源除了来自附近的婺源、祁门、黟、歙、太平、旌德、石埭等县以外，还有从浙江的淳安、遂安等地购入者⑤。

民国时期歙县茶叶也多到杭州出售，所输出的茶叶种类为大方茶。近代调查对大方茶有如此介绍：“大方茶，系用鲜叶直接炒成，法将鲜叶于茶锅内炒揉，并时时以手揉叶，向锅边压榨，使茶叶成偏平形，状如龙井茶。但炒揉时须时加茶油少许，以免压搾时结块。大约每鲜叶百斤，须用油二十两。茶叶以炒至十分干燥为止，不再烘晒，以其形方，故曰大方茶。盛产南乡三阳坑、老竹岭、佥竹山各地，多运杭州销售。”⑥

茶商对徽州茶叶的外输有经过茶行者，也有不经过茶行而径直向茶户收购者。歙县茶叶外输杭州即是此种情况，“近年来茶商有不投行家，

---

① 殷梦霞、李强选编：《民国经济志八种（第二册）》，国家图书馆出版社 2009 年版，第 390 页。
② 张研、孙燕京主编：《民国史料丛刊（第 832 册）》，大象出版社 2009 年版，第 297 页。
③ 殷梦霞、李强选编：《民国经济志八种（第二册）》，国家图书馆出版社 2009 年版，第 515—517 页。
④ 刘汝骥：《陶甓公牍》卷十二《法制科》，载《官箴书集成》第 10 册，黄山书社 1997 年版，第 601 页。
⑤ 殷梦霞、李强选编：《民国经济志八种（第二册）》，国家图书馆出版社 2009 年版，第 485 页。
⑥ 殷梦霞、李强选编：《民国经济志八种（第二册）》，国家图书馆出版社 2009 年版，第 400 页。

而自向园户购茶者亦颇多。南乡大方茶，多由山客（即茶贩）向园户收买，转运杭州投行出售……茶客办茶，多者十余万元，少者数千元，普通一二万元，所办茶叶，概用竹篓装置，交由渔梁过载行（即船行）由水道运杭（现鸿飞公司专包运茶叶），再由杭州转运公司运往北方目的地交货，此种本庄茶客，在琳村一带所设茶庄，不下百余家。”① 徽州一些茶叶要销往上海，也以杭州为转运地。在歙县，“茶叶，为本县名产，年销上海、南京，并转往外洋，年约三万二千担，值一百二十八万元”②。关于茶叶外销数量，休宁县有4000件价值200000元的本庄绿茶，其中“三分之二系过境转销北方、沪杭、闽粤各省”③。

2. 木材

徽州林木资源丰富，近代徽州林木多有运往浙江销售的情况。比如在歙县，“板木业分为松板与杉木二种。松板业十六家，年销松板约二万方，值九万元，全为本地品，其销售地点，为上海与杭州二处；杉木业八家，年销杉木，约值十万元之谱，但以婺源、休宁二县，所出居多数，歙县所出，不过十分之三而已。”④

近代徽州林木外销杭州的运输成本很高。据对歙县长陔区南源村树木情况的调查，“该地区杉木的采伐季节一般在农历七月到翌年三月这一段农闲时期”，这些杉木运输情况为，“杉木从山上砍下后，即拖到河沟边编好木排，俟涨水时由街源放到街口，再转运到杭州出售”。传统运输方式的低效使得运输成本很大，比如“杉木在山上价格很贱，普通一橱树木只合一至二斗米，有的离河沟远的山地树木价钱还要低，而且还无人去砍”，但运到杭州的运费大概是卖价的十倍左右，“每橱杉木由山上砍下拖到河沟整好需五个工，合计约值米三到五斗；由河沟放到街口有七十里路，亦需米三到五斗；由街口放到杭州，运费工资约需五到七斗米，故每橱杉木连买带整，加上运费，最高要用去一石八、九斗米，最

---

① 殷梦霞、李强选编：《民国经济志八种（第二册）》，国家图书馆出版社2009年版，第400页。

② 殷梦霞、李强选编：《民国铁路沿线经济调查报告汇编（第九册）》，国家图书馆出版社2009年版，第613页。

③ 殷梦霞、李强选编：《民国经济志八种（第二册）》，国家图书馆出版社2009年版，第515—517页。

④ 殷梦霞、李强选编：《民国铁路沿线经济调查报告汇编（第九册）》，国家图书馆出版社2009年版，第619页。

少的也得一石四、五斗米。”[①]

3. 农业特产资源

徽州地区向杭州销售的本地特产资源包括冬笋、蜜枣。[②] 徽州蜜枣销路很广。比如在歙县，“蜜枣销路，以广东最大，杭州、上海次之，北方无销路。去年每桶平均成本二十元，今年仅售十八元，商人亏折颇大”[③]。徽州地区的贡菊、盆玩等具有地方特色，也多有销往浙江者。比如在歙县，贡菊为本县特产，“产南乡大洲源高山金竹岭一带……种植者约千户左右，每户最多约产一担，少亦四五斤……概运沪、杭各茶叶店出售，获利尚厚”[④]。歙县的栀子中有一种可作盆玩，“高不盈尺，名玉留春（留，一作楼），为邑中特产，而苏、杭花傭已多有之，盖物之美者自不径而远徙也”[⑤]。

近代徽州地区植物油类对杭州的销售也很重要，这些植物油包括桐油、柏油、青油等类。在歙县“所产油额总量已如上述，年二万余担，值三十万元左右。除食用豆油类全供本地自用外，其余如桐油、柏油、青油等，十之九运销沪杭，该业组有油坊同业公会，设府城小北街”[⑥]；对于歙县柏油，由柏子制成，“子外之肉制成者称柏油，子内之仁制成者称青油。邑南出产较多，次则西北，通年产柏油约四千担、青油数百担，柏油输售于浙，青油曩为燃灯料，今则当另辟销路，宜研究”[⑦]。

三、近代浙江向徽州地区的产品输出

徽州向浙江杭州的产品输出主要是原材料和地方特产资源。近代浙江对徽州地区也有产品输出，这里也作一个探究。

---

① 华东军政委员会土地改革委员会编：《安徽省农村调查》，系华东农村经济资料第四分册，1952年12月，内部资料，第221页。

② 殷梦霞、李强选编：《民国经济志八种（第二册）》，国家图书馆出版社2009年版，第366页。

③ 殷梦霞、李强选编：《民国经济志八种（第二册）》，国家图书馆出版社2009年版，第414页。

④ 殷梦霞、李强选编：《民国经济志八种（第二册）》，国家图书馆出版社2009年版，第393页。

⑤ 民国《歙县志》卷三《物产》。

⑥ 殷梦霞、李强选编：《民国经济志八种（第二册）》，国家图书馆出版社2009年版，第411页。

⑦ 民国《歙县志》卷三《物产》。

1. 农产品

晚清至民国时期浙江向徽州的产品输出主要是徽州地区自用不敷的产品。此时期徽州地区总体上仍然处于食粮不敷的地位，需要浙江余粮加以调剂。比如歙县即存在食粮不敷的情况，“尚须仰给邻封”，有部分食粮需要从浙江运入，“米之来源，可分二路，凡接近浙境如街口等处，则由浙江金华、兰溪输入；城区、深渡等处，则由绩溪、临溪一带输入；面粉则由沪、杭水道输入。”[①] 歙县面粉来自上海、杭州，白糖、红糖来自上海。[②] 婺源县也需要浙赣的余粮来补充。近代调查指出，婺源县“山多田少，西南稍旷，东北多山，垦以为田，层累而上至十余级，牛犊不得耕耨，溪涧之水又不及受而仰赖于天，每岁所入，恒不敷消费，全恃浙赣两省输入米麦，以资接济，故不得不力作于山，收茶木麻桐等产，以资弥补。”[③]

徽州的黄豆、菜籽、腊货、植物油也不同程度不足自用，需要从浙江运入调剂，这以歙县为突出。歙县“黄豆与菜籽，尚不敷本县榨油之用，须赖大连、平湖、嘉兴、海宁等处之输入”[④]。歙县的黄豆、杂粮来自浙江各县，菜籽来自浙江平湖县[⑤]。歙县黄豆、桐子、菜籽的具体调剂情况为：“所用原料，菜籽本县约产一万石，每二石四斗可榨油一担。不敷之菜籽，多由浙江平湖、嘉兴一带籴入，每担价五六元；桐子本县约产七千余担，每二百廿五斤可榨油一担，亦有由邻县运入者；豆除本县自产外，尚须向浙省购办，每三石可榨油一担”[⑥]。另外，歙县炉腊货来自宁波、兰溪，化油来自杭州，豆油、菜油来自大连、杭州、兰溪。[⑦]

徽州本以产茶著名，茶叶不缺，但也有茶商从浙江淳安、遂安购买，此种购买并不是因为自身产出不足，而是以汇聚到屯溪这一重要商务中心为目的，主要是考虑地域邻近的原因。比如在歙县，茶之买卖除了将歙县所产之茶运往屯溪外，“尚有由太平、绩溪或由浙境淳安、遂安间接

① 殷梦霞、李强选编：《民国经济志八种（第二册）》，国家图书馆出版社 2009 年版，第 426 页。
② 殷梦霞、李强选编：《民国经济志八种（第二册）》，国家图书馆出版社 2009 年版，第 429 页。
③ 张研、孙燕京主编：《民国史料丛刊（第 554 册）》，大象出版社 2009 年版，第 251 页。
④ 殷梦霞、李强选编：《民国经济志八种（第二册）》，国家图书馆出版社 2009 年版，第 390 页。
⑤ 殷梦霞、李强选编：《民国经济志八种（第二册）》，国家图书馆出版社 2009 年版，第 431 页。
⑥ 殷梦霞、李强选编：《民国经济志八种（第二册）》，国家图书馆出版社 2009 年版，第 409 页。
⑦ 殷梦霞、李强选编：《民国经济志八种（第二册）》，国家图书馆出版社 2009 年版，第 430 页。

购入”[①]。休宁用以制造洋庄箱茶之毛茶，除半数产自本邑外，也有从邻近的“浙之淳安、遂安，赣之德兴、玉山等处而来”，均汇聚在屯溪[②]。

另外，徽州本地因为粮食紧张，导致“本地产猪，不足自用”，要从浙江运入猪等肉类食品。歙县即是因为此原因而“尚须向江西乐平、浙江兰溪运入”猪类等以供人们食用。[③]

2. 浙江对徽州农民日常消费品的输出

步入近代，随着徽州对外联系的加强，江南地区的现代消费品也源源不断地运入徽州，这些产品既包括农民日用必需品，也包括满足奢华生活所需要的产品，比如烟、纸牌。

浙江向徽州销售的农民日用必需品种类繁多，有糖、猪油、纸张、锡箔、洋布、朱青布等多种种类。在歙县，“布匹、绸缎、洋广货均来自上海、杭州”[④]。在歙县，“进口货品除米粮外，以糖、猪油、纸张、锡箔、洋布、朱青布等为大宗”[⑤]。对于徽州布业，洋布输入占重要地位，在休宁县，对于所交易之布业来说，“全为外来品，以洋布、土布、绸缎为大宗，洋布由上海运来，土布由通州运来，绸缎由杭州、苏州、湖州运来，合计年销一百二十万元”[⑥]。

徽州的煤油、肥皂、洋烟、黄明胶等日用品也从浙江运来。在歙县，煤油来自杭州；石膏、肥田粉、肥皂来自杭州、上海。[⑦]

在徽州地区，棉线、罗绢、线沙、棉纱也是输入产品。歙县的棉纱即是“统由本城布店转向沪杭购入，全年营业数合计有三四千元之谱”[⑧]。在歙县，罗绢专为制造粉筛之用，“每匹阔一尺二寸（三元尺），长一丈，计重五两，每匹价约一元上下……所用之丝，来自余杭、杭州，每年每家约产一千余匹，需丝五千余两，合计五家营业数，年约六七千

---

① 殷梦霞、李强选编：《民国经济志八种（第二册）》，国家图书馆出版社 2009 年版，第 406 页。
② 殷梦霞、李强选编：《民国经济志八种（第二册）》，国家图书馆出版社 2009 年版，第 485 页。
③ 殷梦霞、李强选编：《民国经济志八种（第二册）》，国家图书馆出版社 2009 年版，第 394 页。
④ 殷梦霞、李强选编：《民国经济志八种（第二册）》，国家图书馆出版社 2009 年版，第 429 页。
⑤ 殷梦霞、李强选编：《民国铁路沿线经济调查报告汇编（第九册）》，国家图书馆出版社 2009 年版，第 613 页。
⑥ 殷梦霞、李强选编：《民国铁路沿线经济调查报告汇编（第九册）》，国家图书馆出版社 2009 年版，第 626 页。
⑦ 殷梦霞、李强选编：《民国经济志八种（第二册）》，国家图书馆出版社 2009 年版，第 430 页。
⑧ 殷梦霞、李强选编：《民国经济志八种（第二册）》，国家图书馆出版社 2009 年版，第 418 页。

元左右”[1]。对于针织业，歙县府城大北街，有一家新新袜厂，系独资性质，“其所用原料、线纱均来自上海、杭州，近年营业，尚称发达云”[2]。在休宁县，毛巾业的原料棉纱“均来自上海，由杭州转运入口”[3]。但徽州棉业的原料产品并不都是从沪杭来，有些是从芜湖运入的。在芜湖县，原本“毛巾机器线袜初皆洋货”，但在民国年间“近来悉为国产”，庐州、巢县、宁国、徽州各处均来芜湖贩运。[4]

徽州地区药材也有从浙江宁波、杭州运入者。在休宁县，“药材业交易货物，本地品为白术、枣皮等，其余均为外来品，来自上海、香港、汉口、宁波，以来自香港者为最多，销售量值不详”[5]。歙县的中药材也有来自上海、杭州者。[6]

浙江向徽州运销的奢侈品或用来娱乐的产品，有烟、纸牌、花炮等物。民国时期徽州人嗜好吸烟，烟草需要从浙江运入。比如歙县的烟“邑产甚微，城乡烟肆尚须取给于太平及浙江松阳。”[7] 民国时期徽州赌博盛行，所以对纸牌需求很多。据调查，在徽州，“纸牌乃赌具之一，徽属各县需要甚多，向由外埠输入，近年则多自制，且能供销徽属六县，亦系家庭工业性质，先向杭州、苏州购入纸牌花纸，用裱心纸裱就，剪切成条，即可出售。城内有六七家，每年约产纸牌六七万副，值四五千元之谱云”[8]。休宁县花炮业所用纸张也有依赖浙江的情况，花炮业“以硝磺、纸张为颜料，硝磺向当地硝磺运销处购买，纸料本地、浙赣均有”[9]。

① 殷梦霞、李强选编：《民国经济志八种（第二册）》，国家图书馆出版社 2009 年版，第 416 页。
② 殷梦霞、李强选编：《民国经济志八种（第二册）》，国家图书馆出版社 2009 年版，第 415 页。
③ 殷梦霞、李强选编：《民国经济志八种（第二册）》，国家图书馆出版社 2009 年版，第 507 页。
④ 民国《芜湖县志》卷三十五《实业志·商业》。
⑤ 殷梦霞、李强选编：《民国铁路沿线经济调查报告汇编（第九册）》，国家图书馆出版社 2009 年版，第 626 页。
⑥ 殷梦霞、李强选编：《民国经济志八种（第二册）》，国家图书馆出版社 2009 年版，第 431 页。
⑦ 民国《歙县志》卷三《物产》。
⑧ 殷梦霞、李强选编：《民国经济志八种（第二册）》，国家图书馆出版社 2009 年版，第 418 页。
⑨ 殷梦霞、李强选编：《民国经济志八种（第二册）》，国家图书馆出版社 2009 年版，第 510 页。

四、徽浙运输途径及对徽州的影响

传统时期屯溪至杭州经由水路运输，滩多险急，运输困难。至民国年间，创设杭徽公路的呼声日高。时人指出了徽州与杭州之间开通公路的多方面的好处。这种好处主要表现在以下几个方面。

一是使旅外徽人回乡便捷。时人指出若余屯长途汽车事业得以创办，则可以“联接浙人创办之杭余线，直达屯溪，凡旅居苏沪人士之欲返徽者，可以朝发夕至”，此余屯路约为三百六十里，路线为“自杭属之余杭县起，经于潜、昌化，至徽州之歙县、休宁，到屯溪为终点”①，“若长途汽车成立，不但旅外人士蒙其利，即徽州全境胥受益匪浅矣。”②

二是改变徽州风气闭塞之状况。传统交通导致沟通文化之不便，“我徽人至今教育不发达，风气锢蔽，俗尚迷信，乡人至有不知秦汉、遑论魏晋者，民智之锢蔽可想，而欲文化之沟通、民智之开发，必须交通便利，多与外人接触，此不易之理”③。

三是改变市场迟滞之状况。传统的交通闭塞会引起商业上之不便，“夫商市如军情，瞬息万变，而徽州茶商不仅徽境之大实业，且为全国出口货之首位，皆恃帆船以为输运，动辄迟滞，至二十余日始克到沪，往往供求不相应，茶商至蒙莫大损失，积货垒垒，皆交通不便之所至。若长途汽车一经成立，则货物与商市呼应相灵，朝发夕至，其有裨于商业为何如耶!”④

事实上，民国年间徽杭公路的开通对两地之间货物交流是有益的。徽州与江南地区之间的商品流通，在徽州本地是以屯溪为重要出口处。休宁县的交通状况是，“屯溪为新安江上游起点码头入浙赴沪必经之路”⑤。至于外出通道，在杭徽公路开通之前，以水路为运输通道，以杭州作为向经济发达的江南地区运输的重要通道。

---

① 吴习斋：《余屯长途汽车之急宜创办》，《申报》第一万七千九百零二号，1922年12月23号。
② 吴习斋：《余屯长途汽车之急宜创办》，《申报》第一万七千九百零二号，1922年12月23号。
③ 吴习斋：《余屯长途汽车之急宜创办》，《申报》第一万七千九百零二号，1922年12月23号。
④ 吴习斋：《余屯长途汽车之急宜创办》，《申报》第一万七千九百零二号，1922年12月23号。
⑤ 殷梦霞、李强选编：《民国经济志八种（第二册）》，国家图书馆出版社2009年版，第469页。

在杭徽公路通车后，则也可由杭徽公路至杭州。民国年间对休宁县茶叶运输作了考察，即是“茶运输路线有水陆之分，水路由屯溪循新安江东下至杭，陆由杭徽公路至杭。至杭后又分水陆两路去沪。水则由运河，陆则由沪杭路”[①]。歙县货运渠道的情况，即是“经售商品，多由浙江杭州输入，前均由水道循新安江至深渡、朱家村上陆，今则除笨重各货仍由水道运输外，轻便各货，悉由杭徽公路汽车运入，商业市场因之呈一变化”[②]。《皖浙新安江流域之茶业》中说：“徽茶运输，多恃各该地境内之天然河道，以为运输之利器。歙、休、黟、绩及婺源北部者，多由出产地用人力或畜力运至屯溪，复由屯溪循徽港，下钱塘，至杭州，再由沪杭通路运沪。”[③]

陆路公路交通的建成使徽商的茶叶贸易更为便捷。比如在歙县，“向来歙茶多由徽河至浙之严州，经杭转沪，瀰渡、街口两地，为全县茶叶两大集中地”，公路开通后运输通道发生了变化，“今者，陆路有徽杭、淳屯诸汽车路，补水运之不逮，茶叶运输，当取陆路，以期敏捷也。”[④]杭州至屯溪的货物运输方式随之也有重要变化，有一半改为从公路进入徽州屯溪，“自公路通后，鸿飞运货汽车公司成立，上水货物，几去半数；倘淳屯路续办货运，则航业前途，大有岌岌可危之势”[⑤]。

杭州不仅是徽州与浙江商品交易的重要地点，也是徽州与上海或苏州之间贸易的重要中转站。杭州至上海可经由火车，“屯溪茶号，将茶叶制成后，即运至杭州，由火车运至上海，投所关系之茶栈”[⑥]。在休宁县，“所有商品，进口者多从沪杭运入，出口者亦多从杭州转往各地，屯溪商品，凡邻近黟、祁、婺、歙等县，均仰给之”[⑦]。杭州也是徽州与苏州之间商品流通的中转站，明清徽州外出至江南苏州地区，除经过杭州作为中转站的方式外，还有经由青弋江的另一种方式，“徽州至苏州的水道有二：北可由青弋江至芜湖，顺长江而下，在镇江入运河，可抵苏州。东

---

① 殷梦霞、李强选编：《民国经济志八种（第二册）》，国家图书馆出版社2009年版，第504页。
② 殷梦霞、李强选编：《民国经济志八种（第二册）》，国家图书馆出版社2009年版，第426页。
③ 张研、孙燕京主编：《民国史料丛刊（第554册）》，大象出版社2009年版，第279页。
④ 张研、孙燕京主编：《民国史料丛刊（第554册）》，大象出版社2009年版，第279—280页。
⑤ 殷梦霞、李强选编：《民国经济志八种（第二册）》，国家图书馆出版社2009年版，第471页。
⑥ 殷梦霞、李强选编：《民国经济志八种（第二册）》，国家图书馆出版社2009年版，第497页。
⑦ 殷梦霞、李强选编：《民国经济志八种（第二册）》，国家图书馆出版社2009年版，第513页。

由新安江至杭州，再转入运河至苏州”[①]。

民国徽杭公路的开通对徽州人民生活也有较大影响，“幸杭徽、淳屯、屯芜诸路相继通车，社会情况，亦因交通便利变化不少”[②]。徽州公路发展对徽州本地影响除了表现在两地商品流通更为便捷外，还表现在可以抑制徽州物价太高的状况。比如，“歙县在公路未通前，各种物价与外界相差甚巨。凡本地土产，以运输不便，低价出售；外进货物，因交通不便，运费昂贵，价值亦因之高涨。今则沪杭朝发夕至，有无相通，各种物价，亦起一重大变化”[③]。

晚清以来，随着社会对外开放程度的加大，杭州等经济发达地方的习尚能更迅捷地影响到徽州地区。近代以来，洋货进口日多，由浙江杭州到徽州是洋货进入徽州的最重要途径，由此也使得徽州人们对洋货的使用日益普及。刘汝骥指出，在歙县，“歙处万山中，习俭朴，乾嘉之世鹾业盛，富户多，稍稍趋奢华，书籍字画金玉古玩，储藏最富，一食用之细日费万钱者有之；粤匪乱后，内容愈瘠，表面愈华，好洋货者多，好土货者少，外强中干，识者忧之”[④]。近代以来徽州人民还崇尚江南服饰，其传播途径也是由江浙传至徽州商业之中枢——屯溪，渐而至歙县等地。刘汝骥指出：“通邑以西乡为最华，当年鹾业大盛，扬州靡俗逐渐输入，又与休邑鳞接，自发逆乱平，徽属商务聚于屯溪，一冠履之时趋，一袍袴之新样，其自江浙来者，休首承之，次即及歙之西乡，近少妇好效沪妆，年长者犹戴鬏（扬州旧制），此今昔习染之大验也。”[⑤]

五、小结

由上述讨论可知，近代徽州地区与浙江地区之间的人口迁移不是单

---

① 唐力行：《明清以来苏州、徽州的区域互动与江南社会的变迁》，《史林》2004 年第 2 期。

② 殷梦霞、李强选编：《民国经济志八种（第二册）》，国家图书馆出版社 2009 年版，第 446 页。

③ 殷梦霞、李强选编：《民国经济志八种（第二册）》，国家图书馆出版社 2009 年版，第 446 页。

④ 刘汝骥：《陶甓公牍》卷十二《法制科》，载《官箴书集成》第 10 册，黄山书社 1997 年版，第 579 页。

⑤ 刘汝骥：《陶甓公牍》卷十二《法制科》，载《官箴书集成》第 10 册，黄山书社 1997 年版，第 581 页。

向的，除了徽商在浙江地区经商以外，徽人外出经商使得徽州本地人口真空出现，与徽州邻近的浙江一些地方的农民来到徽州地区，从事农业开垦或打零工等活动，地理上的邻近之便是重要原因。

此外，近代徽州与浙江地区有丰富的经济互动。徽州向浙江的产品输出具有资源依赖的特征，近代浙江种类丰富的工业品也向徽州地区输出，这不仅满足了徽州民众的需要，也改变了徽州人的习尚。此外，浙江对徽州的农产品输出对徽州地区起了重要物资调剂作用。近代徽州与浙江之间的货物流通以屯溪与杭州为重镇，交通因素对这种商路的形成起了关键作用。这不仅包括传统时期对水运格局依赖的因素，还因为，民国时期徽杭公路的建设使得两地间的商品流通更加便捷。

第二节　明清以来徽州与安庆地区人口迁移与经济互动初探

现有徽学研究中，学者对徽州与江南地区之间经济互动及徽商在江南地区活动等问题的研究很深入，相比之下，关于明清以来徽州与安徽境内之间区域互动研究不多。值得注意的是，王廷元对明清时期芜湖徽商的经济及社会活动作了开创性论述①；范金民对清代六安徽州会馆作了开创性研究②；陈恩虎、吕君丽对明清时期巢湖流域的徽商作了探讨，指出“徽商遍布巢湖流域大小城镇和集市，在流域内从事商业经营，并形成了较为明显的经营特色”③；陈瑞关注到亳州的徽商，指出清代亳州境内的徽商以婺源籍商人占主体，致富后，积极参与地方公益事业，用实际行动回报社会，形成了徽商与亳州地方社会的良性互动。④

---

① 王廷元：《论明清时期的徽商与芜湖》，《安徽史学》1984 年第 4 期。

② 范金民：《清代徽商与经营地民众的纠纷——六安徽州会馆案》，《安徽大学学报》2005 年第 5 期。

③ 陈恩虎、吕君丽：《明清时期徽商在巢湖流域的经营活动》，《安徽史学》2010 年第 4 期。

④ 陈瑞：《清代淮河流域商业重镇亳州境内的徽商——以乾隆、光绪〈婺源县志〉为中心的考察》，《中国地方志》2008 年第 12 期。

迄今尚未见对于徽州与安庆地区之间人口迁移及经济互动等问题的专门探讨①。据笔者对资料的检阅，明清民国时期，尤其是安庆长期作为省会的清代民国时期，以安庆为主体的皖中地区与徽州地区之间不仅有人口迁移，经济互动也很明显。本节对此作一探讨。

一、明清时期徽州与安庆地区人口迁移及影响

1. 明清时期安庆人在徽州的垦山活动

关于安庆人在徽州的活动，学界注意到清代以来大量安庆人在徽州的山地开垦活动。曹树基指出，清乾隆时期以后，安庆棚民在皖南山区从事垦山活动，“安庆是清代前期和中期长江流域人口输出的中心之一。”②

清代以来安庆人多有到徽州地区从事资源利用活动者，主要表现在山地开垦方面。这种状况的出现不是偶然的，一是明清安庆地区不太重视经商，农耕文化表现为安土重迁、勤力农亩的特征③，由此导致安庆地区人口压力经由经商渠道来缓解的情况不大可能，外出开垦便成为可行之道；二是对徽州地区来说，由于大量人口外出经商，造成本地劳动力的真空；三是，玉米开垦等生产方式给徽州地区山地资源利用提供了一种新的途径，此类资源开垦活动不仅能缓解徽州粮食紧缺的状况，也迎合了徽州地区本地山民获得经济收入的需要。清代徽州此类资源开垦活动主体也就是所谓的棚民。

---

① 有些研究注意到了皖中社会史、安庆经济史及文化史状况，但对安庆与徽州之间区域经济互动极少关注。比如，杨松水对清代皖中地区绅士的作用作了论述，参见杨松水：《论清代皖中绅士在保障城乡社会互动中的作用》，《中国农史》2007 年第 2 期；尹玲玲对明清时期安庆的渔业作了专论，参见尹玲玲：《明清时期安庆地区的渔业经济》，《安徽史学》2001 年第 4 期；沈葵、朱洪对皖江文化与徽州文化在宏观上作了比较性研究，参见沈葵、洪永平：《皖江文化的学术定位与发展契机——兼论淮河文化与徽州文化》，《安徽师范大学学报（人文社会科学版）》2009 年第 3 期；朱洪：《皖江文化的特点——与淮河文化、徽州文化比较》，《学术界》2008 年第 5 期；徐国利、林家虎对近代徽州和安庆地区文化人物的区域分布、时间分布和类型分布作了研究，参见徐国利、林家虎：《近代徽州与安庆地区文化人物的结构特征及其成因比较研究》，《安徽师范大学学报（人文社会科学版）》2009 年第 3 期。

② 葛剑雄主编：《中国移民史》（第六卷），福建人民出版社 1997 年版，第 305 页。

③ 梁诸英：《重商求利：皖江地区传统农耕文化的近代嬗变》，《安庆师范学院学报（社会科学版）》2008 年第 8 期。

关于清代安庆棚民在徽州的开垦，早在乾嘉年间即已出现。乾嘉年间徽州地区地方志对安庆人在徽州的玉米种植有明确记载，比如在绩溪县，玉米种植的情况是“邑多山，近为皖人垦殖，所产不少”①。在祁门县，嘉庆年间也有安庆人从事开垦活动，嘉庆六年（1801）七月初四日潜山人陈敦仁所立租山契约即是明证，此契约如下。

“立出租约人江凌汪等，今有承祖买受本都八保土名黄桑坞口外培，又土名杉木塆……四至之内合众商议出租与潜山陈敦仁名下前去锄种杂粮等，三面言定，递年交纳租银五钱正，其艮递年冬至前三日交付，不得短少，今恐无凭，立此出约存照。嘉庆六年七月初四日 立出租人汪恭祀秩下集成仝业人凌凤鸣。”②

乾嘉年间安庆潜山人不仅在徽州地区租佃山场，还有租佃田地的情况。照现有契约看来，外来的潜山人租佃的水田不是上等田，比如潜山人王胜扬原本在祁门县租佃山场以“承种山场锄种麻粟，布种松杉”，后来又租佃水田用来经营，其所租之田即是因为洪水冲刷而导致的“砂积抛荒”之田，这种情况在清嘉庆二十一年（1816）三月初一日潜山人王胜扬所立承佃田约中记载得很清楚。契约如下。

“立承佃约人潜邑王胜扬，今承到康惟成东名下粪草田皮并该田本身主租及各主租田壹号，坐落本都保律字一百卅八号，土名竹系坞，计田三坵，计主租四秤有零，其田因在高坎山坞挞，缘先年洪水冲卸田炮，砂积抛荒有年，国课虚供。今身因在本坞承种山场锄种麻粟，布种松杉之便，是以前来承佃前田，前去入田挑砂做炮，开荒成田耕种，面议定自丙子年起，至癸未年为满八年止，第甲申年秋收之日接租主到田看验监收，照主租交纳，其田皮面议日后归承佃人管业，以准开荒、挑砂做砲工食。所议年内倘洪水冲击等情，均系是承佃管理，不致抛荒，借口异言，其主租至开荒年满之日照交，不得拖欠。如有短少，听凭租主另行招佃耕……大清嘉庆贰拾壹年三月初一日立承佃约人王胜

① 嘉庆《绩溪县志》卷三《物产》。

② 《嘉庆二十二年祁门凌氏立〈合同文约誊契簿〉之一四二》，载王钰欣、周绍泉主编，中国社科院历史研究所收藏整理：《徽州千年契约文书（清民国篇）》卷十一，花山文艺出版社 1993 年版，第 334 页。

扬全男王德有。"[①]

实际上，清代前期安庆人不仅在皖南徽州从事山地开垦，在邻近的旌德县也从事山地开垦、种植玉米活动。比如在旌德县，租山种植玉米的就包括安庆府的流民。[②]

清代嘉庆年间徽州地区虽然对外来棚民屡有禁令，但在整个清代，徽州棚民并未绝迹。[③]

延至清道光年间，徽州、宁国、池州、广德四府州均有外来人口"租山垦种，搭棚栖止"，安庆人在皖南地区的开垦仍占重要地位。据道光初年陶澍的调查，"至徽州、宁国、池州、广德四府、州属境内，深山峻岭甚多，往往有外来民人，租山垦种，搭棚栖止"。陶澍对皖南徽州、宁国、池州、广德等地棚民来源的调查，其既有"由江、广迁往者"，"亦有由本省桐城、潜山、宿松、太湖、舒城、霍山等处迁往者"[④]。可见，道光年间徽州地区的棚民中，皖中安庆人占主体地位。道光年间徽州的地方志也对这种情况有明确表述，在徽州府，"昔间有而今充斥者，惟包芦"，"自皖民漫山种之，为河道之害不可救止"[⑤]。

太平天国战争后皖南人口迁入的情况与此前有差异，表现在太平天国战争前皖南的人口迁入以棚民为主，数量有限，官方不提倡。太平天国战争使皖南地区人口大量减少[⑥]，这种状况急需大量移民垦荒，此时官府对皖南人口移入的态度是鼓励的。关于太平天国战争对安徽人口的影响，有学者作过专门研究，皖南地区广德州、宣城县、歙县、祁门县、青阳县、黟县五处人口总和因战争损失的人口高达77.3%。[⑦]

---

① 《清嘉庆十二年丁卯春正月立祁门十三都一图凌氏〈众誊契簿〉》之《清嘉庆十二年丁卯春正月立祁门十三都一图凌氏〈众誊契簿〉之三十八》，载刘伯山主编：《徽州文书》第三辑第9册，广西师范大学出版社2009年版，第176页。

② 嘉庆《旌德县志》卷之五《物产》。

③ 梁诸英：《契约与民生：清代徽州棚民长期存在之反思》，《安徽史学》2009年第3期。

④ 陶澍：《陶澍集（上）》，岳麓书社1998年版，第423—424页。

⑤ 道光《徽州府志》卷五之二《物产》。

⑥ 张爱民认为，太平天国战争使安徽全省人口减少数在2000万左右，"较大的皖南四府一州，1819年人口1112万，占全省人口的31.8%，至19世纪末仅为255.7万，只占全省人口的18.2%，战后人口密度反而低于长江以北地区"，参见张爱民：《近代安徽人口的变迁》，《安徽师大学报（哲社版）》1996年第3期。

⑦ 林齐模：《旧制度的危机——太平天国战争对安徽田赋征收的影响》，《安徽史学》2002年第3期。

关于太平天国战后安徽尤其是皖南鼓励垦荒的事宜，相关的档案作了记载。据中国第一历史档案馆所藏档案材料，清光绪三十四年（1908），安徽巡抚冯煦上奏“拟请开荒至三万亩以上，种树至五十万株以上，出资至万金，集资至十万金以上者，准由臣奏乞恩施择优保［褒］奖以励其余”，皇帝批复道“著照所请，该部知道”①。

在这种特殊背景下，外地民众大量向皖南地区涌入。当时的地方官员也对皖南人员迁入的规模作了概括，清光绪九年（1883）安徽巡抚裕禄奏宣城垦务情况：“盖自兵燹后，该处土民（指宣城）百不存一，而外来垦荒客民，则十倍于土民而不止。”② 光绪十七年（1891）的奏折资料也显示出皖南客民大量涌入的状况。光绪十七年（1891）十二月二十七日，安徽巡抚沈秉成奏折：“臣详加察核，安徽省兵燹以后元气凋伤，皖南各处荒田半被客民垦种，所患在于人少生有子女，虽贫家亦甚爱怜弃孩，溺婴之风尚不多见，故或建堂集款竟岁，并无送育一婴。”③

2. 明清时期徽州人在安庆的经商活动

先作一个说明，徽州人向安庆地区的迁移并不仅仅是明清时期。早在宋代，徽州人即有迁往安庆地区者。据族谱资料，歙县项氏始祖汉七公有八子，其次子叫项士迪，即是“绍兴甲戌随父翁挈家住舒州，今名安庆太湖居矣”④。曹树基对明代及之前安庆地区居民的来源地也作了研究，指出安庆的移民主要来自江西，少量来自徽州地区，“安徽本省的移民人口占洪武时期安庆府总人口4.6%，他们大多来自徽州府（治今歙县），其中相当多的氏族来自以后我们划归江西管辖的婺源县。”⑤

延至明清时期，此种徽州人向安庆地区的迁移依然继续。从史料来看，明清时期徽州人到安庆主要是经商活动，这种情况与明清时期徽州人擅长于经商的传统是一致的。这方面的记载很多，比如在休宁县，

① 朱批奏折，安徽巡抚冯煦：“奏为酌拟皖省垦牧树艺集资开辟荒山荒地奖励章程事”，光绪三十四年正月二十四日，中国第一历史档案馆藏，档号：04-01-22-0067-020。

② 《皇朝经世文编》卷三十三《户政十》。

③ 中国第一历史档案馆编：《光绪朝硃批奏折》第三一辑，中华书局1995年版，第380页。

④ 《歙县项氏族谱》（不分卷），明抄本，第68页，上海图书馆藏。

⑤ 葛剑雄主编：《中国移民史》（第五卷），福建人民出版社1997年版，第65页。

明正德年间的汪平山，字君与，是在安庆经商者，“商于安庆、潜阳、桐城间，非道弗交；弟璜卒于商次，益田若干亩以优侄孤”[①]。休宁人汪东瀛系明弘治嘉靖年间人，“意薄进取，挟赀皖城，先达谢公辅奇其刚毅不挠，器度弘伟，日与讲论诗文，远近商游于兹者，咸师事之”[②]，该县的朱德粲，也曾经“贾于皖”[③]。

在歙县，王友挑系明正统间人，“商游桐城，卒彼旅邸”[④]。清代歙县的江嘉谟，字仲书，号勉亭，是当地的孝子，“幼失恃，事父并继母极孝”，帮助父亲在安庆地区经商，“父客皖城，经营拮据；公甫弱冠往服其劳，力担家计，父得优游井里，整顿村闾”[⑤]。另如，清代歙县的江政观“居无为州，再迁桐城，……观性孝义，凡诸善举，倾橐不吝。”[⑥]

黟县也有在安庆地区经商者，比如清代黟县的孙启祥曾“贾于皖”[⑦]，道光年间黟县九都金钗人史世椿也是“少清贫，商皖起家”[⑧]。此外，婺源县多有经商者，婺源洪氏经商者在外定居的地域，除了湖南、广西、成都、金陵等地，还有省内的繁昌、桐城等处[⑨]。

实际上皖南向安庆府的移民并非徽州一府。据考察，在明代，安庆府的移民中，江西移民占87%，安徽移民仅占6%。[⑩] 到安庆经商的人群，除了徽州府，也有一些是与徽州府邻近的宁国府的人。比如，太平县馆田地区的李先魁，幼名金榜，是清咸丰年间人，也“客居安庆萧家塅”[⑪]。

明清时期安庆地区徽商的经营范围很广泛。后人对乾隆至嘉庆年间

---

① 张海鹏、王廷元主编：《明清徽商资料选编》，黄山书社1985年版，第288页。

② 张海鹏、王廷元主编：《明清徽商资料选编》，黄山书社1985年版，第440—441页。

③ 道光《休宁县志》卷之十五《人物·尚义》。

④ 张海鹏、王廷元主编：《明清徽商资料选编》，黄山书社1985年版，第243页。

⑤ 江登云纂、江绍运续纂：《橙阳散志》卷三《人物》，嘉庆十四年（1809）刻本。

⑥ 民国《歙县志》卷九《义行》。

⑦ 光绪《重修安徽通志》卷二百五十《义行四》。

⑧ 同治《黟县三志》卷七《尚义》。

⑨ 张海鹏、王廷元主编：《明清徽商资料选编》，黄山书社1985年版，第53页。

⑩ 曹树基：《中国移民史（第五卷明时期）》，福建人民出版社1997年版，第61页。

⑪ 《江南宁国府太平县馆田李氏宗谱》，清光绪三十一年（1905），木活字本，卷三“景明公世系”，第18页，上海图书馆藏。

安庆徽商的经营状况追忆道："安庆城内外之较大钱庄、当铺、绸缎庄、布店、纸坊、茶叶店、南货店等等，已多为徽商开设。"[①] 史料也说明了安庆徽商经营的广泛。比如盐业是明清徽商经营主业之一，安庆地区也不例外，明末休宁县的陈祖相，号熙阳，即在安庆从事盐业，"七岁能书，十岁能文，壮志不遂，乃事贾。历游江皖淮阳，操鹾策，卒成大业。"[②]

徽人在安庆地区经营的行业除了盐业外，还经营米业、酱业等食品行业。明清时期安庆是长江流域重要米粮贸易地，雍正皇帝即位之初就发布谕告："凡有米商出境，任便放行，使湖广、江西、安庆等处米船直到苏州，苏州米船直到浙江，毋得阻挠，庶几有无流通，民皆足食。"[③] 也有多位在安庆地区经营米业之徽州商人的具体实例。黟县的郑嘉莲，系监生，曾在安庆地区桐城县经营米业，"尝于桐城金山墩卖米"[④]；黟县的孙启祥，贡生，"事母孝"，也曾经"贾于皖"[⑤]，经营米业。另如，明嘉靖万历间（1522—1620）婺源人李大嵩，经营酱业，"又醢贾于皖城，又质贾于姑熟。"[⑥] 清代徽商在安庆地区经营酱业最突出的当是安庆百年老店胡玉美酱园，胡玉美酱园即是创业于道光十八年（1838），其创办者胡玉美家族，原籍徽州婺源，创办历史可追溯到清康熙六十年（1721）胡元彬率全家迁至怀宁，先从事肩挑贩卖豆腐、酱货业务，继而开店经营。传到道光年间（1821—1850），胡兆祥及其子经营出"胡玉美"酱园这一著名品牌[⑦]，直至今天还作为安庆的名产而存在。

明清时期安庆地区徽商的形象多是正面的，表现在重义轻利及重视孝道等方面。比如，明嘉靖万历间在安庆经商的婺源人李大嵩曾教育人

---

① 詹寿祯：《徽商在安庆经济活动之概况》，载安庆市政协文史资料委员会编：《安庆文史资料》第八辑，1984 年版，第 121 页。

② 张海鹏、王廷元主编：《明清徽商资料选编》，黄山书社 1985 年版，第 78 页。

③ 《湖广通志》卷首之二，雍正元年上谕。

④ 嘉庆《黟县志》卷七《人物·义行》。

⑤ 嘉庆《黟县志》卷七《人物·义行》。

⑥ 张海鹏、王廷元主编：《明清徽商资料选编》，黄山书社 1985 年版，第 273。

⑦ 胡庆昌：《胡玉美酱园的发展及其经营管理》，载安庆市政协文史资料委员会编：《安庆文史资料第十三辑》，1991 年版，第 62 页。

们道："财自道生，利缘义取，陶朱公、秦青等数辈何在?"[①] 在安庆经商的婺源人詹元甲是重义的典范，詹元甲"性耽典籍"，系因为家贫而弃儒服贾的，"尝客皖省，设磁铺"，由于具有深厚的文化底蕴，这使其得到当时太守陈其崧的"大加叹赏"，并与之为友。在饥荒之年，詹元甲曾替陈其崧采办二十余万金的米粮，按照惯例，采办人可以从中获得一定比例的回扣，但詹元甲采办过程中不拿回扣。地方志如此记载道："既至其地，逆旅主人曰：'此地买米，例有抽息，自数百两至千万两，息之数，视金之数。今君挟巨赀可得数千金，此故例，无伤廉。'元咈然曰：'今饥鸿载途，嗷嗷待哺，予取一钱，彼即少一勺，瘠人肥己，吾不忍为。'"[②] 在安庆经营的黟县商人也多有此类例子。比如黟县的郑嘉莲，监生，就曾从江西运米到桐城来出卖，一次遇到翻船，仍然不贪占淹死的水手的财产，"尝于桐城金山墩卖米，自江西运之，值舟覆，资本空，嘉莲以水手桂元一溺水死，深悲之，捞尸为敛，并归其匮，江湖行旅每称道之"[③]。清代黟县商人舒祖谟在安庆经商也重信义，"初为商，信义著于皖江，保全难民及乡人流落者甚众"[④]。黟县的孙启祥在安庆经商，贡生，"事母孝"，也有类似事情，"有族人挟资寓僧舍，病笃，托后事于启祥，启祥经理之，悉归其余"[⑤]。

在安庆经营的徽商重孝行及宗族联谊。曾对安庆道路有捐修的休宁上资人汪琼生，就是孝行的典范，"年十一丧母，父先义久出未归，遂肩贩四方访寻其父，嗣至池之大通镇，与父遇，因赁居居其父，仍小贩以供菽水。后二十载，父病笃，割股和药以进；及父殁，权攒空地，覆以柴棚，日市贩，夜守柩，如是者三年，镇人愈为感动"[⑥]。另如，清代康熙年间休宁县汪士铨，"母洪氏，孕士铨时，父惟墀贸易潜山，财被劫，不得归。铨生十龄，未见父，朝夕忧思，稍长请母命往访，得迎归"[⑦]。安庆的徽商重视宗族联谊及互助，比如，清代黟县的徽商汪福

① 张海鹏、王廷元主编：《明清徽商资料选编》，黄山书社1985年版，第273页。
② 光绪《婺源县志》卷三十四《人物·义行》。
③ 嘉庆《黟县志》卷七《人物·义行》。
④ 民国《黟县四志》卷七《尚义》。
⑤ 嘉庆《黟县志》卷七《人物·义行》。
⑥ 道光《休宁县志》卷十四《孝友》。
⑦ 道光《休宁县志》卷十四《孝友》。

南对在安庆经商的徽州人多有襄助，“常经商垅坪，力除船户积弊，行旅赖焉。同乡请司会馆事，移皖及芜湖，遇同里失业者，每赡之，默察行止位置，至其浮薄者，量远近给资遣之”①。

从某种程度来说，重视孝道、敬重老人也是明清时期文化的一种特征。皖南地方志对高龄老人常常专门作记载，或把百岁老人作为祥瑞的一种表征。此外，明清地方官甚至把百岁老人作为祥瑞的表征上报中央朝廷，请求给予表彰，这也显示出明清时期孝文化的内涵。档案资料对此类情况多有记载。比如，清嘉庆三年（1798）署理安徽巡抚朱珪为绩溪县程嘉升年届百岁向皇帝汇报，程嘉升“赋性敦庞，得天纯朴；沐琅霄之雨露，以豫以恒；荫椿宇之春秋，而康而寿”，皇帝朱批为“该部知道”②。清嘉庆二十二年（1817），安徽巡抚唐绍镛为建德县101岁的查继民请旨旌表，请旨说明的理由有“该寿民赋性朴淳，持躬笃厚”，皇帝朱批道“礼部知道”③。另如，清道光五年（1825），安徽巡抚张师诚奏为泾县五世同堂的100岁的潘廷誉请旌，请旨说明的理由有“赋性淳良，持躬端谨，沐四朝之雨露，椿树长荣，抚五代之曾元，兰芝并茂”，皇帝朱批道“礼部议奏”④。

3. 明清时期徽州、安庆人口迁移的影响

胡中生强调人口史研究要有整体史观和社会学视野，“人口史研究最为主要的目的是为了解决社会经济和文化的变迁，不可能仅仅是做纯粹人口学意义上的探讨”⑤。同样地，明清时期徽州、安庆之间人口迁移及经济活动，对所活动地域的地方社会或生态环境产生了一定的影响，这种人口迁移对社会或经济的影响也有探讨的价值。

具体来说，在徽州，安庆人的山地开垦虽然能缓解徽州本地粮食紧张的局面，但同时产生了生态破坏的不利影响。学界已注意到安庆棚民

---

① 民国《黟县四志》卷六《质行》。

② 朱批奏折，署理安徽巡抚朱珪：“奏为绩溪县人民程嘉升寿届百龄事”，清嘉庆三年（1798）十二月二十二日，中国第一历史档案馆藏，档号：04－01－02－0141－010。

③ 朱批奏折，安徽巡抚唐绍镛：“奏为建德县耆民查继民现年一百零一岁请旨旌表事”，清嘉庆二十二年（1817）十二月二十五日，中国第一历史档案馆藏，档号：04－01－14－0051－075。

④ 朱批奏折，安徽巡抚张师诚：“奏为泾县寿民潘廷誉实年一百岁五世同堂请旌表事”，清道光五年（1825）十二月二十日，中国第一历史档案馆藏，档号：04－01－14－0058－013。

⑤ 胡中生：《徽州人口社会史研究的理论视野和概念创新》，《探索与争鸣》2004年第8期。

在徽州的山地开垦，尤其是玉米种植活动导致了生态破坏。道光年间地方志对安庆人来徽州开垦对生态的破坏有明确记载："又郡地势高峻，骤雨则苦潦，旬日不雨又苦旱。自皖民开种苞芦以来，沙土倾泻，溪堨填塞，河流绝水利之源，为害甚大，六邑均之。"①

实际上，安庆人在皖南非徽州地区的山地开垦也导致了生态破坏。比如，安庆等地的人在旌德县从事玉米种植即导致了山地生态的严重破坏："用锄开挖，冈陇土松石动，每遇霖雨，石沙随雨水奔下，填溪塞路，毁坏良畴。游民俱系无业，聚族凭陵，土人不敢与较，且性犷悍好斗，时酿命案。乾隆五十四年（1789）府院朱以徽属地方蛟水陡发、庐舍漂没、田亩杀压，皆因棚民挖山之故，严饬概行驱逐。今棚民更多于昔，地方官亟宜禁止也。"②

在安庆地区，以徽州人为主体的皖南人的经商活动产生的影响是正面的，对商品流通的促进是一个方面。清代皖南建德县与安庆的经济交流是，"其他若芝麻之肪、梧桐之膏，亦颇贾于安庆都会之地，市易流转，未能远行也。"③

对安庆地区公益事业的促进，是安庆徽商社会影响的一大方面。这以徽州人对安庆当地的社会事业多有捐助的表现最为突出，比如救灾、修路等。休宁县土元街人朱德粲，字英三，"贾于皖，尝成潜山县石梁，造救生船于大江以拯溺，制水桶于皖城以救火灾，并买义地施茶汤，保姜氏子，赎许氏女，义行甚众"④。明正德年间在安庆经商的休宁县的汪平山，也多有义行，"正德间，岁大歉饥，蓄储谷粟可乘时射倍利。处士不困人于厄，悉贷诸贫，不责其息，远近德之"⑤。清代休宁县上资人汪琼生，也曾经在安庆地区有修路施茶之善举，"往皖所经之大洪、流沙等岭，皆独立捐修；岭上施设茶汤，令僧司其事，以济行旅"⑥。在歙县，

① 道光《徽州府志》卷四之二《水利》。

② 嘉庆《旌德县志》卷之五《物产》。

③ 周云编纂：《建德县风土记》卷之六《物产》，载姜亚沙、经莉、陈湛绮主编《中国风土文献汇编》第四册，全国图书馆文献缩微复制中心，2006 年版，第 4 页。

④ 道光《休宁县志》卷之十五《人物・尚义》。

⑤ 张海鹏、王廷元主编：《明清徽商资料选编》，黄山书社 1985 年版，第 288 页。

⑥ 道光《休宁县志》卷十四《孝友》。

凌诰也是“慷慨急公，曾捐输百缗造桐城县西门城楼，邑令以尚义旌焉”[①]。黟县的朱照开也在安庆有善行，“弱冠丧父”“商于安庆，赈饥施棺，置义冢”[②]，黟县的朱荣荐“恬静尚义”，在安庆也有善举[③]。

安庆地区徽商重视善行的例子还有一些。比如黟县的程桂模“善治生，客枞阳、大通，捐造救生船，道光壬辰，沿江水灾，枞阳尤甚，桂模市米八百石以赈，并施棺三百余具”[④]。黟县“商皖起家”的史世椿也是重义的商人，“勤俭好义，重建家祠，兴文会，造本村路，助修溪桥，施棺助葬，散赈济荒，输书院考棚建费”；史世椿除在家乡有义行外，在安庆地区也多有善事，“在皖于救生局捐钱布，于体仁局施棺。道光中，皖水灾，刘抚部音员柯时守安庆，令世椿督赈，筹画周密，全活为多”。此外，对于“皖东狱府县城隍药王大神、山口镇城隍、大观亭地藏诸庙”，也是“或建殿宇、助石柱，庄严神像及捐月钱，悉施财不少”[⑤]。

有一个方面需要指出的是，徽州人向安庆地区迁移、定居的影响不仅仅是经济层面。在文化层面，徽州人向安庆的迁移的影响也很重要。桐城是桐城派文化的中心，实际上，不少桐城人是元末明初徽州、江西等地移民由于战乱等原因而迁入的。[⑥] 葛剑雄谈到移民迁入对文化进步提供物质条件时指出，“明初迁入安庆地区的是来自文化水准更高的徽州和江西籍移民”，明清时期桐城涌现出的方氏、姚氏等虽出于明以前的原住民，“但这些学者赖以产生的环境却主要是由外来移民造成的”[⑦]。关于安庆地区桐城派文化与徽州移民的关系，有研究指出，“桐城派的主要代表人物，如戴名世、方苞、姚鼐、方东树等人的远祖，皆属于从婺源、余姚等外地迁来桐城的移民”[⑧]。

---

① 凌应秋：《沙溪集略》（清乾隆三十四年撰，抄本），载《中国地方志集成（乡镇志专辑第17册）》，江苏古籍出版社1992年版，第670页。

② 同治《黟县三志》卷七《尚义》。

③ 同治《黟县三志》卷七《尚义》。

④ 同治《黟县三志》卷七《尚义》。

⑤ 同治《黟县三志》卷七《尚义》。

⑥ 汪孔丰：《元末明初移民与明清桐城文化的兴盛》，《北方论丛》2012年第2期。

⑦ 葛剑雄：《中国移民史第一卷》，福建人民出版社1997年版，第108—109页。

⑧ 周中明：《桐城派研究》，辽宁大学出版社1999年版，第6页。

徽州多支姓氏宗族迁入安庆后对安庆文化有深远影响，方氏是突出的情况。

关于方氏宗族，韩国学者朴元熇指出，西汉末年，原居住在河南的方氏一支在西汉末年迁到江南，东汉时期，方氏始迁到徽州，东汉时期的方储被认为是歙县柳山方氏的始祖。① 方氏第二次迁徙是“由歙东乡、桐庐向徽州山区移民，从而促进了地域社会的开发”，这种迁徙与商业有关系，比如方氏环岩派上路口支第43世是“宋末时商游滁州，留家全椒县”②。著名学问家方以智的祖先便是迁自徽州地区，“其先自休宁迁池口，宋末有德益公者徙桐城”，这里的池口是贵池，方氏祖先是先由徽州到池州，再到安庆地区的。③ 桐城方氏差不多都是宋元之交自徽州迁入，一是来自休宁，一是来自婺源，桐城方氏除了方以智著名外，还有方苞、方东美等文化名人。④

除了方氏以外，安庆地区还有其他姓氏支脉也是从徽州迁来定居者，比如汪氏、范氏、戴氏、何氏等。日本的臼井佐知子对徽州汪氏家族的迁徙作了详尽的考察后指出，汪氏44世汪华有九子，其中，汪华的七子汪爽的支系在第58代，移居于安徽铜陵、石埭、桐城、潜山等多处。⑤ 徽州汪华的后代在安庆支脉所繁衍的后代人数众多，近年还隆重成立了安庆地区“汪华研究会”。至于徽州范氏向安庆地区的迁徙与定居，陈瑞对元代二则“徽州宗族祖茔规约”作了解读，指出休宁范氏为徽州著名望族之一，至元代，“在徽州境外宁国、无为、安庆、庐州、江州等地形成分迁支派”，也就是规约所说的“后有迁本县汉川诸乡及宁国、无为、安庆、庐州、江州等处居住者，皆同其源”⑥。至于戴氏，戴名世祖先也是从徽州迁来的，“先世洪武初自徽之婺源徙居桐”⑦。何氏也有迁自徽州地区的情况，何松坡家族迁徙情况是“上世居新安，元季徙居桐城青

---

① 〔韩〕朴元镐：《从柳山方氏看明代徽州宗族组织的扩大》，《历史研究》1997年第1期。

② 唐力行：《徽州方氏与社会变迁——兼论地域社会与传统中国》，《历史研究》1995年第1期。

③ 马其昶著，毛伯舟点注：《桐城耆旧传》，合肥：黄山书社1990年版，第9页。

④ 陶善才、方宁胜、张勇：《桐城方氏：中国文化世家的绝唱》，《书屋》2011年第7期。

⑤ 臼井佐知子：《徽州汪氏家族的迁徙与商业活动》，《江淮论坛》1995年第1期。

⑥ 陈瑞：《元代徽州宗族祖茔规约二则释读》，《史学史研究》2009年第1期。

⑦ 戴名世，王树民编校：《戴名世集》，中华书局1986年版，第173页。

山之麓"[①]。

二、近代徽州与安庆地区之间的人口迁移及影响

1. 近代徽州人在安庆地区的商业活动

近代，安徽的传统社会秩序受到了冲击。尤其是太平天国战乱，使得安徽地方社会的经济发展及秩序受到了很大的破坏。原来有一些徽州人在安庆地区经商，但太平天国战乱后，又有一些徽州人为了避乱而来到安庆地区并从事经商的活动。比如，乱后黟县的汪令钰到安庆经商的情况是，"粤匪扰黟，全家几至离散，孓身冒险赴皖之石牌镇创商业，挈全家往避乱，乱平，家渐裕"[②]；黟县商人江元庆也在安庆经商，并以孝著名，"幼随父商于皖，后粤匪踞皖，避归，力田以养亲"[③]；咸同间人李宗煝的父亲与舒祖谟也是都在安庆经商，即"商肆于皖铜之间"[④]。

与许多地区一样，在安庆的徽商在抗日战争期间也是受到了摧残，这里主要考察晚清至民国前期的状况。

近代徽商在安庆经营的行业广泛。据调查，在清末民国初，"徽商在安庆以开钱庄、当铺、绸缎庄、南货号而著称，笔墨、纸张业次之。当年四牌楼，以迄司下坡、西正街大店号，几乎为徽商所据有"[⑤]。

钱庄业：清末民初徽商在安庆经营规模较大的钱庄业中，徽州人开设的有怡兴、大丰等至少十家。[⑥] 在安庆的徽州会馆具有襄助经营的功能。徽州会馆拥有十余家钱庄，一遇市场物价波动，或银根吃紧，就互相资助。太平天国时期，兵火所及，安庆部分徽商商店倾圮焚毁，此后

① 马其昶著，毛伯舟点注：《桐城耆旧传》，黄山书社 1990 年版，第 63 页。

② 民国《黟县四志》卷六《孝友》。

③ 民国《黟县四志》卷七《尚义》。

④ 民国《黟县四志》卷七《尚义》。

⑤ 詹寿祯：《徽商在安庆经济活动之概况》，载安庆市政协文史资料委员会编：《安庆文史资料》第八辑，安庆市彩色印刷厂印刷，1984 年版，第 121 页。

⑥ 詹寿祯：《徽商在安庆经济活动之概况》，载安庆市政协文史资料委员会编：《安庆文史资料》第八辑，1984 年版，第 121—124 页。

由徽州会馆资助，得以恢复[①]。

当铺：近代，安庆徽商的商业活动受到了政治风云的影响，突出表现在典业方面。在清朝末年同治、光绪时期，安庆的淮军官僚几乎垄断了全安庆的典业。但是，中华民国成立以后，湘、淮两军的势力在政治上垮了台，相应地经济力量也大为削弱，所以“安庆典当业的经济实力就逐步移入徽商掌握之中，尤其在北伐之后，更为显豁。”[②] 据调查，安庆徽商经营的当铺有永祥、惠通等四家。[③]

明清时期徽州典当业有自己一套制度。封越健曾在台湾《近代史研究所集刊》上撰专文对18世纪徽商典铺的经营管理作了深入解读。[④]对于近代徽商在安庆经营的典当业来说，其发展也与其经营艺术有关，“徽商擅长经营，他们在典当业方面同样创立了一套规章制度，制定了完整周密的剥削方式方法”[⑤]。

绸缎庄：安庆的绸布业在抗战前有大小商号76家，包括泾帮、徽帮、浙帮等商帮，其中徽帮经营的绸缎庄号称“货真价实”“童叟无欺”[⑥]。据调查，安庆徽帮经营的绸缎庄有七家，包括天成、公兴等号。[⑦]

南货及糖杂业：据调查，安庆徽商经营的南货号有七家。[⑧] 安庆糖

---

① 詹寿祯：《安庆会馆调查》，载安庆市政协文史资料委员会编：《安庆文史资料》第八辑，1984年版，第77—80页。

② 庆昌、杏村：《解放前安庆的当典与行会简记》，载安庆市政协文史资料委员会编：《安庆文史资料》第八辑，1984年版，第89页。

③ 詹寿祯：《徽商在安庆经济活动之概况》，载安庆市政协文史资料委员会编：《安庆文史资料》第八辑，1984年版，第121—124页。

④ 封越健：《十八世纪徽商典铺的经营管理与典当制度——以休宁茗洲吴氏典铺为中心》，《近代史研究所集刊》第78期，2012年12月，第29—86页。

⑤ 庆昌、杏村：《解放前安庆的当典与行会简记》，载安庆市政协文史资料委员会编：《安庆文史资料》第八辑，1984年版，第89页。

⑥ 汪挺生：《从开业户数看绸布业的兴衰》，载安庆市政协文史资料委员会编：《安庆文史资料第十三辑》，1991年版，第129页。

⑦ 詹寿祯：《徽商在安庆经济活动之概况》，载安庆市政协文史资料委员会编：《安庆文史资料》第八辑，1984年版，第121—124页。

⑧ 詹寿祯：《徽商在安庆经济活动之概况》，载安庆市政协文史资料委员会编：《安庆文史资料》第八辑，1984年版，第121—124页。

杂业分为“本帮”（指安庆籍的）和“徽帮”（指徽州籍的）两大帮口。[①] 墨子酥糖是安庆的名特产品之一，曾获国家部优奖，这一地方名产即是徽商李万益于光绪年间在安庆开设糖杂号开始的。[②] 清末安庆糖纸杂货行业屈指可数的大户还包括徽州人创办的“大顺和”，生意兴隆，据传开业四十多年，挑回银子 40 万两。[③]

笔墨纸张业：在近代，安庆徽商经营的笔墨庄有立记胡开文、正记胡开文两家，均生产名品，远销京沪及海外；纸坊中，有松筠阁和张信太两大纸坊。[④] 此外，抗战前安庆的锡铂，又名徽铂、杭铂，即分别产自屯溪、杭州，是作迷信品用。[⑤]

药店业：近代安庆吴春茂药店的创业人吴福基（1877—1939），祖籍是徽州休宁县，吴福基清末在太湖县开设有吴春茂药店，其批发业务和零售业务均是全县第一。[⑥]

正因为徽商在安庆生产及商业经营的活跃，徽商在安庆地区设立了会馆。民国初年安庆的省内外会馆有十四处，省内会馆有：徽州会馆（位于大墨子巷），泾县会馆（在西门外正街），旌德会馆（在太平境），徽州会馆占地面积大，面积有 5000 平方米，建有戏台、大殿，包括徽州会馆在内的各大会馆具有敦睦乡谊的作用。[⑦]

从以上所论可见安庆徽商经营行业的广泛，人数亦不少。况且，在

---

① 韩幼甫：《安庆糖杂业经营管理情况点滴》，载安庆市政协文史资料委员会编：《安庆文史资料第二十三辑》，1991 年版，第 15 页。

② 韩幼甫、罗作新：《墨子酥糖》，载安庆市政协文史资料委员会编：《安庆文史资料第十三辑》，1991 年版，第 90 页。

③ 韩幼甫、罗作新：《清末至解放前安庆糖纸杂货业概况》，载安庆市政协文史资料委员会编：《安庆文史资料》第八辑，1984 年版，第 103 页。

④ 詹寿祯：《徽商在安庆经济活动之概况》，载安庆市政协文史资料委员会编：《安庆文史资料》第八辑，1984 年版，第 121—124 页。

⑤ 詹守真：《抗战前安庆纸张业的经营概况》，载安庆市政协文史资料委员会编：《安庆文史资料第十三辑》，1991 年版，第 166 页。

⑥ 周明华：《吴春茂药店奋发创业经过》，载安庆市政协文史资料委员会编：《安庆文史资料第二十三辑》，1991 年版，第 28 页。

⑦ 詹寿祯：《安庆会馆调查》，载安庆市政协文史资料委员会编：《安庆文史资料》第八辑，1984 年版，第 77—80 页。

近代的安庆，各行业均有徽州籍的朝奉、师傅、学徒和杂工。[①] 这样一来，安庆的徽州人当更多。

这些来到安庆的徽州人从事商贸经营活动，体现出资金雄厚、范围广泛的经营特点，有利于调剂安庆与外地之间物资的余缺，对促进安庆的经济发展和市场繁荣有重要作用。此外，秉承徽商重视“义行”的传统，近代安庆徽商所开办的典当行对农民资金筹措也有一定的积极作用，据回忆，安庆的徽州人典当行对贫民所送典当衣物，“随时按半作价，给予方便，起临时救济解困作用”[②]。

2. 近代安庆人在徽州地区的活动

关于近代徽州的外来人口问题，学界在探讨太平天国战后皖南移民时，均注意到皖南广德、宣城、泾县等有大量移民输入，对徽州地区没有多少例证。所以与皖南其他府州有外来移民不同的是，一般认为徽州在战后没有移民。这里要补充的是，步入民国时期，史料揭示出有大量外来人口到徽州地区从事帮工，这其中不乏从安庆来者。

民国时期的调查能帮助我们认识安庆人向徽州迁移的状况。据调查，歙县的农民多本地人，但仍有客籍，“客籍以浙江温、台、绍人为多，江西、安庆、江北等地次之”，在歙县的东部地带，“几全为客民”[③]。清末刘汝骥指出，在休宁“经商远出者，白岳、惭江，直视同传，舍田土荒芜，既让安庆人以入垦矣。工匠缺乏，又召江西人以伐木烧炭矣”[④]。

民国时期，原本江西客民在徽州势力很大，但是，“自从廿余年前，江西人为了某种事故，和徽州人起了一次冲突后，胆小的徽州人，便时时对江西人表示恐惧、厌恶”，恰好这时，擅长于交际的安庆人“正极力向徽州展入”，因此“大部的徽州人，便改雇安庆人为佣工”。

---

① 詹寿祯：《徽商在安庆经济活动之概况》，载安庆市政协文史资料委员会编：《安庆文史资料》第八辑，1984 年版，第 124 页。

② 詹寿祯：《徽商在安庆经济活动之概况》，载安庆市政协文史资料委员会编：《安庆文史资料》第八辑，1984 年版，第 125 页。

③ 殷梦霞、李强选编：《民国经济志八种（第二册）》，国家图书馆出版社 2009 年版，第 390 页。

④ 刘汝骥：《陶甓公牍》卷十二《法制科》，载《官箴书集成》第 10 册，黄山书社 1997 年版，第 586 页。

从此，徽州安庆人的势力便愈趋牢固。[①] 所以，近代安庆人进入徽州的时间当是在清末期间。

这里略作拓展。徽州附近的宣城县在近代也有不少安庆人，此也可帮助我们认识安庆人在皖南的状况。据对宣城县周王区金象村的调查，“该村外乡人很多，占总人口的百分之五九以上，大部分是湖北和皖北人，以皖北潜山县人最多，占外乡人总数的百分之三〇。外乡人大多是太平天国革命后迁来，一部分是近年逃荒来的”[②]。

徽州地区来自安庆的客籍农民不仅从事农业耕作，还从事山地经济林木的种植。晚清民国时期安庆人到徽州有从事桐树种植的情况，这种种植能为种植者带来利润。比如在歙县，桐油“邑产不多，昔惟黄山源及东北交界山中有植桐者，今则安庆人在五都坦头垦山种之，通计年产油量约四千担”。安庆人到徽州植桐，是因为桐油对传统时期人们日常生活的重要功用，“桐油为髹屋及制器要品，外人以之制漆，销用极广，近年油之输出价极昂，然制漆转售，于我利仍外溢，宜广植并求制漆之法以图挽救”[③]。

民国时期安庆人到徽州还从事漆树的种植及漆的生产。《中国经济志》对安庆太湖人在歙县制漆的过程及效益有详细记录，兹以记述如下。

“漆本徽属特产，晚近因销路不畅，种植麻烦，寖至今日，逐渐减少，仅黄山、朱家村、夏川及潭渡等处，尚有出产。种植者多皖北太湖人，于春季二月间向休宁购选漆根，下种之后不壅肥，不久即发芽。苟土地肥沃，一年即可长达二尺，嗣后每年春季用绿肥，冬季用桐饼。五年后即可割漆。在第六、七、八三年，为产漆最多时期，每株年可产十两；第九、第十年以后，仅产七折，且质亦劣，十二年后，即无漆可产。割漆约在阴历端午至中秋时，每树隔三天割一次，用刀于树及上割成人字形，以蚌壳接受，每次最多约一钱半，少则一钱、半钱。轮流换割，每工人可管六百株，日可割二百株。工人手段优者，漆多质佳，而

---

① 碧玉：《徽州的“客民”》，《社会周报（上海）》1934 年第 1 卷第 12 期，第 231 页。

② 华东军政委员会土地改革委员会编：《安徽省农村调查》，华东农村经济资料第四分册，1952 年 12 月，内部资料，第 140 页。

③ 民国《歙县志》卷三《物产》。

且树之寿命亦可增长；劣者漆少质劣，且损及树之寿命。每亩地可种二百株，每六百株年可产漆百斤，值洋三百元，每年工人膳食工薪约一百元，肥料约十余元，故每三亩地种漆树，五年之后，可获纯利一百八九十元，即每亩可获六七十元，其利之厚，其他农作无出其左者。”①

近代安庆人还在徽州地区垦种甘蔗，也是为了获得经济收入，史载甜蔗“黟昔年本不产，近二十年间湖北及太湖、潜山等县客民始种之，岁收颇多”②。

这里探讨了民国时期来自安庆的客籍农民在徽州地区所从事的农业生产及贸易活动。此外，更多的情况是安庆人受雇于徽州茶叶生产的各个环节，一般具有季节性的特征。这里来作一个考察。

明清以来安庆人到徽州地区，多有受雇于徽州地区茶业的帮工。茶业是徽州地区的支柱性产业，受雇于徽州茶叶采摘环节是皖中人在徽州帮工活动的重要方面。据 1934 年调查，徽州茶叶采摘的摘工情况是“歙、绩两县，摘工多淳安、遂安及本省旌德、太平县人；休、黟摘工，以安庆六邑人居多”③。

除了采摘这一环节，茶叶要完成整个制作过程，还要经过拣选、炒制等多个环节。据对近代的调查，徽州茶叶制作的多个流程都有安庆人的参与。安庆人参与徽州茶叶拣工环节的情况虽然有，但不多，据调查，“此项工作，全系女工，以本地人居多，间有安庆六邑女工者”④。休宁县茶叶生产的拣工情况是，“拣工则全系附近乡村妇女，朝出晚归，午饭带食”⑤。

焙工和筛工则多有安庆人参加。近代对徽州茶工的调查显示，“上述茶工，可分为婺源、歙县及安庆六邑三帮。大概看锅与风扇、看拣、械簸多为婺源帮，即茶号所谓四柱。至四柱，各柱之副手为四撑，间有歙县帮；焙工及筛工下手多为安庆六邑帮”⑥。

安庆人在徽州茶叶的炒工环节也作用重大。在休宁县，茶号职员

① 殷梦霞、李强选编：《民国经济志八种（第二册）》，国家图书馆出版社 2009 年版，第 393 页。
② 民国《黟县四志》卷三《物产》。
③ 张研、孙燕京主编：《民国史料丛刊（第 554 册）》，大象出版社 2009 年版，第 258 页。
④ 张研、孙燕京主编：《民国史料丛刊（第 554 册）》，大象出版社 2009 年版，第 270 页。
⑤ 殷梦霞、李强选编：《民国经济志八种（第二册）》，国家图书馆出版社 2009 年版，第 489 页。
⑥ 张研、孙燕京主编：《民国史料丛刊（第 554 册）》，大象出版社 2009 年版，第 267 页。

“以婺源、歙县人居多，次为休宁、太平、青阳，其他各地亦有”，“炒工多安庆六县人，婺源、休宁人次之”，徽州茶叶生产对外地人的雇佣规模不小，据民国年间对休宁县的调查，“每年茶市各地工人来屯者达一万五千余人，其关系平民生计，可不言而喻”，各种类工人数为，“茶号职员 600（系男工），四柱工头 1200（系男工），炒工 3000（男 2400，女 600），筛工 2500（系男工），拣工 7500（系女工），杂役 500（系男工），合计 15300 人”[①]。由此可知，休宁县的炒工有 3000 人，而炒工“多安庆六县人”，可知安庆人在徽州茶业中的重要性。安庆人在徽州茶业中的劳动力当有数千人以上。

为什么在民国时期安庆地区仍有人口外流到徽州？这与近代安庆人到皖南其他非徽州的地区迁移的原因是一致的。曹树基指出，战后安庆府虽人口损失一半，“但与江南的一些区域相比，该府人口仍然较多，战后该地区不仅不需要外来人口补充，相反还向外输出移民，成为移民输出的中心之一”[②]。此外，茶业是近代徽州地区的支柱型产业之一，而茶叶的采制具有季节性，一般是三四个月的光景，最多不到半年，在茶叶采制的过程中需要雇佣劳动力。这时，安庆人向徽州地区的人口迁移满足了徽州茶叶采制对劳动力的需求。对安庆人来说，这也是增加收入的一种途径，所以是一种“双赢”的经济现象。

清末徽州外来的安庆客民也一定程度上影响了地方社会治理，时人指出，“以土客言，交际则遂棍、赣痞口舌兴戎，近时怀、桐等人又稍稍有事焉”[③]。

三、小结

徽州与安庆地区虽然相隔较远，但明清以来人口迁移频繁，并且呈现双向互动的特征。明清时期，安庆人到徽州从事山地开垦，徽州人到安庆地区则多从事经商活动，徽商对安庆地区的社会事业多有捐助。

---

① 殷梦霞、李强选编：《民国经济志八种（第二册）》，国家图书馆出版社 2009 年版，第 489 页。

② 葛剑雄主编：《中国移民史》第六卷，福建人民出版社 1997 年版，第 463 页。

③ 刘汝骥：《陶甓公牍》卷十二《法制科》，载《官箴书集成》第 10 册，黄山书社 1997 年版，第 587 页。

近代，我们发现两地区人口迁移的职业活动仍然一定程度上延续了明清的传统。比如徽州人在安庆地区仍多有经商者，经营行业也很广泛，对安庆地区商业繁荣作用重大，但关于徽商对安庆地区社会公益事业的捐助的记载已不多见。关于近代安庆人向徽州地区的迁移，经商的情况虽然存在，但仍然不是他们的强项，他们到徽州从事对漆树等作物的种植及加工，仍属于资源利用的性质。此外，有大量安庆人在徽州地区从事茶叶采制的各个环节，这些均体现了安庆人吃苦耐劳的品质。

第二章　地理交通篇

第一节　地理交通与明清徽州地方社会

现有徽学研究注意到了地理交通与徽商之间的关系，一般都强调徽州地少人多等生存环境的压力对徽商兴起及发展有重要影响。除了徽学系列专著论及徽人生存压力导致徽商群体的出现，一些论文也对此作了探讨。葛剑雄对徽商兴起问题考察后认为，徽商能充分利用地理优势，稳定占有以长江三角洲为主的市场[①]；张民服等认为，地少人多、扼商路咽喉等因素，促使徽商与晋商不约而同地走上了从商的道路[②]；闫彩丽指出，生存环境、地理位置是晋商、徽商兴起之原因[③]。

关于明清、民国时期皖南徽州交通的研究仍有进一步需要考察的地方。其一，对徽州地理交通状况尚需更加具体细致的考察；其二，地理交通对徽州社会经济史的影响是多方面的，不仅仅局限在徽商兴起这一方面。

---

① 葛剑雄：《从历史地理看徽商的兴衰》，《安徽史学》2004 年第 5 期。

② 张民服、谭宇：《明清徽商与晋商之比较研究——从历史地理看其相同点》，《平顶山学院学报》2006 年第 4 期。

③ 闫彩丽：《晋商徽商兴起原因之比较研究——从地理环境看其相同点》，《内蒙古农业大学学报（社会科学版）》2010 年第 1 期。

一、明清徽州交通之艰辛及优势

从陆路来看，因为没有汽车、火车等现代工具以及公路网络，明清徽州陆路交通依靠肩挑等传统方式，无疑是艰辛的。这与其他地区没有什么大的差异，但徽州山路崎岖的区域性地理特点加重了道路运输的困难程度。清康熙年间（1662—1727）的赵吉士言："郡处万山，百货皆仰于外。陆则肩担顶荷之夫，沿崖陟岭，虽隆冬沍寒而汗雨彳亍。"①

对陆路运输来说，传统时期徽州区域内有自身的优势——明清徽州区域内石板路纵横。传统时期徽州道路多用石板，《徽州道路之一斑》一文指出徽州道路多用石板之优势，石板路远比泥土路更加防滑。此文指出，"第徽州之道路恒有足述者：第一，徽州之道路大都以石板砌成，第二，徽州之道路什九系由各乡分造而成。有此二大特点，此所以为他处所望尘而莫及，石板砌成之道路甚属坚固耐久，非若泥筑之道路遇水即滑，甚至行人没膝感受其苦痛。由各乡分造之道路则含有比较之性质，比较多则无形之争胜亦愈烈，无形之争胜愈烈则道路之改良更速"②。

从水路来看，徽州地区以水运为主体，这与传统时期依赖水运的特征一致。明清徽州地区竹木贸易、茶叶贸易均依赖水运。据1934年调查，徽茶运输多恃该地境内的天然河道，以为运输之利器，"歙、休、黟、绩及婺源北部者，多由出产地用人力或畜力运至屯溪，复由屯溪循徽港，下钱塘，至杭州，再由沪杭通路运沪"③。关于传统时期徽州水运的船舶，近代调查可作为明清徽州船舶情况的参考。屯溪的船舶中有往来于徽州区域内部者，多是小篷船，"本地船多系小篷船，积载量不过四五十担，以往来屯溪、歙县或屯溪、上溪口及渔亭间为最多"④。至于徽州屯溪与区域外运输之船舶，则是大篷船，载重量比小篷船多，

① 张海鹏、王廷元主编：《明清徽商资料选编》，黄山书社1985年版，第6页。

② 《徽州道路之一斑》，《申报》第一万七千九百八十五号，1923年3月24号。

③ 张研、孙燕京主编：《民国史料丛刊（第554册）》，大象出版社2009版，第279页。

④ 殷梦霞、李强选编：《民国经济志八种（第二册）》，国家图书馆出版社2009年版，第471页。

“大篷船积载量达二百担左右，多往来杭州屯溪间”[①]。

与其他地方对水运依赖有别的是，徽州水运有自身不利之处，一是徽州水路具有“滩险三百六十”的区域特点，使得运输更为艰险。据《徽商便览·缘起》“由水路旅行者，则东涉浙江，滩险三百六十，西通彭蠡，滩险八十有四”[②]；康熙年间（1622—1722）徽州地区“水则溯流推挽，从急湍石濑中负舟以上”[③]。

徽州水运自身不利之处还在于会常常遭遇到禁运的情况，在此状况下，运入徽州的货物不仅无法到达，还常常被抢劫一空。明清时期，对徽州粮食输入实行禁运的是与徽州邻近的江西和浙江地区。康熙年间曾有禁运的具体案例，“初闻米船过浙，钱塘县遏阻，商人苦累已深；讶之，乃饶州浮梁县殆有甚焉”[④]。若考察这种江西、浙江对徽州米粮禁运具体过程，则发现这主要是民间行为。甚至出现过民间对过往粮食肆意抢夺的情况，也就是“要想从此过，留下买路钱”。有记载云：“其鄱阳地方，以篾绳拦河，五日一开，娄胥吻满乃放舟子，方鼓楫而进，而浮梁县地方两岸林莽，张挺掷石以待矣，嵎虎撑牙将敢谁何！名为抢米，并货物攫去，稍与争抗，立死梃下，舟亦椎碎。”[⑤] 而江西、浙江的地方官出于地方保护主义和维持地方社会稳定的原因，常常对这种情况查处不力。比如在康熙年间“商人赴诉于浮梁，知县反听胥吏拔置，言‘贫民无活计，暂借尔商救度。’此言一出，兔胆愈壮，劫杀遍野。”[⑥]

总体而言，徽州对外交通呈现出费时费力的特点。徽州地区对外交通不畅使得出外或返乡费时费力。比如歙县到杭州“在昔公路未通之时，陆道以昱岭关为入浙咽喉，每一往返，动辄十余天，代步仅有肩舆，运货端恃牲口”；至于水路，顺流与逆流二者快慢程度迥异，“则循练江、新安江入浙，下水尚称快捷；上水则牵拉背负，非十数天不能

---

① 殷梦霞、李强选编：《民国经济志八种（第二册）》，国家图书馆出版社 2009 年版，第 471 页。
② 张海鹏、王廷元主编：《明清徽商资料选编》，黄山书社 1985 年版，第 6—7 页。
③ 张海鹏、王廷元主编：《明清徽商资料选编》，黄山书社 1985 年版，第 6 页。
④ 张海鹏、王廷元主编：《明清徽商资料选编》，黄山书社 1985 年版，第 47—48 页。
⑤ 张海鹏、王廷元主编：《明清徽商资料选编》，黄山书社 1985 年版，第 47—48 页。
⑥ 张海鹏、王廷元主编：《明清徽商资料选编》，黄山书社 1985 年版，第 48 页。

到达。苟遇山洪，下水固快，而上水则更困难矣”[①]。

二、交通因素对徽州社会的影响

1. 徽州交通对明清徽州民生的影响

徽州交通不畅，货物输入困难，直接导致徽州地区物价高昂的结果。清康熙年间的赵吉士即言，徽州因为商人“挟货以射息，其值固已倍他郡矣”[②]。近代调查也验证了这种论述，“歙县在公路未通前，各种物价与外界相差甚巨。凡本地土产，以运输不便，低价出售；外进货物，因交通不便，运费昂贵，价值亦因之高涨”[③]。

再者，徽州本是缺粮区域，当接济的外米由于自然或社会因素而无法到达徽州的时候，还会导致徽州饥荒等严重民生问题。徽州粮食接济或调剂途径采取了就近原则，主要是江西和浙江地区。清康熙年间地方志云：“天下之民寄命于农，徽民寄命于商。而商之通于徽者，取道有二，一从饶州鄱、浮；一从浙省杭、严。皆壤地相邻，溪流一线，小舟如叶，鱼贯尾衔，昼夜不息。”[④] 黟县的粮食供给来源是池州和江西地区，黟县“土刚不化，农人终岁勤劬，亩收不给，多远取于池饶”[⑤]；乾隆年间徽州旱灾“每每仰给邻封江西、浙江等处贩运接济”[⑥]。1925年，徽州发生米荒，米价接连增长，原因包括有粮之家借机哄抬物价，政局动乱，还包括旱灾的自然灾害，于是当时有人在杂志上呼吁人们能筹办平粜之事。[⑦]

在徽州粮食如此严重依赖邻近江西、浙江的背景下，若遇禁运，则徽州百姓饥荒的状况更为严重，甚至出现一遇米禁便有人饿死的状况。赵吉士言徽州，“一日米船不至，民有饥色；三日不至，有饿莩；五日不至，有昼夺。今连年饥馑，待哺于籴，如溺待援，奈何邻邦肆毒，截

① 殷梦霞、李强选编：《民国经济志八种（第二册）》，国家图书馆出版社2009年版，第355页。
② 张海鹏、王廷元主编：《明清徽商资料选编》，黄山书社1985年版，第6页。
③ 殷梦霞、李强选编：《民国经济志八种（第二册）》，国家图书馆出版社2009年版，第446页。
④ 张海鹏、王廷元主编：《明清徽商资料选编》，黄山书社1985年版，第47页。
⑤ 嘉庆《黟县志》卷三。
⑥ 卫哲治：《惠济仓题疏》，载民国《歙县志》卷十五《艺文志·奏疏》。
⑦ 海：《社评：徽州米荒之危机》，《微音》1925年第25期，第2页。

河劫商，断绝生路，饿死万计”[①]。又有记载云，“邑以山多田少，粒米是急，日仰给东西二江，一遇公禁私遏，旬日之艘未至，举皇皇枵腹以待。”[②] 中国第一历史档案馆所藏档案资料也明白无误地说明了徽州山路险阻对物资调剂的严重阻碍。比如，清乾隆九年（1744）十二月二十日，署理安徽巡抚准泰上奏，言及徽州的歙县、休宁、婺源受灾，“东、南、西三面皆浙江、江西之境，无从拔协；虽北面与本省之宁国相连，又为丛山障隔，鸟道羊肠，莫能挽运。此外，惟自大江由江西、浙江二路绕道转输……计其迂回盘驳，水陆之需较之每石折银一两二钱之数已属相悬，且又旷日持久，不能济急”[③]。

这些描述凸显了徽州地区一遇米禁便“民情窘迫”之状况，也凸显了地理交通顺畅程度对徽州粮食调剂的重要性。时人指出了人为因素的禁运对徽州人民民食及物价之重大影响：“一旦饶河闭籴，则徽民仰屋；越舟不至，六邑无衣；荒旱偶乘，死亡立至。”[④]

地方志对徽州地区“溪河浅涸”航道受阻所致的粮食调剂不畅的问题作了记述。清乾隆十六年（1751）的旱灾就是一个典型的例子。清乾隆十六年徽州旱灾严重，亟待江浙两省接济，但此救济渠道受阻，其他地方以米贵为患，但对于徽州地区来说，问题是“尤以无米为患”[⑤]。

2. 交通对徽州闭塞社会风气的影响

明清时期徽州以民风古朴著称，一般都注意到这与徽州地区崇尚朱熹理学等文化方面因素，实际上，这与交通之闭塞也密切相关。

徽州地理交通险阻会影响当地风气之闭塞。据《申报》所载《徽州杂述（一）》，徽州“其地环抱万山，交通艰阻，故东距杭县但五百里，北至大江但三百里，而风气闭锢不易转移”[⑥]。许士骐在1923年也指出徽州对外交通闭塞会引致落后之风俗：“省俭耐劳素为徽人特性，然因交通不便关系，致劣旧思想迷信习惯牢不可破，缠足闺居之风依

① 康熙《徽州府志》卷八《蠲赈·汪伟等奏疏》。

② 道光《休宁县志》卷之一《疆域·风俗》。

③ 朱批奏折，署理安徽巡抚准泰：“奏为徽州府休宁等县地方被水灾赈情形事”，乾隆九年（1744）十二月二十日，中国第一历史档案馆藏，档号：04-01-02-0039-011。

④ 康熙《徽州府志》卷八《蠲赈》。

⑤ 民国《歙县志》卷十五《艺文志·奏疏》。

⑥ 《徽州杂述（一）》，《申报》第一万六千九百零七号，1920年3月18号。

然甚炽。"①

交通不畅使得百姓不喜出外交游。即使在屯溪地区，商业兴盛，居民却不喜闲游："斯地商务殊盛，惟市街狭隘，除竹制之小轿外，车马稀有，以路狭屋高，日光难及，每遇天雨，隔日尚泥泞载道，此处居民非有事必不外出闲游，上流社会之男女出必以轿，故市街整洁之问题无人议及。"②

这种闭塞也容易造成徽州的衰落。休宁县自洪杨乱后及至民国以来，因人口外流经商而致社会益见衰落，"休宁为明清两代江南文物荟萃之区，自遭洪杨劫后，学风渐衰，居民善贸迁，多经商外省，对于地方教育文化，鲜有注意者。迨民国以来，几经变乱，加以交通不便，益见衰落，惟较诸四邻各县，则尚堪自慰也"③。

3. 交通因素对徽州贸易的影响

关于皖南交通与商业的关系，邹怡对屯溪镇作了研究后指出，"统观屯溪的发展历程，最初的崛起乃基于其所处的腹地交通中心地位，然而随着屯溪实力的增强，辐射面的扩大，其实在位置日益偏离新的腹地中心，但已有的产业基础继续巩固加强着屯溪的城市区位"④。

交通因素对明清时期徽州贸易的影响表现在几个方面。一方面，交通阻隔使得大量旅居在外的徽商难以返乡，甚至在外定居。传统时期徽州地理交通艰难险阻，使得外出徽商难得一归，据《徽商便览·缘起》："经历险阻，跋涉山川，靡费金钱，牺牲时日，旅之往来，殊非易事。前所云三年一归者，且有历数三年而来一归之商人，并有避此困难而移家于外者。"⑤

传统徽州的交通闭塞还会引起商业信息获取的滞后，"夫商市如军情，瞬息万变，而徽州茶商不仅徽境之大实业，且为全国出口货之首位，皆恃帆船以为输运，动辄迟滞，至二十余日始克到沪，往往供求不相应，茶商至蒙莫大损失，积货垒垒，皆交通不便之所至。若长途汽车

① 许士骐：《徽浙长途汽车亟宜建设》，《申报》第一万七千九百六十四号，1923 年 3 月 3 号。
② 《徽州杂述（一）》，《申报》第一万六千九百零七号，1920 年 3 月 18 号。
③ 殷梦霞、李强选编：《民国经济志八种（第二册）》，国家图书馆出版社 2009 年版，第 527 页。
④ 邹怡：《产业集聚与城市区位巩固：徽州茶务都会屯溪发展史（1577—1949）》，《近代史研究所集刊》第 66 期，2009 年 12 月。
⑤ 张海鹏、王廷元主编：《明清徽商资料选编》，黄山书社 1985 年版，页6—7。

一经成立，则货物与商市呼应相灵，朝发夕至，其有裨于商业为何如耶”[①]。

此外，徽州以水运为主体的格局不仅造成徽州市镇依水而设的局面，而且竹筏、木筏的需求也促进了徽州木材的砍伐。歙县在公路未通前，商业市场均在河道两岸，但“近年公路四达，形势改变，商业市场因之转移”[②]，可以将近代公路修建前后的情况作个对比。公路发展是徽州近代交通史上的新变化：“昔年徽属交通，全以新安江是赖，今则公路发展，汽车称便。”[③]

徽州山地所种植竹木一部分用作船筏、竹筏本身的制作。比如竹木，会被“大批的编成排筏向外地运销”[④]，因为在水位较浅不能通帆船时即需要利用竹筏。1930 年绩溪县木业运输方法是，“皆用人力肩挑至附近有水道之地方，藉溪水急流之时，渐渐放出，其销场以杭州、上海二处为最多，每年总值约十五万元。近因交通不便，运输困难，山场木价低贱，有无人顾问之概”[⑤]。

三、皖南沿江水运交通对徽州地方社会的影响

皖南以芜湖为中心的沿江地带，虽然同属皖南，但与徽州地区有明显的地理特征的差异。表现在，皖南沿江地带圩田广布，稻产丰富；从交通方面来看，呈现水运发达的特征。之所以要专门考察皖南沿江地带，是因为其与徽州农业开发以及徽商的经营有不可分割的关系。

1. 皖南沿江水运交通与徽商之经营

在水运便捷的条件下，皖南沿江圩区所在的城镇人员迁移频繁，商业繁盛，其中不乏徽州人。比如早在明代中后期，皖南沿江的芜湖便成为粮食转运的重要集散地之一。《太函集》卷五十记载有明嘉靖万历年

---

① 吴习斋：《余屯长途汽车之急宜创办》，《申报》第一万七千九百零二号，1922 年 12 月 23 号。

② 殷梦霞、李强选编：《民国经济志八种（第二册）》，国家图书馆出版社 2009 年版，第 419 页。

③ 张研、孙燕京主编：《民国史料丛刊（第 536 册）》，大象出版社 2009 年版，第 435 页。

④ 华东军政委员会土地改革委员会编：《安徽省农村调查》，华东农村经济资料第四分册，1952 年 12 月，内部资料，第 207 页。

⑤ 殷梦霞、李强选编：《民国铁路沿线经济调查报告汇编（第九册）》，国家图书馆出版社 2009 年版，第 599 页。

间歙县人江叔先赴芜湖经营粮食贸易的情况。在当涂县，“壤接京芜，交通便利，旅行外埠者既多，他省人民移居者亦逐渐繁荣，环境之所重染，习俗不免潜移”①。

2. 皖南沿江水运交通与山区资源流通的关系

皖南水运系统对圩区粮食向皖南山地丘陵缺粮区的调剂提供了基础条件，竹筏在其中有重要作用。关于皖南山地粮食调剂的因素，有人指出，“安徽之旌德，江西饶州等规模稍小的产粮和集散地成为籴买的首选地，这与传统时代徽州六县对外交通状况有关”②。至于皖南圩区向山区地带粮食输出的路径，路线为南陵、宣城等县米粮沿青弋江及其支流运往泾县、太平、旌德、石埭、绩溪等县。从运输方式方面来看，则比较艰难，有用竹筏者，有肩挑背驮者。比如宁国府缺粮的太平、泾县、旌德三山区县份所需米粮则经泾县由三溪用竹筏运。③ 1934 年，祁门安徽省立茶业改良场职员就曾经乘竹筏考察沿途茶业，其时考察照片曾刊登在《国际贸易导报》1934 年第 6 卷第 6 期。

皖南沿江的水运对皖南山区资源外运也非常重要，对皖南徽州茶叶和竹木资源的外运尤其重要。徽州茶叶贸易的向外运输有两个途径。除了由屯溪到杭州的水陆两途外，徽商向江南地区的茶叶贸易还有一个路线，即经由江西的水陆两途到上海，主要是途径婺源县。④ 皖南境内的徽州府、宁国府所属县盛产竹木，这些木材沿长江运售江南时，大多数经过芜湖的青戈江港湾转运，青弋江港湾水深江面宽，具有良好的停泊条件，各地竹木在此“整排过关”⑤。

在皖南深山地带，水运不变，便只有运用人力。比如在清代，太平县本身是缺粮县，其余粮是由皖南宣城等县所聚，太平县为了运米到

① 民国《当涂县志》卷之《风俗》。

② 吴媛媛：《明清徽州粮食问题研究》，《安徽大学学报（哲学社会科学版）》2009 年第 6 期。

③ 嘉庆《旌德县志》卷一〇《杂记·补遗》。

④ 关于婺源县茶叶经江西运出的情况，有调查指出：“其婺源东南两乡，则向由婺江，入江西乐平之乐安江，至饶州转浔至沪；西乡者多取道江西浮梁、景德镇，走昌江抵饶过浔来沪。”出自傅宏镇调查：《皖浙新安江流域之茶业》，载张研、孙燕京主编《民国史料丛刊（第 554 册）》，大象出版社 2009 年版，第 279 页。

⑤ 廖声丰：《清代前期的芜湖榷关及其商品流通》，《中国社会经济史研究》2004 年第 1 期。

徽州，便采取肩挑背驮方式，但因山路崎岖，其运量很小。[①] 由此可见，深山地带艰难的交通状况对粮食调剂以及灾民救助的影响很明显。

四、小结

总体上看，徽州交通不畅对徽州社会产生了多方面的影响。徽州交通不畅的问题不仅仅是交通史的问题，而且对徽州区域社会变迁产生了深远的影响。这里我们要问，为什么徽州社会尤其是富裕的徽商没有对徽州交通作出更大的努力？这其实包含着文化、地理、时代因素等多方面原因，通过徽州石板路纵横的有利交通状况分析能说明这一点。

先来看社会文化这一方面的原因。徽州道路中石板路多有修建，有社会因素在其中起作用。比如，徽州宗族性的社会特点与交通设施修建密切相关。近人指出："胡为乎徽州之道路什九而由乡造耶，则以徽州之宗法制度完全未经打破，其效力服劳于一姓一族一村落，其热忱恒逾于效力服劳于社会国家。"[②]

道路兴修还与商业需要有关联。徽州人经商者多有对商路要道捐资修筑。比如史世椿，字延龄，黟县九都金钗人，以经商起家，"祁、石之大洪岭，为徽皖要道，倡捐经修，垫费千金"[③]。

徽州有财力之人对交通多有捐助，还存在希望通过捐助以实现自己祈福愿望的因素。近人指出："徽州道路建筑修葺，不鲜豪商巨富出而担任，原夫豪商巨富所以出而担任建筑修葺道路，无非为祈福求嗣起见。因此祈福求嗣之观念，卒能完成数里数十里或百里之平康大途，未始非迷信观念有以促成之。"[④] 这种社会文化因素促进徽州区域内交通设施的兴建和维护，尤其是对徽商经商所需道路的修建。

徽州交通状况与徽州自然特点密切相关。徽州多有石路，与徽州多石的自然特点密切有关。近人指出："胡为乎徽州之道路大都而能以石板砌成耶？则以徽州僻处山中，山多石，石工凿之颇不大费，往往道路

① 乾隆《太平县志》卷之《风俗》。

② 《徽州道路之一班》，《申报》第一万七千九百八十五号，1923年3月24号。

③ 同治《黟县三志》卷七《人物志·尚义传》。

④ 《徽州道路之一班》，《申报》第一万七千九百八十五号，1923年3月24号。

之傍即为出产石板之区，运输又甚容易，故道路大多以石板砌成。"①

另外，徽州交通之艰辛也存在时代因素。在近代公路没有普及前的传统社会，货物长距离运输依赖水路交通为主，交通要想有大的改观可能性不大。交通对传统社会经济文化发展制约的问题，在明清时期是时代普遍性的问题，并非徽州一地所独有。考察传统交通对社会的严重制约，能帮助我们更充分地认识到交通对社会整体变迁的重要作用。

试想，如果明清徽州有我们当今公路迅捷的状况，则即使在传统社会生产力低下的背景下，徽州灾民救济、文化开放等诸多问题皆有改观。

第二节　民国时期徽州交通网络的多元格局及评价

学者对徽州地区交通史的研究很少。据笔者管见，除卞利对徽州古桥作了专门研究外，还有学者对唐宋时期徽州交通做了探讨②。关于民国时期的徽州交通，笔者仅见一篇专门论述③，但该文对民国时期徽州地区总体上的交通状况的论述较欠缺。本节将对民国时期徽州交通网络的多元格局作较为详细的考察，并对徽州地区传统与现代互相交织的交通网络作出评价。

---

① 《徽州道路之一班》，《申报》第一万七千九百八十五号，1923 年 3 月 24 号。

② 卞利著有《徽州古桥》（辽宁人民出版社，2002 年版）。胡兆量指出，唐宋时期，徽人利用山川地理形势，在官府主持或当地士绅和往来商人共同努力下，逐渐凿开了徽州通往外界的水陆交通。参见胡兆量：《徽州专区经济地理调查报告》，《教学与研究》1955 年第 2 期。另外，牛楠对唐宋徽州交通作了探讨，参见牛楠：《唐宋徽州交通探析》，《齐齐哈尔大学学报（哲学社会科学版）》2012 年第 5 期。

③ 陶荣指出杭徽公路的开通，使浙西北、皖南的人流、物流更加频繁，尤其是对徽州市镇的对外联系和商品运输产生了不同程度的影响，促使徽州传统市镇角色发生很大的转换。参见陶荣：《近代杭徽公路的开通与徽州市镇社会近代化》，《黄山学院学报》2009 年第 2 期。

一、徽州公路建设的背景

从总体上，徽州处于深山地带，自古外出不便。步入民国时期，人们逐渐发现传统交通运输的不畅对徽州社会各个方面均有不利影响。一些有识之士为此大声疾呼，倡导兴修公路，采用汽车运输。他们在提倡徽州地区兴修公路时指出了传统徽州交通的诸多不足：徽商外出难得一归，当地风气闭塞，制约徽州农业发展。

1. 徽商外出难得一归

徽州交通不便使得商人经商多在外定居。时人注意到交通不便使得徽人在外置业的状况。1922 年，歙县人吴习斋即呼吁，徽州僻处皖省之南，交通不便，地甚偏僻，但“徽人善忍苦耐劳，多经商外省，足迹遍全国，如盐、典、茶、漆、纸、墨、木材各业，几为徽人所独占”，“徽人足迹几遍全国，京津沪杭之茶叶店无一非徽人所设”，“然出外营商者，皆因交通不便之故，致商家有三年一归之惯例，经济充裕者有不能不为客籍富民之势，故虽以善于经济著称，然无裨于徽州全境也”。徽人经商致富，正是因为此交通不便的因素，“其成巨商置产业者，多改入外籍，娶妻生子，试一询江浙间人原籍徽州者，为数当非甚尠也”。作者认为，徽州人在苏州的人数在十万以上，在这其中，“每年至少有一万人有回家不得之苦，旅费之巨固为困难之一，因稽延时日之久长，亦为商家所痛心饮憾之事”①。县份调查也验证了这种情况。比如，休宁县“僻居山陬，交通不便，居民多经商旅外，住民户口鲜有增加”②。

时人还指出，若徽州兴修公路，则会使旅外徽人回乡便捷。吴习斋即言：若余屯长途汽车事业得以创办，则可以“联接浙人创办之杭余线，直达屯溪，凡旅居苏沪人士之欲返徽者，可以朝发夕至”，此余屯路约为三百六十里，路线为“自杭属之余杭县起，经于潜、昌化，至徽州之歙县、休宁，到屯溪为终点”③。

---

① 吴习斋：《余屯长途汽车之急宜创办》，《申报》第一万七千九百零二号，1922 年 12 月 23 号。
② 殷梦霞、李强选编：《民国经济志八种（第二册）》，国家图书馆出版社 2009 年版，第 463 页。
③ 吴习斋：《余屯长途汽车之急宜创办》，《申报》第一万七千九百零二号，1922 年 12 月 23 号。

民国时期徽州对外公路虽议筑多年，但直至1928年，余屯汽车路仍未成功，此时又议筑芜屯汽车路。毕卓君指出芜屯汽车路与余屯汽车路有同等之重要，因为“若芜屯汽车路完成，则可由沪宁路改乘长江轮至芜湖，再搭芜屯汽车可也。故以江浙皖之关系言之，不论芜屯、余屯，而其成功后之便利一也”。此路应该较易实行，因为其中部分路段已有修筑基础，芜湖至宣城“其汽车路早经成功，不啻成功者已达一半”①。

2. 当地风气闭塞

徽州地理交通险阻会导致当地风气闭塞。据《申报》所载《徽州杂述（一）》，徽州“其地环抱万山，交通艰阻，故东距杭县但五百里，北至大江但三百里，而风气闭锢不易转移”②。许士骐在1923年提倡徽杭公路建设时也指出，徽州对外交通闭塞会引致本地落后之风俗，“省俭耐劳素为徽人特性，然因交通不便关系，致劣旧思想迷信习惯牢不可破，缠足闺居之风依然甚炽”③。徽州要与山外的世界有文化之沟通，必须要从改进交通、发展公路上着手。

徽州若通公路则可对徽州社会有积极影响，时人指出，“若长途汽车成立，不但旅外人士蒙其利，即徽州全境胥受益匪浅矣”④。

3. 制约徽州农业发展

传统的交通闭塞会引起农产品外销之不便，除了使农产品在流通过程中稽延时日，还会因为交通不畅而出现延误商机的情况，“夫商市如军情，瞬息万变”，对于徽州茶商来说依靠帆船以为输运，动辄迟滞，结果经过二十几天到达销售地后会产生供求不相匹配的情况，所以茶商会蒙受很大损失。⑤

另外，在传统徽州，粮食常有不足，因为交通不畅，即使外部有余粮，也难以有效接济徽州地区。至民国年间，徽州地区粮食仍有不足，需要从邻近地方接济。比如民国年间休宁县的水稻生产一般是能自给

① 毕卓君：《芜湖汽车路之建筑与希望》，《申报》第一万九千九百十五号，1928年8月25号。
② 《徽州杂述（一）》，《申报》第一万六千九百零七号，1920年3月18号。
③ 许士骐：《徽浙长途汽车亟宜建设》，《申报》第一万七千九百六十四号，1923年3月3号。
④ 吴习斋：《余屯长途汽车之急宜创办》，第一万七千九百零二号，1922年12月23号。
⑤ 吴习斋：《余屯长途汽车之急宜创办》，《申报》第一万七千九百零二号，1922年12月23号。

的，但荒年则需从江西运来接济。休宁县“出稻年约一百六十万石，普通年份产量，足供全县人口一年有半之食粮，荒年则感不足，恃江西接济”[①]。若有顺畅的交通，则会有更充分的余粮运来徽州调剂。毕卓君指出，芜屯汽车路一旦建成，则可通过芜湖米粮来接济徽州民食，“徽州一带尝闹饥荒，芜湖米产，虽甚丰富，每感远水不能救近火。而芜湖市场，仅仗庐州、池州之商品集散。如此路成功，则芜湖之市场势力，不其伸展于徽州乎。”[②]

二、民国时期徽州公路修建状况及影响

传统运输对徽州社会发展有上述诸多制约，发展公路建设是时代的需求。在20世纪20－30年代，徽州地区相继建成多条公路。

1. 公路修建状况

20世纪20年代末，徽州始建公路。1929年3月，屯溪至休宁公路建成通车。至1935年底，相继建成芜屯（芜湖至屯溪）、省屯（安庆至屯溪）、杭徽（杭州至徽州）、屯景（屯溪至景德镇）、屯淳（屯溪至淳安）、汤茅（汤口至茅棚）六条公路。

其中，徽州至浙江杭州的公路在1934年建成通车。此杭徽公路“为七省公路干线之一，长二百三十公里，由杭通车至徽州需五小时”，该公路定于1934年11月26日举行通车礼。[③] 再来看芜屯路，其路径为，“芜屯路起自休宁、屯溪，经歙县、绩溪、宁国、宣城四县，而达芜湖”[④]。另外，对于屯殷路，则“自屯溪经歙县岩寺（实由岩寺接芜屯路）、黄山、乌泥关、太平县，至安庆对江之殷家汇为止，约长一百华里”[⑤]。至1935年，徽州歙县公路已通的，有徽杭公路昱歙段，芜屯公路暨淳屯公路；正在修筑者，有屯殷路屯乌段。[⑥] 1936年，曾有人把

---

① 殷梦霞、李强选编：《民国铁路沿线经济调查报告汇编（第九册）》，国家图书馆出版社2009年版，第625页。

② 毕卓君：《芜湖汽车路之建筑与希望》，《申报》第一万九千九百十五号，1928年8月25号。

③ 《杭徽公路工竣，二十六日行通车礼》，《申报》第二万一千七百七十号，1933年11月20号。

④ 殷梦霞、李强选编：《民国经济志八种（第二册）》，国家图书馆出版社2009年版，第357页。

⑤ 殷梦霞、李强选编：《民国经济志八种（第二册）》，国家图书馆出版社2009年版，第360页。

⑥ 殷梦霞、李强选编：《民国经济志八种（第二册）》，国家图书馆出版社2009年版，第355页。

杭徽公路拍摄刊登在杂志上。①

在抗日战争时期，国民党政府曾命令徽州政府把一些公路主动损毁，以阻挡日军的进攻。

2. 徽州公路建设的影响

首先，近代徽州地区公路建设使得对外交通比以前便捷。相对于传统的泥泞小道，便捷是公路的首要优势。比如在歙县，传统运输方式费时费力，“陆道以昱岭关为入浙咽喉，每一往返，动辄十余天，代步仅有肩舆，运货端恃牲口。水路则循练江、新安江入浙，下水尚称快捷，上水则牵拉背负，非十数天不能到达，苟遇山洪，下水固快，而上水则更困难矣”②。民国时期徽州地区公路的建成使得货物专赖水运的局面得到改观。调查认为，“在昔公路未通，专赖水道。今则杭徽路由歙县直达杭州，屯淳路不久亦可通行，而货物运输亦将由水运而改陆道矣”③。

在婺源县，据 1934 年的调查，婺源箱茶原本到上海的路线为，由婺江运到江西饶州，再“转浔至沪”。若通公路则便捷得多：“是以婺源箱茶，每担转运费，约在七元之谱，在徽属各县中箱茶运费为最高数；现幸婺白路（婺源至浙江开化县白沙关止）业已修筑完竣，不日可以通车，异日婺茶，可由婺白路至浙之开化县之华埠镇，经常山公路至杭，或至江山县搭杭江铁路，或附徽杭路至沪，均可按地理之便利，自谋发展，以后运输，当更形便捷也。”④

关于公路建设的影响，1935 年有人指出，“现芜屯、徽杭、屯祁各公路，皆已建成，汽车行驶频繁，交通极为便利，故徽茶对外之运输，当较往年更加迅速”⑤。1936 年，各地汇聚到屯溪的绿茶，由芜屯路或杭徽路的货车运往上海，“或由新安江的民船，运至杭州，转往上海出卖”⑥。

① 朱景升：《黄山风景：杭徽公路》，《精武丛报》1936 年第 2 卷第 7 期。

② 殷梦霞、李强选编：《民国经济志八种（第二册）》，国家图书馆出版社 2009 年版，第 355 页。

③ 殷梦霞、李强选编：《民国经济志八种（第二册）》，国家图书馆出版社 2009 年版，第 363 页。

④ 张研、孙燕京主编：《民国史料丛刊（第 554 册）》，大象出版社 2009 年版，第 280 页。

⑤ 《农业消息：省外通讯：皖南茶产依然丰富》，《四川省立农学院院刊》1935 年第 2 卷第 1 期，第 48 页。

⑥ 汪承祺：《徽州的茶业》，《皖事汇报》1936 年第 21 期，第 3 页。

其次，除了便捷性的特征外，徽州地区公路建设对徽州地区市镇分布也有影响。民国年间休宁县屯溪镇为徽浙赣绿茶荟萃之所，之所以如此，不仅与其原有的水路交通有极为密切的关系，而且公路的建成无疑会强化屯溪的商务重镇的地位。近代调查即指出，屯溪“东下新安出钱塘，西踰五岭，浮婺水入鄱阳，以连九江；北循青弋江而至芜湖。陆路交通，现有徽杭、芜屯、淳屯诸汽车路，将来商路更可随交通以俱进”①。

此外，近代徽州公路的建成，促使了部分商业中心或市镇从河道两岸向公路沿线转移。传统时期徽州地区对外运输主要依赖河道运输，徽州的市场集散地多沿河道分布。比如歙县，“在公路未通前，商业市场均在河道两岸，如深渡、街口、渔梁、篁墩、岩寺、上丰、富堨等处是也，就中以深渡为最发达”②。

但在民国年间徽州公路建设得到发展，对市场集散地产生了影响，这种情况在皖南茶叶市场中有体现。比如皖南的最大茶场，本来“为屯溪与宣城二地”，但至民国时期，因交通便捷，歙县成为后起的重要茶叶输出地，商业地位突出，亦即是歙县“土产之茶已均由本地自制自销，故年来茶业亦极为发达，仅次于宣屯耳”③。

再比如，近代皖南非徽州的县市也出现了上述情况，即一些水运要道上的市镇逐渐失去了其商业繁盛的地位，相应地，一些公路要道形成了一些市镇中心。兹举两例以说明交通对市镇分布的影响。皖南宁国县的河沥溪镇在宁国县县东，是水运要道，“昔年商务繁盛，绩溪所需之百货多由此转运”，但至民国时期“河道上流淤阻，以公路通达，该处商务远非昔比”④。泾县也存在这种情况。该县县东有榔桥河，原名藤溪市，“乃通泾歙之孔道”，但“自芜屯路通车后，商旅骤减，稍见衰落”⑤。

再次，徽州地区公路建成促进了徽州与外界的商品流通。由于近代公路运输甚为便捷，使得徽州与外界输出与输入的商品种类更多。

---

① 张研、孙燕京主编：《民国史料丛刊（第554册）》，大象出版社2009版，第251页。

② 殷梦霞、李强选编：《民国经济志八种（第二册）》，国家图书馆出版社2009年版，第419页。

③ 洪素野著：《皖南旅行记》，中国旅行社印行，1944年3月出版，第80页，复旦大学图书馆特藏库藏。

④ 安徽第九区行政督查专员公署编印：《安徽第九区风土志略》，1937年4月，第23页右。

⑤ 安徽第九区行政督查专员公署编印：《安徽第九区风土志略》，1937年4月，第28页左。

民国时期徽州外销货物仍以茶木为大宗，但除茶、木外，还有桐油、冬笋、蜜枣、松板等，运销目的地主要是江南地区，这可以从歙县的出口货物调查表得以体现，参见表1。

表1　民国时期歙县出口各货名称运费表①

出口货名称	来源	去路	运费约数（元）
洋庄箱茶	屯溪祁婺	上海转外国	15000
本庄篓茶	歙县	上海南北各埠	10000
桐油	徽州各县	上海、杭州	200
冬笋	歙县屯溪	上海、杭州	400
蜜枣	歙县深渡	上海、杭州	1000
松板	歙县	杭嘉湖	3000

民国时期徽州地区还有竹、柴炭、香菇外销，“吾徽之出口货物，虽无详细统计，然约可指数者，如茶叶一项，年达千万元，最盛之年出口三四百万箱（每箱至少值二十两）”。次为木材一业，年亦在数百万元，再次，“为竹及柴炭两项之出口，亦在数十万至百万元，次为香菇之出口，年来亦值十余万元，又次之如冬笋蜜枣五倍子蕨粉等，合计每年亦有”②。近代公路通畅后，屯溪运往杭州的物品种类仍是“以茶叶松板为大宗”③。

至于徽州地区入境货物，在民国时期种类则变多了。比如歙县，“出境货物以茶木为大宗，入境货物以米、油、布卷烟等日用杂货为多”④。民国时期徽杭公路通车后，从杭州运往屯溪的则“以食盐、煤油、卷烟、面粉、布匹、洋广货、南北糖货为大宗”⑤。

皖南其他地区也有这种情况，民国时期当涂县也因为交通便利使得外部市场的商品得以源源流入，当涂县“今以交通便利之故，即日常用

---

① 殷梦霞、李强选编：《民国经济志八种（第二册）》，国家图书馆出版社2009年版，第366页。

② 吴习斋：《余屯长途汽车之急宜创办》，《申报》第一万七千九百零二号，1922年12月23号。

③ 殷梦霞、李强选编：《民国经济志八种（第二册）》，国家图书馆出版社2009年版，第471页。

④ 殷梦霞、李强选编：《民国经济志八种（第二册）》，国家图书馆出版社2009年版，第363页。

⑤ 殷梦霞、李强选编：《民国经济志八种（第二册）》，国家图书馆出版社2009年版，第471页。

品之购买亦多分流于京芜两处，益以农村破产，商业愈无可言”[①]。入境货物的增多既有民国时期经济开放的大的背景，也有徽杭公路开通的因素。据调查，杭州运往屯溪的运输方式随之有重要变化，有一半改为从公路进入徽州屯溪，“自公路通后，鸿飞运货汽车公司成立，上水货物，几去半数；倘淳屯路续办货运，则航业前途，大有岌岌可危之势”[②]。

最后，徽州公路建成对徽州人民生活有不可忽视的影响。民国时期徽州公路建设对徽州人民生活有大影响，最突出的是徽州人民出入比以前便利，由此使得外进货物原先售价高昂的状况得到改变。据调查，“幸杭徽、淳屯、屯芜诸路相继通车，社会情况，亦因交通便利变化不少”[③]。徽州公路发展对徽州本地影响可以具体表现在物价等方面。在歙县，“在公路未通前，各种物价与外界相差甚巨，凡本地土产，以运输不便，低价出售；外进货物，因交通不便，运费昂贵，价值亦因之高涨。今则沪杭朝发夕至，有无相通，各种物价，亦起一重大变化”[④]。

三、多元化格局：民国时期徽州水路运输与传统陆路运输

需要注意的是，徽州公路建设对徽州社会的影响是多大？要对以徽杭公路为主体的民国期间徽州公路建设的影响作出客观的评估，需要把公路建设放在当时整个水路陆路运输网络的框架中来考察。在徽州公路建成之前及之后，徽州地区的水路运输还起不起作用，作用如何？徽州公路建成之前及之后，徽州传统陆路起着什么作用？这里作一考察。

1. 公路建成前徽州水路运输

在公路运输前，徽杭之间以水运为主。徽州出外路线，水路比较费时，“水程虽有民船，然自屯至杭，少则六七日，多则半月，外因新安江滩多水急，天旱易涸。”[⑤] 1920 年《申报》刊发了文章，对杭州到徽州水路交通的

---

① 民国《当涂县志》卷之《民政志·实业》。

② 殷梦霞、李强选编：《民国经济志八种（第二册）》，国家图书馆出版社 2009 年版，第 471 页。

③ 殷梦霞、李强选编：《民国经济志八种（第二册）》，国家图书馆出版社 2009 年版，第 446 页。

④ 殷梦霞、李强选编：《民国经济志八种（第二册）》，国家图书馆出版社 2009 年版，第 446 页。

⑤ 吴习斋：《余屯长途汽车之急宜创办》，《申报》第一万七千九百零二号，1922 年 12 月 23 号。

艰难作了记述。从杭州到徽州的旅途是乘坐一种特制的舟，该舟为徽州地区所制，“船身及舱板均属松木，两端尖锐，船身狭而长，盖徽河多滩，制其宜也”，“自杭州至徽州之屯溪镇，水程七百里，艰险已甚”，该文还对此舟航行的具体情况有详细描述，值得在这里作一介绍：

“今以此尖锐之小舟行于洪涛中，其胆力航海家不是过矣，况昼夜兼行，黑暗之中其难更百倍于白昼。及严州以上，则波涛急激，巨石纵横，大概五里之程即有一滩之阻，至此则此种特制之狭长尖锐小舟功用见矣。然非驶舟撑篙者之手法熟练，可立碎于石滩转折之间。滩上有水深仅数寸者，小舟载重拖曳而上，船底石子辚辚，几于陆地行舟。有米滩最为高峻，船至此，加添数十人牵缆而过，谓之打滩，两岸有专以打滩为常业之人。船户为一种特别族类，相传系元末陈友谅之部卒，朱元璋放逐江中，永禁登陆，故操舟之术至精，为徽河交通之要物，不然使他处之舟子行此艰阻之长途，不半路必碎舟而沉矣。”①

直到19世纪30年代，徽茶运输仍以河运为最主要的方式。据1934年调查，徽茶运输，“多恃各该地境内之天然河道，以为运输之利器”，“歙、休、黟、绩及婺源北部者，多由出产地用人力或畜力运至屯溪，复由屯溪循徽港，下钱塘，至杭州，再由沪杭通路运沪。其婺源东南两乡，则向由婺江，入江西乐平之乐安江，至饶州转浔至沪；西乡者多取道江西浮梁、景德镇，走昌江抵饶过浔来沪”②。

木材更是对水运航道有依赖，“次之木材一业，试就杭城江干一望层垒累积者，弥望皆是沿河而下之木材充寒塞两岸，自衢严一带来者不过十之一二，余皆我徽境所产之各项木植也”③。

除了徽州，民国前期皖南地区其他县份也对水运有依赖。据1930年的《京粤线安徽段经济调查总报告书》，皖南地区水陆交通尚称便利，“北部各县为和县、繁昌、宣城、芜湖等，地濒长江近南漪湖，南部诸县如南陵、泾县，地濒青弋江，歙县绩溪，地濒新安江，交通尚称便利”④。

① 《徽州杂述（一）》，《申报》第一万六千九百零七号，1920年3月18号。

② 张研、孙燕京主编：《民国史料丛刊（第554册）》，大象出版社2009版，第279页。

③ 吴习斋：《余屯长途汽车之急宜创办》，《申报》第一万七千九百零二号，1920年12月23号。

④ 殷梦霞、李强选编：《民国铁路沿线经济调查报告汇编（第九册）》，国家图书馆出版社2009年版，第290页。

2. 公路兴修后徽州地区水路运输方式

公路兴修后，徽州地区对水路等传统运输方式仍有不同程度的依赖。

先从徽州对外水运来看，徽州屯溪与区域外运输船舶则是大篷船，载重量比小篷船多，“大篷船积载量达二百担左右，多往来杭州屯溪间”①。

民国徽州农业经济中茶叶与竹木占至关重要的地位。公路兴修后，徽州竹木的对外输出仍要依赖水道。而且，徽州地区丰富的木材资源销售地点为杭州和上海，也要依靠河道运输出去。据新中国成立初对歙县长陔区南源村的调查，该地区杉木的采伐季节一般在农历七月到翌年三月这一段农闲时期，杉木从山上砍下后，即拖到河沟边编好木排，“俟涨水时由街源放到街口，再转运到杭州出售”②。

徽州地区不仅竹木输出对水道有依赖，而且，徽州山地所种植竹木的一部分也用作船筏、竹筏，徽州竹木，会被“大批的编成排筏向外地运销”③。在水位较浅不能通帆船时即需要利用竹筏，这时候竹木即是运输工具。

公路建后，屯溪的船运码头的地位仍然非常重要。屯溪成为徽州最重要码头，船舶众多，“屯溪船舶密集，常年数量约在二千只左右，船夫人数，约二万五千以上，船籍以义乌人最多，占百分之五十，永康人次之，占百分之三十，本地人最少，仅百分之二十”④。

至于徽州区域内水路运输，状况更是没有改变。徽州区域内公路原本就不多，区域内货物向屯溪的汇聚仍然主要依赖水运。时人指出徽州出口货物的状况，黟县茶叶是以屯溪为集中地点，“黟县茶叶，以东乡鱼亭为集中地，各路洋庄毛茶，大多由该镇以民船载运，东南行水路八十里至屯溪”⑤。

徽州区域内船运的运费，是每担在几角的水准。比如黟县茶叶由民

---

① 殷梦霞、李强选编：《民国经济志八种（第二册）》，国家图书馆出版社 2009 年版，第 471 页。

② 华东军政委员会土地改革委员会编：《安徽省农村调查》，系华东农村经济资料第四分册，1952 年 12 月，内部资料，第 221 页。

③ 华东军政委员会土地改革委员会编：《安徽省农村调查》，系华东农村经济资料第四分册，1952 年 12 月，内部资料，第 207 页。

④ 殷梦霞、李强选编：《民国经济志八种（第二册）》，国家图书馆出版社 2009 年版，第 471 页。

⑤ 张研、孙燕京主编：《民国史料丛刊（第 554 册）》，大象出版社 2009 版，第 281 页。

船运到屯溪“每担毛茶，船力三角之谱”[①]。绩溪县茶叶分本庄和洋庄，这些茶叶销售地点为歙县或者屯溪，船运价也是每担几角的水准。据1934年调查，绩溪茶叶“东南路集中临溪，多为洋庄毛茶，北路集中扬溪铺，多为本庄烘青，两路茶叶，循扬之水西南行至歙县，或至屯溪。两地销售至歙至屯，本不一定，均视该地市价为转移，毛茶每担船力，至歙约二角，至屯约五角”[②]。至于运输方式，屯溪的船舶中往来于徽州地区区域内部者，多是小篷船，“本地船多系小篷船，积载量不过四五十担，以往来屯溪、歙县或屯溪、上溪口及渔亭间为最多”[③]。

这里对民国时期皖南非徽州的县市情况也略作介绍，以此更能看出传统时期皖南地区对水运的依赖。民国年间宣城县、泾县对水运交通也很依赖，其所通行的船只种类具有季节性，视河道水位高低而定。宣城县“水面交通有句、宛二溪及青弋江，外可达芜湖、泾县、宁国、当涂诸县，内可通湾沚、水阳、孙家埠、水东、新河庄等镇”[④]；民国时期泾县对水路航运仍有很大的依赖，泾水上通太平、下注弋江，“过去泾、旌、太三县货物之出入胥唯此河是赖”[⑤]。

民国时期皖南徽州地区对水运等传统运输方式的依赖存在季节性。而且，因为河道淤塞、水位浅等生态环境的因素，也会使得一些地方的河道运输不畅通，进而影响货物的调剂。比如，民国时期绩溪县河流的水位随季节变化，相对而言，夏秋较深，对通航有利。该县三河中，扬子水的深度“冬季自三寸至一尺半，夏秋自五寸至二尺，春夏能通行小船者，仅有临溪以南二十里一段”，登水“仅可通行吃水四寸之竹筏”，卢水的深度“春冬季自二寸至一尺，夏秋季自五寸至一尺”[⑥]。民国年间歙县的河流有三，为新安江、潮江、练江，其深度也随季节变化，其中，对于新安江，“阔度：春冬季自一百至三百尺，夏秋季自二百至四百尺。深度：春冬季自二尺至五尺，夏秋季自六尺至十五尺，平时可通行吃水

① 张研、孙燕京主编：《民国史料丛刊（第554册）》，大象出版社2009版，第281页。

② 张研、孙燕京主编：《民国史料丛刊（第554册）》，大象出版社2009版，第281页。

③ 殷梦霞、李强选编：《民国经济志八种（第二册）》，国家图书馆出版社2009年版，第471页。

④ 安徽第九区行政督查专员公署编印：《安徽第九区风土志略》，1937年4月，第7页左。

⑤ 安徽第九区行政督查专员公署编印：《安徽第九区风土志略》，1937年4月，第30页左。

⑥ 殷梦霞、李强选编：《民国铁路沿线经济调查报告汇编（第九册）》，国家图书馆出版社2009年版，第366页。

五尺之大帆船”[①]。此外，歙县的潮江“平时可通行吃水二尺半之小帆船”，练江“平时可通行吃水二尺半之小帆船”[②]。

3. 公路建设前传统陆路运输的作用

近代徽州地区公路修筑之前，徽州交通落后。这种落后不仅体现在上述所论的对外水路之艰辛，对外陆路也是山路曲折。徽州出外的路线，除了水运方式，还有陆路的途径。据民国时期的记述，徽州地区出外的陆路经由昌化、于潜，“陆行舍乘轿外，即须徒步，而轿贵需二三十元”[③]。

民国时期，徽州区域内传统的石板路或小路发挥着重要的作用。直至1920年，屯溪市镇交通的石板路的特色依然如旧。屯溪市镇“居徽州之中央，水陆交通之总枢也”，“斯地商务殊盛，惟市街狭隘，除竹制之小轿外，车马稀有，以路狭屋高，日光难及，每遇天雨，隔日尚泥泞载道。”[④] 一直到1930年，皖南地区“陆路交通，大抵仍恃昔日大道”，“以山多岩石，筑路多用石子或石板”[⑤]。

在清末民国初，徽州对这些传统的石板路很重视，不允许随意破坏。清末徽州知府刘汝骥的著述说明了当地对传统石板路养护的重视。

“近日讲求路政，民政部《违警训条》亦且有重车载运之禁。我徽虽僻处山陬，独桥工之坚致、石路之广坦，为他郡所未有。前据婺源李侍郎函称，担夫铁杵最为损路，曾以出示查禁为请。念畴昔缔造之艰，行人跋涉之苦，保护而爱惜之，此守土者之责也。据禀前情，候并案出示并檄行六县，一律严禁。惟本府自入境以来，见有我马虺隤者矣，未闻有车声辚辚、招摇而过者，不识此牵车服贾者必须假道于我耶，抑过我而不假我有留难需索否耶。仍仰各绅随时稽查，有无滞碍以利行旅而便

① 殷梦霞、李强选编：《民国铁路沿线经济调查报告汇编（第九册）》，国家图书馆出版社2009年版，第368页。

② 殷梦霞、李强选编：《民国铁路沿线经济调查报告汇编（第九册）》，国家图书馆出版社2009年版，第369页。

③ 吴习斋：《余屯长途汽车之急宜创办》，《申报》第一万七千九百零二号，1922年12月23号。

④ 《徽州杂述（一）》，《申报》第一万六千九百零七号，1920年3月18号。

⑤ 殷梦霞、李强选编：《民国铁路沿线经济调查报告汇编（第九册）》，国家图书馆出版社2009年版，第290页。

交通，切切，此批。”①

至于运输方式，则是肩挑马驮等延续千年的方式。据1930年的调查，皖南各县道路运输“以土车畜驮肩挑为主要，用土车者，计有和县、当涂、芜湖、宣城、郎溪、宁国、绩溪、南陵、泾县、旌德等十县；有畜驮者，计有和县、当涂、芜湖、宣城、宁国、绩溪、南陵、泾县、旌德、歙县十县，肩挑则各县均有”②。

皖南非徽州的地区陆路运输也是肩挑马驮等方式，可见皖南肩挑马驮的运输并非仅局限于徽州。比如在旌德县，据1930年的《京粤线安徽段经济调查总报告书》，“旌德则万山重叠，不惟无可走之水路，抑山路亦艰阻异常，交通工具，陆路全恃马驮肩挑及土车，水路专恃民船轮船，汽车仅三数县可驶行无阻。”③

4. 公路建设后传统陆路运输的作用

徽州地区公路修筑之后，传统的石板路仍很重要。在徽州区域内部，对于各地货物向屯溪的聚集过程，传统的肩挑马驮仍是主要方式之一。各地茶叶运价，若是挑力，则运价甚高，这一点，导致了徽茶运价高昂状况的出现。区域内挑力价格为每担五角左右，若是外运则有四五元的水准。比如黟县茶叶的本庄烘青茶“用竹篓包装，过洋栈岭，经石埭、青阳，至大通镇，出长江旱道二百四十里，每担挑力，约四元六七角”④。

虽然徽州新建公路上出现了汽车，但在徽州仍分布着无数的小道，在这些传统陆道上，传统运输工具仍很普遍，比如骡马就是一道风景。歙县的骡马“为旧式交通利器”。据民国时期歙县骡马捐征收处统计，“全县畜养骡马者，约八百余户，计骡马一千三百余头”⑤。据民国年间金陵大学的调查，徽州虽然出现“公路发展，汽车称便”的状况，但“他

① 刘汝骥：《陶甓公牍》卷八《批判·工科》，载《官箴书集成》第10册，黄山书社1997年版，第530页。

② 殷梦霞、李强选编：《民国铁路沿线经济调查报告汇编（第九册）》，国家图书馆出版社2009年版，第362页。

③ 殷梦霞、李强选编：《民国铁路沿线经济调查报告汇编（第九册）》，国家图书馆出版社2009年版，第291页。

④ 张研、孙燕京主编：《民国史料丛刊（第554册）》，大象出版社2009版，第281页。

⑤ 殷梦霞、李强选编：《民国经济志八种（第二册）》，国家图书馆出版社2009年版，第362页。

如县境之其他小路，运输则仍赖马驮与人负”[①]。此类调查也说明了徽州境内传统运输方式的重要地位。

四、传统与现代的交织：交通格局多元化之困境

通过上面的考察，我们发现20世纪二三十年代徽州地区公路建成后，徽州内外的水路运输仍然很重要，徽州境内的传统石板路状况及承担的功能依然如故。在这种多元格局的交通网络中，我们对于徽州具有现代化特征的公路建设的重要性不宜过高评估。评估不宜过高评主要包括两个因素：公路建设自身缺陷、徽州产品运费高昂。

1. 公路建设及管理缺陷

民国时期徽州地区公路虽陆续建成，但仍有诸多自身缺陷。部分囿于徽州山地陡峻的自然特点，所修建的公路存在质量不佳、易受山水冲击等弱点。这种自身缺陷显然很大程度上限制了现代化公路对经济发展促进功能的发挥。

民国时期徽州汽车路虽通，但质量不佳，不能应付雨水天气，限制了公路在区域交通主导性作用的发挥。比如据1930年的调查，休屯汽车路“起于休宁，经过万安，迄于屯溪，共长三十里，悉在县境内，宽度平均约二丈，筑路材料，用田土及沙土两种，因之天雨往往不能行使，公司资本为八〇〇〇〇〇元，官商合办，现有美国雪佛兰汽车二架，运客收费每里二分”[②]。另据1930年的《京粤线安徽段经济调查总报告书》，皖南地区虽有新辟公路，但若遇大雨则会出现道路泥泞的状况，皖南新辟大道“能通汽车者，仅有当涂、芜湖、宣城、歙县、休宁数县，然逢天雨，则污泥盈道，转运维艰”[③]。

民国时期徽州公路易受山水冲击而损坏。据1935年报道，“皖南水势续猛涨，江南铁路京孙线、宣孙段，芜屯公路湾沚段，基轨均被淹没，

---

① 张研、孙燕京主编：《民国史料丛刊（第536册）》，大象出版社2009年版，第435页。

② 殷梦霞、李强选编：《民国铁路沿线经济调查报告汇编（第九册）》，国家图书馆出版社2009年版，第362页。

③ 殷梦霞、李强选编：《民国铁路沿线经济调查报告汇编（第九册）》，国家图书馆出版社2009年版，第290页。

客车皆停。"①。实际上，不仅是公路易被山水冲毁，渡津、传统石板路也往往因山洪受阻，比如歙县境内的小路密如蛛网，到处可见，但"山洪暴发之时，渡津多以水湍不能通行，交通往往被阻，此乃山地之特殊情形也"②。民国时期徽州山水骤发但难以停蓄的状况仍存在，比如绩溪县河流有三条，分别为扬子水、登水、卢水，此三条河流"水源均出自山麓，每遇淫雨，山水急流直下，不可遏止，河水泛滥，阔可数百丈；若过一二日不雨，则水又急退无疑，顿成干涸之象。最阔处亦不过二十丈，狭处不过二丈，而最狭处则五六尺，或至断流亦有之。"③

民国时期徽州公路交通还出现定价混乱的状况。1947 年，报刊对淳屯路汽车营运情况作了记载，许士骐在淳安改乘公共汽车，发现"省公路局车，定价虽低，但车少人多，逢双开行，商车定价，一无标准，客少减价，客多增值。淳屯路此段到歙只九十公里，公路局车价，由七千元增至九千元，商车自一万五千至二万不等，行路之难，可见一斑。"④。

此外，在抗日战争期间，徽州地区为了抵御日军进攻，政府多次下令对公路拆毁，此期间公路交通作用的发挥也是大受影响。

2. 外输商品运费高昂

公路建成后，徽州地区交通网络多元化的状况与现代性公路建成以后徽州运价依然高昂的状况直接相关。民国时期徽州地区竹木输出依赖水运方式。徽州地区木业流通成本高，使得徽州外售木价虚高，对徽州木业经济的发展极为不利。1930 年绩溪县木业运输方法是，"皆用人力肩挑至附近有水道之地方，藉溪水急流之时，渐渐放出，其销场以杭州上海二处为最多，每年总值约十五万元，近因交通不便，运输困难，山场木价低贱，有无人顾问之概。"⑤ 另外，对歙县长陔区南源村树木情况的调查也可清晰地说明这一点。新中国成立初对歙县长陔区南源村杉木采伐季节、销路与收益情况的调查如下。

---

① 芜湖三日专电，《申报》第二万二千三百三十八号，1935 年 7 月 4 号。

② 殷梦霞、李强选编：《民国经济志八种（第二册）》，国家图书馆出版社 2009 年版，第 361 页。

③ 殷梦霞、李强选编：《民国铁路沿线经济调查报告汇编（第九册）》，国家图书馆出版社 2009 年版，第 366 页。

④ 许士骐：《皖南行脚》，《申报》第二万四千七百六十五号，三十六年一月二十八号。

⑤ 殷梦霞、李强选编：《民国铁路沿线经济调查报告汇编（第九册）》，国家图书馆出版社 2009 年版，第 599 页。

“杉木成本的计算：杉木在山上价格很贱，普通一橍树木只合一至二斗米，有的离河沟远的山地树木价钱还要低，而且还无人去砍。每橍杉木由山上砍下拖到河沟整好需五个工，合计约值米三到五斗；由河沟放到街口有七十里路，亦需米三到五斗；由街口放到杭州，运费工资约需五到七斗米，故每橍杉木连买带整，加上运费，最高要用去一石八、九斗米，最少的也得一石四、五斗米。”

“丙、杭州木价变化甚大，近年来木价较高，尤以一九四九年八、九月间最高，每棵杉木可换三匹龙头细布，约折合大米四石多。该村当时赶着伐整了约三百多棵，而木价竟骤然惨跌，到一九五〇年二月，每棵仅售几斗米。该村每年可出杉木二百棵左右。”①

茶叶运销也有运费高昂的情况。公路建成前徽州地区茶叶输出依赖水运。杭州与屯溪之间航运时间与顺逆流及水流量有重要关系，“自杭州上溯屯溪，水大时约七八天，水小时须半月；由屯溪下水至杭州，水大时约二三天，水小时约五六天。”② 杭州与屯溪之间货物运费与水流大小及货物价值有关，“运费视水之大小及货物价值而定，普通由屯溪至杭州，每千斤约四五元左右，上水（指由杭州至屯溪）约加五成。”③ 交通不便使得徽茶运价高昂而且竞争力下降。徽杭、淳屯诸汽车路通车对商品流通的好处是运输便捷，有利于占领商机，但运费未见降低。1934 年对休宁县茶叶运输情况的调查说明了这一点，调查所得的情况如下。

“休宁茶以屯溪为集中地，利用新安江水运，入浙西，直达杭州，再由杭州至沪，惟河道险峻，人工无可施，轮舶不能航，扁舟一叶，费时旷日，以是运输濡滞，载运为艰，至严州下，始可畅航。水大时由屯至沪，最快亦需四日。近年洋商，抢新提价，徽茶以交通不便迅捷外运，常为浙江之遂、淳各县茶捷足先登，抢夺标盘，其影响徽茶之市价颇巨。即运费方面，较他出亦觉高昂。故屯市箱茶，每担转运费需三元五角之谱。今幸徽杭、淳屯诸汽车路通车以后，徽茶可由汽车载运。前由船运，

① 华东军政委员会土地改革委员会编：《安徽省农村调查》，系华东农村经济资料第四分册，1952 年 12 月，内部资料，第 221 页。

② 殷梦霞、李强选编：《民国经济志八种（第二册）》，国家图书馆出版社 2009 年版，第 471 页。

③ 殷梦霞、李强选编：《民国经济志八种（第二册）》，国家图书馆出版社 2009 年版，第 471 页。

需时四日，今则一日可达，如是时间经济，但运费未能减低。”①

为什么运费未见降低？有一个因素是，徽州境内的茶叶汇集到屯溪的运输方式没有改变。在这一流通环节，运费没见降低，这导致了徽州茶叶输出运费的居高不下。

当然，影响运费的还有其他因素，比如战争。战争会使得一些原有运输通道发生变化，进而影响运费。比如婺源东南两乡的茶叶外销，由婺江，入江西乐安江，“向来多由婺江运至饶州，转浔至沪。”因 1929 年的战争因素，乐河河运被阻，使得出入商货，不能畅达，“遂改旱道至屯溪，由徽河至杭，运费二项，陡增二元有余”，导致“婺源箱茶，每担转运费，约在七元之谱，在徽属各县中箱茶运费为最高数”②。

五、小结

我们认为，正是因为徽州地区多元交通格局，使得徽州对外输出商品运费高昂的状况基本上没有变化，可以说，徽州公路建设对徽州经济发展的促进作用不宜过高评价。

但是，徽州公路建设对徽州不是没有影响，据相关资料，其影响更多的是体现在对徽州地区风尚的改变及人员联系加强等方面。伴随着公路的建成，江浙等繁华都市来黄山旅游或经商的人变多，同时也把江浙的习尚带到了徽州地区，兹不赘述。

第三节　明清以来徽州农业变迁与地理因素

农业生产离不开土地，传统时期农业变迁与当地的地理因素有着极为重要的关系。明清民国时期徽州地区农业变迁与地理因素之间密切的关系，表现之一为徽州山多地少的自然特点使得徽州地区粮食紧张。我们知道，在这一背景下，徽州人多有外出经商觅食者。这样一来，徽州

① 张研、孙燕京主编：《民国史料丛刊（第 554 册）》，大象出版社 2009 版，第 280 页。
② 张研、孙燕京主编：《民国史料丛刊（第 554 册）》，大象出版社 2009 版，第 280 页。

地区一方面存在山多地少的地域特点，另一方面徽州还出现了人口真空，外来棚民于是来徽州从事杂粮开垦活动。直接相关的是，棚民的无序开垦，再加上徽州山地的自然特征，使得徽州地区水旱灾害更容易发生。与此相联系的是，在水旱灾发生的背景下，当地灌溉设施这一农业生态景观便呈现出区域性特点。此外，徽州茶叶名产的出现也与其独特的山地资源有关。这显示了在传统技术因素没有大的改变的情况下，对地理因素的重新审视是不可或缺的。

一、“山多田少”的地理特征与徽州粮食紧缺

徽州地区粮食紧张与地理条件有最为密切的关系。徽州地区广布山地丘陵，“山多田少”的地理特征导致粮食供应存在缺口，这一点在徽州地方志中屡见提及，比如祁门县“山居十之八，水居十之二”①。徽州本地所产粮食“仅资三月之食”②。《休宁县志》记载：“徽州介万山之中，地狭人稠，耕获三不赡一，即丰年亦仰食江楚十居六七，勿论岁饥也。”③明清时期人口的增加也加剧了粮食紧张的局面，黟县地方志指出“户口多寡之别”与粮食紧张问题的关联，“黟在万山中，其地故非沃壤，然山地皆折田，无偏苦之弊，所患者田少耳，岁收不给三月，而昔人谓一年耕足饱三岁，则古今户口多寡之别也。”④。

近代人的著述指出了徽州由于没有圩田广布的地理优势而呈现“物产有限”的特征，“沿江接陌连阡，皆赖圩田蓄泄之利，宁国、太平、无为、和州财富之区，古称饶足；惟徽州一隅，山多田少，物产有限。土著虽称饶足，实仰给于外，限于地利非人事之不齐也。”⑤ 这种“物产有限”应该主要指的是粮食。

山多田少、粮食紧缺的自然地理特征对当地农业种植结构的影响也是明显的。徽州山多田少的地理特征使得徽州土地利用形式要适应山地

① 同治《祁门县志》卷十二《水利志·坝》。

② 道光《徽州府志》卷四之二《水利》。

③ 道光《休宁县志》卷之一《疆域·风俗》。

④ 嘉庆《黟县志》卷九《政事·田地》。

⑤ 《安徽舆图表说》卷一，光绪丙申孟冬印行，第3页左。

占优势的特征，山地开垦便甚为重要。徽州人民对梯田的开发就是其中一个方面。明清时期徽州梯田的开发是当地一道景观，“厥田高亢依山而垦，数级不盈一亩，快牛利剡不得用。”① 明清徽州山地开垦过程中，田额得到了扩大。清代徽州府的田额与明初及弘治间相比分别增加了30.98%、7.73%，见表2。

表2　　徽州府明清田额情况表　　单位：亩

地点	田额		
	明初	弘治间	清代
歙县	289446	336942	353721.6
休宁县	317299	355263	359707
祁门县	113181	151343	183438.7
婺源县	303457	378995	429211.3
绩溪县	123406	133486	143191.3
黟县	109148	120784	121923.2
徽州府	1214608	1476815	1590967.6

注：明初及弘治间数据均出自弘治《徽州府志》卷二《田地》；清代数据均出自道光《徽州府志》卷五之一《食货志·赋役》

徽州粮食紧缺还导致当地对救荒作物栽植及其采摘颇为重视。比如，徽州当地农人常常需要采薇葛以果腹。在休宁县“岁收仅仅不给半饷，多仰取山谷甚至采薇葛以食”②；祁门县“入甚薄，岁祲粉蕨葛佐食，即丰年谷不能三之一”③；黟县也是如此，“贫不能负者，采岩谷薇葛以充腹。”④

① 康熙《祁门县志》卷一《风俗》。
② 道光《休宁县志》卷之一《疆域·风俗》。
③ 康熙《祁门县志》卷一《风俗》。
④ 嘉庆《黟县志》卷三。

二、山地特征与徽州水旱灾害易发

这里将徽州地区与皖南平原地区作对比，以显示徽州山地的特点。与山地不同，皖南平原的水灾，主要不是山洪暴发型，而是淹没型，承受的灾害期较长，“大地平原河湖漫溢，其涨虽渐，其退也缓，汪洋泛滥，往往达数十日之久，故苦水之时间较长”，其对庄稼影响较大，“江河泛灌淹没田亩，积久不退，农产损失之影响甚大”[①]。

与平原地带水能停蓄的特点有别，徽州地区呈现山坡陡急的自然特点，这使水难以汇聚，旱灾由此更易产生，时而出现因为争水所致的地方诉讼。比如祁门县处万山中“赖山谷涧水涓涓细流滋润山田，大雨水涨汇于溪壑，由高注下势如建瓴，不能停滀，数日不雨，滩高水落，辄有旱忧，故必为坝、为塘、为堨以蓄之，农乃受泽。居民往往因水致讼，官斯土者安可不相地势、因民力，为百姓兴利哉?”[②]

这种山地“坡流陡急”易致旱灾的情况，不仅对徽州民食有重要影响，也使得塘的重要性更为突出。为了缓解农田告旱的问题，当地对发展塘水灌溉的重要性有明确认识，当地所开之塘不仅输税，而且贸易时也是田塘同价。比如祁门县旱灾频发，“土人乃以人力为天功，潴而为塘，天则不雨，用桔槔取塘水灌溉之，人力成，天不能灾，故塘亦输税，民间贸易田塘同价，然时有淤塞。”[③] 在徽州地区，开塘对水稻的灌溉意义如此重要，所以与其他地方塘在折实时“以多折少”不同的是，徽州地区的塘在折实田亩时基本上是等折。[④]

皖南徽州山地的水灾特点也与地理因素密切相关，“山谷溪涧山洪暴发流势汹涌，有如建瓴。其来虽急，其去也速，不过顷刻而尽，故苦水之时间较短”，山洪对人畜生命的危害极大，“山洪猛烈迅速，每致不及避防，有毁坏田庐伤害人畜之祸。”[⑤] 歙县水灾频发也与此有关，“盖吾郡

---

① 殷梦霞、李强选编：《民国赈灾史料续编（第14册）》，国家图书馆出版社2009年版，第90页。

② 同治《祁门县志》卷十二《水利志·溪河》。

③ 康熙《祁门县志》卷一《水利》。同治《祁门县志》卷十二《水利志·塘》记载一样。

④ 据道光《徽州府志》卷五之一《食货志·赋役》：徽州府塘额为32116.6亩，折实田数为34868.9亩，甚至是略微以少折多。

⑤ 殷梦霞、李强选编：《民国赈灾史料续编（第14册）》，国家图书馆出版社，第90页。

依山为治，山溪湍环，泄多潴鲜，加夏秋霖涨，挟蛟为灾，冲堤坏堰久须修复，势固然也。”[①] 在清朝前中期，因山区掠夺性开发造成水土流失，加剧了该地区易盈易涸、塘堰易受冲击、淤塞的情况。[②] 所以，面对山洪来势汹涌的状况，需要利用“障导疏引”等方式来为洪水分流，即是“高滩峻濑，非障导疏引则利无由兴，且时有泛溢之害。”[③]

诸多史料均指出徽州山地的特点使得水旱灾害易发。《便民五事状》记载：“臣证得本州僻处万山之间，最畏水旱。晴稍久则农田已忧枯槁，雨稍多则山水便见横流。里谚云：三日天晴来报旱，一声雷发便撑船，言其易盈易涸之甚也。”[④] 地方志对水旱两种灾害与地理因素的关联也有明确记载。徽州山地“坡流陡急”的地理特征直接导致当地水旱灾害易发。当时的情况是，徽州地区坡流陡急，数日无雨，农田即告旱；山洪暴发，即冲田毁屋。在祁门县，“邑田依山开垦，多耕垄上，地高而水少，河溪之水又不能激，而在山三日不雨则田旱，十日不雨则苗稿。”[⑤]

三、地形因素与灌溉设施的多样化

徽州易旱使得灌溉水利颇显重要。当地民众根据各处田地所处溪流河道的位置采取塘、堨等多种蓄水或灌溉方式，显示了因地制宜的特点。史料记载：“故此州农田多藉水利，因溪堰水者谓之堨，凿田蓄水者谓之塘，兴工虽难，为利则广，修治不辍，灌溉甚多。弥望数百顷之田，惟资塘堨之泽。”[⑥] 徽州地区灌溉设施的多样化充分体现了灌溉与地形相结合的特点。当地对塘的开挖多选择在低洼之地，这些地方远离溪水，挖塘能使水停蓄，而且为了能充分发挥灌溉效益，一般不允许栽植莲藕等水生作物以防淤塞。这与圩区塘湖里面莲芡交相辉映的特征有别：“塘犹堰也，或因地形湾下，或夹两山之间修筑圳堰，时其蓄泄，毋栽莲芡以

---

① 道光《歙县志》卷二之六《水利》。

② 参阅陈瑞：《清代中期徽州山区生态环境恶化状况研究——以棚民营山活动为中心》，《安徽史学》2003 年第 6 期。

③ 道光《歙县志》卷二之六《水利》。

④ 光绪《祁门县志补》卷一《水利·塘》。

⑤ 康熙《祁门县志》卷一《水利》。同治《祁门县志》卷十二《水利志·塘》记载一样。

⑥ 光绪《祁门县志补》卷一《水利·塘》。

防蔽塞，其灌田之制大约塘税一亩，堰深方丈，以立方法度之，可灌田三十亩。”[①]

“堨”是另一种灌溉形式，是针对溪流水源附近旷野地带的田地来设的。徽州田地可分为“山田”和“坂田”，对“坂田”使用“堨”的形式，即通过在溪流的上流作栅遏水以分流而溉田，“田在山谷者为山田，在旷野者为坂田，坂田远山谷，沿溪不资塘水，资溪水，乃为堨。堨者，古堤防意也，以溪水迅奔激、不少流，必扼之障之，水始为用，故造堨。”[②] 造“堨”的具体作法为：“于溪涧之上流作栅遏水，使之旁出下溉以及田。”[③] 除了塘、堨的形式外，还有坝、陂、堤、射等各种利用方法，均显示了地形因素对灌溉设施选择的关联性，“高滩峻濑，非障导疏引则利无由兴，且时有泛溢之害，是知酾渠筑防水利以农田为大也，凡叠石累土截流以缓之者曰坝，障流而止之者曰堤，决而导之、折而赴之、疏而泄之者曰堨，潴而蓄之曰塘，御其冲而分杀之曰射。”[④]

此外，徽州山地的泉水分布广泛，徽州山区农业生产还大量利用了泉水灌溉。比如歙县的万罗山中“有泉灌田甚广”[⑤]。又如绩溪县的罗公泉溉田数万亩之多，“水自地中涌出，腾跃直上数尺，……虽大旱不竭，溉田数百余顷”[⑥]，该县龙井泉溉田也有 1 万多亩，龙井泉“从石中出，亦溉田百余顷”[⑦]。在休宁县，有独耸岩“顶有池水，里人凿渠引水，溉田千亩”[⑧]。利用泉水灌溉是徽州山区克服易旱的地理特点而采取的应对举措之一。

徽州山地复杂的地形还促使当地灌溉工程技术的进步，比如徽州地区梯级堰坝工程的利用即反映了堰坝修筑技术的进步。在溪流上级级筑坝，分段拦蓄水流，既适于山区的地形特点，又能够更好更多地利用水资源，如弘治间歙县郡守张正曾经修缮渔梁坝，“出帑钱即故址重砌以

---

① 道光《休宁县志》卷之四《水利·灌溉》。
② 康熙《祁门县志》卷一《水利》。
③ 道光《歙县志》卷二之六《水利》。
④ 道光《歙县志》卷二之六《水利》。
⑤ 民国《歙县志》卷一《舆地志·山川》。
⑥ 弘治《徽州府志》卷之一《地理一·山川》。
⑦ 乾隆《江南通志》卷六十二《河渠志·水利》。
⑧ 道光《休宁县志》卷之一《疆域·山川》。

石，凡九层，蓄水二三里。”规模已很大，但“三年后复圮”，郡守彭泽予以复修，“去坝囊中沙砾，实以方石，下流更为梯级，以杀水势”①。

四、徽州茶叶品质与地理因素

在徽州地区，地理因素与农业生产的密切关系还表现在农业名产分布这一方面。学界关注到了徽州茶叶贸易以及销售网络的问题，比如邹怡所撰《产业集聚与城市区位巩固：徽州茶务都会屯溪发展史（1577—1949）》一文，回顾了徽州新安江流域茶业中心城市屯溪的崛起与发展历程。② 这里笔者不再考察徽州茶叶贸易问题，而是对徽州茶业发展的地理因素作出探讨。对于徽州茶叶来说，明清时期徽州茶叶名产的位置与地理位置密切有关。

1. 茶叶名产区与地理位置的密切关系

首先，徽州茶叶品质与产地有非常密切关系。从大的方面来说，因种植之不同可分山茶、园茶两种。山茶因为存在山泉、云雾的因素而品质较佳，高山茶品质明显优于平地茶。这种状况至今也是如此，徽州真正的名茶是出自云雾缭绕的深山地带。据近代调查，在歙县，“山茶系散生山林之间，不经人工培植，更无肥料施壅，上有天然树荫遮蔽，下有甘洌山泉供给，加以山间云雾特多，所产茶叶虽质薄而味则清香芬郁。园茶全用人工种植，锄草施肥之外，茶叶间多种植他种植物。所产茶叶，虽质厚味浓，香味则不及山茶远甚。”③

对于祁门县的茶叶，一般来说也是高山茶品质胜过平地茶，“祁门红茶区域，茶以山草为上，麓草为次，滩草又次，园草最下。”④ 又比如，据1934年《皖浙新安江流域之茶业》的调查，“大源之李坑口、富溪口、杨村、下土坑为休宁产茶之四大名家，他为县北十三里之松萝山，高一

---

① 乾隆《江南通志》卷六十六《河渠志·水利治绩四》。

② 邹怡：《产业集聚与城市区位巩固：徽州茶务都会屯溪发展史（1577—1949）》，《近代史研究所集刊》第66期，2009年12月。

③ 殷梦霞、李强选编：《民国经济志八种（第二册）》，国家图书馆出版社2009年版，第399页。

④ 胡浩川、董少怀：《祁西四大名家绿茶区考察》，《安徽茶讯》第一卷第5期，第3—6页，1941年版，复旦图书馆特藏库藏。

百六十份"[①]。

民国年间祁门县名茶有固定产地。祁门县东乡所产绿茶，有四大名家，"范畴不过二十方里"，这四大产地为："一为杨村，二为杨树林（包括岛溪、上福洲），三为下土坑，四为李坑口（包括骑马洲、李坑园）等处。"这四处所产毛茶年约市秤一千二百担，所产的茶叶"品质无不优异"。这四大产地所产之茶各有特异之处："杨村产为最佳：香气高，滋味浓，水色特清。杨树林：香气特优。下土坑产做工净。李坑口以多产制胜，盖兼重经济经营也。"[②] 民国年间祁门东乡四大名家绿茶产地之一的杨树林，包括岛溪、上福洲等地，其地茶叶之有名，除了技术方面，还有地理位置方面的因素。民国年间婺源东乡茶业也有四大名家，即是溪头、大畈、砚山、济溪等处，这四处中"而溪头以程姓，大畈以汪姓，砚山以鲍姓，济溪以游姓住户居多。"[③]

传统时期徽州地区各地茶叶还有其他名品。近代徽州以黄山毛峰为著名，这与黄山"高出云表"的优越地理位置有关。据调查，"北乡黄山一带，产品最优者，称毛峰，每担售价最高二百二十元"，"黄山松萝、天都云雾，汤门毛峰，号称仙品，盖黄山高出云表，所产之茶，云雾润渥，香味芬芳，故为珍品，世称松萝为黄山产，误也。"[④]

婺源县绿茶被称为"中国绿茶之王"，其品质也与地理因素有关。婺源县绿茶"质地优异，世罕其匹，其色香味俱臻上乘，不独代表中国绿茶之超特，且居世界绿茶之首席。故谈世界绿茶者，无不推婺源珍眉为巨擘，与祁门红茶并闻世界，'婺绿祁红'并享盛名"。婺源县具体的名茶产地有"东乡之大畈、济溪、溪头、砚山，为婺源产茶四大名家"[⑤]。此外，婺源县"西北部之大鄣山、高湖山所产熙春，在洋庄中，最负盛名，久为外人所赞美"[⑥]。

---

① 张研、孙燕京主编：《民国史料丛刊（第554册）》，大象出版社2009年版，第277页。

② 胡浩川、董少怀：《祁西四大名家绿茶区考察》，《安徽茶讯》第一卷第5期，第3—6页，1941年版，复旦图书馆特藏库藏。

③ 胡浩川、董少怀：《祁西四大名家绿茶区考察》，《安徽茶讯》第一卷第5期，第3—6页，1941年版，复旦图书馆特藏库藏。

④ 张研、孙燕京主编：《民国史料丛刊（第554册）》，大象出版社2009年版，第276页。

⑤ 张研、孙燕京主编：《民国史料丛刊（第554册）》，大象出版社2009年版，第278页。

⑥ 张研、孙燕京主编：《民国史料丛刊（第554册）》，大象出版社2009年版，第278页。

民国年间在歙县也有茶叶名品。“歙县茶的品名颇多，惟大体约分为‘毛峰’‘绿茶’‘烘青’三种。”[①] 在清代的黟县，六都石墨岭地带所产茶叶也是名品，“茗家谓之石墨茶”[②]。绩溪县也有佳茶之产地，“绩溪茶之优者，当推八都之上金山、黄柏山，十四都逍遥山，七都之青萝山，以上各地，大多均制烘青以供内销。”[③]

2. 茶叶品质与气候、土质、水分等地理因素的关联

除了茶场位置因素，茶叶品质还与气候、土质、水分等地理因素有关。虽高山茶一般胜过平地茶，但是若茶园位置土质、水分较条件好，平地茶也有名品。在祁门县，“茶园位置，即在河流之两岸，或大山之麓下谷中，故其小地多以‘洲’或‘口’得名。地势平衍，土质肥沃；云霞继漫，空气浸润”，此处虽地势平衍，但“地临峭壁，滩滩环深溪，其水谓之浙河，乃新安江之上游也。”由此茶树发育“旺盛无伦”，并且山洪暴涨对该处茶园的淹没对茶叶反而有促进作用，即“春夏之交，每有山洪暴涨，茶园时有淹没之发生。但以茶株硕高，虽受河水泛滥冲刷，而反有改变土性与增加肥分之利。”[④] 又如在黟县，虽对茶叶技术不甚注意，但由于土质较佳，也有上品茶叶，“黟县茶品，以西北两乡为最优，如湘口、叶村、何村等处，地势较高，每年产茶，约二千八百余担，惟零星散漫，于茶树培育不甚注意，幸有天厚之土质，故所产在黟县中尚称上品。”[⑤]

即使是同一茶场，茶叶品质因处于山阳或山阴位置的不同也有差别，由此茶叶品质的等级有别，体现出水质、气候等地理因素对茶叶品质的影响。比如歙县“南乡茶质，远不及北乡黄山所产”，近代调查对歙县茶叶品质与位置、水质的关系有如下介绍。

“查歙县茶品，当以黄山天都狮峰所产者最佳，惜产量不多。山南各地所产，较诸山北太平县地界所产，其品质完全不同。凡有饮茶经验者，

① 洪素野著：《皖南旅行记》，中国旅行社印行，1944 年 3 月出版，第 80 页，复旦大学图书馆特藏库藏。

② 同治《黟县三志》卷三《地理·物产》。

③ 张研、孙燕京主编：《民国史料丛刊（第 554 册）》，大象出版社 2009 年版，第 279 页。

④ 胡浩川、董少怀：《祁西四大名家绿茶区考察》，《安徽茶讯》第 1 卷第 5 期，第 3—6 页，1941 年版，复旦图书馆特藏库藏。

⑤ 张研、孙燕京主编：《民国史料丛刊（第 554 册）》，大象出版社 2009 年版，第 279 页。

一尝即知优者乃产于山之阳，劣者乃产于山之阴。汤口、岗村、杨村、芳村所产，虽不及黄山，然已可位居第二。次之，为黄山源一带。南乡茶品，以三阳坑老竹岭较佳，街源次之。东乡地土水质均不及南北两乡，故其品质亦逊。”①

茶叶的品质与气候及采制时间也有关，进而影响茶叶的销售情况。气候因素的正常与否会影响茶叶的品质，在徽州休宁县，“谷雨后立夏前十日间，天气晴多雨少，气候温和，则所产之茶较嫩；若天气燥热，时雨时晴，则所产之茶较老。”②。祁门县境四乡多产红茶，但 1935 年 5 月天气寒凉，茶叶品质受到影响，茶叶非常嫩弱；对于婺源新茶，“亦因天气寒凉影响，丰歉不一”；对于歙县茶业，“向称丰富，在皖南各县产区中，以祁门婺源鼎足而立”，也因为 1935 年天气寒冷，“各乡均采之嫩头，各地普告歉收”③。

采茶时令也影响茶叶品质，在徽州休宁县，茶叶采制的情况是“其在谷雨时采摘者，多系本庄毛峰，价虽高而采量少，销路狭，故农户甚少采制”④。

五、小结

明清以来徽州地区农业变迁与地理因素有密切的关系。“山多地少”的地理特征直接导致徽州地区粮食紧缺，山坡陡急的地理特征使得徽州地区水旱灾害易发。面对这不利的自然地理因素，徽州人民大力进行山地开垦，并采取了塘、堨等多种蓄水或灌溉方式，显示了因地制宜的特点。徽州地理也显示出有利于农业发展的因素，突出表现在徽州茶叶名产对地理因素的依赖等。

① 殷梦霞、李强选编：《民国经济志八种（第二册）》，国家图书馆出版社 2009 年版，第 399 页。
② 殷梦霞、李强选编：《民国经济志八种（第二册）》，国家图书馆出版社 2009 年版，第 484 页。
③ 子山：《安徽省经济地理概况》，《先导月刊（南京）》1935 年第 2 卷第 5 期，第 96—97 页
④ 殷梦霞、李强选编：《民国经济志八种（第二册）》，国家图书馆出版社 2009 年版，第 484 页。

第三章　资源利用篇

第一节　明清时期徽州地区的农业技术

即使传统徽州以徽商为名，但传统徽州仍是农业社会。对徽州农业生产及技术的复原、考察与分析，无疑对徽州社会经济史研究有重要作用，甚至具有一种基础性研究的价值，但现有徽州社会经济史研究对徽州农业生产技术极少关注。本节从明清时期徽州地区农业生产的育种、中耕、防治病虫害、种植制度、作物收获及加工等多个环节作考察，并注意到徽州农民对农业生产中耕牛问题和作物施肥问题尤为重视。明清徽州农业技术具有自身的区域性特点，一是能做到因地制宜，形式多样；二是具有精耕细作、多劳集约的特点。

一、农业耕作及加工技术

明清时期徽州地区农业耕作技术表现在育种、中耕、防治病虫害、种植制度、作物收获及加工等多个环节，在这些方面都有技术层面的总结和开拓。

徽州地区在播种技术方面有总结，比如在嘉庆年间（1796—1820）的黟县，对于扁豆种植，当地总结出播种容易发芽的技术条件："清明下种，盖以草灰，不用土覆，则皆生。"① 明清徽州重视作物种植的中耕除

① 嘉庆《黟县志》卷三《物产》。

草等耕种环节。明清皖南在麦类种植过程中重视中耕除草环节，“凡大麦二耘、小麦三耘乃善。”[①] 徽州人民还认识到某些特定物质具有除草的功能。比如在歙县，人们早就认识到石灰具有除草功能，石灰“有柴灰、煤灰两种，产邑东，均为耘田杀草必需，并供建筑，煤灰出处较多，邻邑亦资用之。”[②]

农作物生产过程中还有一个重要的风险，即害虫灾害。总体而言，传统时期人们对农业病虫害知识了解甚少。据民国时期对芜湖高农乡村改进实验区的农事调查，“尤以关于动植物病虫害方面之调查，更觉困难。盖农民不明病虫害之原因，且各作物栽培季节不同，而病虫害发生之时期自有差异，故调查时，无法从田间实际证明。虽乡民亦有能道其发生情形及病虫害之名称，然人言各殊，非随带病虫害样本，指明其所遭现象及虫害之形状，难得真确之结果。因有此种种困难，故调查表中有数项结果，只得暂缺。”[③]

明清时期徽州地区最显著的害虫灾害当然是蝗灾，地方志中充斥着对徽州蝗灾发生的记述。除了蝗灾，稻飞虱等各种粮食作物病虫害也不时会发生，地方文献对此也有记载。比如在绩溪县，明万历七年（1579）秋“螟”，乾隆二十四年（1759）夏秋“多螟，岁不登，斗米二百八十文”[④]。

针对徽州地区的病虫害，徽州人民总结了各种“土办法”。徽州地区人民认识到青蛙对捕食稻田害虫的作用，从而禁止当地人食用。比如在歙县，金线蛙“一名田鸡，俗称水鸡，以其能食害虫，于农有益，人戒食之”[⑤]。徽州地区还认识到用特定作物的汁液或天敌类野生动物可以杀灭或驱除害虫。在歙县，杜鹃“即映山红，野生者甚多，间有盆栽者。……研末浸水，杀菜蔬虫”[⑥]。在歙县，人们还认识到，用栋树的树叶可以作为杀虫原料，栋“其大者供建筑及制器用，又为农家水车良材，中

① 包世臣著、潘竟翰点校：《齐民四术》，中华书局2001年版，第5页。

② 民国《歙县志》卷三《物产》。

③ 李醒愚等：《半年来之芜湖高农乡村改进实验区》第136页，民国刊行本，南京农业大学农业遗产室藏。

④ 嘉庆《绩溪县志》卷十二《祥异》。

⑤ 民国《歙县志》卷三《物产》。

⑥ 民国《歙县志》卷三《物产》。

含盐性，无虫患；叶供肥料，晒干为粉，撒布稻叶及烟叶上，或煎汁灌菜，并著杀虫效。”① 当地还认识到鼹鼠有驱除害虫的功用，鼹鼠“顷刻而穴成，颇伤植物之根，然其驱除害虫、疏松田土，又未尝无裨于农业”②。

在作物收获环节，徽州人民也总结了一些经验。比如，荞麦及豆类是徽州地区重要杂粮，徽州农民对荞麦、豆类的收获技术有总结。在清代黟县，“荞麦……立秋前十日内种之，收刈时，对梢相搭铺之。其白者渐变为黑，乃为得所。若待上梢黑，下半段子尽落矣。”③

在作物品种方面，明清以来徽州农作物品种多样，外来品种向徽州地区的传播丰富了徽州地区已有作物品种。比如在歙县，谷属之内，“七十日熟者曰江西早，近移种于江西”，又有“天生稻”“兰溪白”等多种水稻品种亦系外来，还有从徐州传播来的大麦品种。具体情况是，“天生稻……种来桐城怀宁间”，“兰溪白，种自兰溪来”，“衢州白，种来自衢”，“大麦以徐州种为最优，粒长大而皮薄，亩收三石余。”④ 延至晚清时期，徽州的桑树也有自浙江移植而来的品种，品质较好。对于歙县的桑，“近时邑人所植皆湖桑，其购来之树，皆一年苗、二年接、三年分……吾邑产丝质不亚于湖、绍，所以不及者，特育蚕法及缫丝法未研究耳。”⑤

在种植制度方面，明清徽州地区种植制度包括套种、间种等多种方式，体现出资源集约利用的特点。关于套种技术，包世臣指出，在皖南地区，“其小麦地种棉花者，不及耕，就麦塍二丛为一窝，种棉子，计麦熟而棉长数寸矣。”⑥ 清代皖南还有间作技术，比如“麦田旁可种蚕豆，又大麦蚕豆宜为秧田底。”⑦

徽州地区有套种、间种的多种记载。在民国时期的歙县，“扁豆……

① 民国《歙县志》卷三《物产》。
② 民国《歙县志》卷三《物产》。
③ 嘉庆《黟县志》卷三《地理·物产》。
④ 民国《歙县志》卷三《物产》。
⑤ 民国《歙县志》卷三《物产》。
⑥ 包世臣著，潘竟翰点校：《齐民四术》，中华书局2001年版，第5页。
⑦ 包世臣著，潘竟翰点校：《齐民四术》，中华书局2001年版，第5页。

尝于篱边或田塍上结架种之”[①]；徽州府“油桐叶落而土肥，故种杉者必先之以桐，取其子以为油”[②]。在皖南地区，对于泥黄豆“南人多种于稻下，为间谷，虽收成薄，然不损田，不劳人，亦分外之利也”[③]。歙县的芝麻也是套种在其他作物中，芝麻“枯饼肥田、养鱼花，……播种于棉豆之间，于他物无碍，为农家额外宏利。”[④]

徽州地区还重视对农作物的加工利用，以缓解徽州地区易遭饥荒的状况。在皖南，麦是一种重要的用作加工的粮食种类。对于麦，“舂者微浸以水，舂去其皮，名麦米，和稻米炊饭，颇香脆，其涨锅胜稻，而熬饥亦过，然味减，不为人所贵，惟饥年乃以为谷。”另外，还有一种麦为小麦，“其无壳红黄者名小麦。为沟塍以种，五寸而一丛，丛二三十茎，亦可撒种。磨为麪，供常食。其麸可饲猪。又可以粗布置筛内，和水揉成麪筋，为素食要品。”[⑤] 在歙县，对豆类的加工利用不仅可充饥，还能制成美味的豆豉，豆类“饼粪粮及喂猪，荒年人可充饥也，他乡所产豆名八月白，仅制腐及豉，无榨油者”[⑥]。

徽州地区重视对林木资源的加工利用。在嘉庆年间黟县，棕榈“每岁必剥两次，否则树死或不长，剥多又伤树。”[⑦] 另比如在歙县，对柏树籽粒的加工也很常见，对于柏树籽粒，“子外之肉制成者称柏油，子内之仁制成者称青油”，柏油、青油都对百姓日常生活有功用，“青油合药，去毒胜麻油，皮饼止能充薪。”[⑧]

对徽州地区来说，茶业是重要产业，所以茶叶的加工技术对徽州百姓的收入至关重要，徽州人民总结了一系列茶叶加工技术。徽州人民认识到茶品高低不仅与地土、水分、气候、栽培均有密切关系，茶叶制造方法之优劣，也影响茶品甚大。民国年间祁门东乡绿茶制作包括“杀青、

---

① 民国《歙县志》卷三《物产》。
② 道光《徽州府志》卷五之二《物产》。
③ 包世臣著、潘竟翰点校：《齐民四术》，中华书局2001年版，第7—8页。
④ 民国《歙县志》卷三《物产》。
⑤ 包世臣著、潘竟翰点校：《齐民四术》，中华书局2001年版，第4页。
⑥ 民国《歙县志》卷三《物产》。
⑦ 嘉庆《黟县志》卷三《物产》。
⑧ 民国《歙县志》卷三《物产》。

揉捻、毛炲（俗曰生锅），中炲（曰熟锅），足炲（俗曰冷锅）”等工序。[①] 在歙县，人们还注意到炒茶比烘茶品质好，“据云烘茶不及炒茶”，歙县南乡所制大方茶“全系炒成，故其味亦因之增美”[②]。

相反，若茶叶加工技术不佳，则影响茶叶的品质及外销。据调查，民国年间歙县绿茶因制法不精、战争因素，影响了外销情况：“往年多销外洋，近年以制法不良，受日茶竞销之影响，多改销国内。自九一八变后，东北销路顿告断绝，幸各地公路日拓，交通称便，茶之销路亦随之推广，非但未见减色，且似有畅销之势。苟能利用机器、合作制造，国外贸易未始不能与人竞争也。”[③]

徽州地区在长期的农业生产过程中，还总结了各色各样的农业丰收与否的各种预测。有对水旱占卜方面的经验总结，在祁门县，“立春前一日，官长率属迎春东郊，造土牛觇厥色以卜水旱，听民扮剧相从”[④]；在祁门县，“六月六日晒衣服书籍，农祀田祖，以是日阴晴卜秋成旱涝。”[⑤] 在嘉庆年间（1796—1820）的绩溪县，有利用檀的生长状况来预测水旱灾害的情况，檀“有黄白二种，其一种至夏不生叶，忽然叶开，当有大水，农人以占水旱，谓之望水槐。”[⑥] 在休宁县，五谷树，在颜公山“岁以所实占丰歉”[⑦]。徽州洪水常对塘堨等设施有损毁。祁门县传统农业经验是在立秋之日不宜打雷，否则，“其岁多雷，则塘堨沟塍多震损”[⑧]。

二、徽州地区耕牛对农业的重要性

徽州地区虽然多有富裕徽商，但徽州本地仍有不少贫民。有些贫民在农业耕作的时候缺乏耕牛，就需要向有耕牛之家予以租用，同时要交

---

① 胡浩川、董少怀：《祁西四大名家绿茶区考察》，《安徽茶讯》第一卷第5期，第6页，1941年版，复旦图书馆特藏库藏。

② 殷梦霞、李强选编：《民国经济志八种（第二册）》，国家图书馆出版社2009年版，第399页。

③ 殷梦霞、李强选编：《民国经济志八种（第二册）》，国家图书馆出版社2009年版，第397页。

④ 同治《祁门县志》卷五《风俗》。

⑤ 同治《祁门县志》卷五《风俗》。

⑥ 嘉庆《绩溪县志》卷三《物产》。

⑦ 道光《休宁县志》卷之五《食货》。

⑧ 路达主修，黄汝济主纂：永乐《祁阊志》卷十《物产》，载祁门县地方志办公室整理：《祁阊志（外四部）》，2004年印，皖内部资料，第143页。

纳稻谷作为牛租，这反映了粮食生产对耕牛的严重依赖和农民对耕牛的重视。从遗存的契约文书来看，一般情况下是租用每头牛每年要交纳200斤稻谷。现举二则契约为证。在祁门县，《清乾隆四十二年十二月汪时道立租牛字》内容如下。

“立租牛字人汪时道，今租到程加燦名下水牸牛壹头，是身租到，迭年耕种田地水草，无得懈怠，凭中面议定迭年交纳牛租谷官秤贰佰斤正。其租谷不得短少。如违，听自起他人看养。天灾不测不得累及看守之人。”①

另外，在婺源县，契约《民国三十七年古历元月曹小炳立承牛字》内容如下。

“立承牛字人曹小炳，今凂中承到余炳良名下水杉牛壹只，承来蓄养耕田，三面言定每年认交牛租干籼谷贰佰觔，秋收时送门缴交，不论年岁，不得短少斤数，该牛生育小牛，不论雄雌双方各得一半，养大将贰供或卖，双方同意始能决夺，一方面不得擅自面权该牛。东家日后倘自供养等情，大小熟收成如贰，任其牵回无阻。承蓄之牛当好好供养，决无失误□窃情事。恐口无凭立此承牛字为据。”②

有牛租多于或少于200斤稻谷的情况。据1926年9月休宁县操广棅所立承租水雄牛契约，牛租即多于200斤，操广棅“今凭中租到□□名下耕牛一只，租谷当日三面言定□期按年秋收交纳牛租谷贰佰陆拾斤整，不得短少，挑送登门，客不欠租，东不辞客，两无异说”③。也有牛租少于200斤的，据清嘉庆十一年（1806）8月祁门县汪惟青所立承祖牧养耕牛的契约，交纳牛租谷7秤，约为140斤，契约如下。

“立承租牧养牛约人汪惟青，今承租到王孔瑞名下水犊牛一头，是身租去牧羊耕种田地，三面议定，逓年秋收之日交纳牛牛租谷柒秤整，送至上门交纳，不得短少斤两。其牛日后倘有若生子，以作四股相共，王得三股，身得牧羊草分一股，两无异说。其牛是身看守，不得懈怠等情，

① 《祁门十七都环砂程氏文书》之《清乾隆四十二年十二月汪时道立租牛字》，刘伯山主编：《徽州文书》第一辑第7册，广西师范大学出版社2005年版，第277页。

② 《婺北里源余氏木商文书》之《民国三十七年古历元月曹小炳立承牛字》，刘伯山主编：《徽州文书》第三辑第7册，广西师范大学出版社2009年版，第298页。

③ 《民国十五年九月（休宁）操广棅立承租水雄牛批》，黄山学院编撰：《中国徽州文书》第九卷，清华大学出版社2010年版，第171页。

如有懈怠拖欠牛租等情，听王姓另召，身等毋得执拗。今欲有凭，立此承约存照。嘉庆拾壹年八月初一日。”①

又如，1928 年 12 月，徽州李国顺租到吴富梅名下水牯牛一条，凭中言定，每年秋收后，无论虫伤水旱，所交纳牛租谓干稻壹佰斤整，“挑送上门，不得拖延短少。”②

有些租牛契约不仅对牛租有规定，还写明在使用耕牛的时候不得对耕牛予以虐待，要爱惜使用，这更体现出耕牛对徽州农民以及徽州农业发展的重要性。清光绪十七年（1891）正月祁门县金成顺等所立合伙契约便是此种契约，试介绍如下。

“立愿领字人汪金旺，今到三伙牛主名下承去水雌牛壹头，身愿承去蓄养耕种，务要四时照应水草，不得懈怠以及瘦而不肥。用牛之时应发仁心，不能放逼强打凶行。如违，听凭牛主另召与他人。身无异言。恐口为凭，立此承字永远存照：一、议迭年秋收交纳牛租干谷玖秤，面言定夏子之时，不得让租，以此。……光绪拾柒年新正初陆日立愿领牛人汪均旺代笔：金可起。”③

三、徽州地区肥料种类的多元利用

总的来看，明清时期徽州地区在肥料利用方面以粪肥和豆饼为主。对于农业肥料，据近代调查，歙县小麦种植的肥料情况是，“由此可知豆饼及大粪实为乙区小麦之主要肥料。”④ 徽州地区重视粪肥的施用，农民常常在清晨担粪上田。在黟县，“三都一担粪，九都正好（上声）盹，言三都人起早，九都在东，有山遮蔽，迟见日，是以起迟也。”⑤ 豆油饼是

① 《祁门三四都一图小洲王氏文书》之《清嘉庆十一年八月汪惟青立承祖牧养牛约》，刘伯山主编：《徽州文书》，第二辑第一册，广西师范大学出版社 2006 年版，第 108 页。

② 《民国十七年十二月徽州李国顺立租水牯牛字》，黄山学院编撰：《中国徽州文书》第九卷，清华大学出版社 2010 年版，第 172 页。

③ 《祁门二十二都红紫金氏文书二》之《清光绪十七年正月金成顺等立合伙约》，刘伯山主编：《徽州文书》第一辑第 10 册，广西师范大学出版社 2005 年版，第 528 页。

④ 张研、孙燕京主编：《民国史料丛刊（第 536 册）》，大象出版社 2009 年版，第 442 页。

⑤ 民国《黟县四志》卷三《地理》。

徽州一种主要肥料，歙县豆油饼可“粪粮及喂猪，荒年人可充饥也”[①]，在黟县，豆“油之滓可粪地”[②]。

虽然徽州地区以粪肥和豆饼为主要肥料，但也注意到对多种肥料的综合利用，比如各类油饼、蚕矢、草灰、杂草、麦渣、泥黄豆等。

除了豆饼，徽州地区各种油饼都会被作为肥料来使用。比如徽州地区桐油的粕即是一种肥料，对玉米种植极佳。在歙县，“桐子之粕为桐饼，俗称枯粪，培苞芦及株兰花极肥。”[③] 油饼也是徽州的一种饼肥，在清代黟县，“油菜，即芸薹……鱼亭霞阜人家多种之……当未花时采食其薹，则旁枝愈茂、花开愈繁，一亩可收子二石，秸可供薪，子可榨油，油味甚香美，其滓兼可粪田，实蔬中要物也。”[④] 在歙县，菜籽油“饼亦肥田”[⑤]。在民国年间的歙县，芝麻的饼也是一种肥料，“枯饼肥田、养鱼花”[⑥]，麻油“饼肥田松土”[⑦]。歙县柏油之饼也是肥料，“子内之仁制成者称青油”，“青饼肥田能松土。”[⑧]

蚕矢，嘉庆年间黟县，麻的种植“高一尺以蚕矢粪之，良”[⑨]。

草木灰，在黟县，对于扁豆的种植，下种后盖以草灰“不用土覆”，则都能生长。[⑩] 在歙县，“豆类肥料以灰为主。”[⑪]

绿肥，在歙县，茶叶种植还有用杂草作肥者，“在歙县茶农，多有将除草时之杂草，充作肥料者”[⑫]；对于休宁县茶叶种植，也存在“将杂草埋入根旁土中，以代肥料”的情况。[⑬] 还存在将一些作物的嫩茎作为绿肥使用，在歙县“蚕豆……农家每于油菜中种之，不待子熟，耕以肥田”[⑭]，

---

① 民国《歙县志》卷三《物产》。
② 嘉庆《黟县志》卷三《物产》。
③ 民国《歙县志》卷三《物产》。
④ 嘉庆《黟县志》卷三《地理·物产》。
⑤ 民国《歙县志》卷三《物产》。
⑥ 民国《歙县志》卷三《物产》。
⑦ 民国《歙县志》卷三《物产》。
⑧ 民国《歙县志》卷三《物产》。
⑨ 嘉庆《黟县志》卷三《物产》。
⑩ 嘉庆《黟县志》卷三《物产》。
⑪ 民国《歙县志》卷三《物产》。
⑫ 张研、孙燕京主编:《民国史料丛刊（第554册）》，大象出版社2009年版，第258页。
⑬ 殷梦霞、李强选编:《民国经济志八种（第二册）》，国家图书馆出版社2009年版，第482页。
⑭ 民国《歙县志》卷三《物产》。

“黄豆茎叶可为肥料及饲家畜”[①]。

麦渣，在皖南地区，大麦“其壳种粪”；对于小麦，“其渣仍可粪田。”[②]

豆类，在皖南地区，对于泥黄豆“可炒食，饲马豕。又煮以粪田，过菜饼”[③]。

四、农业技术的因地制宜

徽州农业技术体现了因地制宜的特点。比如在黟县，“黟为山邑，田少于山，土地瘠确，高地种菽麦，低地种杭稻，芝麻、芦穄，各适土宜。”[④]

徽州多数地方不宜稻作，所以对林木生产较为重视。比如在婺源县，“山多田少，西南稍旷，东北多山，垦以为田，层累而上至十余级，牛犊不得耕耨，溪涧之水又不及受而仰赖于天，每岁所入，恒不敷消费，全恃浙赣两省输入米麦，以资接济，故不得不力作于山，收茶木麻桐等产，以资弥补。”[⑤]

徽州地区山地广布，林业经济是当地农民的重要支柱之一，徽州地区人民对树苗繁育技术有所总结。在歙县，对苗木技术有如下总结：“柏与石楠，其种子皆自落而生，近时圃家治肥田，或于柏林中取子种之，或拔其秧栽之，逐年分植，由密而疏，育成苗木售人，栽植须一二十年乃成材。”[⑥]

在粮食生产方面，技术也体现了因地制宜的特点，徽州当地能根据地形土质特点有选择性地选用相应品种。比如在歙县，水稻品种有耐旱的种类，“天生稻，俗称野稻，略似鸡爪秈，稃赤，性耐旱”[⑦]，山地也有

① 民国《歙县志》卷三《物产》。

② 包世臣著，潘竟翰点校：《齐民四术》，中华书局2001年版，第4页。

③ 包世臣著，潘竟翰点校：《齐民四术》，中华书局2001年版，第7页。

④ 张海鹏、王廷元主编：《明清徽商资料选编》，黄山书社1985年版，第11页。

⑤ 张研、孙燕京主编：《民国史料丛刊（第554册）》，大象出版社2009年版，第251页。

⑥ 民国《歙县志》卷三《物产》。

⑦ 民国《歙县志》卷三《物产》。

旱稻之种类，“昔邑人有垦山种旱稻者，曰赤米，盖即占禾、火米之类。”① 歙县还有早熟的品种，“七十日熟者曰江西早。”② 清代徽州还形成了耐肥或不耐肥的水稻品种。同样的，在农业生产实践中根据地质情况选用。比如在籼稻品种里面有“肥田跂”，“大率籼不耐肥，唯此种能于肥田中自植立也”，还有秧田糯“善耐肥”③。

针对徽州地区经常粮食短缺的状况，徽州地区还重视对玉米、粟等杂粮的生产，这些杂粮在当地具有重要的作用。比如在歙县，对玉米有如此介绍，“玉蜀黍，有玉米、玉麦、苞谷、珍珠米等称，歙俗称苞芦，山农视为要粮，有黄白二种，黄者熟较早，酿酒磨粉，用均米麦，秆富糖分，可制糖，干之可供炊，埋地能松土，苞皮可制纸，苞心可饲猪。”④

五、徽州农业的精耕细作

明清时期徽州地区农业技术呈现出精耕细作的特点。明代徽州地区的水稻农业耕作即讲究精耕细作，其他地方“岁才一芸”，而徽州地区要芸草三四次。弘治《徽州府志》载：“他郡之田，弥望数百亩，民相与杭稌之，岁才一芸，时而既至，禾稗相依以长，而其人亦终岁饱食，不待究其力。歙人之芸，岁以三四，方五六月，田水如汤，父子袒跣膝行其中。”⑤ 另如，在清代黟县，对于水稻的种植之法有如下表述，凸显了对种植技术的讲求以及农民劳作的艰辛。

“三月种者为上时，四月上旬为中时，中旬为下时。种时先放水十日，后曳碌碡十遍（遍数以多为良）。地既熟净，然后下种，候秧生五六寸，拔而莳之，高七八寸则耘之。耘毕放水熇之，苗既长茂，薅去稂莠，相土所宜者而粪之。欲秀复引水浸之，及时而收获之（早刈米青而不坚，晚刈零落而损收）。”⑥

明清时期徽州的麦类是重要的旱地粮食作物，麦类的耕种、管理、

① 民国《歙县志》卷三《物产》。
② 民国《歙县志》卷三《物产》。
③ 道光《徽州府志》卷五之二《物产》。
④ 民国《歙县志》卷三《物产》。
⑤ 弘治《徽州府志》卷二《食货一》。
⑥ 嘉庆《黟县志》卷三《地理·物产》。

收割技术也体现出了精耕细作的特点，说明了当地对麦类种植技术的总结已很细致。在清代黟县，对大麦的种植技术有较为系统的总结，体现了对麦类耕作、收获的讲究以及精耕细作的特点，兹介绍如下。

“大麦……若天旱无雨泽，则薄。滞麦种以酢浆并蚕矢，夜半滞，向晨速投之，令與白露俱下。酢浆令麦耐旱，蚕矢令麦忍寒。麦生黄色，伤于太稠，稠者锄而稀之。麦熟时带青割一半，盖麦熟同时，不比别种熟有先后。若候齐熟，一遇风雨必致抛撒。刈过即晒干，恐生蛾，密苫盖以防雨。不及载者，坡下苫之，乘晴明旋刈旋打，扬净收起。即未净，俟所收打遍再打之。大抵农家之忙无过蚕麦。若迁延过时，秋苗亦误，故有‘收麦如救火’之谚。”①

“粪多力勤”是精耕细作技术的一个体现。在传统时期徽州地区，农业生产无疑也是强调“粪多力勤”因素的。史载明清时期徽州“壮夫健牛，日不过数亩，粪壅缉栉，视他郡农力过倍，而所入不当其半。”②

由于徽州地区具有地势险绝、水旱易发的自然特点，徽州农民尤其用力勤苦。《歙事闲谭》云：“农力最为勤苦，缘地势踆绝，厥土骍刚而不化。水湍急，潴蓄易枯，十日不雨，则仰天而呼；一雨骤涨，而粪壤之苗又荡然矣。大山之所落，力垦为田，层累而上，十余级不盈一亩。刀耕火种，望收成于万一。深山穷民，仰给杂粮。早出皆耕于山，耦樵于林，以警狼虎；暮则相与荷锄负薪以归。精馐华服，毕生不一遘焉。”③

清代皖南名臣包世臣在著作中也总结了皖南农业生产过程中粪肥施用的经验。包世臣指出在皖南地区，各种作物在粪肥使用方面有各自时令特点，“凡粪麦，小麦粪于冬，大麦粪于春社，故有‘大麦粪芒，小麦粪椿’之谚。”④ 包世臣还指出肥料种类与作物适应性的问题，皖南地区，“凡粪皆宜田，惟忌鸡粪，一粪即尽地力，丰收无继。惟畦种瓜果者，资粪力不资地力，则为美粪也。”⑤

此外，肥料使用要注重相互搭配，有点类似现代混合肥的雏形。在

---

① 嘉庆《黟县志》卷三《地理·物产》。

② 张海鹏、王廷元主编：《明清徽商资料选编》，黄山书社 1985 年版，第 4 页。

③ 许承尧撰，李明田、彭超、张爱琴校点：《歙事闲谭》卷十八《歙风俗礼教考》，黄山书社 2001 年版，第 604 页。

④ 包世臣著，潘竟翰点校：《齐民四术》，中华书局 2001 年版，第 5 页。

⑤ 包世臣著，潘竟翰点校：《齐民四术》，中华书局 2001 年版，第 11 页。

皖南地区，“凡附城民，令多备缸桶，至城运粪，仍以桶置各家收尿。凡尿须和大粪、破水或牛粪，乃可下田，否则火气、咸气逼谷不长，得大粪、牛粪济之，发力最足。”① 清代黟县已注意到粪肥的选择和搭配，在茶叶生产环节，茶“性恶水，宜肥地，勿耘草，以小便粪水或蚕沙壅之。……其行商统名松萝。”② 在嘉庆年间的黟县，对于葱的栽植来说，用“猪鸡矢和粗糠壅之”③ 则效果很好。清代徽州在瓜果种植中也注意粪肥的使用，在清代黟县，“白菜……又一种来自泾县者肥大而厚，一本重数斤，八月畦种，沃以粪水最易长大。……立冬后腌藏之。”④

明清徽州农业技术上的精耕细作不仅能提高产量，还能促进农业名产的出现，这突出表现在茶叶名品方面。在民国年间祁门县，东乡绿茶为名产，即与其栽培技术的集约有密切关系。这种对栽培技术的用心体现在播种、茶株培育、间作、中耕、茶树更新等五方面。在播种方面，“茶株多系丛播，行株间距，正三角形，距度约为四点五—五尺，间有疏密不一者”。在茶株培育方面，能做到株丛生育健旺，节间稀疏，枝干挺直，对高度八尺以下茶株，“促进株之立体发展，不采顶芽，高育枝干”，而对八尺以上茶株，“注意株之张面发展，阻挡枝干之徒长”。在间作方面，多选择乌桕等类作物作为间作物，“即以增其荫蔽，兼以收其果实，似为两得其利”，在该地“乌桕之植，到处都有”。徽州地区对茶树中耕也很重视，“茶树中耕，年有三次，雇用妇女操作；经济薄弱之家，亦有只行之一、二次者，每年中耕一次，并加施人粪肥料”。该地还重视对老弱茶株的更新，“惟据凫溪乡公所朱君谈：民二十三年间，茶叶价格徒高，名家茶区产量锐减。骑马洲园户，有抱茶株哭者，因而尽伐其茶株并纵火焚烧其根株，以泄苦愤。不意次年茶株发芽，生长既速且极健，其被烧者，较之未烧者，尤为特异。因此茶树更新之风，在名家茶区内，推行浸广。按此法更新茶株，最为合宜，实有奖励倡行之必要。”⑤

---

① 包世臣著，潘竟翰点校：《齐民四术》，中华书局2001年版，第13页。

② 嘉庆《黟县志》卷三《物产》。

③ 嘉庆《黟县志》卷三《物产》。

④ 嘉庆《黟县志》卷三《地理·物产》。

⑤ 胡浩川、董少怀：《祁西四大名家绿茶区考察》，《安徽茶讯》第一卷第5期，第3—6页，1941年版，复旦图书馆特藏库藏。

六、小结

明清时期徽州地区在农业耕作技术的育秧、中耕、病虫害防治、作物收获及加工等多个环节都有总结和开拓，并多方面筹措农业肥料，反映了传统农业用地养地技术的优良传统。在农业技术体系的特征方面，徽州地区注重精耕细作以及农业技术的因地制宜，缓解了不利自然条件对农业生产的制约。

第二节　明清时期徽州山地资源无序利用及生态破坏

关于明清以来徽州地区的生态问题，学界对棚民开发的生态影响已有较多的论述，但徽州地区无序开垦的主体绝不仅仅是棚民。实际上，除了棚民，徽州当地人也对山地无序开垦，并且这种无序开垦对徽州地区森林植被造成很大的破坏，造成了溪河、塘堨淤塞，并使得田亩砂积。

一、徽州地区无序开垦概况

明后期及清代外来流民在徽州地区扎棚而居，从事农业开垦活动。他们的开垦活动以玉米为主要种植种类。嘉庆年间是徽州地区棚民种植玉米的高潮时期，其中以安庆人为棚民的主体。比如在嘉庆年间的绩溪县，对玉米种植如此记载："邑多山，近为皖人垦殖，所产不少。"[①] 这种棚民开垦活动过程虽然受到地方官员的禁止，但难以禁绝。

至近代，徽州外来流民还有在徽州植桐的情况。在歙县，邑产桐油不多，"昔惟黄山源及东北交界山中有植桐者，今则安庆人在五都坦头垦山种之，通计年产油量约四千担，桐油为髹屋及制器要品，外人以之制

① 嘉庆《绩溪县志》卷三《物产》。

漆销用极广。”[①]

明清以来徽州无序开垦的主体除了外来棚民，还有本地居民。有将湖泊开垦为田的情况，比如歙县的高湖，“在旦公坟前，昔为湖，今亦为田。”[②]

当地百姓还有焚山现象。同治年间祁门县出现“小民佃户烧山”的状况，“本县山多田少，民间日用咸赖山木，小民佃户烧山以便种植，烈焰四溃，举数十年蓄积之利，一旦烈而焚之。”[③] 还有因为驱除或捕获野兽而焚山者，自然也会造成大面积林木被毁，比如在明代嘉靖十七年(1538)“婺源多虎，伤男妇二百余口，捕猎无策，民皆焚山逐虎，延烧苗木不啻亿万。”[④] 这些例子都反映了对山地资源无序利用的状况。

二、生态破坏之一：林木等植被资源的破坏

在徽州棚民和当地居民无序开垦的过程中，徽州山地的林木资源遭到滥砍滥伐，常常导致“童山濯濯”的现象。同治年间祁门县出现“小民佃户烧山”而导致林木稀疏的状况，该县佃户烧山垦殖使得“举数十年蓄积之利”顷刻化为乌有，并且还有“山林深阻，虽旦旦伐木于昼，而人不知，日肆偷盗于其间”的情况，对林木资源的危害很大，甚至有“仇家妒害”故意砍伐的情况[⑤]，显然不利于资源的持续利用。

清末徽州知府刘汝骥指出歙县“童山濯濯”的状况：“廿三日到北乡一带，询田间疾苦，过云岚山，展谒忠烈王墓祠，瞻仰须眉，想见当年提戈跃马精神，山势亦蟠郁雄奥，惟巡阅四周，童山濯濯一望无余。若多植森林，十年以后葱葱佳气必更可观。质诸高明以为何如?”[⑥] 另据民国年间的调查，在休宁县，“本邑山脉纵横，原为天然之大好林产，近以

① 民国《歙县志》卷三《物产》。

② 吴吉祜纂：歙县《丰南志》卷二《舆地志》（省馆1981年抄本影印），载《中国地方志集成》乡镇志专辑第17册，江苏古籍出版社1992年版，第269页。

③ 同治《祁门县志》卷十六《物产》。

④ 道光《徽州府志》卷十六之一《祥异》。

⑤ 同治《祁门县志》卷十六《物产》。

⑥ 刘汝骥：《陶甓公牍》卷十一《笺启》，载《官箴书集成》第10册，黄山书社1997年版，第571页。

滥伐之结果，渐见童山濯濯”①，也是指出了大批山地林木遭到砍伐的情况。

清代徽州地区大量林木遭到滥砍滥伐，森林资源的无序利用还影响到物种多样性。举一个例子，徽州地区棚民对自然资源的肆意利用，使得当地白术、香椿等植被资源遭到了严重破坏。在嘉庆年间的宁国府，“白术向称舆于潜相勒，数年来棚民将荒山赁垦，术草被铲殆尽，殊难采觅。”② 清代徽州地区对椿脑的无序挖掘也破坏了当地的生态环境，系列禁止垦山的文约明确指出了这一点。据嘉庆二十二年（1817）祁门县一则契约，汪兆恭、凌明笔、黄廷可、胡有龙在共立禁约里规定，“公议，椿脑暂挖五年，如过五年之外，合行公禁，再毋许犯违。犯违者，罚银叁两，仍依此文为准。”③

徽州地区山地植被资源遭到破坏的状况受到地方社会的关注和重视。一方面，民间力量采取了禁止滥垦的应对措施。比如，在乾隆三十九年（1774），“五月十一日，隆堨甽上盖造棚房，鸣保甲理，其屋始止。”④ 乾隆年间（1736—1795）歙县石门人陈启元，字乾若，“乃长服贾苕萐，家业稍裕，遂创建宗祠，修桥砌路。邻山有盗租与棚民者，吁于官，请禁约之。”⑤ 另一方面，官府也发布一系列禁令，并且筹划兴办林业。比如清末徽州知府刘汝骥针对徽州府“童山濯濯”的状况，提出了兴办林业的设想：“谨就三月内力行筹画之事胪列八条，为我宪台陈之。……一、试办农林。歙、休、祁、黟四县皆知府经过之区，茂林修竹，蔚然可观，童山濯濯，亦所在多有，此非山之性也。查看情形，自当从种树下手，而种植区域则莫如先地而后山，由近以及远。”⑥

---

① 殷梦霞、李强选编：《民国铁路沿线经济调查报告汇编（第九册）》，国家图书馆出版社 2009 年版，第 343 页。

② 嘉庆《宁国府志》卷十八《物产》。

③ 《嘉庆二十二年祁门凌氏立〈合同文约謄契簿〉之一八六、一八七》，王钰欣、周绍泉主编，中国社科院历史研究所收藏整理：《徽州千年契约文书（清民国篇）》卷十一，花山文艺出版社 1993 年版，第 378、379 页。

④ 凌应秋辑：《沙溪集略》，（乾隆三十四年撰，抄本），载《中国地方志集成（乡镇志专辑第 17 册）》，1992 年版，第 643 页。

⑤ 民国《歙县志》卷九《人物·义行》。

⑥ 刘汝骥：《陶甓公牍》卷十《禀详》，载《官箴书集成》第 10 册，黄山书社 1997 年版，第 543 页。

三、生态破坏之二：溪流塘堨淤塞

在山林植被受到破坏的情况下，明清以来徽州地区水土流失加剧，一遇暴雨，泥沙俱下泻入溪河、塘堨，导致溪河、塘堨的淤塞。这种溪河淤塞的状况严重影响了该地区原有水域的蓄水、保水能力，不仅使得灌溉水源更为缺乏，加重了旱情；而且在水灾来临时，因为蓄水能力下降而加重了田亩淹没的灾情程度。关于明清以来徽州地区溪河、塘堨淤塞的记载非常多。现分别择要介绍。

1. 明清时期徽州的溪河淤塞问题

关于徽州地区溪河淤塞的记载主要是在清代，这与以棚民为主体的无节制的山地资源开发活动密切相关。诸多文献对山地煤矿开采、玉米垦殖等活动导致的溪河淤塞有明确的记载。许承尧在《歙事闲谭》中对徽州地区煤矿开采所导致的“溪流淤塞”及社会治理难度增加如此记述道：“歙无他郡流民，故风俗醇厚，无所渐染。惟邑北山居之民，盗开煤矿，炼灰取利，每招外来工匠，群聚深山，非惟地脉受伤，溪流淤塞，而凶顽盘踞，易启乱萌。虽屡经严禁，其风未熄。官斯土者，所宜设法以杜其渐焉。”①

徽州地区玉米种植活动也破坏了山地植被，从而每遇霖雨便泥沙俱下，填溪塞路。比如在嘉庆年间的旌德县，玉米“一名六谷米，按，种苞芦者都系福建、江西、浙江暨池州、安庆等府流民租山赁种，用锄开挖，冈陇土松石动，每遇霖雨，石沙随雨水奔下，填溪塞路，毁坏良畴。游民俱系无业，聚族凭陵，土人不敢與较，且性犷悍好斗，时酿命案。乾隆五十四年府院朱以徽属地方蛟水陡发、庐舍漂没、田亩杀压，皆因棚民挖山之故，严饬槩行驱逐。今棚民更多于昔，地方官亟宜禁止也。”②旌德县的这种状况可以帮助我们认识与它相邻的徽州府的情况。

到道光年间，徽州府地方志仍然对棚民玉米种植所致“溪堨填塞”的情况记载明确：“自皖民开种苞芦以来，沙土倾泻，溪堨填塞，河流绝

---

① 许承尧撰，李明田、彭超、张爱琴校点《歙事闲谭》卷十八《歙风俗礼教考》，黄山书社2001年版，第607页。

② 嘉庆《旌德县志》卷之五《物产》。

水利之源，为害甚大，六邑均之，言水利者可勿规其永久乎？”[1]

又比如，歙县南部原本栽植豆麦，水土流失不甚严重，即是“歙南山多田少，居民多垦山而种，然皆土山，豆麦攸宜，较樵采之利不啻倍蓰。且土性坚凝，无倾泻之害。若北乡之山，则石多土薄，惟宜柴薪”，但是在清代以来，外来流民来到以后，从事开矿、垦种玉米活动，对山地植被肆意毁坏，从而淤塞溪流：

迩为外郡流民，赁以开垦，凿山刨石，兴种包芦。土人始惑于利，既则效尤。寖致山皮剥削，石防沙倾，霉月淫淋，乱石随水而下，淤塞溪流，磕撞途径，田庐涨末，其害与凿矿炼灰等。而且山木童然，柴薪亦为之踊贵，得不偿失。况穷山僻壤，最易藏奸，难免遗患。惟在贤有司曲喻严禁，以杜祸盟，庶无厝火之虞焉[2]。

清乾隆、嘉庆年间（1736—1820）是徽州玉米开垦的高潮期，也是山地水土流失最为严重的时期。清乾隆、嘉庆时期徽州地区山地水土流失、泥沙下泄导致了不少塘堨的淤塞。《岩镇志草》指出了清前期“堨”的损坏，比如永丰堨“今堨淤难濬”，“今流虽淤□，而大势尚存。”[3]。另据休宁县江登云《橙阳散志》，休宁县官堨共有 6 个，为长湖堨、枧堨、小堨、勳堨、小堵堨、毕家堨，也多有淤塞和修筑者。比如，长湖堨“灌田五百余亩，久废，乾隆二十年（1755）知府何达善兴修，里举人江嘉诂董其事”，枧堨“灌田三百余亩，乾隆二十年与长湖堨同修”，勋堨“灌田五百余亩，乾隆初年修”，毕家堨“灌田五百余亩，乾隆三十三年（1768）修”[4]。

清代徽州群众为了防止无序开垦、泥沙俱下导致“沙冲泥堨，淤塞河流”状况的出现，多有呈请示禁的举措。在宣统年间（1909—1911）的休宁县，有人想对水灾冲击所致的沙洲之地予以无序开垦，因为这种开垦活动会导致河道坟墓受损，于是休宁县十六都程姓族人请求地方政府对这种肆意开垦的行为予以示禁，地方官同意了这个请求，并发布告

① 道光《徽州府志》卷四之二《营建志・水利》。

② 许承尧撰，李明田、彭超、张爱琴校点《歙事闲谭》卷十八《歙风俗礼教考》，黄山书社 2001 年版，第 604 页。

③ 佘华瑞纂：《岩镇志草》（1734 抄本），载《中国地方志集成》乡镇志专辑第 27 册，江苏古籍出版社 1992 年版，第 107 页。

④ 江登云纂，江绍运续纂：《橙阳散志》卷一《舆地》，嘉庆十四年刻本。

示如下。

“钦加同知衔 特授江南徽州府休宁县正堂兼巡防营务处加四级记录十二次龚为给示严禁事。据十六都率口程世忠祠附贡生程兴湝、程世璞，职员程兴桼，廪贡生程柜，职贡生程天镜，附生程祥鸠、程镜清、程秉钧、程兆煦，附贡生程世致，监生程伯昌、程箴、程恒良、程祥鹏，职员程廷仁、程薰等呈称，缘世忠祠产紧濒祠前大河，对岸黄口有驹字一千五百二十二号，土名大清溪，河间湖沙地一片，税十六亩余，水逢沙涨，积有余亩。虽与二十二都黄口何姓合业，而程多何少，业荒粮完代远年深，施为义地，上多坟冢，傍临大河。生等聚族而居，深明利害，于嘉庆五年公请示禁开垦，十二年又复加禁，同治四年何姓支丁违禁招租，复经该祠邀同程姓请示加禁在案，禁碑确据，铁案久成。生等恪遵禁令，罔敢或越，近闻何姓支丁觊觎沙洲之利，又有借端违禁招垦情事，祇知肥己，罔顾害人。若任其弛禁，势必沙冲泥竭，淤塞河流，暴露骸骨，倘如上年洪水为灾，两岸之居民大碍，患不堪思，害宜预防。生等亦知开垦一条为现今功令所重，曾于车口合办协和织布数艺所，希渐扩充兴学公益等事，无如黄口沙洲实于冢墓河流关碍匪綦重，万不容于开垦。为此环叩赏加示禁等情到县，除批示外合行照汇严禁。为此示仰该处人等知悉，尔等须知黄口河间洲沙地一片系属义地，坟冢累累，自示之后无论土著客民不准私行开垦，致碍河道坟墓，倘有不遵，许该生等指名以凭核明究办，其各凛遵毋违，切切。特示。宣统元年九月十日示。”①

除了呈请示禁的措施，明清以来徽州社会也对淤塞的溪河和塘堨予以修浚。明代歙县岩镇人汪尚广对河道淤塞予以修浚，“勇于从义，时歙河淤塞，尚广请于官，首倡疏浚至今赖之。”② 明代万历年间的《窦山公家议》也对塘堨修筑作了规定：“各处田塘甽堨，若有损坏壅塞，管理者当及时修治。”③ 另如，在祁门县，明代的余宝“募民开挑新河，庀材以

① 王钰欣、周绍泉主编，中国社科院历史研究所收藏整理：《徽州千年契约文书（清民国篇）》卷三，花山文艺出版社 1993 年版，第 445 页。

② 民国《歙县志》卷九《义行》。

③ 北京师范大学图书馆编：《明刻孤本秘笈丛刊》第 12 册，广西师范大学出版社 2010 年版，第 561 页。

为横梁，决水复故道，以除民害。”[①]

清代徽州地区池塘淤塞的情况不时发生，针对这种情况，徽州富民多有捐金修浚的情况，民间富户捐资疏浚堪为义举。比如对于歙县的詹塘，“县志云在十六都詹塘村，原溉田五百亩，后淤塞。乾隆间丰南吴绍基捐千缗挑浚”[②]。在休宁县，程佑针对“村有云塘淤浅”的情况，也“捐金挑浚，灌田数百顷”[③]。在歙县，大母堨“溉田三百余亩，清康熙间鲍庆泽独资修浚，庆泽裔孙宜瑗暨子志道妻汪氏迭修”[④]。歙县的张潭堨也是这种情况，张潭堨系宋大德二年（1298）程三府君开浚，“溉田三千余亩，后以修理废弛，仅存田一千八百亩”，乾隆十一年（1746），吴永衡等倡修，规定“照田派浚，分期防水”[⑤]。渔塘堨、牌楼堨、虾蟆堨、头堨、观音堨“是里人曹自鎏奉鲍方两节母命捐资数千缗创建”[⑥]。

2. *咸同兵燹后塘堨之淤塞*

由上论述可知，明清时期徽州水土流失日益严重，导致河道、塘堨的淤塞不时发生，但同时，地方社会也予以积极应对，民间也有捐资修浚者。

但自咸同兵燹后，我们发现，地方史料对塘堨淤塞的记载更多，但修治的情况已不多。这肯定有咸丰年间前后水土流失较为严重的原因，也应该与咸同兵燹对徽州地方社会秩序造成的剧烈影响有关。在咸同兵燹后地方社会一片残破的大背景下，徽州出现塘堨淤塞无人修治的情况不足为奇。而且，有些记载也特意指出咸同年间淤塞的情况，也可说明这问题。下面择要介绍咸同以后徽州塘堨淤塞的状况。

咸同兵燹后，徽州富户和地方精英对塘堨的修缮能力大为降低。徽州地区“兵燹以来壮丽之居一朝颓尽，败垣破瓦满目萧然，承平四五十

---

① 路达主修、黄汝济主纂：永乐《祁阊志》卷七《贤宰政绩》，载祁门县地方志办公室整理《祁阊志（外四部）》，皖内部资料，2004 年印，第 66 页。

② 吴吉祜纂：歙县《丰南志》卷二《舆地志》（省馆 1981 年抄本影印），载《中国地方志集成》乡镇志专辑第 17 册，1992 年版，第 268 页。

③ 光绪《重修安徽通志》卷二百五十《义行四》。

④ 民国《歙县志》卷二《水利》。

⑤ 民国《歙县志》卷二《水利》。

⑥ 民国《歙县志》卷二《水利》。

载，元气卒不可复”[①]。再加上徽州地区山地植被的破坏，使得许多旧有塘堨难以修缮而淤塞。

歙县有不少“塘”出现淤塞，从而失去灌溉功能，或灌溉能力大为减弱。比如歙县的胖大塘“原溉田一百余亩，近淤塞，止二十余亩”；社屋塘“原溉田一百余亩，近淤塞，止十余亩”；呈交塘“原溉田六十余亩，近少淤，止四十亩”[②]；大石禾塘“原溉田一百余亩，近稍湮，止六十亩”；冯塘“旧溉田三百余亩，近淤塞，未修”；岭塘“原溉田八十余亩，近淤塞”；詹塘“原溉田五百亩……近复淤塞，溉田三十余亩”[③]；竦塘“原溉田三百六十亩，同治四年按亩派工重浚，汪大垣董工，近复淤塞。”[④]

除了塘的淤塞，徽州地区在咸丰年间以至民国时期，也有许多“堨”出现倾塞。比如在歙县，良堨在清代能溉田一千余亩，但在清末“堨久倾塞，仅存行迹，受溉之田尽成荒壤”[⑤]；瑶堨“长三里，溉田二百亩，咸同后倾塞，田亦荒废”；长湖堨“近堨倾湮”；枧堨“溉田二百七十亩，近半倾塞，引长湖堨水分溉”；皇呈堨“原溉田七百余亩，近止四百余亩”；迎祥堨“溉田五百余亩，昔下游有枇杷堨，近倾湮，亦此堨灌溉”；青山堨“溉田四百余亩，近多淤塞”[⑥]。小母堨“溉田二百余亩……近少湮塞，止溉田一百余亩”；大母堨“溉田三百余亩，……光绪末连岁荒旱，堨渐坏，未经修复”；秋堨“溉田二百余亩，近坏待修”；黄潭堨“溉田数千亩，宋元以前截水为堰，引水入渠，循流灌溉，每遇山洪暴涨，横流奔冲，疲于修浚，元末明初间，经潭渡黄子庸、西溪汪自明伐石重筑，并甃石渠五里，始称完固，百余年后，堨复失修，浸成圮坏。今仅收大小母堨之余滴及数小塘水，溉田数十亩，然渠甽虽湮，故迹犹在”；张潭堨“溉田三千余亩，后以修理废弛，仅存田一千八百亩”，

① 刘汝骥：《陶甓公牍》卷十二《法制科》，载《官箴书集成》第10册，黄山书社1997年版，第596页。

② 民国《歙县志》卷二《水利》。

③ 民国《歙县志》卷二《水利》。

④ 民国《歙县志》卷二《水利》。

⑤ 民国《歙县志》卷二《水利》。

⑥ 民国《歙县志》卷二《水利》。

“今堨久堙废，仅向杲以下得鲍南堨水溉田数十亩。”[①]

歙县永丰新堨也是这种情况，“明洪武二十七年路口胡寿卿开浚，溉上路口吴干田三千余亩……今堨久废，上流成岩镇民居，昔时受溉之田分渥于官塘长塘”。另如，青山堨“道光二年建，蓄岩溪之水溉田二百余亩，近止三十六亩”；回龙岭堨“溉田数十亩，近倾塞，止溉十余亩”；头堨“溉田五十余亩，上有水碓堨合流，今废”；虾蟆堨“溉田四十五亩，有碓名庄家碓，今废”[②]，等等。

徽州地区咸同以后塘堨修治的情况也有一些，只是案例不多而已。比如歙县的塞堨，明末开筑，“溉田四百三十余亩，咸同后荒废”，经程霖生等四人修复。[③] 歙县的雷堨淤塞也幸有修治：“自十六都达十九都，宋末程迁率子八人开筑”，有淤塞及修筑情况，“咸丰末淤废，同治三年程永和倡修，至五年工竣，由溪南上村木桥头引丰溪水入口，经双石桥穿村心而下，循下村口三坪桥、坑桥，至上富桥芝黄支，分四渠：曰洋冲、曰合垅、曰斗碓、曰十畝。纡缳十里，直达上下，临河至澄潭山麓，仍归丰溪，溉田一千七百亩有奇。”[④] 歙县的小堨“溉田七十亩，宣统初堨塝被水冲塌，许砚耘捐资倡修”[⑤]。吕堨“咸丰元年（1851）堨渠复淤，郡守达秀命监生郑时辅重开并修吕公墓，重建吕公祠，经营七载工竣，而时辅以劳卒，嗣经兵乱，复见淤塞”，同治四年（1865）许士泰等人重修。[⑥] 雷堨，宋末开筑，“咸丰末淤废，同治三年（1864）程永和倡修，至五年工竣”。[⑦]

咸同以来也有一些新的塘堨的兴造，但已很少，远不及其前一二百年的情况。兹列举相关兴造的例子，白茆堨“溉田一百余亩，近年方大俊等捐造”；留村大堨“民国十七年章恒铨等倡筑，溉田一百余亩”[⑧]。

---

① 民国《歙县志》卷二《水利》。

② 民国《歙县志》卷二《水利》。

③ 民国《歙县志》卷二《水利》。

④ 吴吉祜纂：歙县《丰南志》卷二《舆地志》（省馆1981年抄本影印），载《中国地方志集成》乡镇志专辑第17册，1992年版，第268页。

⑤ 民国《歙县志》卷二《水利》。

⑥ 民国《歙县志》卷二《水利》。

⑦ 民国《歙县志》卷二《水利》。

⑧ 民国《歙县志》卷二《水利》。

咸同兵燹对徽州社会有巨大冲击，不仅影响了对塘堨的修治，也影响了其他社会公共事业的正常的兴办，兹简要列举二例，以作咸同兵燹深远影响的佐证。在歙县，仰村渡“旧志载黄村桥……咸同以后毁，更为渡”，古关渡“乾隆五十八年（1793）李有亮置产永为修造费，洪杨乱后产亡”[①]。

四、生态破坏之三：田亩沙压

明清时期以来徽州山地的水土流失，使得山成童凸，一遇大雨，沙石便泻入山底的田亩，对田亩的生态也有深远影响。诸多史料提到山地水土流失导致水灾以及田亩被沙石覆压的情况。清代歙县的项士溥之所以“购买石川一带山业请禁棚民开挖”，就是为了“以息水患而保田庐”[②]。

棚民开垦使得草皮去尽，“则沙土不能停留，每一大雨，沙泥即随雨陡泻，溪涧渠堨渐次淤塞，农民蓄泄灌溉之法无所复施，以致频年歉收，今沿山田亩俱被壅涨更数十年，岂堪问乎？此其有害于民田一也”[③]。

这种水土流失、沙压田亩的情况，不仅影响农业生产，而且不能耕种之田增多导致农业赋税有所减少，地方官员于是发布告示予以饬查[④]。

五、小结

明清以来徽州地区的无序开垦以棚民为主体，但也有当地人山地开垦的因素。这种无序开垦对徽州地方森林植被有很大的破坏，造成了溪河、塘堨淤塞的情况。地方社会对此情况予以积极应对，有时地方富商有捐助行为。从史料来看，咸同兵燹以后，塘堨淤塞的现象更为明显，应该与咸同兵燹对徽州地方社会毁灭性打击有一定的关系。在徽州山地

---

① 民国《歙县志》卷二《津梁》。

② 光绪《重修安徽通志》卷二百五十一《义行五》。

③ 道光《徽州府志》卷四之二《营建志·水利》。

④ 可参阅徽州文书《祁门十六都石迹源吴氏文书》之《清咸丰五年九月祁门县正堂为严饬稽查事照得祁邑各乡告示抄白》，载刘伯山主编：《徽州文书》，第二辑第二册，广西师范大学出版社2006年版，第78页。

水土流失加剧的背景下，一遇洪灾，泥沙俱下，山下田亩受到沙石覆盖的情况也绝非仅有。这些反映了明清以来，尤其是清代山地资源的无序开发对山地生态环境所造成的深远而严重的影响。它给我们的启发是，在资源开发利用的过程中，要注意资源开发与生态环境之间的协调与平衡。

第三节 清代徽州棚民长期存在反思

一、引言

明清时期的棚民经济一方面促进了高产作物玉米、番薯、土豆等新品种在中国的推广[①]，另一方面，也引发了生态环境破坏以及与地方社会的冲突等问题。地方势力与外来棚民产生了激烈冲突，至清代，引发了驱禁棚民运动。刘秀生指出，至了清代中期，棚民问题已不是小范围的，“棚民已经广泛分布于我国的中部和南部山区，成为一个全国性的社会问题，而尤以闽浙赣皖四省最为突出。”[②]

皖南徽州是棚民开发以及驱棚运动非常突出的区域。徽州棚民的掠夺性开发所引发的负面影响很大。卞利对徽州棚民活动给徽州山区生态环境及社会经济所造成的影响与破坏，以及“棚民”与土著居民对立的问题作了详细论述[③]；陈瑞的《清代中期徽州山区生态环境恶化状况研究——以棚民营山活动为中心》详细考察了棚民营山活动给山区生态环境所造成的严重破坏和冲击。[④] 谢宏维的《生态环境的恶化与乡村社会控制——以清代徽州的棚民活动为中心》对徽州棚民的经济活动对当地生态

① 郭松义：《玉米、番薯在中国传播中的一些问题》，载《清史论丛》第七辑，中华书局 1986 年版，第 80—115 页。

② 刘秀生：《清代闽浙赣皖的棚民经济》，见《中国社会经济史研究》1988 年第 1 期。

③ 卞利：《清代中期棚民对徽州山区生态环境和社会秩序的影响》，倪根金：《生物史与农史新探》，台北万人出版社出版，2004。

④ 陈瑞：《清代中期徽州山区生态环境恶化状况研究——以棚民营山活动为中心》，《安徽史学》2003 年第 6 期。

环境的恶化作了介绍[①]，他的《清代徽州棚民问题及应对机制》对棚民与地方社会冲突的原因也作了深入探讨。[②]

综观已有关于徽州棚民的研究[③]，在徽州棚民开发所引起的消极影响以及与地方社会的冲突等方面，论述得很深入，但对驱棚运动的成效等问题关注不够。我们注意到，虽然清代中央政府和皖南地方政府都采取了驱禁棚民的政策，但清代棚民并未能在短期内绝迹，而是延续百年之久，这种情况出现在专制集权的清王朝，原因值得反思。

二、清代以来徽州棚民难以驱禁的状况

徽州棚民早在明后期就已出现，史载明代徽州府山区的云雾山"棚居之民不下二百家"[④]。据清代地方志记载，徽州地区"棚民开种山场由来已久，大约始于前明，沿于国初，盛于乾隆"[⑤]。

顺治至雍正时期，徽州棚民问题不太严重。赣西棚民因为参与"三藩之乱"等军事活动，遭到了政府的镇压。[⑥]至雍正年间，战乱平息，针对棚民的政策有了变化，政府不再采取一概严厉打击的做法。户部尚书张廷玉的建议得到了当局的采纳。在雍正三年（1725），朝廷采取了对棚民根据自愿原则编入土著的方法。雍正皇帝时期，朝廷公布了专门针对棚民的政策如下："见在各县棚户，请照保甲之例，每年按户编册。责成山主、地主并保长、甲长出结送该州县，该州县据册稽查，有情愿编入土著者，准其编入。"[⑦]

---

① 谢宏维：《生态环境的恶化与乡村社会控制——以清代徽州的棚民活动为中心》，《中国农史》2003年第2期。

② 谢宏维：《清代徽州棚民问题及应对机制》，《清史研究》2003年第2期。另，他的《清代徽州外来棚民与地方社会的反应》也论述了棚民与地方社会的冲突问题，载《历史档案》2003年第2期。

③ 其他与徽州棚民相关的研究成果还有：冯尔康：《试论清中叶皖南富裕棚民的经营方式》，《南开大学学报》1978年第2期；刘秀生：《清代闽浙赣皖的棚民经济》，《中国社会经济史研究》1988年第1期；吕小鲜编《嘉庆朝安徽浙江棚民史实》，《历史档案》1993年第1期。

④ 顾炎武《天下郡国利病书》原编第九册《凤宁徽》。

⑤ 道光《徽州府志》卷四之二《水利》。

⑥ 同治《袁州府志》卷五《武备·武事》。

⑦《清世宗实录》雍正三年（1725）七月条，中华书局1986年。

乾隆时期，徽州棚民引发的问题至乾隆时期已很严重了，徽州地方政府多次发布告示禁止棚民租山。据黟县地方志的记载，乾隆四十六年（1781）告示指出：“有关县龙之处，永远不得自行出租于人，附近居民，亦不许凿挖有关县石龙土。”① 在乾隆五十一年（1786），婺源县俞奎茂等十数名乡绅，针对开垦山地种植玉米使“天根斩削，地脉陵夷”，吁请知县下令禁止并获准②。乾隆五十九年（1794），休宁县勒石“严禁招租棚民种山”以种植玉米③。在祁门县紫溪源一带，乾隆年间以前就有棚民租种，乾隆年间棚民锄种玉米危害严重，当地奉禁“毋许私种苞芦”④。

地方政府的禁令一个接一个，问题是屡禁不止，甚至当地民人也纷纷效仿种植玉米，这进一步加剧了水土流失。休宁县境内有些公家山场也征召棚民。比如浯田岭、江田村等七村公家山场，其中程姓股份较多，民人效仿程姓族人出租山场给棚民，“自程姓族人召租棚民，以致各村纷纷附召。”⑤

黟县绅士作竹枝词说：“腊腊包芦满旧蹊，半锄沙砾半锄泥。沙来河面年年长，泥去山头日日低。”其词注曰：“棚民租山种苞芦，休宁、祁门皆受其害，黟近亦渐有之。”⑥

嘉庆时期，徽州驱禁棚民的力度最大，甚至在嘉庆十二年（1807）中央政府都介入驱禁棚民之事，但棚民仍难以绝迹。嘉庆七年（1802），休宁县“阖邑居民”针对棚民问题“呈明县府通详严禁，饬县驱逐，该匪等抗断不遵，串通本地匪类捏写租票，勒索退价”⑦。在黟县，乾隆年间就有对烧瓦采矿等的禁令。但在嘉庆七年（1802），“近有李大坤等只

① 道光增补《黟县志》卷十一《政事志·塘》。

② 转引自卞利：《清代中期棚民对徽州山区生态环境和社会秩序的影响》，倪根金主编《生物史与农史新探》第336页，台北万人出版社出版，2004。

③ 《安徽巡抚初彭龄为酌议棚民退还山场章程事奏折》，吕小鲜编：《嘉庆朝安徽浙江棚民史料》，《历史档案》1993年第1期。

④ 《讯详洪大由控郑国卿等讹诈送县私押并录解递后复来踞种缘由稿》（嘉庆十八年），中国社会科学院历史研究所藏，转引自杨国桢：《明清土地契约文书研究》，人民出版社1988年版，第152页。

⑤ 道光《徽州府志》卷四之二《营建志·水利》。

⑥ 欧阳发、洪钢编：《安徽竹枝词》，黄山书社1993年版，第74页。

⑦ 《安徽巡抚初彭龄为酌议棚民退还山场章程事奏折》，吕小鲜编：《嘉庆朝安徽浙江棚民史料》，《历史档案》1993年第1期。

知贪利肥已，罔顾亿万生灵，招纳外民汪宾等入山凿石烧煤”，官方对此作出了严厉规定：“嗣后毋许在于桃源山地凿石烧煤、植种苞芦等情，倘敢故违，许该捕保即刻指名赴县具禀以凭差拿究处。”[①]

最突出的是嘉庆十二年（1807），中央政府插手徽州棚民与地方的激烈冲突，实行驱禁棚民的政策。若照此政策，至嘉庆二十四年（1819），徽州棚民当不复存在。

嘉庆十二年（1807）作如下规定：“嗣后凡召约立有年限者，限满勒令退山回籍，毋庸返还租价，若年限未满，业主内有愿还租价赎山及讦讼到官饬退者，所有租价银两按年分摊。如原限二十年，租价银一千两，已种十年，即扣除五百两，仍还银五百两，饬令拆棚退山。其召约不载年限者，如在乾隆六十年（1795）以前承租，本年收割后概行勒令退山回籍，若承租在嘉庆元年（1796）以后，本年三月以前，取中定限以十二年为断。如嘉庆元年承租，限至十三年退山，其余以次递年饬退。约至嘉庆二十四年，未立年限各棚民所租山场，即可全行退还，均毋庸给还原价。此外，有典拼各契约，亦照召约分别有无年限，一律照办。”对宁国、池州、广德等3府州开山种植玉米的棚民“亦即一律查照办理”[②]。

嘉庆年间（1796—1820），在皖南徽州府以外的其他府州，棚民种植玉米状况虽然一并被禁止，但玉米种植有所扩展的情况是与徽州府类似的。在嘉庆年间的宁国府，棚民在麻类作物发展的过程中起了促进作用，他们开垦山地种植麻类等作物，“今宁郡山陬亦系棚民聚族种白麻、苞芦之类。”[③] 对于嘉庆年间旌德县的棚民种植玉米活动，地方志记载：“乾隆五十四年府院朱以徽属地方蛟水陡发、庐舍漂没、田亩杀压，皆因棚民挖山之故，严饬概行驱逐。今棚民更多于昔，地方官亟宜禁止也。”[④]

实际上，驱禁棚民政策执行起来很难彻底。嘉庆十六年（1811），安徽巡抚采取折中办法，对不惹是生非的棚民不再一概驱逐，其上奏言：

---

① 嘉庆《黟县志》卷十一《政事·塘堨》。

② 《安徽巡抚初彭龄为酌议棚民退还山场章程事奏折》，吕小鲜编：《嘉庆朝安徽浙江棚民史料》，《历史档案》1993年第1期。

③ 嘉庆《宁国府志》卷十八《食货志·物产》。

④ 嘉庆《旌德县志》卷之五《物产》。

“各棚民相安有年，视种山为恒业，原籍久无生计，若必驱令回籍，是使千余户男妇别无生业，转致一旦失所。自应遵照妥为安插之谕旨，准其照旧留棚耕种，以遂其生，毋庸令其回籍。”①

原本计划至嘉庆二十四年（1819）棚民全部退山的徽州地区，一直至道光年间棚民仍未绝迹。经过对徽州棚民“按户编排”查核，徽州地区仍有固定的棚户 841 户（缺婺源县）②。道光年间祁门县修志者仍为该县棚民开垦的消极影响而担忧，“今日棚民开垦，河道日高，水在沙下，舟不能达”。并指责地方官吏失责，该县“虽屡奉严禁而孽芽（指棚民）未除，是长民者之责也夫。”③

道光时期“垦山种植玉米未能减少”，中央政府也意识到了棚民种植玉米对生态的破坏。在道光年间，“开种苞谷，翻掘山土，以致每遇大雨，沙砾尽随流水”“实为地方之害”④，道光三十年（1850）左右朝廷对驱逐棚民的政策予以重申，指出所租之山，“年限未满者”，到期满时，将棚民“毁窝棚，令压出境”，道光帝要求办理此事要“始终无懈……不得谓积重难返”⑤。

道光时期，两江总督陶澍发布命令，对棚民聚居之地设置“牌长”、“棚头”⑥，实际上承认了契约棚民存在的事实，而不是一概驱逐了。

道光年间，除徽州府以外的皖南其他府州的棚民同样也是没有绝迹。通过查阅中国第一历史档案馆所藏朱批奏折材料，可以发现，安徽巡抚色卜星额在道光十七年（1837）的《奏为安徽省各属居民及附住棚民分别编查保甲情形事》中对道光年间皖南各府州棚民作了记载。⑦ 根据该档案，当年安徽各县的棚民户数如下：徽州府有棚民 634 户，宁国府有棚民 918 户，池州府有棚民 80 户，广德州有棚民 792 户。

---

① 《安徽巡抚广厚为请免勒令棚民回籍并立法约束事奏折》（嘉庆十六年三月二十九日），吕小鲜编：《嘉庆朝安徽浙江棚民史料》，《历史档案》1993 年第 1 期。

② 陶澍：《陶澍集（上）》，岳麓书社 1998 年版，第 425 页。

③ 道光《祁门县志》卷十二《水利志·水碓》。

④ 《清文宗实录》卷二十，道光三十年十月辛巳，中华书局 1986 年。

⑤ 《清文宗实录》卷二十，道光三十年十月辛巳，中华书局 1986 年。

⑥ 陶澍：《陶澍集（上）》，岳麓书社 1998 年版，第 427 页。

⑦ 朱批奏折，安徽巡抚色卜星额：《奏为安徽省各属居民及附住棚民分别编查保甲情形事》（道光十七年十一月二十五日），中国第一历史档案馆藏，档号：04-01-02-0029-002。

直到同治年间徽州黟县仍有棚民开采矿山[①]，皖南宁国县也存在棚民，“多皖北人寓宁，赁山垦种苞芦，谓之棚民。”[②]

再来看一下光绪年间的皖南外来人口数据。据光绪三十年（1904）司册，全省寄籍：客民共326623户，1650463口。各州客民人口为：徽州90191人，宁国249498人，池州104392人，太平112969人，广德164045人；各州客民户数为徽州17068人，宁国48944人，池州23092人，太平30917人，广德34244人。[③]

一直到民国时期，皖南棚民开发仍然存在。根据对广德县独树区梅溪村调查，江浙人在皖南开荒的情况是，“荒山种苞谷到三年后，收入就小了，于是他们就种桐子树（三年桐），桐子山收入不小，有些山主也就眼红了，如庄头村山主郑三宏去年冬将其佃户种好的桐子山强迫收回。”[④]

三、清代皖南棚民长期存在原因的分析

驱禁政策接二连三出台以及皖南棚民的长期存在，说明了驱棚政策效果大打折扣。这种情况出现在专制权力集中的清王朝，值得深思，其中原因主要在两个方面。

1. 契约法律效力的承认

早在嘉庆七年（1802）休宁县政府通告对棚民予以驱逐，但“该匪等抗断不遵，串通本地匪类捏写租票，勒索退价”[⑤]，棚民凭借一纸契约，地方政府也无法强制驱逐。“棚匪众多、驱逐为难”是表面托词，当时没有驱除成功的关键原因应该是，在合法契约的情况下，棚民没有收回赎金，政府就难以强制损害平等契约双方中一方的合法利益。当时情况是，“查核县卷内棚民方会中等业经前任王令讯结，断令山主缴价给领还山，李令到任照案催迫，因内多赤贫无力、未能缴齐”，对于这种“及至经官

① 胡元熙：《黟山禁挖煤烧灰说》，同治《黟县三志》卷十五《艺文·政事类》。

② 同治《宁国县通志》之《艺文志·书宁国县田赋后》。

③ 冯煦主编：《皖政辑要》卷十五《户籍》，黄山书社2005年版，第130页。

④ 华东军政委员会土地改革委员会编：《安徽省农村调查》，系华东农村经济资料第四分册，1952年12月，内部资料，第124页。

⑤ 《安徽巡抚初彭龄为酌议棚民退还山场章程事奏折》，吕小鲜编：《嘉庆朝安徽浙江棚民史料》，《历史档案》1993年第1期。

断价，得价之人均已分散花消，穷苦无可着追”的情况，棚民当然“不甘舍本而去，借以迁延”[①]。

即便是中央政府，在处理此类案件的时候，也是以承认契约合法性为前提的，没有以一道圣旨任意否定契约的法律效率。中央政府的处理原则是，对定有契约者“以租种山场契约年限为断，限满退山回籍”[②]。如在嘉庆年间的徽州府，官府在查禁的时候，其禁止期限也是“以租典地契内年限为断”，具体来说，“其载有年限者概俟限满后退山回籍，现在年限已满及不载年限而承种已久者，令再种二年，于嘉庆十四年（1809）退山回籍。其近来承租不载年限者，应令该府转饬地方官谕令严立年限，至迟不得有逾十年。”[③] 对于没有契约的情况，“又有单身客佃时去时来、不立佃约者概行禁止、押令出境，不许再佃。”[④]

就拿上述休宁县棚民案来说，嘉庆七年（1802）县级政权无法处理，随后案子闹到中央以后，官府为了能够驱逐棚民，对“赤贫无力”之人的赎金作如此处理：“本犯所得山价，如赤贫无力，即于该族长祠长名下照追入官，其现未期满之山，如族众内殷户情愿出资回赎，准其呈缴给领还山，原租之人及其子孙亦即永远无分。”[⑤] 这也是以承认棚民契约合法性为基础的。

更深层次来讲，订立契约是以所有权的存在为基础，对产权的拥有是与外来棚民能订立契约的根本。胡元熙指出了所有制给根治棚民问题带来的决定性制约。嘉庆年间以来，黟县“异籍棚民挟资租挖烧灰”，“推其未能断绝根株者，以当年所禁之桃源洞、枫树坞、潘山水龙坑、金铺坞鲍树坞……石门坞等处山场多属一族之业，易于盗召。”[⑥] 族产易于盗召，私产则更易盗召，毕竟不是国家所有或全民共有，这都为盗租提供了可能，这也是私有制弱点的一个方面。当把易盗山场劝输归公之后，“则是所禁之处皆属合县公共之山”[⑦]，这样就可能从根本上解决问题，

---

① 道光《徽州府志》卷四之二《营建志·水利》。
② 《清仁宗实录》卷三十三，嘉庆二十一年（1816）十月。
③ 道光《徽州府志》卷四之二《营建志·水利》。
④ 道光《徽州府志》卷四之二《营建志·水利》。
⑤ 道光《徽州府志》卷四之二《营建志·水利》。
⑥ 同治《黟县三志》卷十五《艺文·政事类》。
⑦ 同治《黟县三志》卷十五《艺文·政事类》。

正如胡元熙所指出，“欲永杜其害，非令山业输公不能禁绝根株”[1]。

徽州境内大山多系各族祠产，当时的情况是“族中支丁有无赖不肖之徒妄图私利勾串外来棚民，潜行立约，租與开垦，及族众知觉，钱文已被其花用，无能措赎。”“而棚民以租约为凭，硬行盘踞，即呈控到官亦得藉词捏诉，不肯退租，愚民因利忘害，冒昧租山，积习相沿率由于此。”[2] 正是所有权的因素使得棚民与山主之间的契约制订成为可能。产权的非公有性质使得族中“无赖不肖之徒”有可能把山场租给棚民。

2. 重视民生问题

棚民问题难以禁绝，也与政府重视民生问题密切相关。棚民并不是全无是处。[3] 棚民的经济活动在破坏生态环境的同时，也解决了许多人的生计问题。这表现在三方面：一是徽州粮食短缺；二是棚民中雇佣者的生计；三是贫穷山主的生计。

（1）粮食短缺

徽州棚民长期存在与当地粮食短缺密切相关，棚民种植玉米有力缓解了当地粮食紧张局面。

徽州地处万山环抱之中，境内山多田少，是一个极为典型的山区社会，其荒山丘陵难以种稻，粮食供应长期不足，徽州本地所产粮食“仅资三月之食”[4]，“即丰年亦仰食江楚十居六七，勿论岁饥也。”[5] 此外，该府地处崇山峻岭之中，粮食输入的交通运输尤其困难，一旦粮食输出地歉收，便会禁止米粮输出，故其他地方“以米贵为患”，而“徽属以无米接济为患。”[6]

除徽州府，皖南山区其他地区也有这种情况。比如宁国府旌德县在明代是典型的缺粮区，旌德县全县多山，田土硗确，良田仅十分之一，“常有二十余万口无食也。”[7]

---

① 同治《黟县三志》卷十五《艺文·政事类》。

② 嘉庆《黟县志》卷十一《政事·塘堨》。

③ 赵赟对棚民的正面形象以及推广玉米等作物的历史功绩也作了论述。参见赵赟：《强势与话语：清代棚民历史地位之反思》，《中国农史》2007 年第 3 期。

④ 道光《徽州府志》卷四之二《水利》。

⑤ 道光《休宁县志》卷之一《疆域·风俗》。

⑥ 道光《徽州府志》卷四之二《食货志》。

⑦ 嘉庆《宁国府志》卷九《舆地志·风俗》。

这样，该地区能生产出足够多的粮食便尤为重要。与其他粮食作物不同，玉米因具有耐旱耐涝、稳产高产、适于山地沙砾地区种植的特点，非常适合徽州山区种植。徽州棚民所植之玉米“种一收千，其利甚大”[①]。早在嘉庆年间，玉米就在徽州地区人们的生活中起重要作用：“煮粥炊饭，磨粉作饼，无所不宜，救荒疗饥必需物也，亦可炒食……”[②]

不仅棚民种植玉米难以禁止，当地居民还有效仿棚民而种植的，也说明了民生问题的重要性。比如，绩溪县当时的情况是，“土著愚民间亦有效尤而垦者。”[③] 至道光年间，徽州府已呈现玉米种植充斥山场的情况，该府“昔间有而今充斥者，惟苞芦，如田畔种莳亦穄秫资生类耳，自皖民漫山种之，为河道之害不可救止。”[④] 道光初考中江南举人的俞正燮也指出徽州“苞芦已植到山巅”[⑤]。棚民的玉米种植对粮食紧张的徽州地区来说意义非同寻常，这也是棚民玉米种植活动难以禁绝的重要原因之一。

在皖南的其他府州，也存在着种植玉米以维持生计或他用的情况。比如在东流县，嘉庆年间已把玉米作为主谷之一种。[⑥] 在光绪年间的广德州，当地土人也有效仿种植玉米的情况，用来“屑之作饭作饵”，种的不多。[⑦] 另据清末文献记载，建德县的玉蜀黍“或用以饲豕云，人不以为常食”[⑧]。甚至在皖南丘陵面积很少的太平府，至迟在清末，玉米已在该府山地种植，玉蜀黍“山地多种之，歉年用以充粮”[⑨]，说明了玉米种植的扩张。在安徽沿江江北平原也一样，清后期以来，玉米多有种者，苞芦“洲渚犹多种之”[⑩]。

（2）棚民生计

关于棚民经济性质问题，刘秀生先生指出棚民经济“并不是单一的

---

① 严如熤：《三省边防备览》卷十二《策略·民食》。

② 嘉庆《黟县志》卷三《地理·物产》。

③ 嘉庆《绩溪县志》卷三《食货志·土田》。

④ 道光《徽州府志》卷五之二《食货志·物产》。

⑤ 同治《黟县三志》卷十六《艺文志·诗》。

⑥ 嘉庆《东流县志》卷六《疆理志·物产》。

⑦ 光绪《广德州志》卷二十二《物产》。

⑧ 周云编纂：《建德县风土记》卷之三《水利》，载姜亚沙、经莉、陈湛绮主编《中国风土文献汇编》第三册，全国图书馆文献缩微复制中心，2006年版，第240页。

⑨ 民国《当涂县志》卷之《舆地志·物产》。

⑩ 民国《怀宁县志》卷六《物产》。

从事自身需要的粮食生产，而是从事多种形式的商品经济。”[①] 棚民中极少数是“挟资”牟取利润之人，但大多数是生活无着之人，如果严厉地强制驱逐，势必使他们流离失所。

商品经济与雇佣劳动有关。道光年间有外来人员来徽州受雇的情况：“棚民种植山场，雇佣工人均系外籍流民。”[②] 府志记载：“棚民皆外来无籍之人”[③]。可见棚民中以开垦为生的雇佣劳动者是棚民主体。

正是因为棚民中“此等客民大半皆无籍可归之人”[④]，即使存在驱禁棚民的政策，他们恐怕也不轻易离开。对于清代大量棚民入山开垦而难以禁止的情况，时人也有认识，嘉庆年间严如煜就指出这种无业农民不顾禁令开垦的情况：“国家承平二百年于兹矣，各省生齿繁盛，浸有人满之舆，无业穷民，势难禁其入山开垦。”[⑤]

清嘉庆十六年（1811）3 月 29 日，安徽巡抚广厚上奏，也言及驱禁棚民的最主要的考量为是否有影响社社会稳定的情况。当时宁池广三府州属棚民有棚 1944 户，其中“内置有田产完粮并与土著民人联姻者一百三十八户”，“惟建德县金龙万等一百四十四户种植苞芦，有碍民田水道，饬令改种茶杉杂粮。此外，俱系种植烟麻麦豆等物，即间有种植苞芦，俱在山僻之地，并无阻碍民田水利，相安已久，毋庸勒令回籍。”对于棚民 1944 户，除去联姻者 138 户外，还有 1806 户，“尚有一千八百六户，但散处于十州县，为数已属无多，与徽州府属棚民情形本不相同，从前亦从无滋事之处，惟向来种植苞芦，逐年翻犁，不免土松沙压，有碍民田水利。今据各该府州查复，从前间有种植苞芦之户，俱已改种茶杉杂粮，并无占种滋讼，各棚民相安有年，视种山为恒业”，又指出“自应遵照妥为安插之谕旨，准其照旧留棚耕种，以遂其生，毋令其回籍，仍将户口编入保甲……”。针对此奏折，皇帝朱批为“户部知道”[⑥]。

清道光十七年（1837）安徽巡抚色卜星额的奏折也指出，对皖南棚

---

① 刘秀生：《清代闽浙赣皖的棚民经济》，《中国社会经济史研究》1988 年第 1 期。

② 道光《黟县志》卷十一《政事》。

③ 道光《徽州府志》卷四之二《营建志·水利》。

④ 《清仁宗实录》卷一七九，嘉庆十二年五月。

⑤ 严如煜：《三省山内风土杂识》，丛书集成，第 3114 册，第 21—22 页。

⑥ 朱批奏折，安徽巡抚广厚：《奏为查明宁池广三府州属棚民日久相安请免勒令回籍并立法约束事》，嘉庆十六年三月二十九，中国第一历史档案馆藏，档号：04－01－02－0024－019。

民问题应该考虑编排保甲，以免产生事端，也是考虑了社会稳定的因素。安徽巡抚色卜星额为安徽省棚民编查保甲问题向皇帝奏言道，可在“春秋二季农暇之时”编查保甲，“至棚民一项，因徽、宁、池、广四府州属山多闲旷，外来无业民人搭棚栖止，租种营生……概令回籍以致失所……难保不生事端”，所以，应该编排保甲“俾资约束”①。

地方志其实还指出了部分棚民强横的特点，这也使得地方社会为了防止发生冲突，采取息事宁人的态度，致使棚民一时难以绝迹。在嘉庆年间的旌德县，玉米种植的情况是，苞芦“一名六谷米，按，种苞芦者都系福建、江西、浙江暨池州、安庆等府流民租山赁种，用锄开挖，冈陇土松石动，每遇霖雨，石沙随雨水奔下，填溪塞路，毁坏良畴。游民俱系无业，聚族凭陵，土人不敢與较，且性犷悍好斗，时酿命案。”②

1834 年，黟县胡廷瑞针对棚民开垦是水患之源的情况，“决议禁山招民”，并针对棚民不开垦玉米则难以为生的状况，采取了经济补偿的办法，“谕以祸福，予之金使另置产业，遍山密种橡栗，又于要害，设档以障沙”③，足见对棚民民生问题的重视。

一直到民国时期，生计问题仍是棚民开垦的重要因素。民国时期的江浙人不仅在皖南徽州地带开荒，还在与徽州邻近的广德县开荒。据对广德县独树区梅溪村的调查，广德县外来户大部是浙江金华浦江县人，他们“近六、七年内陆续来此开荒，他们全是住在大深山内的山腰上和山湾里，用草搭起一个小草棚，自己仅有一把大镐（一二斤重），刚来时，是一面砍柴卖维持生活，一面开荒种苞芦，在生活上极其清苦，在政治上毫无地位，最受欺侮。他们每年交租数字表面上不大，但地主利用多种手段欺骗敲诈他们，如柳方兴今年春天被山主张文兴强借去两石多米，有的地主看到他们开出来的荒山有了收益，于是就以夺田退佃方式强迫加租。”④

① 朱批奏折，安徽巡抚色卜星额：《奏为安徽省各属居民及附住棚民分别编查保甲情形事》（道光十七年十一月二十五日），中国第一历史档案馆藏，档号：04-01-02-0029-002。

② 嘉庆《旌德县志》卷之五《物产》。

③ 同治《黟县三志》卷十五之四《艺文志·人物类》。

④ 华东军政委员会土地改革委员会编：《安徽省农村调查》，系华东农村经济资料第四分册，1952 年 12 月，内部资料，第 124 页。

（3）逐利及生计艰难者

地方势力在控告棚民时不乏对山主使用贬义的称呼，比如称之为“利徒”“不肖之徒”“不肖支丁”“素性凶顽”“无赖不肖之徒”等，山主出租山场为了获利是显然的。早在康熙年间，安徽巡抚刘光美上奏：“山场出产铜铅，为天地自然之利，人所共晓。但利之所在，每有冒称山主，招引外来豪棍充商募带丁徒，遍搭篷厂，十百成群，分布山谷，借口矿砂，到处发掘”，刘光美指出采矿的弊端为“易生事端”，“而且徽宁一带最重风水”，皇上的朱批为：“开采山场多弊无益，断然行不得，不必多议。”①

辛勤开垦山地的棚民在经营活动中也能获得利益，利之所趋，棚民难以禁绝。晚清旌德县的棚民不仅依靠开垦能维持生计，还有剩余粮食出售。这时，旌德每以粮食运济徽州各县，旌德米市遐迩闻名，有“徽州粮仓”之称。② 旌德县从缺粮区变为皖南米市之一，山地开垦当然是其中重要原因。《旌德县文史资料》记载了清代旌德县粮食市场形成及繁荣的原因。在清代，旌德县出现了很多棚民，棚民们终年耕种，自食有余，棚民又大多“农隙之时，负贩为计”，粮食成了市场上最多的商品之一，旌德米市也就此形成。后来米市始终是旌德繁荣的商业的主要方面，县城和三溪米市之多，以致隔街相望，各大村镇也都设有米店。③

携带资产前来招租的棚民中的有产者同样也是追逐利益的。比如光绪间在广德州开煤就是所谓“奸商”的逐利行为：“近有湖北奸商在该处搭盖草棚，假装垦田，暗中挖煤偷卖，旋有他省客民阚利争挖，几至酿事，经贡生步云梯等具禀，前任文州主立即会同武营驱逐散去。”④

出租山地给棚民的山主中有追逐利润者，也有因为生计艰难而出租的情况。有一些穷困山主为了维持生存会屡屡犯禁。徽州府山多田少，有人没有外出经商，还有许多人外出经营失败，其家庭主妇及老幼成员，无力从事山林经营。早在明代，徽州老幼就等待着外出之人的归来，“转

① 朱批奏折，安徽巡抚刘光美：“奏为安徽省地方开采山场利弊事”，康熙四十三年四月十九日，中国第一历史档案馆藏，档号：04－01－36－0082－001。

② 旌德县地方志编纂委员会办公室编：《旌德县志》，黄山书社1992年版，第232页。

③ 姚兆华：《旌德大米》，载《旌德县文史资料》第2辑，第97—98页。

④ 光绪《广德州志》卷五十二《谕禁》，胡有诚：《请禁开煤矿禀》。

他郡粟给老幼”[①]，生计难免窘迫。关于因为贫穷而出租山场的情况有明确记载，官方调查结果是：“所有召租之山大半祖遗公业，股份本多族内，贫乏不能自存之人因此盗召租佃。”[②] 若对棚民一概强制驱逐，对这些当地“贫乏不能自存之人”的生活便会有很大影响。

四、小结

棚民一方面能凭借合法契约维护自己经济开发的权利，另一方面，棚民种植玉米有力地缓解了当地粮食紧张局面，其经济活动对棚民中雇佣者和山主中“贫乏不能自存之人”的生计也起了重要作用。在棚民活动没有危及统治者统治地位的情况下，各级官吏虽然频频颁布禁令，但并没有严厉地强制驱逐。这些是清代徽州棚民长期存在的重要原因。

① 嘉靖《徽州府志》卷八《食货志》。
② 道光《徽州府志》卷四之二《营建志·水利》。

第四章　农业结构篇

第一节　明清以来徽州的粮食种植问题

关于明清时期区域性粮食种植问题，学界多有论述，比如王业键、黄莹珏曾撰有专文，对长江三角洲以及珠江三角洲的粮食作物分布、粮食供需作了有深度的论述。[①] 但与以往研究一样，对皖南这一特定地区的粮食种植结构问题缺乏关注。

此部分将论述徽州地区种植结构及相关问题。通过考察，我们将发现，在明清时期皖南山地硗确的徽州山区，当地人民粮食作物种植品种呈现多元化，并形成了多种形式的粮食复种，目的都是为了发展粮食生产，反映了传统小农面对不利生态条件的聪明才智的发挥以及勤劳品质。

一、明清时期徽州粮食种植问题

徽州地区山多地少，关于徽州农业地理方面，学界相对而言较侧重的是对徽州地区茶业及林业的研究，对粮食种植的关注比较欠缺。有学者对徽州粮食流通状况作了论述，但迄今为止，关于徽州粮食种植结构之类的问题尚无专论，这里对此作一探讨。

关于明清时期徽州稻类的种植，与其他地方一样，也可划分为籼稻、糯稻、粳稻三种种类。

---

① 王业键、黄莹珏：《清中叶东南沿海的粮食作物分布、粮食供需及粮价分析》，《中央研究院历史语言研究所集刊》，1999 年 6 月，第 363—397 页。

先来看明清时期徽州地区籼稻的种植。早在明代，徽州即种植籼稻。永乐二年（1404），休宁县汪猷干、朱悬祖在所订立的划定地界合同中就对种植籼稻作了记载。休宁县十二都九保农户汪猷干、朱悬祖二户共有本都十保的田块计四坵，“计贰亩贰分五厘壹毛”，因为耕作不便的缘故，汪猷干、朱悬祖将田块作了对换，规定在对换之后各不许悔，否则“先悔者其罚籼谷壹拾秤与不悔人用，仍依文书为用。”① 万历年间休宁县的契约也指出交租的租谷种类是籼稻，契约内容为：休宁县的金三“佃到城居苏名下土名社屋前田共大小六坵”，共要交纳秈谷三十一砠，其中每砠为 12 公斤。②

明清时期徽州地区水稻种植种类，除了早稻籼稻外，还有糯稻、粳稻等中晚稻。关于徽州地区糯稻、粳稻的具体品种，地方志的物产里有列，此不赘述。实际上，在现存传世的徽州文书中，有关于糯稻、粳稻种植的珍贵记录，这里作择要介绍。有徽州契约载明交纳糯稻作为租谷的例子，嘉靖年间祁门县龙源的汪洧，汪溱、汪淀、汪潢等人的先考、先妣“合葬本都一保土名白石坞，创立祠屋”，其先考曾任中宪大夫等官职，后人需要对此先考、先妣留备祭扫的费用，即“其逐年拜扫合用祭品等项，若不众存恒产银谷以备应用，恐后子孙繁，合掠未便”。于是对该县下列田地、屋舍等财产“尽数拔出众存以备逐年祭扫”，包括如下：“一保土名上东源铫儿丘糯租一十四秤，又同处土名墩上糯谷二秤十斤，又同保土名张茗坑大坵晚租一十五秤，又同保土名白石坞裡外新开田一号，又二保土名竹园坞早田一源计租五十秤，并坞口田二坵三分中得二分计租七秤，又本县在城基地一备，盖造屋宇完备，及临阶铺面屋，每年约计租银十二两。”③

明清时期徽州地区的籼稻是早稻，而糯稻、粳稻是中晚稻。徽州地区水稻种植种类的区分，不仅体现在成熟的早晚上，还体现出因地制宜

---

① 《永乐二年休宁汪猷干、朱悬祖划定地界合同》，载王钰欣、周绍泉主编，中国社会科学院历史研究所收藏整理：《徽州千年契约文书（宋元明篇）》卷一，花山文艺出版社 1993 年版，第 58 页。

② 《万历休宁苏氏抄契簿之一三二》，载王钰欣、周绍泉主编，中国社会科学院历史研究所收藏整理：《徽州千年契约文书（宋元明篇）》卷六，花山文艺出版社 1993 年版，第 238 页。

③ 《嘉靖祁门汪氏抄契簿之七一》，载王钰欣、周绍泉主编，中国社会科学院历史研究所收藏整理：《徽州千年契约文书（宋元明篇）》卷五，花山文艺出版社 1993 年版，第 385 页。

的特点。

徽州农民能根据地块土壤环境的不同选择水稻种植品种。比如在祁门县，“本邑之田，高者曰‘仰天’，宜早秈，然五日不雨，则苗槁矣；低而沉者曰‘足水’，宜秔宜糯；仰于陂塘溪堨者曰‘少水’，宜寒秈、早糯。”[①] 徽州地区还有专门适宜于旱地的水稻品种，即旱稻。在明代徽州地区的齐云山，史载旱稻“垦种山垄间，不用水”[②]。

明清时期徽州地区山地多种植豆麦等作物，这一点与明清时期中国南方大部分旱地的情况相同。据清道光六年（1826）9 月 27 日方楚成、方义成所立佃田契约，即是专门的麦田。契约如下。

“立佃田字人方楚成、方义成，今凭中佃到陈主人名下东塘圩龙家墈水麦田七坵，计种一石八斗零，计河戽私租叁拾壹担五斗，外麦租壹担，每年秋收请主登庄踹看，照时作租。租备务要干扬洁净，主人自下自揽，之后毋许抛荒。所载契粪窖一口，瓦房二间，有场、石磙、菜园，一应照管执业。今欲有凭，立此揽佃田字为据。”[③]

我们还要注意的是，明清时期徽州地区除了有专门的旱地地块用来种植豆麦等物，还发展了稻麦复种的种植制度。这种制度使得一年收两季粮食，能更充分地利用耕地资源。这里要指出，稻麦复种种植方式的上季水稻品种不是成熟期晚的粳稻和糯稻，而是成熟期早的籼稻。籼稻在六月即可成熟，这样就可以接着种植第二季的麦类。

关于稻麦复种，这里先来看明代稻麦复种的相关史料。笔者有幸见到一则明代徽州地区的分家文书，即是《嘉靖四十年孙时立阄书之六—十一》，此文书对田、地的交租粮食种类作了介绍。据此《嘉靖四十年孙时立阄书之六—十一》，田的种植主要是交纳籼稻实物租，少量是粳稻、糯稻的交纳。关于一季中晚稻糯稻、粳稻种植的田块，没有缴纳麦租的情况，原因正如笔者所述，中晚稻收获后，已不能再种植麦类。对于缴纳籼稻的田块，此文书显示约有五分之一是籼稻和麦的交纳，此是稻麦

---

① 路达主修、黄汝济主纂：永乐《祁阊志》卷十《物产》，载祁门县地方志办公室整理《祁阊志（外四部）》，内部资料，2004 年印，第 142 页。

② 故宫博物院编：《齐云山志》（万历己亥年鲁点著），海南出版社 2001 年版，第 237 页。

③ 《清道光六年九月二十七日方楚成、方义成立佃田契约（有版画）》，载周向华编：《安徽师范大学馆藏徽州文书》，安徽人民出版社 2009 年版，第 204 页。

复种的情况。关于此文书各田块缴纳稻、麦租的具体情况，可见下表①。

表3　　明代徽州地区缴纳稻、麦租情况列表

亩数（亩）	籼租（砠）	麦（斗）
0.634	6.5	1
1.1	8	2
1.3	9	2
1.513	6	2
0.415	3.5	—
0.624	4	1
1.53	15	—
0.63	干粳租3	—
0.62	3	—
0.26	2	—
1.471	12	—
1.15	12	—
1.549	9	—
0.74	6	—
0.99	8	—
1.05	7.5	—
0.895	7	—
0.944	8.5	—

① 《嘉靖四十年孙时立阄书之六一十一》，王钰欣、周绍泉主编，中国社会科学院历史研究所收藏整理：《徽州千年契约文书（宋元明篇）》卷五，花山文艺出版社1993年版，第420—425页。

续表 3

亩数（亩）	籼租（砠）	麦（斗）
0.525	4.5	—
0.773	7	—
0.55，塘五厘	5	—
1	糯租 8，今改为籼租	—
0.75	4	—
0.782	5	—
0.32	3	—
0.35	3	—
0.38	糯租 3	—
0.77	糯租 7	—

再来看清代徽州地区粮食作物复种的情况。清代徽州地区田的复种方式最主要的是稻麦复种，此外，在清代，油菜、红花草的种植也已出现，稻油复种的情况有少量记载。

关于清代南方地区的稻麦复种，农业史的相关研究揭示出，十九世纪末长江以南地区一年两熟制中，“小麦—水稻，普遍于江苏、安徽、浙江、湖北、湖南、四川各省。”①

清代徽州地区稻麦复种是否存在，以前学界关注不够。据笔者对契约文书的检阅，发现有多则文书记载了清代稻麦复种的情况。清乾隆五十五年（1790）黟县一则契约真实记载了稻麦两季种植的情况，兹列契约如下。

“立议字人查社贵，今议到王汉飞兄名下土名石堨田壹坵，计租拾伍砠正，于乾隆五十三年（1788）被洪水冲坏。今业主自行开垦，三面议定遁年眼仝两季监分，夏季小麦拨取两砠与佃人，余两半均分，秋季早谷四陆分，业主得陆分，佃人得四分，再不得私自揪色。如违，听凭业

① 唐启宇编著：《中国作物栽培史稿》，农业出版社 1986 年版，第 79 页。

主起佃另种，恐后无凭，立此议字存照。乾隆五十年（1785）四月日立议字 查社贵保长：×××。”①

另据清道光二十年（1810）黟县撒成傒所立承田契约，也是言明谷麦两季，契约内容若此：“今承到程名下田壹处，土名尖坵，露字号，计租陆砠正，言定谷麦两季遞年监分，倘后耕种不好，听从田主易手调换另种，无得异说。”②

晚清时期徽州田的纳租种类也显示了稻麦复种的情况。据清光绪二十二年（1842）黟县十都宏村春晖堂汪氏文书的租簿可知，佃人是汪天喜，对位于土名徐先坑地段的一块“田”予以租佃，“田一处计租拾砠”，此块田的实物租即是包括稻谷和麦，存在稻麦复种的情况，纳租情况是“监分生麦贰十斤”“监分生麦四十斤”“监分干谷四砠零七斤”“监分生谷四砠半”③。

在明清时期，稻麦复种对徽州当地农民度过灾年很重要，档案资料表明了徽州依赖于秋麦接济以度过灾年的情况。据第一历史档案馆资料，在两江总督萨载针对徽州旱灾的奏折中，言及“安徽省上年被旱较甚，虽节次加恩赈卹，全赖麦秋以资接济”④。

俗话说“瑞雪兆丰年”，冬雪是麦有好的收成的重要表征。档案资料把冬季下大雪作为瑞兆来上报朝廷，由此也可见明清时期稻麦复种中麦的收成的重要性。据乾隆时期的奏折，“徽州府属之歙县、休宁、婺源、祁门、黟县、绩溪，宁国府属之宣城、泾县、宁国、旌德、太平，池州府属之铜陵，太平府属之繁昌，颍州府属之太和，并广德州等州县禀报，于十一月初二三等日得雪，积厚二三四五寸不等，臣查安属时雪广沾，为麦收丰稔之兆。”⑤ 把冬雪作为冬麦丰稔的兆头上报朝廷，表明了麦收

---

① 《黟县八都三图查氏文书》之《清乾隆五十五年四月查社贵立议田字》，刘伯山主编：《徽州文书》第一辑第3册，广西师范大学出版社2005年版，第335页。

② 《黟县五都四图程氏文书》之《清道光二十年撒成嵎立承田约》，刘伯山主编：《徽州文书》第一辑第3册，广西师范大学出版社2006年版，第48页。

③ 《黟县十都宏村（春晖堂）汪氏文书》之《清光绪二十二年立春晖堂〈租簿〉之四》，刘伯山主编：《徽州文书》第二辑第七册，广西师范大学出版社2006年版，第36页。

④ 朱批奏折，两江总督萨载：“奏为遵旨据实复奏徽州等府曾否得雨未据报无雨之处率属虔祷事”中国第一历史档案馆藏，档号：04-01-23-0104-040。

⑤ 朱批奏折，“奏报徽州府属等州县得雪事”，乾隆时期，中国第一历史档案馆藏，档号：04-01-05-0250-029。

的重要性。

在清代的徽州地区，除了稻麦复种，还有稻油复种的情况。清代徽州地区油租的缴纳可以说明这一点，乾隆五十六年（1791）的一则契约说明了这种情况，如下：

“立佃田字人孙有贵、永广、张奇舟，今凭中承佃到陈主人台下田种一业坐落磨石塘，老租肆拾陆担，大麦租并小租贰柒斗陆升，小麦组［租］肆斗陆升。斛系河斛，加一四筭租油一斤半，租草每石贰束，租鸡贰只。每年秋场请主踹看定租，其稃务要干飏洁净。今欲有凭，立此承佃字为据。乾隆五拾陆年×××。”[①]

由上可知，明清徽州地区田块粮食的种植结构，既有糯稻、粳稻等一季中晚稻的种植，也有稻与麦类的复种。

在山地，除了有豆麦的种植外，清代还存在玉米种植的新形式。[②] 总体来看，若与皖北大量种植麦类的情况相比，明清时期徽州粮食作物中麦类的种植不占主流，从额征米粮对米、麦的征收情况可以看出这一点。据光绪《安徽通志·食货志》，在道光四年（1824），徽州府本色米额征数为29338石，本色豆为1624石，本色麦没有，但全省13府州中只有皖北五府州征本色麦。

二、民国时期徽州地区粮食种植问题

民国时期徽州地区稻麦种植的特征没有大的变化，也有籼稻、糯稻、粳稻等稻类的种植，地方志物产部分资料也是如此记载的。这里再以契约文书作一简要印证。据1948年1月婺源县曹小炳所立承牛契约，所缴牛租种类即是籼稻，契约如下：

“立承牛字人曹小炳，今凂中承到余炳良名下水杉牛壹隻，承来蓄养耕田，三面言定每年认交牛租干籼谷贰佰觔，秋收时送门缴交，不论年岁，不得短少斤数。该牛生育小牛，不论雄雌，双方各得一半，养大将贰供或卖，双方同意始能决夺，一方面不得擅自面权该牛。东家日后倘

① 《乾隆五十六年孙有贵等佃田约》，载王钰欣、周绍泉主编，中国社科院历史研究所收藏整理：《徽州千年契约文书（清民国篇）》卷二，花山文艺出版社1993年版，第84页。

② 关于清代徽州玉米种植，本书中另有专门论述。

自供养等情，大小熟收成如贰，任其牵回无阻。承蓄之牛当好好供养，决无失误□窃情事。恐口无凭，立此承牛字为据。”①

在徽州地区田、地比例中，地所占的比例不小，因此粮食作物里面，除了稻米以外，豆麦等旱地作物种植较为重要。比如在休宁县，全县有垦熟田153694亩，垦熟地76847亩，总共230541亩。“休宁土地硗瘠，农产不多，幸人口稀少，米麦等食粮，足敷自给，农民收入，多赖茶叶木材。”② 时人指出，在歙县，“歙南山多田少，居民多垦山而种，然皆土山，豆麦攸宜，较樵采之利不啻倍蓰”③。在黟县，也产豆麦，“物产以茶米豆麦为大宗，但产量不多”④。在休宁县，粮食除了稻米外，麦豆也是其中之一，“本县著名农产品为米，全年约产三十六万石，此外大小麦六万五千石，豆类约六千石，高粱约三千石，芝麻约一千石，荞麦约两千石”⑤。

据调查，在歙县，冬季作物包括油菜和红花草，与麦类一起作为与稻复种的作物。小麦、大麦、油菜、红花草、蚕豆、豌豆分别占作物面积的比例为32.1%、15.9%、19.1%、9.4%、5.4%、4.1%，共为86%。⑥ 由此可知，总的复种指数接近90%，是对耕地资源的非常集约的利用。

这里可以作一个区域间的比较。民国时期徽州地区水稻与油菜的复种已很常见，复种种植比例达到五分之一左右（19.1%）的水平，但是远不及芜湖等平原县份的水平。在平原地带的芜湖，因为粮食不呈现紧张的局面，甚至有大量出口，可以多种植油菜，而少种植麦豆等杂粮。据卜凯的调查，“安徽芜湖县，小麦的位置渐被油菜籽挤去，由于油菜籽输出于日本，售价很高，这个可以说是贸易影响于农艺方式的一个明

---

① 《婺北里源余氏木商文书》之《民国三十七年古历元月曹小炳立承牛字》，载刘伯山主编《徽州文书》第三辑第7册，广西师范大学出版社2009年版，第298页。

② 殷梦霞、李强选编：《民国经济志八种（第二册）》，国家图书馆出版社2009年版，第473页。

③ 许承尧撰，李明田、彭超、张爱琴校点：《歙事闲谭》卷十八《歙风俗礼教考》，黄山书社2001年版，第604页。

④ 张研、孙燕京主编：《民国史料丛刊（第554册）》，大象出版社2009年版，第251页。

⑤ 张研、孙燕京主编：《民国史料丛刊（第832册）》，大象出版社2009年版，第297页。

⑥ 张研、孙燕京主编：《民国史料丛刊（第536册）》，大象出版社2009年版，第438页。

证”[①]。但在徽州，是粮食类豆麦挤占油菜的情况，这是为了民食需要这一根本因素。所以，在歙县，菜籽油“四乡皆产，邑西独多，年产约二万担有奇，实不足供邑人蔬食之用，故子与油输入尚多，饼亦肥田”[②]。这反映了复种指数受到当地民食问题影响之状况的存在。

民国时期徽州地区除种植豆、麦、油菜外，还种植玉米，有时在一块山地里共同种植豆、麦、玉米等旱粮。在歙县，“作物以小麦、黄豆、玉蜀黍为大宗”[③]。歙县贰拾九都五图余灶顺在1926年三月所立租柴山契约也指出，余灶顺“今租到吕善治名下柴山熟地竹园壹业，土名上坞，系身租来耕种，三面言定，每季交纳小麦叁斗、黄豆叁斗、苞芦叁斗，出山之日送至上门，不得欠少。如有欠少不清，听凭起业另租他人，身无执阻。恐口无凭，立此租批为据”[④]。

关于玉米在民国时期徽州地区的重要程度，近代调查数据也为我们提供了解读的窗口。

据调查资料，在民国年间的祁门县，春季作物共占作物面积比例为54.5%，其中稻、玉蜀黍、黄豆分别占31.4%、22.4%、0.3%，可见是以稻和玉米为最主要的[⑤]。民国年间祁门县的夏季作物共占作物面积比例为37.5%，其中稻、玉蜀黍、黄豆分别占32.2%、4.2%、0.4%，其他占0.2%，[⑥] 也是玉米的种植压倒了豆的种植。祁门县各地区内各种作物每亩一般收获量的情况是，茶54市斤、小麦93市斤、春季稻480市斤、夏季稻508市斤、玉蜀黍219市斤，[⑦] 玉米的亩产量也不低。在祁门县，还有多年生作物茶和苎麻，共占8.0%，其中茶占7.9%，苎麻占0.1%，从种植面积来看此类多年生作物在祁门县不是主流。[⑧]

再来看玉米种植在歙县的重要程度。歙县年产米约78万石，麦约

---

① 卜凯著，张履鸾译，《中国农家经济——中国七省十七县二八六六田场之研究》，商务印书馆1936年版，第248页。

② 民国《歙县志》卷三《物产》。

③ 张研、孙燕京主编：《民国史料丛刊（第536册）》，大象出版社2009年版，第435页。

④ 《民国十五年三月（歙县）余灶顺立租柴山等批》，载黄山学院编撰《中国徽州文书》第九卷，清华大学出版社2010年版，第97页。

⑤ 参见张研、孙燕京主编：《民国史料丛刊（第536册）》，大象出版社2009年版，第470页。

⑥ 参见张研、孙燕京主编：《民国史料丛刊（第536册）》，大象出版社2009年版，第471页。

⑦ 参见张研、孙燕京主编：《民国史料丛刊（第536册）》，大象出版社2009年版，第472页。

⑧ 参见张研、孙燕京主编：《民国史料丛刊（第536册）》，大象出版社2009年版，第471页。

19200石，大豆25800石，玉蜀黍21万石，“每石均系旧行斛”[①]。此类数据显示，玉米的种植是仅次于稻米的粮食作物种类。若从歙县的各种农作物种植亩数来看，据《民国经济志》的数据，谷124000亩、小麦10000亩、绿豆1000亩、高粱2000亩、山芋3000亩、油菜籽10000亩、大麦2000亩、黄豆115000亩、豌豆100亩、芝麻10000亩、玉蜀黍170000亩、茶叶94400亩，合计541500亩。[②] 玉米种植是仅次于稻谷的第二大种植面积的种类。民国年间南京金陵大学农业经济系所作的调查也显示出歙县玉米种植地位的重要。在歙县，夏季作物以稻、黄豆、玉蜀黍、粟米为最主要，他们占作物面积百分比分别为31.8%、25.5%、8.0%、7.3%；[③] 而歙县秋季作物玉蜀黍占作物面积百分比7.2%，这些数据也说明了玉米在歙县种植结构中的重要地位。[④]

玉米在徽州地区农民的生活中也占有重要的作用。在歙县，“至言本县农民生活，冬季两餐，长日三餐，多以玉蜀黍、山薯、面粉等杂粮作食品，食米者不多，衣住两项更觉困窘”[⑤]。

徽州是多山之地，在黟县，“黟在万山中，其地故非沃壤，然山地皆折田，无偏苦之弊，所患者田少耳，岁收不给三月，而昔人谓一年耕足饱三岁，则古今户口多寡之别也”[⑥]。祁门县“山居十之八，水居十之二”[⑦]。

在徽州地区，除了稻麦、稻油复种方式外，还有作物套种的形式，这以休宁县为显著。在休宁县，农民为增加生产起见，在茶株之间“多夹种玉蜀黍、豆、粟、荞麦、小麦、大麦等类”[⑧]。关于所套种的玉蜀黍、豆、粟、荞麦、小麦、大麦的产量和产值，有专门的调查数据，可知玉米种植的产量已超过麦豆之和。兹列此调查数据如下。[⑨]

---

① 张研、孙燕京主编：《民国史料丛刊（第832册）》，大象出版社2009年版，第308页。

② 参见殷梦霞、李强选编：《民国经济志八种（第二册）》，国家图书馆出版社2009年版，第389页。

③ 参见张研、孙燕京主编：《民国史料丛刊（第536册）》，大象出版社2009年版，第439页。

④ 参见张研、孙燕京主编：《民国史料丛刊（第536册）》，大象出版社2009年版，第439页。

⑤ 殷梦霞、李强选编：《民国经济志八种（第二册）》，国家图书馆出版社2009年版，第396页。

⑥ 嘉庆《黟县志》卷九《政事·田地》。

⑦ 同治《祁门县志》卷十二《水利志·坝》。

⑧ 殷梦霞、李强选编：《民国经济志八种（第二册）》，国家图书馆出版社2009年版，第482页。

⑨ 参见殷梦霞、李强选编：《民国经济志八种（第二册）》，国家图书馆出版社2009年版，第476页。

表 4　　休宁县作物套种及产量和产值列表

品名	单位	产量	产值（元）	备注
米	石	360000	2520000	
小麦	石	45000	225000	
大麦	石	20000	60000	
荞麦	石	2000	8000	多种于茶丛间
黄豆	石	3000	20000	
绿豆	石	1000	7000	多种于茶丛间
豌豆	石	1000	6000	多种于茶丛间
高粱	石	3000	9000	多种于茶丛间
玉蜀黍	石	120000	480000	多种于茶丛间
粟米	石	10000		种于茶丛间

可以拿徽州地区与江南地区作个比较，以更见徽州地区的区域特点（见表5）。皖南山区休宁、歙县田额比重低，粮食生产水平低，而江南地区平湖、江宁、嘉兴、无锡的商品经济发达，经济作物的种植所占的比重大，经济作物，如棉桑的种植挤占了原本可用于生产粮食的面积。

表 5　　嘉兴等 8 县粮食作物产值统计表（1933）

单位：元

县名	种植业产值	粮食作物品种	粮食产值	粮食产值在种植业产值中所占比重（%）
平湖	12680920	稻、麦	6192000	48. 83
江宁	16660475	稻、麦	14154810	84. 96
嘉兴	18703092	稻、麦	13883929	74. 23
无锡	38450000	稻、麦、豆	24050000	62. 55
芜湖	9508090	稻、麦	8782540	92. 37
当涂	12073714	稻、麦	10237504	84. 79

续表 5

县名	种植业产值	粮食作物品种	粮食产值	粮食产值在种植业产值中所占比重（%）
休宁	6018500	稻、麦、玉米、高粱	3302000	54. 86
歙县	9248860	稻、麦、玉米、高粱	2681500	28. 99

说明：资料来源参见谢国权《近代长江中下游沿岸中等城市商业研究》，《安徽师大学报（哲社版）》1996 年第 3 期

三、民生背景下的徽州稻米种植透视

1. 米粮紧缺问题

粮食紧缺问题是明清徽州地区一个重要问题。民国年间的调查对徽州地区稻米不够自用的情况也有记载。

在绩溪县，“物产以茶米丝为主要，米产不足三月之食”①。在歙县，“歙县食粮不敷，尚须仰给邻封；……米之来源，可分二路，凡接近浙境如街口等处，则由浙江金华、兰谿输入，城区、深渡等处，则由绩溪、临溪一带输入，面粉则由沪杭水道输入”②。

民国年间休宁县也缺粮，休宁县“出稻年约一百六十万石，普通年份产量，足供全县人口一年有半之食粮，荒年则感不足，恃江西接济”③。另有调查更强调休宁县特殊年份的粮食紧缺，“若无特殊灾荒，平时粮食，尚堪自给，近年因婺源、德兴一带受匪扰影响，粮食缺乏，价格昂贵，本县食米时有流出，不敷之处，反仰给于邻封”④。

在婺源县，“山多田少，西南稍旷，东北多山，垦以为田，层累而上至十余级，牛犊不得耕耨，溪涧之水又不及受而仰赖于天，每岁所入，恒不敷消费，全恃浙赣两省输入米麦，以资接济。故不得不力作于山，

① 张研、孙燕京主编：《民国史料丛刊（第 554 册）》，大象出版社 2009 年版，第 251 页。

② 殷梦霞、李强选编：《民国经济志八种（第二册）》，国家图书馆出版社 2009 年版，第 426 页。

③ 殷梦霞、李强选编：《民国铁路沿线经济调查报告汇编（第九册）》，国家图书馆出版社 2009 年版，第 624—625 页。

④ 殷梦霞、李强选编：《民国经济志八种（第二册）》，国家图书馆出版社 2009 年版，第 477 页。

收茶木麻桐等产，以资弥补”[①]。

徽州地区粮食供应缺口需要仰给于江西、浙江供应，一遇遏籴，百姓生活便大受影响，常常有地方绅士和商人为此奔走呼喊。比如黟县白干人汤永懿，是监生，议叙八品，曾经“经商祁门，家稍裕”，在清道光年间，“江西遏籴，黟、祁市断米”，汤永懿“诣府陈状，持文书告籴饶州，米乃通”[②]。

这里可以将徽州地区与皖南沿江圩区粮食余缺情况作个对比。在清代，皖南圩区是安徽粮食输出的重要地区之一。关于清代安徽的粮食输出总体情况，有学者作过总结，认为皖南平原各县基本上都是余粮区。[③]对皖南地区而言，余粮区“包括……太平府属各县，宁国府属南陵、宣城二县，以及广德州所属建平县”，正是属皖南平原地带；而缺粮区“包括徽州、池州二府所属各县以及宁国府的泾县、太平、旌德三县”[④]，位于皖南山区地带。

由于自然地理环境所致的徽州缺米的状况，也孕育了徽州米商的大量出现。众所周知，徽州米商中，有不少人营运与徽州邻近的江西、浙江两省的米粮入徽州，比如祁门，“岁以茗漆纸木行江西，仰其米自给”[⑤]。

此外，徽商还远至皖南芜湖、宣城地带运米来徽州。婺源县郑炳是经商致富者，“少读书，以家计艰，遂就商赀裕”，在清道光年间（1821—1850），徽州大饥，遇到“西江遏籴”的情况，郑炳即提倡捐助，并到宣城湾沚镇（现芜湖县县城所在地）采买米粮，即是“炳倡捐，集成白镪数千两，邀同志一人，步行至宣城湾沚办米，兼程赶回，穷户赖以全活”[⑥]。

康熙年间（1662—1722），徽州地方官也有在芜湖等地购米以应对徽州米价腾涌的情况，“我歙及休，居落相望，米价最易腾涌。公设处多金，畀信贾递贸易芜阴，泛舟之役不绝，平市居民，饔飧仰给，邑无米

① 张研、孙燕京主编：《民国史料丛刊（第554册）》，大象出版社2009年版，第251页。

② 同治《黟县三志》卷七《人物·尚义》。

③ 参见王宇尘：《清代安徽粮食作物的地理分布》，《中国历史地理论丛》1992年第2期。

④ 王宇尘：《清代安徽粮食作物的地理分布》，《中国历史地理论丛》1992年第2期。

⑤ 道光《徽州府志》卷五之二《物产》。

⑥ 光绪《婺源县志》卷三十四《人物·义行》。

珠之叹，邻无遏籴之虞”[①]。在皖南芜湖到徽州地区米粮调剂的路程中，太平县是重要的交通要道，因为太平县从陆路能到达徽州，从水路能达到鸠江，即是“陆通徽歙，水达鸠江”。当然，此条粮食调剂通道非常艰难，地方志对当地山路崎岖、水路滩险作了如下记载。“徽歙米颇翔贵，民担负以往，过岭长数十里，即冬月白汗交流；鸠江至邑东门凡三百六十滩，水涨则小舟载二三十担，然河流百折，石块磊磊，非长年三老莫知其路。水稍平，载不过十数担或数担，遇滩则舟子群裸入河，高声唱和，后推前挽以肩送，虽严冬莫避，盖邑民之业大略如此。”[②]

2. 米荒所致社会治理问题

米荒问题是明清时期徽州地区的大问题，常常会由此引发各种社会治理问题。

明代徽州米粮缺乏，常有米价腾涌的情况。明代歙县县令傅岩指出，“歙居附郭，生聚之繁，更倍他邑。每遇岁丰，所产不支三月之食，况今新旧不接，邻境年歉，伍月以来，商贩稀少，米价腾涌，万姓嗷嗷”[③]。明代的傅岩在《通商贩平籴粜》中还指出歙县粮食市场哄抬粮价等诸多民害存在的情况，并制定了应对性措施，内容如下：

“新安米谷，向藉外米。目今青黄不接，有等奸恶牙行铺户，高抬价值，惑乱人心。又有鱼梁角夫强驮暗夺，以致浙江客船不得抵坝，潜泊境外贸易。其乡镇招接，江右肩贩者，捏造谣言阻截，大为民害。为此示谕通县军民、商贩、牙铺人等知悉：凡在市米价，俱照原来时价稍加微利，公平粜籴；牙铺不许骤腾高价，以病居民；买者亦不许故为抑勒短少，以亏商贩。其水路船只自街口、深渡、坑口直至鱼梁，陆路自冷水以达休宁，不许中途牙店阻截及率众争买打夺，有坊城市。”[④]

地方发生米荒之时，各种社会问题常常出现。明代歙县县令傅岩指出，“本县亲见四乡穷民携钱远涉，不能得米，情甚可悯。其号呼挨挤，恃强重支者，皆城棍也。平日不习生理，唯以赌博、打行为事，陡遇米

① 张海鹏、王廷元主编：《明清徽商资料选编》，黄山书社 1985 年版，第 197 页。

② 嘉庆《宁国府志》卷九《舆地志 · 风俗》。

③ 傅岩：《歙纪》卷之六《申报旱荒丙子六月》，陈春秀校点，黄山书社 2007 年版，第 62 页。

④ 傅岩：《歙纪》卷之八《通商贩平籴粜》，陈春秀校点，黄山书社 2007 年版，第 91 页。

贵，人以为极愁苦之时，此等人反行包揽赚钱”[①]。

徽州米价腾贵的情况在清代也不时出现。嘉庆七年（1802），歙县大旱，“斗米四百文无从告籴”，歙县丰南人吴应泰妻子“先解衣饰质银购米，全活乡里甚众”[②]。

明清徽州不仅仅存在米粮缺乏问题，米粮调剂通道受阻的问题也是明清徽州当地政府治理重点之一。明代地方官对因米荒导致的各种社会问题设法予以积极治理。

一是设法多渠道筹措米源。在歙县，明代傅岩指出：“第今时寿昌、淳安、兰溪、油榨沟等处，新米渐出，又闻江西有米至祁门，亦有米至芜湖。祁门米可以肩挑骡运，芜湖米可以舟载车运。各商无论新旧，各携资本，往彼籴买。至粱发卖，价照时值，断不平减。”[③]

二是对强买、劫夺之事设法严厉禁止。米荒之时，严重的情况下，有强买、劫夺之事发生。明代歙县在“米少价腾，民食不足”时出现了如下情况：“昨本县亲诣岩镇，见买米人户百十成群，呼噪强买，甚有未交银钱张袋硬索，或执钱影射，希图混赖。本县初亦怜此饥色之民，待粒举火，谕挨序收钱量米，不许紊乱。及观此等强粱搀夺形状，不觉发指。”[④]

对公然借米借银的所谓棍徒予以指责，“一意闭户自了，不能照顾他人，意虽漠然，情有可谅。于是诸棍乘机横行，素不相通，公然借米借银。又有愚民贫户，误听讹言，或指某某家有米潜匿，或传闻水次有何米在簰，恶求硬抢。刁徒为之运筹，众人供其驱使，此风不可长也”[⑤]。

这种抢米状况的主体不仅是棍徒，一般的百姓也是抢米的主体之一，“近因江饶遏籴，以致祁阊一带商贩不继，米价翔涌。有等百姓遂借长价为名，纷纷抢米铺，思罢市，且使客米闻风疑畏不前”[⑥]。为此地方官规定，“如有聚众十人以上，造言倡率，恃强硬索混赖者，地方约里禀闻，

① 傅岩：《歙纪》卷之八《禁索钱包籴》，陈春秀校点，黄山书社2007年版，第96页。

② 吴吉祜纂：《丰南志》卷二《义行传》（省馆1981年抄本影印），载《中国地方志集成》乡镇志专辑第17册，江苏古籍出版社1992年版，第276页。

③ 傅岩：《歙纪》卷之八《设法粜卖以安民心》，陈春秀校点，黄山书社2007年版，第94页。

④ 傅岩：《歙纪》卷之八《禁强籴》，陈春秀校点，黄山书社2007年版，第96页。

⑤ 傅岩：《歙纪》卷之八《杜棍谋以坚义济》，陈春秀校点，黄山书社2007年版，第98页。

⑥ 傅岩：《歙纪》卷之八《禁抢通商平籴》，陈春秀校点，黄山书社2007年版，第98页。

或本县亲查访出，即拿究，申解正法”①。

3. 米的实物货币功能

在徽州地区米粮缺乏这一大背景下，稻米对于徽州地区农民来说有着更为特殊和重要的意义。有的时候，米起着实物货币的作用，用在违约处罚及工价计算等方面。

一般的经济契约中，对于违约行为，会规定罚若干货币的措施。但在徽州地区，在一些契约里，却规定倘若违反契约，则罚白米若干斤的情况。比如在崇祯六年（1633）歙县汪钥等在共管坟前地合同中，规定对于违约行为需要罚白米，契约如下：

“同人汪钥，今有风水面前余地，同源汪士儒等共买金裕山園一业，坐落土名吴家岭，系歙县黎字壹仟四百贰十号，计地税叁分，其价二家均出，坟前地二家均管，作拜台余地，听二家挑坭堆坟取用，毋得拦阻侵占等情。如有此情，甘罚白米三石入众公用，其税粮各割一半入己户，自纳粮差，其豆租二家均收。今恐无凭，立此合同二张，各执壹张永远存照。”②

现在再举休宁县一则召批文约的例子。

“休宁县十六都二啚立招批人王党，今有坟山一业，土名汉洞巧坑，于今长养松木荫庇坟茔，因居写远不能自炤，今凭中浼托亲人吴时明名下，代为炤管，自炤之后，有能获盗本山木壹株来报者，谢银一两，获斧一把，谢银贰钱，获刀一把，谢银壹钱。俱要赃真情实，本家自行经公，不致遗累。倘有获盗私相受贿卖放及监守自犯，皆炤前论罚白米一石无辞，本山柴薪每年纳租银伍分，清明日交，其树木成材，除庇坟之四周，余山之外，出拚之日三七□分无异。”③

除了把大米用作违约金外，徽州地区在民间经济活动中还把大米作为工价的计价单位。不用金钱货币作为单位而以大米作为单位，此点显示了大米在徽州农民生活中的重要地位。据对休宁县花桥村调查，当地

① 傅岩：《歙纪》卷之八《禁强籴》，陈春秀校点，黄山书社2007年版，第96页。

② 《崇祯六年歙县汪钥等共管坟前地合同》，参见王钰欣、周绍泉主编，中国社科院历史研究所收藏整理：《徽州千年契约文书（宋元明篇）》卷四，花山文艺出版社1993年版，第346页。

③ 《崇祯十七年休宁王党立召批文约》，参见王钰欣、周绍泉主编，中国社科院历史研究所收藏整理：《徽州千年契约文书（宋元明篇）》卷四，花山文艺出版社1993年版，第495页。

对栽树、砍树的工资计价都是以大米为计量单位，调查结果是，“此外另有请工栽树，每个工三升米。树苗长成后，有的是十年后修理一次，有的根本不管，只等待砍树”，“砍伐树也不同，有的是在山上出卖，成材树棵每榈码子（约三十根树左右）要包干五斗米，以这种出售方式占多数。还有的是自砍自卖，砍树是请工或是包日工和按工程包干，一般的是每日三升至五升米（或砍倒木头四十根并剥皮给米三升），从山上将木头运到河边并给做成木排，每榈木头四斗米；运到屯溪的运费每榈木头四升米，然后在屯溪出卖，这样做的是少数”①。

徽州地区对其他农业劳动也有以大米作为工价计价单位的情况。据对歙县长陔区南源村的调查，该村村民的主要生活来源是玉米、茶叶、树木等的收益。若没有这些谋生途径，则要靠出卖劳动力，帮人砍树赚工资来维持，“如果遇树木销路不畅，价格下跌时，全村人民生活就要陷入困境，就得依靠挖蕨粉、摘箬皮维持生活（挖一担蕨粉一般须三十个工，可换米二石；箬皮系编斗笠、茶蒌、船篷等用，摘一担要五个工，可换米二、三斗）。故树木的销路通畅与否，价格之高低，对该村农民生活影响至巨”②。

至于民国年间徽州民间借贷，除了货币外，大米也是重要的借贷种类。毕竟，民以食为生，大米在粮食紧张的徽州地区具有更重要的意义。此类借贷大米的契约一般没有利息方面的记载，现列举几条。在 1944 年 12 月，歙县的凌双林立有借票，借到全秀娥熟米一担，限于 2 月中旬归还，“不得误期短少”③；在 1947 年 10 月，歙县的张齿一也立有借条，“今借到张继述堂侄首人名下粟米捌斗正，其米本月终归清（或照市价折算），不得拖欠”④；另如，1947 年 10 月歙县的张元恺立有借条，张元恺

① 华东军政委员会土地改革委员会编：《安徽省农村调查》，系华东农村经济资料第四分册，1952 年 12 月，内部资料，第 210 页。

② 《歙县长陔区南源村树木情况调查》，载华东军政委员会土地改革委员会编《安徽省农村调查》，系华东农村经济资料第四分册，1952 年 12 月，内部资料，第 219 页。

③ 《民国三十三年十二月（歙县）凌双林立借票》，黄山学院编撰：《中国徽州文书》第十卷，清华大学出版社 2010 年版，第 138 页。

④ 《民国三十六年十月（歙县）张齿一立借条》，黄山学院编撰：《中国徽州文书》第十卷，清华大学出版社 2010 年版，第 139 页。

借到张氏名下粟米二斗正，“其米准定本月终归清（或照市价），不得拖欠”①。

四、徽州杂粮的种植

前面已探讨了皖南徽州山区和圩区的粮食种植问题，考察了皖南徽州稻、豆、麦的种植问题。明清以来皖南徽州对土地具有多熟种植、集约利用的特征，稻豆、稻麦的多熟种植对徽州农民的粮食安全具有重要意义。此外，皖南还有杂粮的种植，这也对维持当地农民的民食以及灾荒救济具有重要作用。皖南旱地有红薯和玉米等杂粮的种植，这在清代比较突出。

关于红薯，安徽地区引种红薯的最早记载见于《清高宗实录》和乾隆二十三年（1758）所修的《望江县志》。据研究，“到乾隆中期，种植的地方见于记载的也仅凤台、寿州和望江三州县”②。乾隆以后，红薯的种植得到推广，但推广速度可能很缓慢，没有玉米的推广引人注目。道光以后，皖南太平府繁昌县、宁国和徽州两府所属各县、广德州及其所属建平县已有红薯的种植。③

关于玉米，嘉庆年间对徽州棚民案的裁决显示了皖南地区棚民广种玉米的事实：“至收回棚民各山亦只准土民种植茶科杂粮等物，不准再种苞芦，并饬查禁随时究儆，其附近徽州府属之宁国、池州、广德各属境内间有山地召租棚民，虽为数无多，亦请一律查照办理。”④ 可以说，棚民玉米种植广布皖南山区丘陵范围，而不只是限于徽州一地。乾隆以后皖南种植玉米的地区除了徽州府以外，还有东流、建德、石埭、广德以及宁国府所属各县。⑤ 比如，在宁国府，“数年来棚民将荒山赁垦，术草（指白术）被铲殆尽，殊难采觅”⑥，嘉庆《太平县志》也有“六谷米”的记载。

---

① 《民国三十六年十月（歙县）张元恺立借条》，载黄山学院编撰《中国徽州文书》第十卷，清华大学出版社2010年版，第139页。

② 王宇尘：《清代安徽粮食作物的地理分布》，《中国历史地理论丛》1992年第2期。

③ 详见各相关地方志书。

④ 道光《徽州府志》卷四之二《营建志·水利》。

⑤ 详见各相关地方志书。

⑥ 嘉庆《宁国府志》卷十八《食货志·物产》。

五、小结

从以上考察可知，与其他地方一样，明清时期徽州稻类的种植，可划分为籼稻、糯稻、粳稻三种，明清时期徽州山地多种植豆麦等作物。除了有专门旱地地块种植豆麦等物外，明清时期徽州地区还发展了水田稻麦复种的种植制度。

至民国时期，种植制度方面值得注意的是，除了稻麦复种，还有稻与油菜、红花草等的复种，以及套种种植制度。调查资料显示，民国时期玉米在徽州地区粮食种植中甚是重要。明清及民国时期徽州粮食种植制度呈现出资源集约利用的特征，这与徽州地区山多田少的地理特征有直接关系。在这种地理背景下，徽州地区米粮紧缺现象时有出现，再加上“遏籴”等人为因素，徽州地区米荒现象严重，地方社会予以积极应对。在米荒的大背景下，大米甚至有时还承担着实物货币的功能。

第二节 清代徽州玉米经济实态分析

迄今为止，关于清代棚民的研究，探讨了棚民在山地种植玉米的商品经济性质、地域分布、生态破坏作用以及地方社会所发布的诸多禁止性规定，也有文章探讨了玉米种植的传播过程。[①] 不过，对山区地带外来

① 关于清代棚民种植玉米的相关研究主要有，冯尔康：《试论清中叶皖南富裕棚民的经营方式》，《南开大学学报》1978 年第 2 期；刘敏：《论清代棚民的户籍问题》，《中国社会经济史研究》1983 年第 1 期；杨国桢：《明清土地契约文书研究》，人民出版社 1988 年版，第 134—155 页；叶显恩：《明清徽州农村社会与佃仆制》，安徽人民出版社 1988 年版，第 84—85 页；刘秀生：《清代闽浙赣皖的棚民经济》，《中国社会经济史研究》1988 年第 1 期；傅衣凌：《明清社会经济史论文集》，人民出版社 1989 年版，第 111—112 页；吕小鲜：《嘉庆朝安徽浙江棚民史实》，《历史档案》1993 年第 1 期；赵冈：《清代的垦殖政策与棚民活动》，《中国历史地理论丛》1995 年第 3 期。玉米传播的相关研究主要有，陈树平：《玉米和番薯在中国传播情况研究》，《中国社会科学》1980 年第 3 期；郭松义：《玉米、蕃薯在中国传播中的一些问题》，《清史论丛》第七辑，1986 年第 80—115 页；曹树基：《玉米和番薯传入中国路线新探》，《中国社会经济史研究》1988 年第 4 期。

棚民开垦作出禁止性规定并不等同于当地玉米种植被禁止。有鉴于此，对清代玉米的经济实态有做进一步考察之必要。此前，笔者在检阅徽州契约文书资料时，发现有许多文书真实记录了清代徽州地区玉米垦殖的实际状况、对当地租佃形式的影响、收益分配以及对山林兴养的促进作用等方面的内容。这些内容，此前都很少为学界所关注。徽州契约文书具有数量多、时间跨度长、系统性强等优势，能更好地复原徽州民众的农业生产及生活实态，极具史料价值。本节以徽州契约文书为主要资料，对徽州玉米经济实态予以考察，期望能通过徽州地区这一生动案例，考察清代一些禁止性规定在基层的实际执行情况，以及玉米在清代中国引进、传播的具体过程及影响，并丰富徽学研究的内涵。

一、玉米垦殖概况

清代徽州地区的玉米垦殖情况，在地方史料中常有概括性的记载，比如道光年间徽州府呈现出玉米种植充斥山场的情况，该府“昔间有而今充斥者，惟苞芦”[①]，俞正燮也指出徽州“苞芦已植到山巅”[②]。实际上，契约文书中也多有此类玉米垦殖的具体实例，这些契约真实记录了当时民众的农业生产实态。

乾隆、嘉庆年间徽州地方社会对棚民种植玉米多有禁令，但在禁令实行的同时，也出现了徽州本地农民效仿棚民垦殖玉米的状况，这是一种伴随人口迁移而导致的农业技术的传播。史载徽州府“乾隆年间，安庆人携苞芦入境，租山垦种，而土著愚民间亦效尤而自垦者”[③]。关于这一点，乾嘉年间徽州地区玉米垦殖情况在契约中有诸多记载。据笔者检阅，徽州地区明确记载种植玉米这一作物种类较早的契约，是清乾隆三十五年（1770）二月祁门县潘有义所立的承佃山约。此约规定可以锄种玉米并将玉米作为交纳之租：“立承佃人潘有义，今承到程名下山壹号六保江祥坑土名外大弯，其山悉照老佃约，是身承去锄种苞芦，递年交纳

① 道光《徽州府志》卷五之二《食货志·物产》。

② 同治《黟县三志》卷十六《艺文志·诗》。

③ 嘉庆《绩溪县志》卷三《食货志·土田》。

苞芦壹佰陆十斤正，约至十月内付还，如过期加价行罚。”①

至嘉庆年间，徽州也有契约载明山地垦殖玉米状况。比如，据清嘉庆十八年（1813）三月张义所立承寄佃田坦约，“立承寄佃约人张义，今承到程开艮名下七保庙下车田墩土名界方位坦壹备，计租五十秤，凭中自愿是身承来耕种苞芦”②。此时期明文载明玉米种植的契约，绝非个例，据笔者对已出版徽州文书的检阅，还有11则之多。

道光年间及其后玉米种植仍然存在。道光、咸丰及光绪时期均有多则承佃山场的契约载明种植玉米的事项。据清咸丰三年（1853）农历十月初四祁门县吴德侯等所立议合同文约所示，在吴德侯等所合伙承佃的汪慎德堂澄公祀名下的山地，对于种植玉米也不是禁止性规定：“倘有本山锄种苞芦，亦炤六股均种，毋许倚强混种，所有山价酒水钱，亦炤六股均出，每股各出钱九千文，倘有本山外费，亦炤六股均派，毋得推辞倒缩等情，如有不遵者，本钱不得退回。”③ 这就说明，种植玉米在当时已是群体性默认的行为。除了可以将山场承佃给多人合伙种植玉米外，还可以将某山场承佃给个人种植玉米，比如清光绪十六年（1891）六月20日祁门吴德伏所立承山约：“立承约人吴德伏，今承到吴广宪族侄名下坐落本都六保土名榛树窟山壹号”，契约载明在此山四至之内“是身承去开挖兴种苞芦”④。《陶甓公牍》也记载了清末休宁县四都源、瑶碣源之棚民以烧炭或种植玉米为生的状况，⑤ 其时绩溪县已出现把玉米之粉“制成食品为正餐者”⑥。

由以上介绍可知，清乾隆以后各个时期的契约均有玉米种植的内容。

① 《祁门十七都环砂程氏文书》之《清乾隆三十五年二月潘有义立承佃山约》，载刘伯山主编《徽州文书》第一辑第7册，广西师范大学出版社2005年版，第154页。

② 《祁门十七都环砂程氏文书》之《清嘉庆十八五年三月张义立承佃田坦约》，载刘伯山主编《徽州文书》第一辑第8册，广西师范大学出版社2005年版，第168页。

③ 《祁门十六都石跡源吴氏文收》之《清咸丰三年十月吴德侯等立议合同文约》，载刘伯山主编《徽州文书》第二辑第2册，广西师范大学出版社2006年版，第74页。

④ 《祁门十六都石跡源吴氏文书》之《清光绪十六年六月吴德伏立承山约》，载刘伯山主编《徽州文书》第二辑第2册，广西师范大学出版社2006年版，第157页。

⑤ 参见刘汝骥：《陶甓公牍》卷十二《法制》，载《官篇书集成》第10册，黄山书社1997年版，第588页。

⑥ 刘汝骥：《陶甓公牍》卷十二《法制》，载《官篇书集成》第10册，黄山书社1997年版，第617页。

这说明了一个问题：虽然清代官方对棚民种植玉米多有禁令，但徽州民间对玉米的种植没有随之禁止，也不是偷偷摸摸地暗中进行，将玉米种植明确写进契约即是明证。赵冈认为，乾嘉道光年间政府禁止流民垦山种植玉米，“这些禁令虽非百分之百的生效，但在山区种植玉米的范围究竟大为减少”①。此种植玉米范围大为减少的说法，若是针对棚民来论，是可信的；但若言山地玉米种植总体面积的大为减少，则恐尚难以断定。

二、玉米实物租：徽州民众对玉米的认可

清代徽州玉米种植没有被强行禁止，这更能体现出清代徽州民众农业生产的真实形态。玉米种植对清代徽州的重要性有自身特点，即明清时期徽州地区粮食供应严重不足。② 在明清时期徽州地区粮食紧张的背景下，玉米种植的功用更为突出：“煮粥炊饭，磨粉作饼，无所不宜，救荒疗饥必需物也，亦可炒食”。③

在此背景下，随着玉米种植的发展，玉米实物租，此一种新的实物租形式得以实现。玉米实物租成为徽州地区稻、麦、豆等实物租之外一种主要实物租形式，这是清代徽州租佃制度的一种新情况。学界此前对玉米实物租注意不多，但这种玉米实物租在徽州契约文书中有大量记载，下面择要介绍。

乾隆、嘉庆年间，有不少承种、租佃山地及山坦的契约载明是用来锄种花力，交租的实物种类是玉米，说明了玉米在当地山民中受到认可及重要性。据检阅，乾嘉年间徽州地区载明玉米实物租缴纳的契约有20则之多。此时期在承佃山场种植玉米的契约里，承佃人与山主绝大多数是异姓，我们推测，可能是伴随着清代人口迁移的频繁，系外地人进入徽州地区垦种玉米的情况。有少量契约也载明了承种人是徽州附近府县的农民。比如清乾隆四十二年（1777）三月徐成花所立承佃坦约即是此种情况。徐成花是皖南石埭县人，程加灿是祁门人，徐成花承佃到“程

① 赵冈：《清代的垦殖政策与棚民活动》，《中国历史地理论丛》1995年第3期。

② 参见梁诸英：《明清时期徽州地区灌溉水利的发展》，《南京农业大学学报（社会科学版）》2006年第1期。

③ 嘉庆《黟县志》卷三《地理·物产》。

加燦兄名下七保富村杨家巷口坦壹块，又占家坞坦壹块，是身承种，迭年交纳租苞芦子贰拾伍斤，身不得短少。如违，听自另租他身，不得执留，凭此租批照"①。照此看来，皖南石埭县人徐成花到祁门开垦山坦种植玉米，属跨境垦种，当属棚民性质。另如，清乾隆四十五年（1780）十二月，祁门程笄艮将田坦出佃给石埭县徐永成耕种以缴纳玉米实物租②，也是这种情况。

此时期玉米实物租缴纳还出现一个值得注意的情况，明明是佃田契约，却需要缴纳玉米实物租。兹举一例：清乾隆五十三年（1788）12月，朱相元承佃到程加灿名下之田，"计原租四秤"，承去兴种，"迭年硬交苞芦租子叁拾斤整"③。我们知道，根据玉米作物特性，清代徽州玉米一般是种在山地的，不种在田里。这种情况，说明了承佃人朱相元还有其他山地可种植玉米，以缴纳玉米租，或直接在此田块种植玉米，但无论哪种情况，均说明了玉米种植在当时不属罕见。此时期不仅玉米实物租绝非个例，而且，和麦租等主要实物租种类类似，如果欠下玉米实物租，也需要来年加利付还，这也从侧面说明了玉米实物租在当地被认可的情况。此种欠下玉米实物租需要来年加利付还的情况在契约中有体现。据清嘉庆元年（1796）十月祝天南所立欠山租字的契约："立欠山租字人祝天南，今欠到程名下本苞芦蒲伍佰斤整，其苞芦言定来年秋收加利偹结石弯付还，接山主登山议定三七扛分，其力坌坐还加力付还，毋得言说。"④

道光、咸丰、光绪年间也均存在交纳玉米实物租的诸多契约，这里不一一赘举，仅举一例。清道光二十四年（1844）祁门立承佃约人吴大柏，"今承到程彩祀、端培、端埭等七保罗家岭下熟田七坵、熟坦壹备，土名大厂坞、小八坞等处熟田坦，是身承去入地耕种，无论丰歉，迭年

① 《祁门十七都环砂程氏文书》之《清乾隆四十二年三月徐成花立承佃坦约》，载刘伯山主编《徽州文书》第一辑第7册，广西师范大学出版社2005年版，第269页。

② 参见《祁门十七都环砂程氏文书》之《清乾隆四十五年十二月程开［笄］艮立出佃田坦约》，载刘伯山主编《徽州文书》第一辑第7册，广西师范大学出版社2005年版，第333页。

③ 《祁门十七都环砂程氏文书》之《清乾隆五十三年十二月朱相元立承佃田约》，载刘伯山主编《徽州文书》第一辑第7册，广西师范大学出版社2005年版，第400页。

④ 《祁门十七都环砂程氏文书》之《清嘉庆元年十月祝天南立欠山租字》，载刘伯山主编《徽州文书》第一辑第8册，广西师范大学出版社2005年版，第26页。

硬交玉子贰佰壹拾斤，其玉子务要晒干挑送上门，毋得拖欠斤两。如违，听凭另召他人”[①]。此契约要求承佃人要将玉米租“挑送上门”，并且“毋得拖欠斤两”。

从现有玉米实物租缴纳的文书看，对于玉米实物租的缴纳一般都规定需要“挑送上门”，并且“不得拖欠短少”，如果违反，则“听凭另佃他人”。这些文书中，有些载明是种植玉米，有些是说开种杂粮或花利，很可能此杂粮花利包括玉米或就是种植玉米。很难想象契约里的佃民、承租人会购买玉米来缴租。自清乾隆至清末，徽州各时期均有玉米租缴纳的实例，甚至在个别租佃“田”的契约中也显示缴纳租谷的种类是“苞芦”。综上可知，这些玉米实物租的大量实证说明了清代玉米种植在徽州地区的发展以及民众对玉米的认可。

玉米在清代徽州社会中被山农的认可，还可从当地人将玉米作为借贷种类之一及在市场交易中以玉米作价来体现。清代徽州，玉米已出现在民间借贷或抵押关系中。若向别人借玉米渡过难关，则需要加利付还。徽州借贷米、麦并加利付还的契约不少，但借贷玉米渡过难关的契约很难见到。所幸此类借贷文书仍有存世者，也足见其珍贵。比如，据清乾隆四十一年（1752）十二月祁门王之禄所立借字：“立借字：王之禄，今借到陈艮兄名下苞芦九拾斤正，其苞芦言定来年秋收加利付还，不得短少，付青［清］取字，其字执留，今恐无凭，立此约存照。”[②]

在徽人的买卖活动或集资活动中，还常以玉米作价而成交。比如咸丰年间水碓股份出卖时，即曾有以玉米作价而成交的情况，也可见玉米在徽人日常生活中的重要性。据清咸丰八年（1858）十月吕邦闵所立卖碓契，如下：“立卖契人吕邦闵，今因欠少使用，自身情愿将传字号内土名外坑下石桥里水碓一只，十大股合身分法四股之一，并堨脑、水圳，尽行出卖与堂伯清海邦院名下经管，三面言定时值价钱苞芦一斗二升正，其苞芦当日收足，其水碓听凭随契经管，无得阻执。”[③]

---

① 《祁门十七都环砂程氏文书》之《清道光二十四年十一月吴大柏立承佃田约》，载刘伯山主编《徽州文书》第一辑第8册，广西师范大学出版社2005年版，第438页。

② 《祁门十七都环砂程氏文书》之《清乾隆四十一年十二月王之禄立借字》，载刘伯山主编《徽州文书》第一辑第7册，广西师范大学出版社2005年版，第265页。

③ 《清光绪二十一年正月吕日高定立契簿》之《清光绪二十一年正月吕日高定立契簿之二十四》，载刘伯山主编《徽州文书》第三辑第4册，广西师范大学出版社2009年版，第218页。

玉米在清代徽州社会中被认可，还可以从徽州地区与玉米有关的民俗及民间歌谣得到反映，兹附以佐证。据珍稀史料《应酬便览》，清代徽州猴子等动物对玉米的破坏很严重，尤其是猕猴对玉米的“空劳大嚼”“或残或拔”，使得农民“半岁勤劳，不了郡凶残耗”，从而有《祈神驱猴狲疏》一文尝试以祈神为手段来应对当地玉米种植遭破坏之状况。[①] 清代徽州借助神灵来驱赶猴狲以保护当地玉米生产，由此可见当地百姓对所种植的玉米颇为重视。流传久远的歌谣也体现了传统时期徽州人民对玉米的喜爱。休宁县的《山里好》歌谣指出：“手捧苞芦馃，脚踏硬炭火，除开皇帝就是我”；绩溪县也有《手捏苞芦馃》的歌谣：“手捏苞芦馃，脚踏树桩火；无忧又无虑，皇帝不抵我。”[②] 馃是一种油炸食品，符合徽州人饮食重油的特点，玉米馃是当地美食之一，这体现了徽州人对玉米的认可和喜爱。

三、清代徽州玉米垦殖的收益分配

就徽州租佃形式来说，叶显恩指出：“从涉猎到的材料看，当时徽州地区绝大部分取额租制，少量取分成制。”[③] 徽州玉米种植中是否也存在这种定额租和分成租呢？据清代徽州地区的承山、佃山契约，徽州垦种玉米的收益分配，也主要是分成租和定额租两种形式。

根据对相关契约的分析，分成租常常是山主、种者之间二八分配的水准，如果违反约定则要受到“见壹罚拾”等类的经济处罚。比如，在道光二十四年（1844）祁门吴士发等所立出佃山约中，吴士发等将山出佃他人用来锄种玉米，规定玉米分配方式是“迭年秋收之日眼仝干分，言定贰八均分，佃得八，股得贰，无得私自采取，如违，见壹罚拾”[④]。晚清的承山契约对种植玉米以及桐子也常常是二八分成。比如清光绪十

① 参见王振忠：《清代徽州民间的灾害、信仰及相关习俗——以婺源县浙源乡孝悌里凰腾村文书〈应酬便览〉为中心》，《清史研究》2001 年第 2 期。

② 吴兆民：《从民间歌谣看徽州人的观念世界》，载朱万曙、卞利主编《戏曲·民俗·徽文化论集》，安徽大学出版社 2004 年版，第 344 页。

③ 叶显恩：《明清徽州农村社会与佃仆制》，安徽人民出版社 1988 年版，第 75 页。

④《祁门十六都石跡源吴氏文书》之《清道光二十四年十一月吴士发等立出佃山约》，载刘伯山主编《徽州文书》，第二辑第 2 册，广西师范大学出版社 2006 年版，第 66 页。

六年（1891）祁门吴德伏所立承山约，吴德伏在所承之山四至之内“是身承去开挖兴种苞芦，主坌㘵贰八监分，务要眼仝登山采摘”①。

据对相关文书的统计，有少量契约是对半分配的情况，比如清嘉庆十八年（1813）三月张义承种程开良的山场，程开良“凭中自愿是身承来耕种苞芦，迭年秋收之日接坦主到坦干分对半，其麦并菜，坦主自种，佃人兴种苞芦，不得怠懈抛荒。如违，听凭坦主退佃自种，身无异说”②。

徽州地区的承山、佃山契约除了对玉米二八分成、对半分成等分成租外，还有交纳一定数量的玉米的形式，即定额租，规定种者要将玉米挑送上门，不得短少。如果违反，要受到经济处罚或另佃他人的处罚。比如清乾隆四十年（1776）十一月祁门赵双声等承佃程元祯等的山场锄种玉米“言定迭年交纳苞芦子一百六十斤正，其租言定迭年十月内挑送上门，不得拖欠，如违，罚苞芦伍拾斤”③。对于交纳玉米实物租违反契约的情况，除了受到“罚苞芦”的惩罚外，还有经济处罚的手段。比如乾隆四十二年（1778）十一月，程天喜承到程元会、程加灿的山地以种植玉米，契约规定“递年议定交苞芦子租程秤捌拾斤正，其租不得短少。如违，听山主另招。其租言定十月初十日上门交付，过期行罚。定后二各无悔，悔者甘罚钱八百文公用，立此存照。”④ 第三种针对违约的惩罚方式，即是“另佃他人兴种”，这种夺佃的处罚方式在契约里也较常见。比如乾隆四十五年（1780）六月，祁门程延芳承佃程加灿山地锄种玉米，“迭年秋收交纳苞芦子壹佰卄斤整，其租迭年不得拖欠。如违拖欠，听自另佃他人兴种，无得言说”⑤。

据契约文书记载，徽州人民承种山地进行玉米垦殖还有少量情况是

---

① 《祁门十六都石跡源吴氏文书》之《清光绪十六年六月吴德伏立承山约》，载刘伯山主编《徽州文书》，第二辑第2册，广西师范大学出版社2006年版，第157页。

② 《祁门十七都环砂程氏文书》之《清嘉庆十八年三月张义立承寄佃田坦约》，载刘伯山主编《徽州文书》，第一辑第8册，广西师范大学出版社2005年版，第168页。

③ 《祁门十七都环砂程氏文书》之《清乾隆四十年十一月赵双声等立承佃山约》，载刘伯山主编《徽州文书》，第一辑第7册，广西师范大学出版社2005年版，第230页。

④ 《祁门十七都环砂程氏文书》之《清乾隆四十二年十一月程天喜立承山约》，载刘伯山主编《徽州文书》，第一辑第7册，广西师范大学出版社2005年版，第276页。

⑤ 《祁门十七都环砂程氏文书》之《清乾隆四十五年六月程延芳立承佃山约》，载刘伯山主编《徽州文书》，第一辑第7册，广西师范大学出版社2005年版，第318页。

交纳一定数量货币，主要是外地棚民租佃山地种植玉米的情况[①]。比如，嘉庆五年（1800）农历九月初二安庆潜山人许正明承租祁门县凌凤鸣名下的山地，“开挖锄种苞芦，三面言定，递年交纳租银壹佰文，其银递年至冬至日交付，不致短少”[②]，这种交纳货币租的情况在清后期很少见，可能与嘉庆以后当地对外来棚民开垦的禁令有关。

在此背景下，一些山主靠出租、出佃山场获得大量玉米收益，这里举一个实例。比如程加灿是乾嘉年间当地的一个地主，契约文书对程加灿的出租、出佃山场获取玉米收益有真实记录，程加灿在乾嘉年间年获玉米收益达750公斤以上。乾隆三十八年（1773）陈文榜兄弟承佃程加灿兄弟名下山坦，缴纳玉米110公斤；乾隆三十八年（1773）程加灿出租山场给汪允昆、汪允利，年获玉米75公斤；乾隆四十年（1775）程加灿等共业山场出佃给赵双声、胡豹，年获玉米80公斤；乾隆四十二年（1777）程加灿等又出租山地给程天喜，年获玉米40公斤；乾隆四十五年（1780）程加灿又出租山地给程延芳，年获玉米60公斤；清乾隆四十五年（1780）程延芳将山地玉米租17.5公斤出典给程加灿；清嘉庆十五年程延芳又将山地玉米租7公斤出典给程加灿；清乾隆四十五年（1780），程发起将自身山场（玉米租总额为72.5公斤），立会字“会与程加灿名下，听自做佃收租”；清乾隆四十五年（1780）程加灿等三人又出租山地给汪新茂，年获玉米10公斤。[③]。

四、玉米种植对山地林木的兴养有一定促进作用

清代玉米种植致使生态环境的破坏，学界对此有深入论述，此种研究主要是针对棚民的无序开垦来论述的。有学者指出，“棚民对徽州山区

① 关于棚民地租形态，刘秀生指出，清代棚民地租形态全是货币地租，有的地方租金还相当高。见刘秀生：《清代闽浙赣皖的棚民经济》，《中国社会经济史研究》1988年第1期。

② 《嘉庆二十二年祁门凌氏立〈合同文约謄契簿〉之一三九》，载王钰欣、周绍泉主编《徽州千年契约文书（清民国篇）》卷11，花山文艺出版社1993年版，第331页。

③ 参见刘伯山主编：《徽州文书》第一辑第7册第198页、第199页、第230页、第276页、第318页、第315页，《徽州文书》第一辑第8册第142页，《徽州文书》第一辑第7册第316页、第329页、第373页、第389页、第400页，《徽州文书》第一辑第8册第15页、第39页、第42页、第87页、第83页、第149页、第159页。

的无序开垦和恶性开采，对徽州山区脆弱的生态环境造成了严重的破坏”[①]；在长期饱受生态环境恶化之苦情况下，“徽州山区社会采取了驱禁棚民与封山育林，调整产业种植结构相结合的标本兼治的应对措施”[②]。

清代棚民玉米种植活动对山地生态的破坏是客观存在的，上述论述令人信服。这里需要指出的是，徽州契约的内容还显示了玉米种植的另一方面，即通过玉米、桐子种植促松、杉等林木的种植，这也是清代徽州玉米种植得以发展的重要原因之一。此层原因，未为学界所注意。这里作一探讨，以期对玉米种植的生态功能的认识更为全面。

山主为了使承租人、承佃人对荒山进行开发以种植松、杉，常常允诺或同意承租人种植玉米、桐子等杂粮以获得额外收益。这种将种植松、杉与垦种玉米结合起来的模式在清代徽州契约文书中多有体现。大量玉米垦种方面的文书显示，承山人、租山人负有“补插苗木”等兴养山林的义务，并且不得抛荒丈土，如果违反，则要受到罚款或不予力分的经济处罚。以下择要予以介绍。

早在清乾隆年间就有将种植所获玉米作为承山人、租山人补插苗木报酬的情况，合同还会规定承山人、租山人对于补插苗木、保养苗木所承担的义务及收益。有多则文书指出锄种玉米者有“通山养苗，不得懈怠”的义务。兹举一例，清乾隆三十九年（1774）七月祁门程发秀等所立兴山合文约如下：

“立兴山合文人程发秀、汪嘉谟、程开警、叶之桂、汪时道、张成福，今有八保山场壹备，土名黄兵坑、合坞等处，眼仝业主，内取逞坞宝山壹号，出典与汪时达名下前去砍□，锄种苞芦，补插苗木，议定就台演戏壹台，加禁合坞松杉，以供国课。如有地方梗顽之徒入山盗砍，准许原佃投鸣山主，演戏加禁。如不遵守，众山主务要均照山分出费鸣官理治。如果生情不举、收钞卖放饮食，留情不报，守与盗伐之人同论。其合坞山场苗木成材议作三股均分，主得二股、力得一股，其力分务要

① 卞利：《明清徽州社会研究》，安徽大学出版社2004年版，第318页。

② 陈瑞：《清代中期徽州山区生态环境恶化状况研究——以棚民营山活动为中心》，《安徽史学》2003年第6期。

凑便山主。如违，不与力分。”①

清嘉庆年间，也有不少享有垦种玉米权利，但负有兴养林木职责的山林契约，种植玉米的权限常常为五年。据清嘉庆三年（1798）六月汪光生所立承兴山佃约：“立承兴山佃约人汪光生，今承佃到山主程发秀、程嘉灿、程开畅、程加俸、张成福、汪□□名下八保土名黄宾坑小土名逞坞山场壹号”，汪光生在此山四至之内山场，承佃前去“锄种花利、栽插苗木”，锄种花利要缴纳玉米租，“其山锄种五年为止”，同时负有兴山义务：“其山栽插苗木，毋得抛荒”，“日后苗木长大成材作贰八均分，主得八力得贰。”② 有些契约还对兴养苗木作出具体要求，如“要丛密成林”“毋得抛荒丈土”“壹丈三栽”等。比如，在清嘉庆九年（1804）正月，鲍胜保、张成初立承兴山佃约，鲍胜保、张成初承到山主程加灿等四人山场，“准种五年”，缴纳玉米实物租，同时也负有兴养苗木的义务，即有“栽坌苗木”的义务：“其苗木务要丛密成林，壹丈三栽，毋得抛荒丈土。言定丁卯年接山主登看苗。如违，甘罚银贰两。日后苗木长大，议价三七均分，主得七，力得三。其力分务要凑便山主，毋得变卖他人。”③

嘉庆以后，此类将垦种玉米与兴养林木捆绑在一起的契约仍有不少，也是明确规定承山、佃山人在承山植树的时候，可在该山四至之内种植玉米以及桐子作为收益，但同时负有扦插苗木兴养山林的义务。比如，清光绪十六年（1891）祁门吴德伏在所立承山约中，规定吴德伏“今承到吴广宪族侄名下坐落本都六保土名榡树窟山壹号”，在此约中，也是规定若“苗荒不齐”，则吴德伏要受到经济处罚：“所有扦苗一丈三栽，不得抛荒丈土，三年齐苗接山主登山临看，桐子津贴苗利，倘有苗荒不齐，桐子尽归山主名下收用。”④

---

① 《祁门十七都环砂程氏文书》之《清乾隆三十九年七月程发秀等立兴山合文约》，载刘伯山主编《徽州文书》第一辑第7册，广西师范大学出版社2005年版，第214页。

② 《祁门十七都环砂程氏文书》之《清嘉庆三年六月汪光生立承兴山佃约》，载刘伯山主编《徽州文书》第一辑第8册，广西师范大学出版社2005年版，第39页。

③ 《祁门十七都环砂程氏文书》之《清嘉庆九年正月钱包胜保等立承兴山佃约》，载刘伯山主编《徽州文书》第一辑第8册，广西师范大学出版社2005年版，第83页。

④ 《祁门十六都石跡源吴氏文书》之《清咸丰五年九月祁门县正堂为严饬稽查事照得祁邑各乡告示抄白》，载刘伯山主编《徽州文书》第二辑第2册，广西师范大学出版社2006年版，第78页。

松、杉栽植之前种植玉米，是传统时期徽州松、杉栽植的特点，一直到民国时期都是这样，并得到了当时的调查报告之印证。民国年间对休宁县花桥村的调查结论如下：

“地主经营林山的方法是这样的：凡林山在初期培植树苗时，必须经过开发荒山的过程，因此地主把占有的荒山首先租给农民开发种植苞谷，三年不收租（有的收租，但租额比田租为轻），但三年期满后要给地主培养好树苗，如杉、桐等，每亩山要栽三千棵左右。到期如数点缴给山主（地主）。这种方式看起来农民有三年苞谷收益，其实收益很小，而开发荒山、栽种树苗所耗的劳力很大，所以是极其严重的剥削，地主们不要花什么代价，而坐待收益。”①

在休宁县花桥村，“有的地主先把荒山出租给农民种苞谷，不收租，由农民负责给栽培树苗，等种三年后即收山。”② 另据民国年间对歙县长陔区南源村的调查，调查结论也类似：“杉苗由栽种到长成为周围三尺粗的杉木要三十年，最肥沃的山也需二十年方能长成。杉木砍伐之后，放火烧山作肥料，第二年即开垦种苞芦，连种二三年后，土质渐瘦薄时，即栽植杉苗，过二三十年再行砍伐”③。

五、小结

在清代徽州农村社会，虽然徽州地方社会各种力量对棚民种植玉米作了诸多禁止性措施，但棚民种植玉米并未绝迹。而且，棚民玉米种植对当地居民产生了一定的技术示范的作用，即所谓的“土著愚民间亦效尤”。清代徽州地区玉米种植对徽州民众生活产生了不可忽视的影响，除了能缓解徽州地区粮食紧张的状况外，还使得玉米实物租大量出现，这反映出徽州民众对玉米这一粮食种类的认可。从徽州地区契约还可以看出，清代徽州玉米垦殖的收益分配是多样化的，这种租佃关系使一些山

---

① 华东军政委员会土地改革委员会编：《安徽省农村调查》，系华东农村经济资料第四分册，1952，内部资料，第208页。

② 华东军政委员会土地改革委员会编：《安徽省农村调查》，系华东农村经济资料第四分册，1952，内部资料，第210页。

③ 华东军政委员会土地改革委员会编：《安徽省农村调查》，系华东农村经济资料第四分册，1952，内部资料，第219页。

主可获得大量玉米实物收益。清代徽州地区玉米种植的发展还与徽州区域性种植结构有关，即徽州地区荒山在松、杉栽植前常种植玉米。山主允诺或同意承租人种植玉米以使承种人获得额外收益，同时也起到了促进徽州林木种植的作用。

第三节 民国时期皖南玉米种植及相关问题

现有徽学研究关于徽州粮食问题的研究主要集中于明清时段。比如，陈瑞关注到清代徽州棚民的玉米种植，指出徽州玉米种植引起生态环境恶化，徽州山区社会采取了驱禁棚民与封山育林，调整产业种植结构相结合的标本兼治的应对措施，[①] 吴媛媛对明清徽州粮食问题也作了考察。[②] 对于民国时期徽州粮食问题，王春芳对近代安徽稻米贸易作了分析，[③] 并对安徽在近代全国稻米供需格局中的地位作了探讨。[④] 但总体来看，学界对民国时期这一时段徽州玉米种植鲜有涉及。

皖南山地广布，考察民国时段皖南玉米这一山地作物种植情况，不仅能拓宽徽学研究的内容，也可为民国时期山地农业区玉米种植问题提供生动个案，对农业史研究也有价值。本节对徽州文书、地方志书、近代调查等多种资料进行挖掘利用，以对此问题作一探讨。

一、民国年间皖南玉米种植概况

民国时期，玉米是安徽重要夏季作物种类。据 1948 年的资料，安徽省

① 陈瑞：《清代中期徽州山区生态环境恶化状况研究——以棚民营山活动为中心》，《安徽史学》2003 年第 6 期。

② 吴媛媛：《明清徽州粮食问题研究》，《安徽大学学报（哲学社会科学版）》2009 年第 6 期。

③ 王春芳：《稻米贸易与近代安徽长江流域市镇的发展》，《安徽大学学报（哲学社会科学版）》2012 年第 3 期。

④ 王春芳：《清末至抗战前安徽在全国稻米供需格局中的地位》，《安徽史学》2009 年第 3 期。

夏季作物中，玉米的种植面积为926451市亩，产量为1798450市担。[①] 据新中国成立初对位于安徽省长江南部皖南地区的调查，除沿江一带存在部分为平原外，其他均为山区，最著名的为黄山和九华山等。对于皖南山地，“山地中有一部分农田主要是出产稻谷、苞芦（玉米）”[②]；金陵大学农业经济系的调查也指出，皖南地区“作物以小麦、黄豆、玉蜀黍为大宗”[③]。

具体到皖南县域种植情况，在传统玉米种植区域，延至民国时期，玉米仍然是重要农业生产内容，徽州就是这个情况。而且，民国时期皖南玉米种植已不限于徽州。种植地域的扩大，体现出一种农业技术的扩散和移植。

清代徽州棚民的玉米垦殖活动对当地生态环境有重要负面影响，虽有禁令，但“有禁不止”的情况长期存在。至清末民国时期，棚民兴种玉米造成的生态破坏仍然存在。清末许承尧在《歙事闲谭》卷18就记载道，在歙县，棚民兴种玉米会致使“山皮剥削”，雨水过多则淤塞溪流、田庐涨没，“其害与凿矿炼灰等。而且山木童然，柴薪亦为之踊贵，得不偿失”。民国时期仍然有外来棚民到徽州开垦种植玉米，并且种植玉米的棚民的生存条件很差。在休宁县，棚民从事种植玉米等多种经济活动，并且所居的住所为低矮的简陋棚屋，有如此记载：“低小之屋，或以土为墙，或以草为瓦。四都源、瑶碣源之棚民以及烧炭、挖栲、种撒山蔔、苞芦者，大率类此，不讲光线，仅避风雨，床与灶接，人与畜居，或一室一妇也，或十室八室而无二三妇也。”[④]

民国时期，徽州玉米的种植是当地农业经济的重要方面。据对歙县各作物种植季节的调查，该地区“四、五、六月农民忙着种苞芦、采茶，九月忙着收苞芦”[⑤]。实际上，在民国年间的徽州，“作物以小麦、黄豆、

① 张震乾《安徽省治虫之展望——在农业建设期中》，《安徽农业》（自十三期起至十八期止合订本），民国37年。

② 华东军政委员会土地改革委员会编：《安徽省农村调查》，系华东农村经济资料第四分册，1952年12月，内部资料，第3页。

③ 张研、孙燕京主编：《民国史料丛刊（第536册）》，大象出版社2009年版，第435页。

④ 刘汝骥：《陶甓公牍》卷十二《法制科》，载《官箴书集成》第10册，黄山书社1997年版，第588页。

⑤ 华东军政委员会土地改革委员会编：《安徽省农村调查》，系华东农村经济资料第四分册，1952年12月，内部资料，第221页。

玉蜀黍为大宗”[①]。此时，玉米已是主要粮食种类之一。

关于玉米在民国时期徽州地区的重要程度，近代调查数据提供了解读的方式。据调查资料，在民国年间的祁门县，春季作物共占作物面积之百分数为 54.5%，其中稻、玉蜀黍、黄豆分别占 31.4%、22.4%、0.3%，稻和玉米是最主要的春季作物。[②] 此类数据显示，玉米的种植是仅次于稻米的粮食作物种类。

民国时期，不仅徽州本地玉米种植仍较普遍，而且，如果本地可供种植玉米的山地不多，或者存在富余的劳动力，徽州农民甚至到邻近的浙江省租地种植玉米。比如在歙县长陔区南源村，“该村山多田少，本村的田不足十亩，连同在外村的田，也只有七十多亩；山上密布丛林，仅有极少数的山坡上开垦种植了苞芦（玉米）”，因为该村田地少，全村不仅没有地主、富农，中农也是仅有二户，“其余都系贫、雇农”。在如此多贫、雇农的背景下，该村除了二三户鳏寡不种地外，“其余的农民差不多全都到一二十里地以外的山上租入浙江遂安业主的山地种植苞芦”[③]。

在长期玉米种植过程中，徽州农民还对玉米种植技术作了总结。虽然玉米适合于沙地等贫瘠的土地，但与其他作物一样，也存在施肥问题。徽州人民总结出，玉米种植适合饼肥。据民国年间歙县地方志书，在歙县的黄山源及东北交界山中地带，有本地人及安庆人垦山种植桐树，而“桐子之粕，为桐饼，俗称枯粪，培苞芦及珠兰花极肥”[④]。

民国年间皖南玉米种植区域有扩大，一些原本没有玉米种植相关记载的县份也逐渐有玉米种植的情况，这是一种技术传播的结果。玉米种植扩展到了皖南广德州，地方志书指出，珍珠粟“有苞，先吐丛须如棕，长四五寸，苞裂实出，……闽浙豫章人谓之陆谷，屑之作饭作饵，土人蒸食之，不多种也”[⑤]。民国年间宁国县也开始种植玉米。据对宁国县西

---

① 张研、孙燕京主编：《民国史料丛刊（第 536 册）》，大象出版社 2009 年版，第 435 页。

② 参见张研、孙燕京主编：《民国史料丛刊（第 536 册）》，大象出版社 2009 年版，第 470 页。

③ 华东军政委员会土地改革委员会编：《安徽省农村调查》，系华东农村经济资料第四分册，1952 年 12 月，内部资料，第 219 页。

④ 民国《歙县志》卷三《物产》。

⑤ 光绪《广德州志》卷二十二《物产》。

津区鱼塘村的调查，“田地主要的产稻、大麦、小麦、苞谷等”[①]。民国年间皖南玉米种植的扩展还体现在，在一些平原地带，比如芜湖县，也开始出现玉米种植的情况，而这种情况在明清时期是不存在的。据笔者对档案资料的查阅，芜湖县夏季主要作物的种植面积分别为，稻320000亩，大豆6000亩、玉米1500亩、芝麻445亩。[②] 玉米已是该平原县夏季主要作物之一。

二、玉米种植与农家经济

在民国时期，玉米种植在皖南农家经济的作用呈现出加强的趋势，这种情况在徽州地区表现得更为明显，这里以徽州地区为中心作阐述。

在徽州，民国时期玉米种植的重要性体现在两个方面，一是玉米经济在整个粮食作物经济中的重要性仅次于稻米经济，二是在玉米种植发展过程中，玉米实物租在农民日常生活的多个方面有体现。

1. 玉米在种植业中的重要性

在民国时期，棚民远不能充当徽州玉米种植的主体，徽州当地农民对玉米种植甚为积极。可以从一些数据来说明，在歙县，歙县年产米约78万石，麦约19200石，大豆25800石，玉蜀黍21万石，“每石均系旧行斛”[③]。此时，玉米的产出已远远超过麦、豆的产量，成为仅次于稻米的粮食种类。据调查，民国时期歙县玉米种植亩数超过麦豆种植亩数的总和，歙县各种农作物种植亩数的具体数据为，“谷124000、小麦10000、绿豆1000、高粱2000、山芋3000、油菜籽10000、大麦2000、黄豆115000、豌豆100、芝麻10000、玉蜀黍170000、茶叶94400，合计541500亩”[④]。

民国年间休宁县粮食种植结构中，经过对各种作物产量和产值的分析我们发现，玉米的产值已超过除了稻米之外的所有杂粮（小麦、大麦、

① 华东军政委员会土地改革委员会编：《安徽省农村调查》，系华东农村经济资料第四分册，1952年12月，内部资料。第216页。

② 参见《芜湖县夏季主要作物收获量估计调查》，芜湖市档案馆档案，卷宗号20-2-12，第116页。

③ 张研、孙燕京主编：《民国史料丛刊（第832册）》，大象出版社2009年版，第308页。

④ 殷梦霞、李强选编《民国经济志八种（第二册）》，国家图书馆出版社2009年版，第389页。

荞麦、黄豆、绿豆、豌豆、高粱、粟米）的产值总和。

从玉米的亩产量来说，一般而言，比麦、豆类的亩产要高。据对祁门县各种作物每亩通常收获量的调查数据，“小麦为93市斤，春季稻为480市斤，夏季稻为508市斤，玉蜀黍219市斤”①。芜湖县档案资料记录中，玉米的亩产比豆类要高，“水稻丰收年每市亩可收30市斗，大豆每市亩可收10市斗，玉米每市亩可收20市斗”②。

不仅玉米的种植面积和产量在徽州地区占有仅次于稻米的重要地位，从农产品价值来看，玉米的售价也是可观的，对剩余玉米的出售无疑会增加农民经济收入。据1930年5月休宁县各物品的批发价格，“米每担十三元半，麦每担五元二角，谷每担六元半，苞芦每担四元半”③，玉米价格是麦类价格的90%。再来看一下歙县各种粮食作物价格方面的数据，歙县“谷、大麦、小麦、黄豆、玉蜀黍每石价格为3、3、5、9、3.5元”④，也与麦豆售价几乎持平。

从上述种植玉米与种植麦类、豆类的亩产和售价对比来看，农民种植玉米的收益是可以达到种植麦豆的收益的，甚至可能要超过种植麦豆的收益。

所以，在民国时期，种植玉米的收入已被徽州农民列入重要经济收入的来源之一。在休宁县，“茶叶森林固为农家重要收入，而每年米、麦、玉蜀黍、豆类等生产，亦为农家重要收入，全县粮食所寄”⑤。

此外，在徽州地区，玉米逐步成为农民的主粮。在绩溪县，玉米在农民日常生活中的作用很大，玉米在有些地方已是农民主粮之一。绩溪县“城内及西北乡视为果品，东南乡有以其粉制成食品为正餐者”⑥。

2. 民国时期玉米实物租的多种用途

关于传统时期实物租的研究，难见学界对玉米实物租有探讨。但通

---

① 张研、孙燕京主编《民国史料丛刊（第536册）》，大象出版社2009年版，第472页。

② 表《芜湖县夏季主要作物收获量估计调查》，芜湖市档案馆档案，卷宗号20-2-12，第116页。

③ 殷梦霞、李强选编：《民国铁路沿线经济调查报告汇编（第九册）》，国家图书馆出版社2009年版，第629—630页。

④ 殷梦霞、李强选编《民国经济志八种（第二册）》，国家图书馆出版社2009年版，第391页。

⑤ 殷梦霞、李强选编《民国经济志八种（第二册）》，国家图书馆出版社2009年版，第475页。

⑥ 刘汝骥：《陶甓公牍》卷十二《法制科》，载《官箴书集成》第10册，黄山书社1997年版，第617页。

过对徽州文书资料的检阅，发现有不少徽州契约文书对玉米实物租的交纳有真实记载，非常有价值。比如据1926年3月歙县的一则契约，租佃山地需要缴纳小麦、黄豆、玉米等种类，契约如下："贰拾九都五图立租批人余灶顺，今租到吕善治名下柴山熟地竹园壹业，土名上坞，系身租来耕种，三面言定，每季交纳小麦叁斗、黄豆叁斗、苞芦叁斗，出山之日送至上门，不得欠少。如有欠少不清，听凭起业另租他人，身无执阻。恐口无凭，立此租批为据。"① 徽州地区柴山的租佃也存在将玉米作为所缴纳实物租种类的情况。据对黟县际村区卢村竹山、柴山的调查："树木不能每年有收益，需至树长大后，才能砍伐，柴山出租烧木炭，每年收租苞芦三百斤。"②

民国时期，徽州玉米种植很发达，甚至有将玉米作为押租收取。1948年10月徽州地区休宁县租基地的契约里即存在收取玉米作押租的情况："立租猪栏基地批人胡金荣，今租到朱盈裕名下土名乌猴山脚西北角猪栏基地壹块，起造取用，当日凭中三面言定，当付押租苞芦子壹担，是身亲手一并收讫，其玉子每年生息，作交每年地租，其地檐水以外，租人不能私自垦挖。"③ 在此则租佃活动中，朱盈玉收到了玉米押租一担并写有收据，"立收字人朱盈玉，今收到胡金荣名下苞芦壹担"④。

民国年间不仅存在玉米租缴纳、作为押租收取，还存在将玉米租出转的实例。这类经济活动也有现存契约为证，颇为珍贵。据1949年3月歙县的一则合同："立议合同人潘遵聚公孙恒光、明、德仝弟，缘因前有根据土名塘角会内之业苞芦租两斗，出转方姓为业。"⑤

在便据契约里，也有将玉米作为价值补偿的情况，同样生动说明了民国时期玉米在徽州民众日常经济活动中的重要地位。这个时候，徽州

---

① 《民国十五年三月（歙县）余灶顺立租柴山等批》，载黄山学院编撰《中国徽州文书》第九卷，清华大学出版社2010年版，第97页。

② 华东军政委员会土地改革委员会编：《安徽省农村调查》，系华东农村经济资料第四分册，1952年12月，内部资料，第215页。

③ 《民国三十七年十月（休宁）胡金荣立租猪栏基地批附朱盈玉民国三十七年九月收字据》，载黄山学院编撰《中国徽州文书》第九卷，清华大学出版社2010年版，第171页。

④ 《民国三十七年十月（休宁）胡金荣立租猪栏基地批附朱盈玉民国三十七年九月收字据》，载黄山学院编撰《中国徽州文书》第九卷，清华大学出版社2010年版，第171页。

⑤ 《民国三十三年三月（歙县）潘恒明等立议合同》，载黄山学院编撰《中国徽州文书》第十卷，清华大学出版社2010年版，第91页。

民众对玉米这一作物种类已有比较普遍的认可。1948 年歙县的一则便据契约记载了将玉米作为猪栏基地出便补偿的情况。契约如下："立便据人许陞泰，猪栏基地一业，计税五厘，凭中便与许□□名下为业，三面言定津贴苞芦壹石，当即亲手收足。"①

三、原因分析

从以上论述我们可知，民国时期皖南玉米种植在种植区域方面呈现由山地向平原扩展的态势。在典型山区，玉米种植在粮食种植结构中地位显著，对农民日常经济生活也有广泛的影响。民国时期皖南玉米种植发展，存在多方面的原因。

1. 自然地理方面的原因

民国年间玉米种植的发展，与皖南多山地的自然地理特点有密切关系，山地对水稻的种植不太适宜，而玉米的种植正好符合了山地种植的需要。民国年间歙县地方志书指出："山农盛于东南，种不宜稻，多植玉蜀黍（俗名苞芦），及菽与粟（即黄小米），号曰秋粮。"② 清末徽州知府刘汝骥也指出歙县山多田少与玉米种植有关。歙县南部农民为最勤劳，"南乡多山而少田，苞芦、茶漆、茶菊、株兰花出数颇多"③。

宁国县的玉米种植与土壤特性有关，也说明了地理因素与玉米种植的密切关系，该县"粘土，色微红，稍带沙质甚肥沃，低下者多植稻，靠山高处多植玉蜀黍及豆麦，山上多植竹木"④。

在同一个县，并不是所有山地都种植玉米。实际上，玉米种植与土壤特性有关，比如土山用作种植豆麦较常见，而石山种植玉米更能体现出资源的充分利用。在歙县，南部地区山多田少，因为"然皆土山，豆麦攸宜"，所以"居民多垦山而种"。与此对比的是，在歙县北部，则土少石多，不适宜豆麦，玉米因为能在此恶劣环境下生长，种植便得到发

① 《民国三十七年十一月歙县许升泰立便猪栏基地据》，载黄山学院编撰《中国徽州文书》第六卷，清华大学出版社 2010 年版，第 322 页。

② 民国《歙县志》卷一《风土》。

③ 刘汝骥：《陶甓公牍》卷十二《法制科》，载《官箴书集成》第 10 册，黄山书社 1997 年版，第 579 页。

④ 安徽第九区行政督查专员公署编印：《安徽第九区风土志略》，1937 年 4 月印，第 21 页。

展，“若北乡之山，则石多土薄，惟宜柴薪。迩为外郡流民，赁以开垦，凿山刨石，兴种包芦。土人始惑于利，既则效尤”①。

在皖南，除了山地广布外，还存在一些沙洲地，这些沙洲地也为玉米的种植提供了自然地理方面的条件。在当涂县，人们便在沙洲地种植玉米等作物，“山田主要之作物为籼稻、大麦，而糯稻、小麦、芸薹、豆类等次之。洲地主要之作物以大豆为最多，而大小麦次之，玉米、芝麻、花生、棉花又次之，故全县农产以稻麦为大宗，豆类、芸薹次之，芝麻玉黍又次之，而花生棉花为最少”②。另如，在宣城县，玉米种植也是选择在沙地等环境，肥沃的良田是不大可能用作种植玉米的，该县“宛溪两岸滩地砂土松散，通气透光，宜种豆、麦、玉蜀黍等物”③。

2. 玉米种植对当地民生有利

民国时期皖南玉米垦殖之所以得到发展，还因为玉米种植与当地农民的民生有密切关系。玉米在一些地方是农民生活的主要来源，比如在歙县长陔区南源村，“该村人民的主要生活来源，大致是依靠山地种苞芦维持四个月；茶叶收入维持两个月；其余即依靠山上树木的收益来维持”④。

在皖南，玉米这一适合山地种植的粮食种类的出现，能缓解当地粮食紧缺的状况。在歙县即是如此，“歙山多田少，产米常供不给求，东西两乡犹能输其羡于邻近，惟南乡与北乡之黄山农家，多种苞芦以自食，非小康之家几不易得米”⑤。民国年间歙县地方志书指出玉米种植能缓解粮食紧张的局面：“玉蜀黍，有玉米、玉麦、苞谷、珍珠米等称，歙俗称苞芦，山农视为要粮，有黄白二种，黄者熟较早，酿酒磨粉，用均米麦，稈富糖分，可制糖，幹之可供炊，埋地能松土，苞皮可制纸，苞心可饲

① 许承尧撰，李明田、彭超、张爱琴校点：《歙事闲谭》卷十八《歙风俗礼教考》，黄山书社2001年版，第603页。

② 民国《当涂县志》卷之《民政志·实业》。

③ 安徽第九区行政督查专员公署编印：《安徽第九区风土志略》，1937年4月，第3页左。

④ 华东军政委员会土地改革委员会编：《安徽省农村调查》，系华东农村经济资料第四分册，1952年12月，内部资料，第219页。

⑤ 刘汝骥：《陶甓公牍》卷十二《法制科》，载《官箴书集成》第10册，黄山书社1997年版，第582页。

猪。"[①] 在休宁县，人们种植玉米可以起到补民食不足之功用，"以休宁之田济休宁之食，恒患供不敷求，其食皆米也，旱涝一告，绝粒堪虞。戊申水灾之后，米价徐平，概绅富调剂之力，苞芦、山芋，其收成较籼、糯为易，以补民食之不足"[②]。

另如在宁国县，"玉蜀黍，俗呼苞芦，近来荒山开辟，产量甚丰，足济稻米之不足"[③]。民国时期皖南当涂县的玉米种植也起到救荒的作用，"山地多种之，歉年用以充粮"[④]。

3. 租佃制度因素

民国年间皖南棚民之所以种植玉米等杂粮，而不是兴养林木，还与棚民租佃行为的预期收益有关。棚民之所以选择周期短的玉米种植的形式，而不是种植树木，部分原因是怕被山主夺佃或加租。在皖南广德县，确实存在着地主试图夺佃、加租的情况，并由此使得人们不愿意从事树木等周期长的种植的情况。调查显示的情况如下：

"外来户大部是浙江金华浦江县人，近六七年内陆续来此开荒，他们全是住在大深山内的山腰上和山湾里，用草搭起一个小草棚，自己仅有一把大镐（一二斤重），刚来时，是一面砍柴卖维持生活，一面开荒种玉米，在生活上极其清苦，在政治上毫无地位，最受欺侮。他们每年交租数字表面上不大，但地主利用多种手段欺骗敲诈他们，如柳方兴今年春天被山主张文兴强借去两石多米，有的地主看到他们开出来的荒山有了收益，于是就以夺田退佃方式强迫加租。荒山种玉米到三年后，收入就小了，于是他们就种桐子树（三年桐），桐子山收入不小，有些山主也就眼红了，如庄头村山主郑三宏去年冬将其佃户种好的桐子山强迫收回。由于外来户没有地位与生活没有保障，所以在生产上虽有很高的劳动强度（当地人人佩服），但并不敢大胆生产和长期打算，譬如他们不培植板栗树，其理由据他们谈：'山是租的，种了就得搬走，种栗树有什么用?'又说：'老板要是不夺回或加租的话，我们早就种漆树了，那比板栗收入

---

① 民国《歙县志》卷三《物产》。

② 刘汝骥：《陶甓公牍》卷十二《法制科》，载《官箴书集成》第10册，黄山书社1997年版，第589页。

③ 民国《宁国县志》卷七《物产志》。

④ 民国《当涂县志》卷之《物产》。

大得多！’外来户在这个村里共有十七户，九十口人。据了解在广德、宁国山区也有这样的情况。”①

皖南玉米种植发展与山地种植制度有关。杉树种植是徽州山地经济的重要方面，但在长期的农业实践中，形成了杉树与玉米种植轮种的形式。在这一形式中，山主允许佃农或看山人种植两三年的玉米并取得一些收益，但要承担看养杉苗以使杉木成材的义务，歙县便有这情况。②

休宁县也是如此，通过把荒山出租给农民并允许农民获得玉米收益的方式，约束农民栽树的义务。在休宁县花桥村，农民租山种植玉米的同时需要栽树，“每亩山要替地主栽三千棵树苗，需要三十个人工，比交租还重”③。

民国年间皖南玉米种植的发展还与种植玉米地块的租额较轻有关。比如，歙县长陔区南源村农民到邻近的浙江遂安租佃山地种植玉米，与租额的高低有关。玉米种植，“其租佃手续大多是集体租入后，大家分种，租额也较低，一般是收一石交九升至一斗左右”④。

四、小结

在清代，徽州棚民的玉米种植对生态环境有严重的破坏，遭到了官绅的反对和抵制，延至民国时期，玉米种植对生态环境破坏的情况依然存在，但是反对之声已寥寥。实际上，玉米种植在民国时期有从徽州向皖南其他县份扩展的情况，并且，玉米种植在当地粮食作物种植的地位颇为重要，玉米实物租也影响着农民的生活。究其原因，民国时期皖南玉米种植的发展，不仅与皖南自然地理因素有关，也与粮食紧缺因素及租佃制度有关。

---

① 华东军政委员会土地改革委员会编：《安徽省农村调查》，系华东农村经济资料第四分册，1952年12月，内部资料，第124—125页。

② 华东军政委员会土地改革委员会编：《安徽省农村调查》，系华东农村经济资料第四分册，1952年12月，内部资料，第219页。

③ 华东军政委员会土地改革委员会编：《安徽省农村调查》，系华东农村经济资料第四分册，1952年12月，内部资料，第208页。

④ 华东军政委员会土地改革委员会编：《安徽省农村调查》，系华东农村经济资料第四分册，1952年12月，内部资料，第219页。

第四节　明清徽州林木盗砍状况及原因

明清时期山区地带林木盗砍问题不仅事关山民生活，还与当时经济、文化变迁及社会治理有密切关系。现有关于明清时期林木盗砍问题的研究非常少，值得注意的是，张佩国的个案研究对清代绩溪司马墓“盗砍案”作了专论。[①]

具体到徽州区域，一些学者对徽州山林经营、林木保护碑刻、民间纠纷等方面作了较深入的研究，[②] 但对徽州山林盗砍涉及不多。总体来说，学界对徽州区域林木盗砍频发及原因关注很少。同时，现有对徽州林木问题的研究对契约文书的系统利用非常欠缺。[③] 本节以徽州契约文书为主要资料，对徽州林木盗砍现象及原因予以系统考察，期望能通过徽州地区这一生动案例，考察明清时期山林盗砍的状况及经济、文化、社会管理等多元因素，并丰富徽学研究的内涵。

---

① 张佩国：《祖先与神明之间——清代绩溪司马墓“盗砍案”的历史民族志》，《中国社会科学》2011 年第 2 期。

② 比如，陈柯云对《李氏山林置产簿》的研究提及林木砍伐，卞利对徽州 27 通森林保护碑刻资料作了论述，中岛乐章对祁门三四都的山林纷争问题作了论述，汪柏树对徽州环溪禁山碑约作了探讨，郑小春在对徽州民间合约的探讨中涉及“封禁合约”的订立，关传友在徽州山林保护的对策方面作了探讨，陈瑞指出明清时期徽州宗族对宗族社区及族内赌博、溺女、假命图赖、生态环境恶化等社会问题进行了积极控制。参见陈柯云：《从〈李氏山林置产簿〉看明清徽州山林经营》、《江淮论坛》1992 年第 1 期；卞利：《明清时期徽州森林保护碑刻初探》，《中国农史》2003 年第 2 期；中岛乐章：《清代徽州的山林经营、纷争及宗族形成——祁门三四都凌氏文书研究》，《江海学刊》2003 年第 5 期；汪柏树：《良法虽垂 颓风难挽——清代徽州环溪吴氏家族禁山碑约探讨》，《黄山学院学报》2006 年第 6 期；郑小春：《清代徽州的民间合约与乡村治理》，《安徽大学学报（哲学社会科学版）》2009 年第 1 期；关传友：《论清代徽州社会对生态环境的保护》，《南京林业大学学报（人文社会科学版）》2010 年第 2 期；陈瑞：《明清时期徽州宗族对社会问题的控制》、《中国农史》2007 年第 4 期。

③ 袁婵等人以《明清徽州社会经济资料丛编》与《徽州文书》第一辑为资料，对徽州卖地兼及卖苗木契约、租赁土地兼及林权分配契约、林木贸易契约作了分类探讨，对大量契约文书中林木盗砍问题没有研究。见袁婵、李莉、李飞：《明清时期徽州涉林契约文书初探》，《北京林业大学学报（社会科学版）》2010 年第 2 期。

一、徽州林木盗砍：一个不可忽视的问题

徽州文书对林木盗砍的记载很多。通过检阅，我们发现明清徽州地区林木盗砍呈现频发态势，对其表述一般为“私自盗拚”“私自盗砍”“反复侵盗”“监守自盗”“盗取”“盗伐”“盗砍青苗树木”等字眼。林木盗砍对徽州地方社会有深刻影响，除了表现在对山主经济利益的侵害，还对当地生态环境有深远影响。所以，盗砍是当时徽州地区民间社会的一件大事。

在山主经济利益方面，盗砍显然使山主的财产受到损失，这一点毋庸置疑。此外，与一般物品被盗不同，徽州多山，林木对当地百姓具有特殊意义——林木是当地经济收入的主要来源。

文献中对林木在徽州的重要性有明确记载，比如祁门县“山多田少，民间日用咸赖山木”①，休宁县的一则文书也指出，“休邑山多田少，蓄养山木竹箬，出息供课，办祀资生”②。所以，林木被盗会直接导致生民受困。明天启三年（1623）祁门三四都一图王氏的文书即指出林木盗砍过程中“侵众肥己，斧斤旦旦残伐，山木光洁，国课难供”③ 的情况。另据祁门县清嘉庆二年（1797）“祁门环砂永禁碑”，祁门县西乡十七都民人程加灿等人禀称“环砂地方山多田少，向赖蓄养山材”，但近年来因为烧山种植、林木盗砍等原因，以致“近数年来非惟材木少规，则即采薪亦艰揆厥”，“迩缘人心不一，纵火烧山，故砍松杉，兼之锄挖柴桩，非惟树尽山穷，致薪如桂；且恐焚林惊冢，滋事生端，为害匪轻，似此人人叹息”④。

此外，山有山税，林木虽被盗砍，但山税依然如故，多则文书载有

① 《祁门十七都环砂程氏文书》之《明嘉靖年间祁门〈知县桂天祥议〉抄白》，载刘伯山主编《徽州文书》第一辑第6册，广西师范大学出版社2005年版，第236页。

② 《光绪十年休宁县告示》，载王钰欣、周绍泉主编，中国社科院历史研究所收藏整理：《徽州千年契约文书（清民国篇）》卷三，花山文艺出版社1993年版，第125页。

③ 《祁门三四都一图小洲王氏文书》之《明天启三年六月王峰等五大房人等立合同文约抄白》，载刘伯山主编《徽州文书》，第二辑第一册，广西师范大学出版社2006年版，第12页。

④ 《祁门十七都环砂程氏文书》之《环砂〈永禁碑〉抄文（2004年7月陈琪、章望南抄）》，载刘伯山主编《徽州文书》第一辑第8册，广西师范大学出版社2005年版，第32页。

盗砍使得“国课难供”的情况。明万历十四年（1586）祁门十二都王诠卿等的山场屡被本庄及外人盗砍，即是导致“不惟坑费工本，仰且虚赔粮税”①。又如，民国年间黟县朱同辉的祖上曾买进竹山，“该山场树木、竹笋连年均被他人乱砍乱挖”，但“此数处钞粮地税仍原是身自理，似此无辜之亏，何以底止?”②

与一般合理有序的砍伐不同，林木盗砍对林木可持续利用毫无考虑，因此，对生态环境的破坏是林木盗砍的第二大方面的影响。明嘉靖年间祁门知县桂天祥指出这种盗砍混烧对林木资源的破坏：“虽旦旦伐木于昼，而人不知，日肆偷盗于其间，不竟其木之疏且尽也。甚至仇家妒害，故烧混砍多方以戕，其生民之坐穷者，职此之故也。”③

《窦山公家议》也指出明后期盗砍对山林资源破坏的深远影响：“治山者遞年所养，曾不足以供伴仆旦旦之斧斤。如此而不加禁，欲杉木之成材也，得乎?”④ 又如，嘉靖年间祁门县因盗砍已出现“致使有山者徒有土石，栽山者枉费人工，上负官钱下乏家用”⑤ 的状况。

而且，当部分区域盗砍很严重的时候，往往出现秃山的局面。比如，清道光年间歙县罗、洪二姓的山场有不法之徒盗砍，出现“旦旦而伐之”的情况，则留在山上的草木已呈现稀疏零落之状况。⑥ 另如，据《清中后期众桥会人立同心长养条约》，王氏之山场“屡遭内外人等左偷右窃”，又不幸遭到山林失火状况，所以山场林木“以致寥落稀疏如此也”⑦。在

---

① 《万历十四年祁门王诠卿等立禁伐文约》，载王钰欣、周绍泉主编，中国社科院历史研究所收藏整理《徽州千年契约文书（宋元明篇）》卷三，花山文艺出版社 1993 年版，第 162 页。

② 《民国十八年二月（黟县）朱同辉立托照管字》，载黄山学院编撰《中国徽州文书》第十卷，清华大学出版社 2010 年版，第 92 页。

③ 《祁门十七都环砂程氏文书》之《明嘉靖年间祁门〈知县桂天祥议〉抄白》，载刘伯山主编《徽州文书》第一辑第六册，广西师范大学出版社 2005 年版，第 236 页。

④ 程昌纂修，程钫增补：《窦山公家议》卷五《山场议》［明万历三年（1575）程氏刻增修本］，载北京师范大学图书馆编《明刻孤本秘笈丛刊》第 12 册，广西师范大学出版社 2010 年版，第 594 页。

⑤ 《嘉靖二十六年祁门汪舍远等禁止伐树文约》，载王钰欣、周绍泉主编，中国社科院历史研究所收藏整理《徽州千年契约文书（宋元明篇）》卷二，花山文艺出版社 1993 年版，第 156 页。

⑥ 参见《歙县三十二都灯盏塘吴氏、大坦洪氏文书》之《清道光二十五年十一月罗、洪二姓人等立合同议文》，载刘伯山主编《徽州文书》第三辑第四册，广西师范大学出版社 2009 年版，第 125 页。

⑦ 《祁门三四都一图小洲王氏文书》之《清中后期众桥会人立同心长养条约》，载刘伯山主编《徽州文书》，第二辑第一册，广西师范大学出版社 2006 年版，第 157 页。

光绪年间，徽州林木盗砍已很严重，出现了“迄至今日，举目四顾，松杉苗木残害一光，实令有心人之不堪睹”[①] 的状况。

盗砍致林木资源的破坏，也使水灾更易发生，附近田地的赋税来源缺乏保障。比如，据清光绪二十八年（1902）祁门县的文书，金天合堂秩下彦承、彦耀、彦济、可滋等四户的祖先“迁居斯土已数百年”，但在光绪年间地方社会出现“残害松杉以变钱”之状况，使得当地“松杉一光”，进而出现“则田亩之氽积，国课又何得?”[②] 的问题。

明清徽州多有林木盗砍诉讼，说明了盗砍对社会治安问题的冲击。徽州人重视祖墓风水，为了保护某位祖先的坟墓，会把周围数百亩的山地都列为风水林。清代梅曾亮在《记棚民事》中记载了嘉庆年间安徽巡抚董教曾奏议的内容，“至有以数百亩之山，保一棺之土，弃典礼、荒地利，不可施行”[③]。民国时期的评述也是如此。在绩溪，“有所谓护坟山，是严禁砍伐的，所以古树参天，蔚成奇观!”[④] 如果盗砍的是风水林、墓地林等荫木，则将严重冲击徽州人的风水意识。[⑤]

林木盗砍对徽人的经济、生态、文化有深刻的影响。此类盗砍行为绝非个例，有时甚至达到猖獗的地步。这对于依赖山林经济为生以及重视风水文化的徽州社会来说，绝不是一个小问题，这其中的原因值得我们深思。

二、林木盗砍的人地关系背景

明清徽州林木盗砍频发的人地关系背景突出表现在两个方面：一是徽州“子孙繁乱”所致的不肖支丁的盗砍现象，二是徽州与外地之间的人口迁移所致的林木盗砍。

---

① 《祁门二十二都红紫金氏文书二》之《清光绪二十七年十二月金天合堂秩下重仁等立合同扶规文约》，刘伯山主编：《徽州文书》第一辑第10册，广西师范大学出版社2005年版，第536页。

② 《祁门二十二都红紫金氏文书二》之《清光绪二十八年七月金天合堂秩下四户人彦承等立合同文约》，载刘伯山主编《徽州文书》第一辑第10册，广西师范大学出版社2005年版，第542页。

③ 梅曾亮：《柏枧山房诗文集》卷九《记棚民事》，彭国忠、胡晓明校点，上海古籍出版社2012年版，第226页。

④ 程本海：《社评：评徽州的森林》，《微音》1926年第26期，第2页。

⑤ 参见梁诸英：《明清徽州荫木砍伐与地方社会应对》，《中国农史》2013年第2期。

1. “子孙繁乱”所致不肖支丁的盗砍

明清时期，尤其是明后期至清代咸丰以前，人口激增，人地矛盾日趋紧张。叶显恩研究指出：“明清时期徽州的人口密度远比各地为高。”[①] 林木契约文书对徽州人口在明清时期的激增有明确表述，常常提及“子孙繁乱”的背景。比如，据《天启二年休宁汪氏保护祖茔合同》，休宁县拾四都后溪汪氏的始祖葬在“土名板桥坑口”，汪氏制定合同保护“祖坟风水上下两旁禁步内”的林木不许盗砍，指出：“况今子孙繁乱，人心不古，恐生异端，复立新文约束人心，以警将来。”[②] 万历年间，休宁张氏杭旻支下对坟山采取“偹山价入众”对策以防盗砍，其背景也是“子孙繁衍，难免侵害”[③]。此外，一些禁止砍斫戒约的制定也是基于担忧“因子孙繁衍、实愚不一”“恐后子孙不安本分肆意侵害”[④] 等状况。

在“子孙繁乱”的背景下，徽州人地矛盾加剧。学者指出，明清时期徽州人地矛盾加剧等因素使得徽州宗族部分族人生存状况趋于恶化，“族人的贫困处境引发了秩序动荡、伤风败俗等一系列社会问题”[⑤]。据对契约文书的检阅，林木盗砍问题是此种人地矛盾加剧引发的社会问题之一。从明后期始，同一宗族子嗣里经常有所谓的“不肖支丁”对山地林木予以盗砍。据祁门三四都一图王锋、王锺、王朝用、王聘用、王兴福等所立合同，该地林木盗砍是“今因家外人心良顽不一，鼠目寸光”[⑥]。道光六年徽州的一则禁山合同对宗族服内之人盗砍行为作出了“罚除股份”的处罚规定：“今因人心不古，倘要服内之私砍盗挖，本股罚出”[⑦]。清道光年间歙县程氏后人对该姓公产也有私自盗砍情况。据《清道光二

---

① 叶显恩：《明清徽州农村社会与佃仆制》，安徽人民出版社 1988 年版，第 41 页。

② 《天启二年休宁汪氏保护祖塋合同》，载王钰欣、周绍泉主编，中国社科院历史研究所收藏整理《徽州千年契约文书（宋元明篇）》卷四，花山文艺出版社 1993 年版，第 52 页。

③ 《万历休宁〈齐保公置产簿〉之三》，载王钰欣、周绍泉主编，中国社科院历史研究所收藏整理《徽州千年契约文书（宋元明篇）》卷七，花山文艺出版社 1993 年版，第 35 页。

④ 《嘉靖二年黄氏保护祖坟山场戒约》，载王钰欣、周绍泉主编，中国社科院历史研究所收藏整理《徽州千年契约文书（宋元明篇）》卷二，花山文艺出版社 1993 年版，第 19 页。

⑤ 陈瑞：《明清时期徽州宗族的内部救济》，《中国农史》2007 年第 1 期。

⑥ 《祁门三四都一图小洲王氏文书》之《明天启三年六月王楳等五大房人等立合同文约抄白》，载刘伯山主编《徽州文书》，第二辑第一册，广西师范大学出版社 2006 年版，第 12 页。

⑦ 《道光六年吴乘枝等立禁山合同》，载王钰欣、周绍泉主编，中国社科院历史研究所收藏整理《徽州千年契约文书（清民国篇）》卷二，花山文艺出版社 1993 年版，第 334 页。

十七年十二月程友三、程百富等立禁山合同》，程友三、程百富等共有山场，“本系五股公产”“蓄养柴薪树木公同砍伐”，但是“近有各依己见私自砍伐，以及刁椏剪草等情，不一而足，殊令人不平”①。

更为严重的是，这些“不肖支丁”对其先人所严厉禁止砍伐的坟山等风水林也不时盗砍。

徽州黄氏在明嘉靖二年（1523）设立戒约，指出因担忧“因子孙繁衍、实愚不一”“恐后子孙不安本分肆意侵害”，规定“所有各处祖坟山场”的木植，“不许各分子孙私自盗葬、盗斫”②。另据万历年间休宁县程佶等程氏后人所立契约，程氏祖妣吴氏所葬之坟的四周植有松木，即“子孙历来守法，不敢拼卖”，但在万历三十一年（1603），该族第二房子嗣程瑶“不禀众知，私自盗拼，登山砍斫”，族人知悉后予以阻止，但程瑶仍执意“尽行出拼与程柱砍斫”，这将极大挑战当地的孝道文化。针对此情况，程璐将自己“阄得己木”与拼人对换才算了结，于是制定了下不为例的禁约，即“自此禁约之后，子孙毋许效尤，私自盗砍”③。

清代徽州不肖支丁盗砍风水林木的例子也很多，兹仅举一例。休宁县十六都一图监生程肇锦等人的祖墓“自明迄今百二十年”“世守无异”，但在乾隆二十六年（1761）冬天该族荫木即遭“逆支程芳仪”伙同他人“盗伐荫木多株”，程肇锦等人担忧此后还有“或诱不肖支丁盗卖者”情况的出现，于是呈请县府发布禁令。④

2. 徽州与外地之间人口迁移因素

徽州与外地之间的人口迁移的问题，既包括徽人外出经商等因素致使留存林木更易被盗砍的情况，又包括外来人口到徽州垦殖的时候对林木的盗砍。这种人口迁移体现的是社会开放性的加强，但社会开放性与管理难度是正相关的关系。

---

① 《歙县二十八都八图岑山渡程氏文书》之《清道光二十七年十二月程友三、程百富等立禁山合同》，载刘伯山主编《徽州文书》第三辑第3册，广西师范大学出版社2009年版，第485页。

② 《嘉靖二年黄氏保护祖坟山场戒约》，载王钰欣、周绍泉主编，中国社科院历史研究所收藏整理《徽州千年契约文书（宋元明篇）》卷二，花山文艺出版社1993年版，第19页。

③ 《崇祯十五年休宁程氏立〈置产簿〉之三六》，载王钰欣、周绍泉主编，中国社科院历史研究所收藏整理《徽州千年契约文书（宋元明篇）》卷十，花山文艺出版社1993年版，第347页。

④ 《乾隆二十六年休宁县告示》，载王钰欣、周绍泉主编，中国社科院历史研究所收藏整理《徽州千年契约文书（清民国篇）》卷一，花山文艺出版社1993年版，第339页。

明清时期，徽人外出经商是当地风尚之一，并且由于徽州交通不畅的地理因素，外出经商者常常是数年一归，这显然不利于在外经商对林木的保护。乾隆年间休宁县程肇锦等程氏族人祖茔荫木易被盗砍，其原因即包括“生等或游学于江楚，或贸易于远途，而在籍之众支非老即幼，且居止寫远，势难构庐眠守”①。另如，据清道光三十年（1850）休宁县一则告示，休宁县监生金国桀等人“生等随父服贾”“生居寫远”，其高曾祖父母所葬坟山“草木遭砍，牛羊践踏”，金国桀于是向县府请示予以“合行示禁”②。

徽州人外出经商或从事他业年代久远者多有迁居外地者，这类群体为了防止家乡山林产业被他人盗砍，有些委托他人照管。比如，民国年间黟县朱同辉“祖上昔年买进竹山两所”“并外有菜园数处”，但是“寻因祖上迁移外居多年，路途遥远不能照应，该山场树木竹笋连年均被他人乱砍乱挖，实属不堪受害”，于是“不得已立字转托族叔益贵代为看管”③。

明清时期，户籍制度逐渐松弛，一些外地人到徽州开发山地，这类群体应该主要是徽州棚民。徽州文书对此类“棚民”类无藉之徒盗砍行为有明确记载，较早的文书是清嘉靖二十六年（1547）祁门的情况。祁门三四都汪舍远等 12 人共同议定了禁止伐树文约，指出“本乡山多田少，实赖山地栽养松杉桐竹等木，以充公私之用”，汪舍远等人对嘉靖年间无藉之徒盗砍之严重呈县控告，指出：“近年以来节被无藉之徒，不拘山地有无分籍，望青砍斫，斩掘笋苗，或为屋料，或为柴挑，或作冬瓜芦棚，或作豆角佥插。有以砍木为由，并砍他人竹木插卖者，有以掘椿为由连砍企山苗木和卖者。有故意放火延烧利其柴薪、妄取为料者”，从而“遁蒙府县节禁。”④

① 《乾隆二十六年休宁县告示》，王钰欣、周绍泉主编，中国社科院历史研究所收藏整理：《徽州千年契约文书（清民国篇）》卷一，花山文艺出版社 1993 年版，第 339 页。

② 《道光三十年休宁县告示》，王钰欣、周绍泉主编，中国社科院历史研究所收藏整理：《徽州千年契约文书（清民国篇）》卷二，花山文艺出版社 1993 年版，第 471 页。

③ 《民国十八年二月（黟县）朱同辉立托照管字》，黄山学院编撰：《中国徽州文书》第十卷，清华大学出版社 2010 年版，第 92 页。

④ 《嘉靖二十六年祁门汪舍远等禁止伐树文约》，王钰欣、周绍泉主编，中国社科院历史研究所收藏整理：《徽州千年契约文书（宋元明篇）》卷二，花山文艺出版社 1993 年版，第 156 页。

明清时期徽州地区对外来流民开垦的态度是将其视为“招揽客贼”，是贬义的称呼。之所以是贬义称呼，与此类所谓“客贼”经济开发活动对徽州林木资源的破坏，尤其是盗砍不无关系。清道光十三年（1833）3月，歙县三十二都洪吴罗范四姓人等所立合同记载道：“今因风化尤异，稼穑有种无收，松杉有植不材，花息不能兴养，老嫩茶叶不分尔我，瓜藤菜蔬不待成长，猪牛不能蓄养，家皿器物转眼擅窃，于是民何聊生?”如此混乱状况是由招揽客民所致，于是四姓商定“如有地匪以及招揽客贼窃害吾地，察出照条重罚”①。客观情况是，异姓在徽州地区开垦活动中对林木盗砍不时出现。比如徽州文书记载了万历年间冬九兄弟在垦殖过程中对金氏林木的盗砍。②

三、“人心不古”：关于风尚习俗原因的分析

明中后期以来的徽州文书在描述盗砍现象时，常常出现“人心不古”的言辞。比如祁门县文书《清光绪二十七年十二月金天合堂秩下重仁等立合同扶规文约》指出盗砍猖獗的原因是“无如近年来人心不古，故违先人之遗墨，屡背当今之合约”③，该堂秩又一文书指出祁门县当地残害松杉之弊端时指出“近年来人心不古，故违先人之遗墨，累背当今之合约”④。

此类“人心不古”的评价，反映了在明清以来商品经济的冲击下，徽州地区古朴风俗已难以保持的状况。关于明代中后期至清前期徽州社会变迁的背景，有学者指出：“明代中后期至清前期，随着商品经济的发展、资本主义生产关系的萌芽和徽商资本积累的增加，地处皖南山区的徽州社会同江南其他地区一样，发生了较明显的社会变化”，此时“传统

① 《歙县三十二都灯盏塘吴氏、大坦洪氏文书》之《清道光十三年三月洪吴罗范四姓人等立合同》，刘伯山主编：《徽州文书》第三辑第4册，广西师范大学出版社2009年版，第116页。

② 《天启四年金氏各房管理祖坟均役合同》，王钰欣、周绍泉主编，中国社科院历史研究所收藏整理：《徽州千年契约文书（宋元明篇）》卷四，花山文艺出版社1993年版，第149页。

③ 《祁门二十二都红紫金氏文书二》之《清光绪二十七年十二月金天合堂秩下重仁等立合同扶规文约》，刘伯山主编：《徽州文书》第一辑第10册，广西师范大学出版社2005年版，第536页。

④ 《祁门二十二都红紫金氏文书二》之《清光绪二十八年七月金天合堂秩下四户人彦承等立合同文约》，刘伯山主编：《徽州文书》第一辑第10册，广西师范大学出版社2005年版，第542页。

的安土重迁和农本商末观念被轻本重末观念所取代，注重实效和功利成为人们普遍的价值取向”[①]。徽州出现的林木盗砍现象与明清徽州人价值取向的变化直接相关。此种“注重实效和功利”的唯利是图的风气正是“人心不古”的表现，也反映了徽州人道德水准的下滑。这表现在多个方面。

1. 看守人失职

明清时期，徽州山林经营中，一些山主将山业佃与他人锄种花利，受佃人负有看养山场林木及兴养苗木的义务。受佃人对所看管之山看守不严、管理失职等状况是盗砍发生的原因之一。明万历年间《窦山公家议》对此有明确记述，“治山者，必要佃与近山能干之人，便于防盗防火”，但当时存在的情况是，“斯人惟顾花利，不思栽苗，纵有所栽，火盗难防，犹无栽也”[②]。

族谱资料对看守人看守山林失责的情况也多有记载。比如在歙县，据清康熙十九年（1680）3 月方循、方灶所立租约，方循、方灶因原先看守山林失责，山主有意“另招看管”，方循、方灶“身知情亏，当改过自新”，于是“愿浼族弟方明远包揽，另立租约，用心看管，照旧每年租银五钱、笋五十觔，逐年三月交纳。日后倘有盗佔盗砍其侵界等情，身当报之，不致隐瞒。如违，执此呈公治罪无辞”[③]。

除了受佃人负有看养山林之责任，徽州有些仆人也负有为主人看守山场林木的义务。但在明清时期，一些仆人对看守事宜没有尽职，致使他人盗砍现象得以发生。清康熙五十二年（1713）的一则看守文书反映了这种情况：“立看守文书仆人吴子富、谢四等，向有家主李务本堂全业山二備，坐落本都三保土名塌山虎石潭，身等承祖看养……近因身等懈怠，致本堂支下廷官人、寿官人、福官人窃取竹木苗笋，今被家主察出，现获赃证，要行重惩。身等再四恳求，蒙家主宽恕，身等愿備三牲封山，

① 卞利：《明代中后期至清前期徽州社会变迁中大众心态研究》，《安徽大学学报》2000 年第 6 期。

② 程昌纂修、程钫增补：《窦山公家议》卷五《山场议》（明万历三年（1575）程氏刻增修本），载北京师范大学图书馆编：《明刻孤本秘笈丛刊》第 12 册，广西师范大学出版社 2010 年版，第 592 页。

③ 吴允榕编：歙县《吴氏永慕集》［乾隆十年（1745）］，第 29 页。

量偿竹木价艮一两正。自今封禁之后，自必用心看守。”①

2. 看守人监守自盗现象

看守人失职还只是所谓的“懈怠”，更有甚者，看守人直接盗砍林木，即监守自盗。监守自盗一定程度上体现了明清时期徽州地区道德水准的下滑。监守自盗是指替山主看管山场或坟山的人私自盗砍山中林木的现象，此类监守自盗的个案非常多。比如徽州地区鲍佛祐原本“承揽到房东吴宗祠坟山一业，工名汪塘山，栽养松木，荫庇坟茔”，但在明隆庆二年（1568）在承揽坟山盗取松木。② 明万历年间《窦山公家议》也指出：“治山者，巡行各处，务要视为己事，着实举行，间有往返无益于事，或有承此机会，反窃取大木以为己利者，是治山者甚于火盗也，访出倍罚。”③ 清光绪十四年（1888）的一则契约也指出看养人周加林对山主林木一时“误砍山上树数株”，被发现而自愿受罚④，这种“误砍”显然是“盗砍”行为的托词。

3. 贪图小利之风气

族人道德水平的滑坡还表现在贪图小利、唯利是图之风。明中后期之后，徽州地区的风俗趋于奢靡，不以古风为然，百姓逐利之风日渐明显。隆庆年间祁门陈氏族谱的序文如此记载道：“予族之初，约未有也。迩惟生齿繁夥，风习浇讹，至以古圣贤之道为姗笑者，十人而九矣。”⑤

这种风气不仅表现在徽州地区仆人等下层民众林木盗砍行为，还表现在徽州民众对公共山林产业的盗砍。

明清时期，一些仆人、佃户所负义务中不包括看养主人山场林木，他们盗砍主人林木不属于“监守自盗”，这是一种利益驱使下的盗砍

① 《康熙五十二年吴子富等立看守文书》，王钰欣、周绍泉主编，中国社科院历史研究所收藏整理：《徽州千年契约文书（清民国篇）》卷一，花山文艺出版社1993年版，第165页。

② 《隆庆二年鲍佛祐因盗伐甘罚文约》，王钰欣、周绍泉主编，中国社科院历史研究所收藏整理：《徽州千年契约文书（宋元明篇）》卷二，花山文艺出版社1993年版，第410页。

③ 程昌纂修，程钫增补：《窦山公家议》卷五《山场议》［明万历三年（1575）程氏刻增修本］，出北京师范大学图书馆编《明刻孤本秘笈丛刊》第12册，广西师范大学出版社2010年版，第592页。

④ 《光绪十四年周加林立包养树木字据》，王钰欣、周绍泉主编，中国社科院历史研究所收藏整理：《徽州千年契约文书（清民国篇）》卷三，花山文艺出版社1993年版，第171页。

⑤ 祁门《文堂陈氏家谱》卷末《文堂陈氏乡约序》（隆庆壬申年），2000年重刊本，页三一，藏祁门县。

行为。

从明后期开始，仆人对主人林木盗砍并出卖以获利的状况时有发生。比如，据康熙十八年的一则契约，仆人余春生、余云生“于本月黑夜盗砍家主枧坞及孔字号、才字号竹二十余根，卖在泰溪地方”而被“家主访出”[1]。除了仆人群体，一些佃户也为了贪图小利而盗砍，比如明天启六年（1626）佃人陈大保在砍伐薪木的时候，对黄净源、郑家岭等地段的山主的林木予以盗砍，从而“是山主获赃，要行告理”[2]。这种“顺手牵羊”的盗砍无疑是贪图小利。又如祁门县洪三保、洪闰乞等于明万历十六年（1588）6月18日“盗斫房东谢敦本程婆坞寺山杉木，山主拿获要行告理”[3]。

这种贪图小利还表现在对徽州地区“公共山场”等公共林木的砍伐。徽州地区一些宗族对一些共有山场盗砍行为设立了禁约，并针对违反禁约的行为制定了应对措施。明万历年间有此规定：“昔青真坞禁约，内开伴仆盗砍众木，并私入山讨柴种作侵害等项，其罚银痛责，已有定例，今一遵此约”。[4] 即使公共山场多有针对盗砍的禁约，盗砍仍不时发生。比如，成化五年（1469）祁门十四都民谢玉清、谢思义、谢乞、谢辛善等共业山场的杉木被程付云强砍。[5] 另如，清道光年间歙县程氏属于公产的山场，本来应该“蓄养柴薪树木公同砍伐”，但程氏族人“私自上山刁桠、剪草以及砍伐树木者”的现象并非个别，于是规定“树木公同砍伐，其碎柴亦公同拾取”[6] 的应对措施。

据中国第一历史档案馆档案资料，乾隆年间安徽按察使闵鹗元在奏

① 《康熙十八年余春生等立服约》，王钰欣、周绍泉主编，中国社科院历史研究所收藏整理：《徽州千年契约文书（清民国篇）》卷一，花山文艺出版社1993年版，第84页。

② 《天启六年陈大保因盗伐树木立甘罚戒约》，王钰欣、周绍泉主编，中国社科院历史研究所收藏整理：《徽州千年契约文书（宋元明篇）》卷四，花山文艺出版社1993年版，第196页。

③ 《万历十六年祁门洪三保等立还文约》，王钰欣、周绍泉主编，中国社科院历史研究所收藏整理：《徽州千年契约文书（宋元明篇）》卷三，花山文艺出版社1993年版，第209页。

④ 程昌纂修，程钫增补：《窦山公家议》卷五《山场议》［明万历三年（1575）程氏刻增修本］，北京师范大学图书馆编《明刻孤本秘笈丛刊》第12册，广西师范大学出版社，2010年版，第594页。

⑤ 《成化五年祁门谢玉清控告程付云砍木状纸》，王钰欣、周绍泉主编，中国社科院历史研究所收藏整理：《徽州千年契约文书（宋元明篇）》卷一，花山文艺出版社1993年版，第186页。

⑥ 《歙县二十八都八畠岑山渡程氏文书》之《清道光二十七年十二月程友三、程百富等立禁山合同》，刘伯山主编：《徽州文书》第三辑第3册，广西师范大学出版社2009年版，第485页。

折中，言及江南盗砍事件发生的原因在于“沟通射利”的贪图小利因素，以及处罚力度不够等原因。闵鹗元奏言：“窃查江南为山水名胜之区，古寺丛林名贤胜迹，所在多有。其间苍松翠柏古干虬枝，点缀河山，悉成胜境，自应以时培护，禁止砍伐。顾或有不肖僧徒及奸胥地棍，往往沟通射利，盗砍盗卖。即经地方官查出，亦不过以一杖了事，势将使历来胜迹、百尺良材，斤斧相寻，无所底止，似应严立科条以杜戕贼。”闵鹗元建议道，“其有僧道及地棍奸胥将应禁砍伐之事私行砍卖渔利烹分者，比照子孙将祖父坟园树木砍伐私卖例，十株以下枷杖发落，十株以上发边远充军……”，朱批“该部议奏”[①]。

四、豪强地棍之盗砍：对社会秩序的挑战

如果说看守人失职、监守自盗、贪图小利等因素可鲜明反映明清时期徽州人唯利是图，则所谓豪强地棍的横行反映了一种对传统社会秩序的挑战。关于明代地痞无赖，卞利曾撰专文指出，“处在明代中后期社会剧烈变革的时期，地痞无赖作为社会阶层的一个重要组成部分，其恣意横行的结果，直接污染了社会空气，扰乱了社会秩序，助长了官场腐败作风，阻碍了徽州社会经济的发展进程，造成了整个徽州社会的混乱无序状态，加速了明王朝走向灭亡的步伐。”[②] 林木盗砍活动是明清时期此种“地痞无赖”的表现之一。

关于此类林木盗砍事件中“地痞无赖”的称呼，文书中常用“市豪”“暴悍之徒”“无耻刁徒”“棍徒”等词。比如明万历年间祁门县谢春有祖业在“庄下坑大源口山地”，用来“累葬祖冢，蓄树庇荫，世祀无异”，但市豪徐应龙“贪图风水”，买谢上元毗连山地，却对谢春的祖业“越界伐木”[③]。嘉靖三十五年（1556）祁门东都的张祖、张钰、李建珖、李伯清等人，在所立护山禁约中也指出该地山林盗砍系“近被无耻刁徒

---

① 朱批奏折，安徽按察使闵鹗元：“奏为严立科条杜绝砍伐事”，乾隆三十年（1765）六月十七日，中国第一历史档案馆藏，档号：04－01－08－0067－004。

② 卞利：《明代徽州的地痞无赖与徽州社会》，《安徽大学学报》1996年第5期。

③ 《祁门十西都谢氏文书》之《明万历二十七年三月直隶徽州府祁门县招贴》，刘伯山主编：《徽州文书》，第二辑第一册，广西师范大学出版社2006年版，第191页。

不时入山侵害”[①]。

明后期以来，徽州出现所谓“专畜暴悍之徒”，开始挑战传统社会秩序，公然在白昼盗砍。这种伴仆盗砍行为显然不是仅仅用经济利益就能完全解释。《窦山公家议》指出了此种伴仆盗砍的肆无忌惮：“窦山公秩下子孙伴仆甚多，间有专畜暴悍之徒，结党连凶，不顾有业山场，白昼恣行砍伐，或盗取小木，以充柴薪，或盗取大木以鬻酒货，山佃理说，狠打随之，毒横若此，熟敢谁何？”[②]

至清代，此类“地棍”“不法棍徒”的盗砍行为仍存在。乾隆年间有“不法棍徒”“地匪”肆意盗砍林木的情况。据清乾隆二十六年（1761）祁门县告示，康良耀等人的坟山及青山“屡遭不法棍徒魆入身山盗砍青苗树木，盗挖柴椿放火故焚”[③]。清道光十三年（1833）3月歙县三十二都洪吴罗范四姓人等立合同，对土民、客民盗砍也是贬义的称呼，即“如有地匪以及招揽客贼窃害吾地，察出照条重罚”[④]。

在兵燹以后，所谓的“匪徒”更加明目张胆，有恃无恐。有人探讨了咸同兵燹给徽州人口、经济等造成严重破坏和深远影响[⑤]，兵燹后徽州地区盗砍的肆意而为实际上也反映了社会底层对传统社会秩序的挑战。

清咸丰年间存在所谓的“枭徒”盗砍林木的情况，据清咸丰三年（1853）的契约，祁门县吴士怀等人所买“陈大源山场”“向系炤契管业”，但“今被倪姓人等一般枭徒欺，山业落肘腋，胆将合坞山场不分泾渭，概行盗砍”[⑥]。更有甚者此时还出现将禁碑损毁的情况。据清咸丰六年（1856）族长程汝森等控程佛根案文书，黟县五都四图程氏祖产的禁

---

① 《嘉靖三十五年祁门张祖等护山禁约》，王钰欣、周绍泉主编，中国社科院历史研究所收藏整理：《徽州千年契约文书（宋元明篇）》卷二，花山文艺出版社 1993 年版，第 242 页。

② 程昌纂修，程钫增补：《窦山公家议》卷五《山场议》［明万历三年（1575）程氏刻增修本］，载北京师范大学图书馆编《明刻孤本秘笈丛刊》第 12 册，广西师范大学出版社 2010 年版，第 594 页。

③ 《乾隆二十六年祁门县告示》，王钰欣、周绍泉主编，中国社科院历史研究所收藏整理：《徽州千年契约文书（清民国篇）》卷一，花山文艺出版社 1993 年版，第 336 页。

④ 《歙县三十二都灯盏塘吴氏、大坦洪氏文书》之《清道光十三年三月洪吴罗范四姓人等立合同》，刘伯山主编：《徽州文书》第三辑第 4 册，广西师范大学出版社 2009 年版，第 116 页。

⑤ 郑小春：《从繁盛走向衰落：咸同兵燹破坏下的徽州社会》，《中国农史》2010 年第 4 期。

⑥ 《祁门十六都石跡源吴氏文书》之《清咸丰三年五月吴士怀、吴德侯等立议合同文约》，刘伯山主编：《徽州文书》，第二辑第二册，广西师范大学出版社 2006 年版，第 69 页。

碑屡被毁灭，即“屡被匪徒毁碑盗砍，因未获人”，于是程汝森等重立禁牌，程佛根打毁此禁牌被人发现，于是程汝森等人认为此前禁碑也是程佛根所毁，指出程佛根“如此悖逆，理法争［怎］容?”①

光绪年间也有所谓的“蠢顽性成”之人对禁约视为儿戏，不时盗砍。据清光绪十年（1884）休宁县告示，休宁县二十九都八图有村民对在其附近的他人山业肆意盗砍，即“该附近村人恃居山僻，蠢顽性成，迭加禁约，藐为儿戏，更兼业落伊肘，反复侵盗，害难防止”，于是向县府“赏示严禁”“而除盗害”②。清末祁门县十六都吴广丰、吴广兴、吴大纲、吴大锦四人，有“承受祖遗苗山贰号”，坐落十六都六保，此祖业栽插松杉已有二十余年，正已成才，但是“以被外人屡次偷窃，昔年未曾查出何人”，清宣统元年（1909）农历正月拾伍，吴广丰等人发现，该山被盗砍，于是登山细看，发现祖业被砍伐的二尺以上杉木一十余株，堆在汪用斌的开拔地内，于是“托中保到寺坑将木料验明”，查证是汪用斌所盗，然而，本族吴进财、吴天命等人仍一再盗砍，即“族恶吴进财、仝侄吴天命等势强欺弱，一再盗砍偷窃，将来业不由主，刁风甚盛、情理难容”，于是订立合约决定采取诉诸官府。③

五、小结

明清时期徽州地区林木盗砍现象呈现频发态势，对徽州地方社会有深刻影响，除了表现在对山主经济利益的侵害，还对当地生态环境有深远影响。这种盗砍行为既有人地矛盾所致的“不肖支丁”存在的背景，也与徽州与外地之间人口迁移频繁有关。此外，明清时期徽州存在的唯利是图的风俗加剧了林木盗砍现象，豪强地棍的盗砍活动更是对传统社会秩序的一种挑战。

---

① 《黟县五都四图程氏文书》之《清咸丰六年程汝森等控程佛根案文书一》，刘伯山主编：《徽州文书》第一辑第3册，广西师范大学出版社2005年版，第73页。

② 《光绪十年休宁县告示》，王钰欣、周绍泉主编，中国社科院历史研究所收藏整理：《徽州千年契约文书（清民国篇）》卷三，花山文艺出版社1993年版，第125页。

③ 《祁门十六都石跡源吴氏文书》之《清宣统元年二月吴广丰等立束心合文约》，刘伯山主编：《徽州文书》，第二辑第二册，广西师范大学出版社2006年版，第173页。

第五章　农业设施篇

第一节　明清民国时期徽州地区厕所粪窖之交易

传统时期厕所粪窖起着积储人畜粪的功用，实际上，厕所粪窖在传统农家经济中承载的功能不是单一的。由于资料所限，学界对于传统时期厕所粪窖交易问题的研究非常有限。笔者尚未见到对此问题的专门论述。有鉴于此，本节就明清民国时期的徽州地区厕所粪窖交易及对农民生活和农业生产的作用进行探讨，期望能拓展徽州社会经济史、历史地理的研究。

一、厕所粪窖的交易方式

明清民国时期徽州地区厕所粪窖等的交易，包括出卖、典当、出租等多种方式。

1. 出卖

徽州厕所粪窖的出卖，既有单独出卖者，也有附带田地、房屋交易的附带出卖。徽州文书中多有将厕所粪窖单独卖给他人而由他人管业者。比如明天启四年（1624）歙县仇伯位卖厕所一个："计地捌毛，连屋于上""今将四至明白恳中出卖與本家叔可顺名下为业。"[①] 据清乾隆五十年（1790）10 月承铎、承銮所立断骨绝卖厕所屋契，婺源十六都承铎、

① 《天启四年歙县仇伯位卖厕所赤契》，王钰欣、周绍泉主编，中国社科院历史研究所收藏整理：《徽州千年契约文书（宋元明篇）》卷四，花山文艺出版社 1993 年版，第 132 页。

承銮“原承祖阄分得厕所一间，坐落土名溪巷内，今因缺用情愿托中将现成厕所卖与妹祖名下为业”，其厕所包括屋业并粪缸，一概俱在卖内。[①]

清嘉庆年间徽州地区此类契约也不少。清嘉庆六年（1801）正月，黟县项宗成“自情愿将续置厕所壹箇、元舍壹所”凭中立契出卖与周氏名下为业[②]。清嘉庆十六年（1811）11月歙县吴永清所立契约显示，立杜卖粪窖契人吴永清“自愿将承租遗受人字壹佰六十二号粪窖左边半业”。凭中立契出卖与吴永彩名下为业，“三面言定当日得受时值价银柒两整，其银当即收足，其粪窖随即管业”[③]。据清嘉庆十七年（1812）8月兄邦恒立杜断卖厕所契，黟县兄邦恒自情愿将承祖阄分厕所一个出卖。[④] 清嘉庆二十一年（1816）3月歙县十二都溪头潘阿赵等也“自情愿承祖分受似字叁仟叁佰零叁号”的“土名塝上粪窖一隻”“出卖与堂叔名下为业”[⑤]。又如嘉庆年间歙县程可钎、程可种、程可稼、程可科，将卖过“地税壹分一厘，业内粪窖一隻”，凭中交与族弟名下为业，“其银当即收足，其地即交管业，听凭起造取用，并无异说”[⑥]。

嘉庆年间以后的厕所、粪窖的出卖也不少。在清道光二十一年（1841），歙县十二都宋秋元将粪窖一只“凭中立契出卖与堂叔名下为业”[⑦]。清同治七年（1868）10月，黟县周永廷、周永朝、周永昇等将承父续置厕所一处，出卖与邱氏名下为业。[⑧]。1922年歙县汪和铪有祖遗粪

① 《婺源十六都甲村李氏文书》之《清乾隆五十年十月承铎同弟銮立断骨绝卖厕所屋契（加盖赤印）》，刘伯山主编：《徽州文书》第三辑第七册，广西师范大学出版社2009年版，第358页。

② 《黟县一都榆村邱氏文书》之《清嘉庆六年正月项宗成立杜断卖厕所契》，刘伯山主编：《徽州文书》第一辑第一册，广西师范大学出版社2005年版，第49页。

③ 《歙县十二都七图吴氏文书》之《清嘉庆十六年十一月吴永清立杜卖粪窖契（验讫）》，刘伯山主编：《徽州文书》第三辑第一册，广西师范大学出版社2009年版，第424页。

④ 《黟县一都榆村邱氏文书》之《清嘉庆十七年八月兄邦恒立杜断卖厕所契》，刘伯山主编：《徽州文书》第一辑第一册，广西师范大学出版社2005年版，第57页。

⑤ 《歙县十二都溪头潘氏文书》之《清嘉庆二十一年三月潘阿赵同男兴苗立杜卖粪窖契》，刘伯山主编：《徽州文书》第三辑第二册，广西师范大学出版社2009年版，第303页。

⑥ 《歙县九都十三图七甲程氏文书》之《清嘉庆十七年九月程可钎、程可种等立粪窖交业票》，刘伯山主编：《徽州文书》第三辑第一册，广西师范大学出版社2009年版，第62页。

⑦ 《歙县十二都西坑宋氏文书》之《清道光二十一年宋秋元立杜卖粪窖契（验讫）》，刘伯山主编：《徽州文书》第三辑第二册，广西师范大学出版社2009年版，第227页。

⑧ 《黟县一都榆村邱氏文书》之《清同治七年十月周永廷等立杜断卖厕所赤契附同治十年十二月契尾》，刘伯山主编：《徽州文书》第一辑第一册，广西师范大学出版社2005年版，第172页。

窖一只，在“土名高二坵”，“立契出卖与汪社姣名下为业”[①]。据 1922 年 11 月祁门陈文成所立卖厕所契，陈文成将“原承祖手置有本都四保土名大墙外即桐山下菜园地壹单，厮厕一口”“自情愿托族中尽数立契出卖与金氏接容名下为业”[②]；另据 1926 年 2 月江为义立杜卖厕所契，歙县二十九都三图江为义自愿将“住屋门前造有石厕所，壹连两隻，该身西边一隻，四至道路照依原形，木料瓦片并石料一应在内，尽行出卖与江元辉名下为业”[③]。

据对徽州文书的检阅，在明清民国时期徽州地区厕所粪窖等出卖的契约中，也有不少契约属于附带出卖的形式，即在卖田地、菜地、出入道路、猪栏的过程中一并将粪窖卖给对方管业。

清代有不少契约载明是卖田地并卖厕所、粪窖者。比如据清乾隆三十八年（1773）12 月叶阿卢等立加卖屋园田厕所余地赤契，叶阿卢等所加卖的对象即是“土名门口下屋园一所，并平披三间，前后左右余地田租在内，并田内厕所两个”[④]。清嘉庆二十三年（1818）4 月，歙县方庭浣将“土名庙堪路边厕所一个并如地”尽行出卖与堂伯方家裕名下为业。[⑤] 道光年间徽州地区也有此种情况，在清道光二十四年（1844）3 月，黟县江社贵“自情愿将承祖阄分大路东边众田内厕所基田壹砠内得壹半，又东厕壹箇亦得一半，今将分内各一半情愿凭中出卖与侄名下为业”[⑥]。

晚清时期徽州地区在出卖厕所、粪缸的时候，同时对所在地块也予以出卖。据清咸丰二年（1852）2 月李家豹立卖粪缸并地契，休宁县休

① 《歙县十一都东关汪氏文书》之《民国十一年腊月汪和铪立卖粪窖契一》，刘伯山主编：《徽州文书》第三辑第一册，广西师范大学出版社 2009 年版，第 411 页。

② 《民国十一年十一月（祁门）陈文成立卖厕所契》，黄山学院编撰：《中国徽州文书》第六卷，清华大学出版社 2010 年版，第 300 页。

③ 《歙县二十九都三图八甲江氏文书》之《民国十五年二月江为义立杜卖厕所契》，刘伯山主编：《徽州文书》第三辑第三册，广西师范大学出版社 2009 年版，第 555 页。

④ 《黟县十一都卢村（卢玺户）卢氏文书》之《清乾隆三十八年十二月叶阿卢等立加卖屋园田厕所余地赤契》，刘伯山主编：《徽州文书》第二辑第十册，广西师范大学出版社 2006 年版，第 12 页。

⑤ 《歙县三十二都金川方氏文书》之《清嘉庆二十三年四月方庭浣立卖厕所并地约》，刘伯山主编：《徽州文书》第三辑第四册，广西师范大学出版社 2009 年版，第 7 页。

⑥ 《黟县二都查村江氏文书》之《清道光二十四年三月江社贵立杜断卖厕基并厕所契》，刘伯山主编：《徽州文书》第一辑第二册，广西师范大学出版社 2005 年版，第 29 页。

宁六都二图李家豹将一个粪缸，如地在内，“出卖与李北墙名下为业”[①]；清咸丰十一年（1861）冬月，休宁县吴阿氏、吴元昌将赎置厕所一个，并余地，“立契出卖断与俞国林名下为业”[②]。同治年间也有这种情况，在清同治四年（1865）4 月，黟县项江氏“自情愿将承祖阄分土名榆村园地、厕所壹处东边壹半”，出卖与邱氏名下为业。[③] 清光绪二十九年（1904）4 月歙县二十九都三图江新全将“土名余大坞口屋后田，计田税一厘正，并屋后粪窖党两只”“自愿托中立契出卖与本家江裕顺名下为业”[④]。

延至民国时期，有卖厕所并所在区域菜地的情况。据 1918 年 11 月绩溪许周明等立杜卖厕所并菜地契，“许周明仝弟，今因正用将祖遗阄分己下十五都经理而字号土名松墩山下厕所壹个，并同处土名松墩湾菜地三片，合身塘塝余地听用，共计税壹分正”“自愿凭中立契出卖与叔德亨名下为业”[⑤]。由此可知，上述厕所、粪窖主要位于田地或菜园里，无疑是用来积储人畜粪以供农业施肥之用。

除了将田、地并厕所出卖的情况，还有卖厕所并出入路道者。比如，据 1917 年 7 月歙县张寿妹立卖大小买粪窖契，张寿妹将“大小买粪窖一支、出入道路一应通行”“立契出卖与本家堂弟柄福名下为业”[⑥]。据 1912 年 12 月歙县吴观灶立卖厕所契，吴观灶卖厕所一个，“一并道路通行出入，尽行出卖与本族伴当名下为业”[⑦]。据 1917 年 7 月歙县张寿妹立卖大小买粪窖契，张寿妹将“大小买粪窖一支、出入道路一应通行”“立

---

① 《休宁六都二图鋆村李氏文书》之《清咸丰二年二月李家豹立卖粪缸并地契》，刘伯山主编：《徽州文书》第三辑第五册，广西师范大学出版社 2009 年版，第 413 页。

② 《休宁六都大源俞氏文书》之《清咸丰十一年冬月吴阿氏同男元昌立杜卖厕所契（验讫）》，刘伯山主编：《徽州文书》第三辑第五册，广西师范大学出版社 2009 年版，第 449 页。

③ 《黟县一都榆村邱氏文书》之《清同治四年四月项江氏立杜断卖园地厕所契》，刘伯山主编：《徽州文书》第一辑第一册，广西师范大学出版社 2005 年版，第 159 页。

④ 《歙县二十九都三图八甲江氏文书》之《清光绪二十九年四月江新全立便卖田、粪窖契》，刘伯山主编：《徽州文书》第三辑第三册，广西师范大学出版社 2009 年版，第 537 页。

⑤ 《民国七年十一月（绩溪）许周明等立杜卖厕所并菜地契》，黄山学院编撰：《中国徽州文书》第六卷，清华大学出版社 2010 年版，第 298 页。

⑥ 《民国六年七月（歙县）张寿妹立卖大小买粪窖契》，黄山学院编撰：《中国徽州文书》第六卷，清华大学出版社 2010 年出，第 279 页。

⑦ 《民国元年十二月（歙县）吴观灶立卖厕所契》，黄山学院编撰：《中国徽州文书》第六卷，清华大学出版社 2010 年版，第 275 页。

契出卖与本家堂弟柄福名下为业”[①]。

还有将厕所并猪栏一并出卖者，但这种情况的文书已不多见。1946年8月歙县江仁境立卖大小买厕所并猪栏一个，“四至之内并猪栏柱料石砬在内出入路道”，出卖与江宝源名下为业，时值国币价洋五万四千元整，“其厕所猪栏一并随契交业经管，听凭早晚改造供养另用”[②]。

2. 典当、出顶及租佃

除出卖外，还有将厕所、粪窖典当或出顶而获得资金。比如清乾隆二十八年（1763）11月祁门孙礼和，有砖粪缸一只“坐落土名湖田小桥头”，出典与黄氏名下。[③] 清道光九年（1829）歙县也有典当粪窖的情况：“立当契人吴顺法，今因欠少正用，自愿自置己业粪窖一只土名横楼下，凭中出当与本家堂侄观洋名下为业，三面言定得受价足实元银壹两陆钱正，其银当日收足，其窖随即过割管业，听凭取用无得异说。”[④] 又如清咸丰五年（1855）1月歙县二十二都五图冯式南所立典粪窖契约所示：“今因正用自愿将自计右边粪窖一只，无木架屋瓦，土名小坦，凭中立契出典与堂侄名下为业，三面言定得受典价足大钱叁仟文正，其钱当即收足，其窖随即过割管业填粪，无得异说，钱不起利，窖不交租，言定十年之外听凭将原价取赎。”[⑤] 清咸丰七年（1857）1月休宁县余元基“自情愿将承父赎置厕所一个”“凭中凭契转当与俞国连名下为业”[⑥]。民国年间也有出当粪窖的情况。在1917年12月，歙县潘友信将“祖遗受粪窖一只出当与张桂全名下为业，言明十二年

---

① 《民国六年七月（歙县）张寿妹立卖大小买粪窖契)》，黄山学院编撰：《中国徽州文书》第六卷，清华大学出版社2010年第279页。

② 《民国三十五年八月（歙县）江仁境立卖大小买厕所猪栏契》，黄山学院编撰：《中国徽州文书》第六卷，清华大学出版社2010年第297页。

③ 《祁门十二都贵溪胡氏文书》之《清乾隆二十八年十一月孙礼和立出典粪缸约》，刘伯山主编：《徽州文书》，第二辑第一册，广西师范大学出版社2006年版，第219页。

④ 《歙县十都五图吴氏文书》之《清道光九年十一月吴顺法立当粪窖契》，刘伯山主编：《徽州文书》第三辑第1册，广西师范大学出版社2009年版，第123页。

⑤ 《歙县二十二都五图冯氏文书》之《清咸丰五年正月本都本图冯式南立典粪窖契》，刘伯山主编：《徽州文书》第三辑第2册，广西师范大学出版社2009年版，第143页。

⑥ 《休宁六都大源俞氏文书》之《清咸丰七年正月余元基立转当厕所契》，刘伯山主编：《徽州文书》第三辑第5册，广西师范大学出版社2009年版，第443页。

为限，年份未满不得加找取赎，年份已满听凭加找取赎”①。

徽州地区粪窖、厕所出顶的契约也不少。比如1919年3月歙县汪致丰将“现造粪窖壹只”“托中立契出顶与汪社姣名下为业”②。据1925年6月江永生立顶厕所契，歙县二十九都三图江永生：“自情愿托中将祖分受维字号内土名大龙浴口厕所一只，连屋在内”凭中立契出顶与江元辉名下为业③。

租佃也是徽州地区厕所、粪窖交易的内容。这种情况常常是将房屋、田块、山地出租时，一并规定将坐落其处的厕所、粪窖共同出租。比如明万历年间即有出租楼屋并粪缸者。明代万历十六年（1588）祁门四都的赵进保，租到谢天诏等三人的“仓楼屋一重，计三间，外门口空地一块，石粪缸一个，设定每一年还租文艮二钱七分正，……租银每年十二月廿四日交还。”④ 清康熙二十一年（1682）2月祁门十七都张文达承佃到房东程衡名下之田耕种时，也一并承到“房东程衡名下富材上首土屋壹□，并余地粪堈”，用来“住歇耕种”，这时的承佃粪缸的价钱不单独计算，而是一并计在田租里了，规定“其田监收，每百觔主得五拾肆斤，力得四拾陆斤”⑤。清康熙三十五年（1696）12月休宁黄文社立租约，除了租到“山主名下山一号土名大苎坞，计山租五砠”外，还“又租到方路口厕所一个，议定租银四分”⑥。

---

① 《民国六年十二月（歙县）潘友信立当粪窖契》，黄山学院编撰：《中国徽州文书》第八卷，清华大学出版社2010年版，第264页。

② 《歙县十一都东关汪氏文书》之《民国八年三月汪致丰立顶粪窖契》，刘伯山主编：《徽州文书》第三辑第1册，广西师范大学出版社2009年版，第410页。

③ 《歙县二十九都三图八甲江氏文书》之《民国十四年六月江永生立顶厕所契》，刘伯山主编：《徽州文书》第三辑第3册，广西师范大学出版社2009年版，第555页。

④ 《万历十六年祁门赵进保租约》，王钰欣、周绍泉主编，中国社科院历史研究所收藏整理：《徽州千年契约文书（宋元明篇）》卷三，花山文艺出版社1993年版，第215页。

⑤ 《祁门十七都环砂程氏文书》之《清康熙二十一年二月张文达立承佃屋并余地等约》，刘伯山主编：《徽州文书》第一辑第6册，广西师范大学出版社2005年版，第399页。

⑥ 《乾隆休宁黄氏置产簿之一五一》，王钰欣、周绍泉主编，中国社科院历史研究所收藏整理：《徽州千年契约文书（清民国篇）》卷七，花山文艺出版社1993年版，第153页。

二、厕所粪窖交易起了救济徽民家用的作用

通过对徽州文书中相关契约内容的比对分析，我们发现明清民国时期徽州厕所粪窖出卖、典当交易绝大多数都是因为“欠少正用”，显然此类交易客观上起到了救济徽民家用的作用。这里我们对此类情况作一列举。

明代关于徽州厕所粪窖出卖、典当交易的契约不多，但有契约指出此类交易原因是“欠少正用”。比如，明天启四年（1624）歙县仇伯位卖厕所一个，系“因乏用”[①]。

清代关于徽州厕所粪窖出卖、典当交易的契约，主要集中在乾隆年间以后，此时期厕所粪窖等的交易，绝大多数是因为“欠少正用”。这方面的契约比较多，现对清代各个时期以及民国时期的此类典型契约作一列举。

在清乾隆嘉庆年间，多有出当、出卖以救急的情况。清乾隆二十八年（1763）11月祁门孙礼和将粪缸一只出典与黄氏名下，系“今因急用”[②]。清乾隆五十年（1785）10月婺源十六都承铎、承銮将厕所一间出卖，系“今因缺用”[③]。清嘉庆十六年（1811）11月歙县吴永清所卖粪窖也是“因欠少使用”[④]。清嘉庆二十一年（1816）3月歙县十二都溪头潘阿赵等出卖粪窖一只，系“因欠少使用”[⑤]。清嘉庆二十三年（1818）4月，歙县方庭浣卖厕所并地，系“今因欠少使用”[⑥]。

---

① 《天启四年歙县仇伯位卖厕所赤契》，王钰欣、周绍泉主编，中国社科院历史研究所收藏整理：《徽州千年契约文书（宋元明篇）》卷四，花山文艺出版社1993年版，第132页。

② 《祁门十二都贵溪胡氏文书》之《清乾隆二十八年十一月孙礼和立出典粪缸约》，刘伯山主编：《徽州文书》，第二辑第一册，广西师范大学出版社2006年版，第219页。

③ 《婺源十六都甲村李氏文书》之《清乾隆五十年十月承铎同弟銮立断骨绝卖厕所屋契（加盖赤印）》，刘伯山主编：《徽州文书》第三辑第七册，广西师范大学出版社2009年版，第358页。

④ 《歙县十二都七图吴氏文书》之《清嘉庆十六年十一月吴永清立杜卖粪窖契（验讫）》，刘伯山主编：《徽州文书》第三辑第一册，广西师范大学出版社2009年版，第424页。

⑤ 《歙县十二都溪头潘氏文书》之《清嘉庆二十一年三月潘阿赵同男兴苗立杜卖粪窖契》，刘伯山主编：《徽州文书》第三辑第二册，广西师范大学出版社2009年版，第303页。

⑥ 《歙县三十二都金川方氏文书》之《清嘉庆二十三年四月方庭浣立卖厕所并地约》，刘伯山主编：《徽州文书》第三辑第四册，广西师范大学出版社2009年版，第7页。

道光以后此类因“欠少正用”而交易的情况也不少。清道光九年（1829）歙县吴顺法典当粪窖一只，系“因欠少正用”①。清道光二十一年（1841）歙县十二都宋秋元所杜卖粪窖系“因欠少使用”②。清道光二十四年（1844）3月黟县江社贵将厕基并厕所出卖，系“今因需用”③。清咸丰二年（1852）2月休宁县休宁六都二图李家豹将粪缸并地立契出卖，系“因无银支用”④。清咸丰五年（1855）1月歙县二十二都五图冯式南将“粪窖一隻，无木架屋瓦”出典给其堂侄，是“因正用”⑤。清咸丰七年（1857）1月休宁县余元基转当厕所一个，是“因急用无处出办”⑥。清咸丰十一年（1861）11月，休宁县吴阿氏、吴元昌杜卖厕所一个，系“因急用无处出办”⑦。清同治四年（1865）4月黟县项江氏出卖厕所，系“因急用无措”⑧。清同治七年（1868）10月黟县周永廷等出卖厕所，系“因急用无措”⑨。清光绪二十九年（1904）4月歙县二十九都三图江新全出卖田并粪窖系“因欠少正用”⑩ 等。

民国时期徽州厕所粪窖等的交易，绝大多数也是因为“欠少正用”。

---

① 《歙县十都五图吴氏文书》之《清道光九年十一月吴顺法立当粪窖契》，刘伯山主编：《徽州文书》第三辑第一册，广西师范大学出版社2009年版，第123页。

② 《歙县十二都西坑宋氏文书》之《清道光二十一年宋秋元立杜卖粪窖契（验讫）》，刘伯山主编：《徽州文书》第三辑第二册，广西师范大学出版社2009年版，第227页。

③ 《黟县二都查村江氏文书》之《清道光二十四年三月江社贵立杜断卖厕基并厕所契》，刘伯山主编：《徽州文书》第一辑第二册，广西师范大学出版社2005年版，第29页。

④ 《休宁六都二啚鋈村李氏文书》之《清咸丰二年二月李家豹立卖粪缸并地契》，刘伯山主编：《徽州文书》第三辑第五册，广西师范大学出版社2009年版，第413页。

⑤ 《歙县二十二都五图冯氏文书》之《清咸丰五年正月本都本图冯式南立典粪窖契》，刘伯山主编：《徽州文书》第三辑第二册，广西师范大学出版社2009年版，第143页。

⑥ 《休宁六都大源俞氏文书》之《清咸丰七年正月余元基立转当厕所契》，刘伯山主编：《徽州文书》第三辑第五册，广西师范大学出版社2009年版，第443页。

⑦ 《休宁六都大源俞氏文书》之《清咸丰十一年冬月吴阿氏同男元昌立杜卖厕所契（验讫）》，刘伯山主编：《徽州文书》第三辑第五册，广西师范大学出版社2009年版，第449页。

⑧ 《黟县一都榆村邱氏文书》之《清同治四年四月项江氏立杜断卖园地厕所契》，刘伯山主编：《徽州文书》第一辑第一册，广西师范大学出版社2005年版，第159页。

⑨ 《黟县一都榆村邱氏文书》之《清同治七年十月周永廷等立杜断卖厕所赤契附同治十年十二月契尾》，刘伯山主编：《徽州文书》第一辑第一册，广西师范大学出版社2005年版，第172页。

⑩ 《歙县二十九都三图八甲江氏文书》之《清光绪二十九年四月江新全立便卖田、粪窖契》，刘伯山主编：《徽州文书》第三辑第三册，广西师范大学出版社2009年版，第537页。

比如1918年11月绩溪许周明杜卖厕所并菜地，系“因正用”[①]。1919年3月歙县汪致丰将粪窖一只出顶与汪社姣名下为业，系“因欠少正用”[②]。1922年歙县汪和铪将粪窖一只出卖给汪社姣，系“因欠少正用”[③]。民国1922年11月祁门陈文成卖厕所即系“因用度无措”[④]。1925年6月歙县二十九都三图江永生，将厕所一只，连屋在内出顶，系“因欠少正用”[⑤]1926年2月歙县二十九都三图江为义将石厕所一只出卖与江元辉，系“今因正用”[⑥]。1946年8月歙县江仁境卖大小买厕所猪栏，也是“今因正用”[⑦]。

除了上述对厕所、粪窖的出卖、典当以救济徽民家用的情况，徽州地区在遗产分割的时候，也对厕所地予以分配，并有将所分受得的厕所地出卖，其用途也是用以救济经济困窘情况。比如清同治十二年（1873）1月黟县金氏等立杜断绝卖厕所赤契：“立杜断绝卖契人金氏仝男项朝幹，今因尔子长大清孝银匠生理，因无钱措置被铺衣服等，自情愿将承祖遗下土名榆村，身家仅得分法厕所地中间壹个，……今将前项四至之内厕所地概为全业，一并在内，托凭亲族央中尽行立契出断卖与邱名下为业，当日三面言定时值价曹平纹银贰两正。”[⑧]

上述厕所、粪窖交易中的原因是“因欠少正用”，这是已发现此类契约的最主要情况。据对徽州文书的查阅，只有非常少的情况是因为管理不

---

① 《民国七年十一月（绩溪）许周明等立杜卖厕所并菜地契》，黄山学院编撰：《中国徽州文书》第六卷，清华大学出版社2010年版，第298页。

② 《歙县十一都东关汪氏文书》之《民国八年三月汪致丰立顶粪窖契》，刘伯山主编：《徽州文书》第三辑第一册，广西师范大学出版社2009年版，第410页。

③ 《歙县十一都东关汪氏文书》之《民国十一年腊月汪和铪立卖粪窖契一》，刘伯山主编：《徽州文书》第三辑第一册，广西师范大学出版社2009年版，第411页。

④ 《民国十一年十一月（祁门）陈文成立卖厕所契》，黄山学院编撰：《中国徽州文书》第六卷，清华大学出版社2010年版，第300页。

⑤ 《歙县二十九都三图八甲江氏文书》之《民国十四年六月江永生立顶厕所契》，刘伯山主编：《徽州文书》第三辑第三册，广西师范大学出版社2009年版，第555页。

⑥ 《歙县二十九都三图八甲江氏文书》之《民国十五年二月江为义立杜卖厕所契》，刘伯山主编：《徽州文书》第三辑第三册，广西师范大学出版社2009年版，第555页。

⑦ 《民国三十五年八月（歙县）江仁境立卖大小买厕所猪栏契》，黄山学院编撰：《中国徽州文书》第六卷，清华大学出版社2010年版，第297页。

⑧ 《黟县一都榆村邱氏文书》之《清同治十二年正月金氏等立杜断绝卖厕所赤契附同治十二年三月契尾》，刘伯山主编：《徽州文书》第一辑第一册，广西师范大学出版社2005年版，第182页。

便而交易。乾隆年间歙县有粪窖调换契约如下："立搽换人潘君奕，今将自情愿似字三千三百零三号土名坐上粪窖一只边天櫕调换与本族潘青远名下为业。"① 另如，清光绪三十三年（1907）3月吴大彬立便厕所是"因出入路道不便"②。

徽州地区厕所、粪窖交易多存在这种"因欠少正用"的原因是不难理解的。传统时期税赋等负担沉重，徽州地区也不例外，还因为明清时期虽然徽商盛极一时，但徽州本土农民贫困的状况也同时存在。正如《挹奎楼遗稿》指出的："徽民有资产者，多商于外。其在籍之人，强半贫无卓锥，往往有揭其敝衣残襦，暂质升合之米，以为晨炊计者，最为可怜。然巨典高门，锱铢弗屑，于是有短押小铺，专收此等穷人微物，或以银押或以酒米押，随质随赎。"③ 以此为背景，徽州本地农民在不得离土的情况下，为了在本地继续存活，在经济困窘的情况下不得不出卖、典当一切东西，包括粪窖厕所。

三、徽州地区厕所粪窖交易价格及分析

据对徽州地区厕所粪窖交易类契约，厕所粪窖面积在一厘左右，也就是七八平方米，这与实地遗存状况也是相符的。如果把面积没有标明的厕所、粪窖的面积作一厘算，根据吴秉坤对清代徽州银洋价格的考证数据④，现将部分交易价格列成下表。

① 《歙县十二都溪头潘氏文书》之《清乾隆五十六年十二月潘君奕立调换粪窖契》，刘伯山主编：《徽州文书》第三辑第二册，广西师范大学出版社2009年版，第300页。

② 《歙县二十六都吴氏文书》之《清光绪三十三年三月吴大彬立便厕所契》，刘伯山主编：《徽州文书》第三辑第二册，广西师范大学出版社2009年版，第267页。

③ 张海鹏、王廷元主编：《明清徽商资料选编》，黄山书社1985年版，第48页。

④ 吴秉坤：《清代徽州银洋价格问题》，《黄山学院学报》2010年第1期。

表 6　　明清民国时期徽州地区厕所粪窖交易价格列表

序号	时间	出卖或出典人	内容	价格	亩价（单位：银）	出处
1	清乾隆二十八年十一月	祁门孙礼和	出典砖粪缸一只	九七色银贰两整	200	注释 2，第 219 页
2	清乾隆五十年十月	婺源承铎、承銮	将厕所一间出卖	价九七色银伍两正	500	注释 1，第 358 页
3	清嘉庆六年正月	黟县项宗成	出卖厕所一个"计民田税贰厘正"	价银伍两伍钱	275	注释 7，第 49 页
4	清嘉庆十四年正月	黟县胡社德	将厕所地一处出卖	铜钱捌百文	100	注释 8，第 404 页
5	清嘉庆十六年十一月	歙县吴永清	杜卖粪窖左边半业	价银柒两整	700	注释 3，第 24 页
6	清嘉庆十七年八月	黟县兄邦恒	出卖厕所一个"计民地税叁厘正"	九七色价银叁两	100	注释 7，第 57 页
7	清嘉庆十七年九月	歙县程可釪等	卖"地税壹分一厘，业内粪窖一隻"	银拾两正	91	注释 3，第 62 页
8	清嘉庆二十一年三月	歙县潘阿赵等	将（计地税一厘）粪窖一隻出卖	纹银柒两叁钱正	700	注释 5，第 303 页
9	清嘉庆二十三年四月	歙县方庭浣	卖厕所一个并地	价银叁两	300	注释 10，第 7 页
10	清道光九年十一月	歙县吴顺法	将自置己业粪窖一隻出当	元银壹两陆钱正	160	注释 3，第 123 页

续表 6

序号	时间	出卖或出典人	内容	价格	亩价(单位:银)	出处
11	清道光二十一年	歙县宋秋元所	杜卖粪窖“计税一厘”	大钱壹仟文正	83.3	注释5,第227页
12	清道光二十四年三月	黟县江社贵	将厕基并厕所出卖	钱拾千文正	769	注释11,第29页
13	清咸丰二年二月	休宁县李家豹	将粪缸并地立契出卖	大钱伍百文正	34.2	注释9,第413页
14	清咸丰五年正月	歙县冯式南	将粪窖一隻,无木架屋瓦出典	大钱叁仟文	200	注释5,第143页
15	清咸丰七年正月	休宁县余元基	转当厕所一箇	元银叁两正	300	注释9,第443页
16	清咸丰十一年冬月	休宁县吴阿氏、吴元昌	杜卖厕所一个“计地税一厘正”	大钱壹仟壹佰正	98.2	注释9,第449页
17	清同治四年四月	黟县项江氏	出卖厕所壹处东边壹半	纹银贰两柒钱正	270	注释7,第159页
18	清同治七年十月	黟县周永廷	出卖厕所	时值价纹叁两正	300	注释7,第172页
19	清同治十二年正月	黟县金氏	杜断绝卖厕所	曹平纹银贰两正	200	注释7,第182页
20	清光绪二十九年四月	歙县江新全	出卖田一厘并粪窖	英洋叁拾陆元	3600	注释6,第537页
21	1912年十二月	歙县吴观灶	厕所一个“一并道路通行出入尽行出卖”	洋壹元拐角	180	注释4,第275页

续表 6

序号	时间	出卖或出典人	内容	价格	亩价（单位：银）	出处
22	1917 年七月	歙县张寿妹	将大小买粪窖一支、出入道路一应通行出卖	英洋伍元	500	注释 4，第 279 页
23	1918 年十一月	绩溪许周明	杜卖得厕所并菜地，“共计税壹分正”	值银叁两	30	注释 4，第 298 页
24	1919 年三月	歙县汪致丰	将“现造粪窖壹只”出顶	大洋叁元正	300	注释 3，第 410 页
25	1922 年腊月	歙县汪和铪	将粪窖壹只出卖	足纹银壹两	100	注释 3，第 411 页
26	1925 年六月	歙县江永生	将厕所一只，连屋在内，凭中立契出顶	英洋拾六元	1600	注释 6，第 555 页
27	1926 年二月	歙县江为义	将石厕所一只出卖	银洋贰拾壹元正	2100	注释 6，第 555 页

注释 1. 刘伯山主编：《徽州文书》第三辑第其册，广西师范大学出版社 2009 年版。
注释 2. 刘伯山主编：《徽州文书》，第二辑第一册，广西师范大学出版社 2006 年版。
注释 3. 刘伯山主编：《徽州文书》第三辑第一册，广西师范大学出版社 2009 年版。
注释 4. 黄山学院编撰：《中国徽州文书》第六卷，页 297，清华大学出版社 2010 年出版。
注释 5. 刘伯山主编：《徽州文书》第三辑第二册，广西师范大学出版社 2009 年版。
注释 6. 刘伯山主编：《徽州文书》第三辑第三册，广西师范大学出版社 2009 年版。
注释 7. 刘伯山主编：《徽州文书》第一辑第一册，广西师范大学出版社 2005 年版。
注释 8. 刘伯山主编：《徽州文书》第一辑第三册，广西师范大学出版社 2005 年版。
注释 9. 刘伯山主编：《徽州文书》第三辑第五册，广西师范大学出版社 2009 年版。
注释 10. 刘伯山主编：《徽州文书》第三辑第四册，广西师范大学出版社 2009 年版。
注释 11. 刘伯山主编：《徽州文书》第一辑第二册，广西师范大学出版社 2005 年版。
说明：采用了吴秉坤文章的数据，清嘉庆十四年、道光二十一年、道光二十四年、咸丰二年、咸丰五年、咸丰十一年银洋价格换算比分别采用的是 1∶800、1∶1200、1∶1300、1∶1460、1∶1500、1∶1120

从表中可知，其价格绝大多数在每亩100—300银元之间。这种价格与一般的田地价格相比较是高还是低呢？据李伯重对江南地区松江府物价的研究结论，"1823—1829年间华娄的中等田价大体上为每亩12两"①。可见徽州厕所、粪窖交易价格是很高的，远远超过一般的田地价格的水平。

若与清代徽州田地交易价格比较，也是如此。据学者研究，徽州田价在清代前期只有10两左右的水平，雍正年间后涨势迅速，"至乾隆中叶亩价达20余两至30余两白银，为徽州田价历史上的最高峰"②。上表中徽州厕所、粪窖并所在地段一般均在每亩一二百两的水准，最低价格也有30两，徽州厕所、粪窖并所在地段价格之高即是明鉴。

我们知道传统时期徽州地区人地紧张是明显存在的，人地紧张与徽州建筑的特点及历史变迁密切相关。徽派建筑遗存不仅引起国内学者关注，海外也有对徽州建筑加以介绍和研究者，比如Lo，Kai－Yin考察了徽州建筑问题。③ Leung，YF考察了旅游业对黄山的生态方面的影响④。由于人地紧张，徽州建筑"重楼峻垣"不仅见诸现今遗存，也是史有明载。比如民国《歙县志》指出："今元代所营之室，村之旧者犹数见焉。明代建筑固不足奇矣，然以山多田少，病居室之占地，多作重楼峻垣。屋中空地太少，开窗亦隘，严密有余而光气不足，乃其短也。"⑤

若单独论厕所、粪窖，清代徽州厕所、粪窖的售价一般为二三两，价格高者约值银七两。据实地遗存的考察，粪窖、厕所所用的石料较简单，厕所的搭盖材料也很简单。厕所、粪窖原材料的价值不至于使得其价值抬高到二三两的水准。仅从人地紧张这一点还不能完全说明徽州厕所、粪窖并地块价格之高的原因，我们可以从徽州厕所、粪窖所承担功能的角度来作进一步分析。

---

① 李伯重：《1823—1829年华亭—娄县地区的物价》，《清华大学学报（哲学社会科学版）》2007年第1期。

② 刘和惠、汪庆元著：《徽州土地关系》，安徽人民出版社2005年版，第209页。

③ Lo，Kai－Yin，"The ArchiCulture of the Huizhou House". *Arts of Asia*，2005，Volume 35，Issue 3，pp. 124－129.

④ Leung，YF，"Environmental impacts of tourism at China's World Heritage Sites：Huangshan and Chengde". *Tourism Recreation Research*，2001，Volume 26，Issue 1，p. 117.

⑤ 民国《歙县志》卷一《风土》。

在传统时期，厕所、粪窖承担着重要功能，即为农业生产提供肥料。人畜粪对传统时期的农业生产具有重要意义。《王祯农书》“粪壤篇第八”即明确指出“惜粪如惜金”“粪田胜如买田”。清代泾县人包世臣也指出，皖南“凡治田无论水旱，加粪一遍，则溢谷二斗，加做一工，亦溢谷二斗”[①]。可见人畜粪对传统时期南方地区粮食增产的重要性。包世臣还指出皖南地区“凡粪皆宜田”[②]，对于小麦种植，“小麦宜各粪，须于下种时散着田间劳之。”[③]

明清时期皖南地区农民除了对自己粪窖、厕所里的肥料储积施用外，还远到城区运粪以肥田，“凡附城民，令多备缸桶，至城运粪，仍以桶置各家收尿。凡尿须和大粪、破水或牛粪，乃可下田，否则火气、咸气逼谷不长，得大粪、牛粪济之，发力最足”[④]。近代亦如此，在徽州附近的皖南贵池县的情况可以作为徽州情况一种参照。在贵池县齐山村，“常用的肥料有人粪、牛粪、湖草三种，施用油饼的很少”，人畜粪是齐山村首位肥料，得地利之便，由于离城近，村民可到城市中一年挑人粪一千八百担，对粮食增产意义重大。[⑤]

具体到徽州地区来说，厕所粪窖具有养粪肥田的重要功能，厕所买卖契约对此也有明载。据清嘉庆十四年（1809）1月胡社德立杜断卖厕所地契，胡社德“自情愿将承祖遗土名查家冢厕所地一处”，凭中立契杜断出卖与查氏为业，“其厕所听从管业养粪无阻”[⑥]。徽州承佃契约也对重视田地粪肥施用有明确强调。比如据清康熙二十一年（1682）2月张文达立承佃屋并余地等约，祁门十七都张文达承佃房东程衡名下之田耕种时，也一并承到“房东程衡名下富材上首土屋壹□，并余地粪堈”，特意强调“其田务要灰多粪勤，不得懈怠，自定之后二各无悔，如违，甘

① 包世臣著，潘竟翰点校：《齐民四术》，中华书局2001年版，第57页。

② 包世臣著，潘竟翰点校：《齐民四术》，中华书局2001年版，第11页。

③ 包世臣著，潘竟翰点校：《齐民四术》，中华书局2001年版，第18页。

④ 包世臣著，潘竟翰点校：《齐民四术》，中华书局2001年版，第13页。

⑤ 华东军政委员会土地改革委员会编：《安徽省农村调查》，系华东农村经济资料第四分册，1952年12月，内部资料，第138页。

⑥ 《黟县八都三图查氏文书》之《清嘉庆十四年正月胡社德立杜断卖厕所地契》，刘伯山主编：《徽州文书》第一辑第三册，广西师范大学出版社2005年版，第404页。

罚白艮壹两公用。”①

在明清时期卖田、卖地的契约中，或在分家阄书、遗产分割的契约文书中，常常需要对其地号内粪窖、厕所的管业作出明确说明，也足以显示粪窖、厕所在徽民农业生产中的重要性。比如清道光六年（1826）9月27日方楚成、方义成所立佃田契约，在载明佃田情况后，特意注明粪窖归谁管业。

“立佃田字人方楚成、方义成，今凭中佃到陈主人名下东塘圩龙家樾水麦田七坵，计种一石八斗零，计河戽私租叁拾壹担五斗，外麦租壹担，每年秋收请主登庄踹看，照时作租，租备务要干扬洁净，主人自下自揽。之后毋许抛荒。所载契粪窖一口，瓦房二间，有场、石磜、菜园，一应照管执业。今欲有凭立此揽佃田字为据。”②。

在徽州民事纠纷中，若纠纷地段上有厕所，控词对厕所问题也会言及，反映了厕所在徽州民众中的重要性。比如在清光绪二十年（1902）绩溪程八春呈控程金元案中，程八春“自兵燹后由浙回家”，因家产“与程金元毗连置业，屡被争占”，无可奈何之下，于是向官府控告，控词称“不思屋基遭其占造，厕所遭其毁没，山地遭其霸种，彼管无粮之产，身赔无产之粮”③。

徽州地区粪肥的重要性体现在多种作物的栽培以及栽培的多个环节上。

首先是茶业。徽州地形是山地丘陵为主，明清民国时期，茶业为徽州地区的支柱产业之一。人畜粪对于茶的种植很重要，表现在播种、耕种等多个环节。比如嘉庆年间黟县地方志记载，茶叶栽培“性恶水，宜肥地，勿耘草，以小便粪水或蚕沙壅之”④。在近代，徽州各县茶叶种植分种子直播和茶苗移植两种方式，其中以种子直播者较少，以茶苗移植者为多。种子直播需要人畜粪，“用种子者，先掘地深二寸、直径一尺之

---

① 《祁门十七都环砂程氏文书》之《清康熙二十一年二月张文达立承佃屋并余地等约》，刘伯山主编《徽州文书》第一辑第6册，广西师范大学出版社2005年版，第399页。

② 《清道光六年九月二十七日方楚成、方义成立佃田契约（有版画）》，周向华编：《安徽师范大学馆藏徽州文书》，安徽人民出版社2009年版，第204页。

③ 《光绪二十年绩溪程八春呈控程金元案》，载王钰欣、周绍泉主编，中国社科院历史研究所收藏整理《徽州千年契约文书（清民国篇）》卷三，花山文艺出版社1993年版，第196页。

④ 嘉庆《黟县志》卷三《物产》。

穴，中施以人粪尿，每穴置种子十余粒”[①]。据近代调查，徽州茶园“园户所用之肥料，多以人粪尿、豆饼、炉灰之属”[②]。

传统时期徽州茶树栽培在中耕时也需要施人粪肥料，祁门茶树中耕时“加施人粪肥料”[③]。休宁县也类似，“施肥多用人粪尿、豆饼、炉灰等物”[④]，休宁县园茶肥料支出结构中也包括豆饼、人粪尿、炉灰等[⑤]。

徽州田地粮食作物栽培也对人畜粪有很大依赖。民国时期，对歙县夏季水稻种植中施用厩肥田地的调查显示出，每亩使用944市斤。[⑥] 而对于歙县种植小麦施用大粪田地的调查，每亩使用1166市斤[⑦]，“由此可知豆饼及大粪实为乙区小麦之主要肥料”[⑧]。在祁门县，在种植春季水稻使用人粪及厩肥田地的调查，施用此肥的田地每亩分别使用547、820市斤。[⑨] 此类调查，也显示出人粪肥对粮食作物生产的重要。

四、小结

从现存契约文书记载来看，明清民国时期徽州地区厕所粪窖交易比较活跃，交易方式也是多样的。徽州厕所粪窖等的交易能救济农民生活的困窘。此外，通过对徽州厕所、粪窖交易价格的分析，可知其比一般每亩田地价格要高。学者总结出徽州超常价格的土地主要包括风水地、屋基地、夹心地三项[⑩]。表6第3、6、7、8、11、16、20、23等例包括厕

① 张研、孙燕京主编：《民国史料丛刊（第554册）》，大象出版社2009年版，第258页。

② 张研、孙燕京主编：《民国史料丛刊（第554册）》，大象出版社2009年版，第258页。

③ 胡浩川、董少怀：《祁西四大名家绿茶区考察》，载《安徽茶讯》第一卷第5期，页3—6，1941年版，复旦图书馆藏。

④ 殷梦霞、李强选编：《民国经济志八种（第二册）》，国家图书馆出版社2009年版，第482页。

⑤ 殷梦霞、李强选编：《民国经济志八种（第二册）》，国家图书馆出版社2009年版，第483页。

⑥ 南京金陵大学农业经济系：《豫鄂皖赣四省土地分类之研究》：载张研、孙燕京主编《民国史料丛刊（第536册）》，大象出版社2009年版，第441页。

⑦ 南京金陵大学农业经济系：《豫鄂皖赣四省土地分类之研究》，载张研、孙燕京主编《民国史料丛刊（第536册）》，大象出版社2009年版，第441页。

⑧ 南京金陵大学农业经济系：《豫鄂皖赣四省土地分类之研究》，载张研、孙燕京主编《民国史料丛刊（第536册）》，大象出版社2009年版，第443页。

⑨ 南京金陵大学农业经济系：《豫鄂皖赣四省土地分类之研究》，载张研、孙燕京主编《民国史料丛刊（第536册）》，大象出版社2009年版，第472页。

⑩ 刘和惠、汪庆元著：《徽州土地关系》，安徽人民出版社2005年版，第209页。

所、粪窖的田税具体面积，其亩价一般在一二百元以上，显然超出正常田地价格，这种超常价格不属于风水地、屋基地、夹心地。这除了与徽州人地紧张的地域性特征有关外，还与徽州粪窖、厕所为农业生产提供肥料的重要功用密切相关。

第二节　明清时期徽州地区的水碓业

徽州丛山岖崎，江河溪水蜿蜒山间。在明清民国时期，徽州人民对江河溪水资源的利用，除了作为灌溉、航道之外，还有一重要方面，即徽州农民依溪河形势，建造各种类型的水碓，利用流水冲击使水轮转动，由此使轴上的拨板臼拨动碓杆的梢，使碓头一起一落进行舂米等经济活动。现有研究中，高申兰对屯溪遗存水碓的机械原理作了分析[①]，卢茂村介绍了新中国成立前屯溪水碓的使用概况[②]。但关于明清时期徽州碓业交易、管理等诸问题方面尚难见专门研究。本节对此作一探讨。

一、碓业之重要性

1. 水碓是徽州农家重要产业

水碓经营是徽州地区重要副业之一，类似现在米麦加工厂，人们要将稻加工成米，需要交纳费用或实物作为报酬。对于歙县的水碓业来说“每臼每年平均约可打米一百一十石，打米一石，须给米三升，作为碓租工资”[③]；休宁县“每舂食米一石，收碓租洋一角，或将所有谷糠作抵。所有碓号，均加入碓业同业公会。”比如胡义顺碓号，年舂米三千石，“每石谷舂成米，碓租洋一角，或以糠抵价”[④]。

碓业是徽州较富裕家庭的重要产业，他人若租佃水碓需要交纳租金，

① 高申兰、陆敬严：《我国连机水碓古今考》，同济大学学报（人文社科版）1995 年第 1 期。

② 卢茂村：《黄山屯溪区的水碓与水磨》，《农业考古》2003 年第 3 期。

③ 殷梦霞、李强选编：《民国经济志八种（第二册）》，国家图书馆出版社 2009 年版，第 412 页。

④ 殷梦霞、李强选编：《民国经济志八种（第二册）》，国家图书馆出版社 2009 年版，第 507 页。

一些人农户将碓业出租可获得一定的收益。比如嘉庆九年（1804）12 月 24 日祁门王起松、王起树、王振观、王振磷、王振益所立出租水碓契约："立出租约人王文贵公秩下起松等，今有土名牛栏坵水碓一所，共计陆枝，水磨一副，并碓内家伙等项物件，另立清单，自愿托中一并出租与谢友玉名下，前去舂谷并磨杂粮，三面言议递年交纳租银拾两正，其银言定四季交付。"[①] 清道光二十九年（1849）3 月祁门盛胜周立约承租"王文贵公祀四房名下土名牛栏坵苎园坪地贰号，并碓屋壹所，碓陆枝，磨壹副"，交纳租钱情况是"三面议定递年交纳租钱拾伍仟贰佰文，其钱言定三节交付，不得短少，如有短少听东执业另召，若不短少听身永远管理。"[②] 黟县也有关于水碓出租的情况，比如清道光九年（1829）1 月黟县胡功益"今承到郁周叔祖名下祁邑老碓贰车，今将此碓转租与仁台宝号及汪至川兄前去椿插齐粟，议定逓年交租银捌拾两正，无得短少"，此出租另有清单列举了水碓的附属物件，规定租期暂议五年，满期之日再复议续租与否。[③] 一些承租人租佃碓业也是用来获利的。比如清光绪十一年（1885）祁门即有郑丽光、郑义兴、黄兽泉、黄廷乡等四人合伙"向汪、黄二宅租到南乡三四都土名小洲河口水碓壹所"以经营获利，并取名义成，即"义成碓"[④]。地方志也记载了水碓对徽民经济生活的重要性，比如祁门"土瘠民贫，岁入无几，多取给于水碓、磁土"[⑤]。

还存在将碓基租来兴造水碓以谋利的情况。据 1931 年 4 月歙县张门汪氏等立杜卖大买河碓基契，"立杜卖契人张门汪氏仝子添淦，缘于嘉庆贰拾五年，我祖象乾公与以闻、雅和三人曾租到公家大买河碓基壹业，该身租来垦造水碓及动用各项物件、另［零］碎，以期永远生息"[⑥]。

---

① 《祁门三四都一图小洲王氏文书》之《清嘉庆九年十二月王文贵公秩下起松等立出租水碓等约》，刘伯山主编：《徽州文书》，第二辑第一册，广西师范大学出版社 2006 年版，第 106 页。

② 《祁门三四都一图小洲王氏文书》之《清道光二十九年三月盛胜周立承租碓屋并地约》，刘伯山主编：《徽州文书》，第二辑第一册，广西师范大学出版社 2006 年版，第 142 页。

③ 《黟县六都四图胡氏文书》之《清道光九年正月又侄胡功益立承碓约》，刘伯山主编：《徽州文书》第二辑第六册，广西师范大学出版社 2006 年版，第 67 页。

④ 《光绪十一年祁门郑丽光等立合同》，王钰欣、周绍泉主编，中国社科院历史研究所收藏整理：《徽州千年契约文书（清民国篇）》卷三，花山文艺出版社 1993 年版，第 166 页。

⑤ 同治《祁门县志》卷五《风俗》。

⑥ 《民国二十年四月（歙县）张门汪氏等立杜卖大买河碓基契》，黄山学院编撰：《中国徽州文书》第六卷，清华大学出版社 2010 年版，第 305 页。

碓屋是家中的重要财产，分家文书中也有明确将碓屋作为分家对象的。比如清嘉庆十三年（1808）正月徐盛世等所立清业合同所示，立永清字人元魁公、元栋公，“今商议将康公众未分土名老祠边牌坊下首碓屋两间，并置天恒河塝屋宇壹所，并门前余地壹块，以及茅坦厝屋两行，拈阄以忠恕二字分执，免后争端，详载清晰，一一备列”①。对碓屋代为看守的契约内容也显示碓业是家庭的重要资产。比如清道光二十年（1820）10月黟县汪贵保立承代看守碓屋字据，汪贵保因原卖土名公坑碓屋、家伙、全业抵卖与胡氏名下，但胡氏出租事宜未妥，胡氏嘱咐汪贵保代为看守，汪贵保同意此事，“是身自应暂承代为看守，候胡宅召养得人。”② 专门用契约对碓屋代为看守事宜予以规定，体现了碓业在农家经济中的重要性。

2. 水碓业对徽州地区农产品加工的功用

传统时期徽州食米加工全赖水碓。比如在歙县，“本县溪流交错，乡民多利用水力，借以碾米磨粉，县产食米，全由水碓碾成，故无碾米工厂”③。在屯溪，“在中华人民共和国成立之前，屯溪区农村没有一台碾米机”④。直到民国时期休宁县也无碓米厂，休宁的所有食米“均赖水碓舂捣”，据统计，休宁县“全县共有碓号一百七十户，每户臼数多少不一，多者二十余具，少者五六具”，全县碓号年共舂米687700石，有臼数共1397具。⑤ 在歙县，“据本县碓业同业公会报告，全县水碓已登记者，计有十二家，未登记者计七十家，合计八十二家，四乡均有散布”⑥。

水碓是传统时期徽州地区农民的谷物加工工具。有租佃水碓用来加工谷物的清代契约，比如祁门盛胜周租水碓，“是身租去舂谷、磨麺、杂货生理”⑦。水碓用途除了用来舂谷外，大凡需要捣碎之物，皆可用省力

① 《嘉庆十三年徐盛世等立清业合同》，王钰欣、周绍泉主编，中国社科院历史研究所收藏整理：《徽州千年契约文书（清民国篇）》卷二，花山文艺出版社1993年版，第164页。

② 《黟县六都四图胡氏文书》之《清道光二十年十月汪贵保立承代看守碓屋字据》，刘伯山主编：《徽州文书》第二辑第六册，广西师范大学出版社2006年版，第71页。

③ 殷梦霞、李强选编：《民国经济志八种（第二册）》，国家图书馆出版社2009年版，第411页。

④ 卢茂村：《黄山屯溪区的水碓与水磨》，《农业考古》2003年第3期。

⑤ 殷梦霞、李强选编：《民国经济志八种（第二册）》，国家图书馆出版社2009年版，第507页。

⑥ 殷梦霞、李强选编：《民国经济志八种（第二册）》，国家图书馆出版社2009年版，第411页。

⑦ 《祁门三四都一图小洲王氏文书》之《清道光二十九年三月盛胜周立承租碓屋并地约》，刘伯山主编：《徽州文书》第二辑第一册，广西师范大学出版社2006年版，第142页。

功大的水碓，比如用作油榨业。徽州文书显示了徽州油榨业对水碓的应用。比如据清道光二十四年（1844）12月歙县程有智同弟媳程徐氏、侄媳程黄氏等所立油榨交业单，程有智等将卖过的油榨一所，“并榨内碾锅仓步碓等项，榨外西南余地”交给族侄名下管业，听凭改造取用[①]；另据清道光二十四年（1844）12月歙县程有旺、程有田、程大芳等所立油榨交业单，程有旺等人在“土名凌子塘下业”“上造油榨一所”，程有旺等将此油榨并“榨内碾锅仓步碓等项，榨外西南余地，照依原形现业为规，本家并无丝忽存留，凭中交与族侄名下管业”[②]；又如，清道光二十四年（1844）9月歙县程有满出卖在“土名凌子塘”的油榨一所，“榨外西南余地连榨内锅仓碾步碓等项，一应在内”出卖给族侄名下，“轮管改造取用”[③]。

3. 碓业对徽州社会的重要性

徽州多有以“碓”冠名者，比如地名、水名、田地、塘堨名等。徽州地区的地名、水名常以包含“碓”，体现了“碓”对传统时期徽民的重要性。比如歙县的永顺桥即“在水碓涧及雷堨之上”[④]。歙县的“水巷桥”“水碓桥”也都在水碓涧上，“水碓桥”在水巷桥下游。[⑤] 又如歙县有茶园，其中的水碓是当地一景，“旧志云在仁义寺北，沿溪一带，昔植茶，故名茶园，有水碓在其间，景有茶园水舂。”[⑥] 水渠也有以“碓”冠名者。比如歙县雷堨原是宋末程迁率子八人开筑，至清代“咸丰末淤废，同治三年（1864）程永和倡修，至五年工竣”，修筑的方案是“由溪南上村木桥头引丰溪水入口，经双石桥穿村心而下，循下村口三坪桥、坑桥，

---

① 《歙县九都十三图七甲程氏文书》之《清道光二十四年十二月程有智同弟媳程徐氏、侄媳程黄氏等立油榨交业单》，刘伯山主编：《徽州文书》第三辑第一册，广西师范大学出版社2009年版，第84页。

② 《歙县九都十三图七甲程氏文书》之《清道光二十四年十二月程有旺、有田同侄大芳等立油榨交业单》，刘伯山主编：《徽州文书》第三辑第一册，广西师范大学出版社2009年版，第83页。

③ 《歙县九都十三图七甲程氏文书》之《清道光二十四年九月程有满立油榨交业单》，刘伯山主编：《徽州文书》第三辑第一册，广西师范大学出版社2009年版，第83页。

④ 吴吉祜纂：《丰南志》卷二《舆地志》（省馆1981年抄本影印），载《中国地方志集成》乡镇志专辑第17册，江苏古籍出版社1992年版，第258页。

⑤ 吴吉祜纂：《丰南志》卷二《舆地志》（省馆1981年抄本影印），载《中国地方志集成》乡镇志专辑第17册，江苏古籍出版社1992年版，第259页。

⑥ 吴吉祜纂：《丰南志》卷二《舆地志》（省馆1981年抄本影印），载《中国地方志集成》乡镇志专辑第17册，江苏古籍出版社1992年版，第260页。

至上富桥芝黄支，分四渠：曰洋冲、曰合垅、曰斗碓、曰十亩，纡缳十里，直达上下，临河至澄潭山麓，仍归丰溪，溉田一千七百亩有奇。”[①]有些田地也以“碓”冠名，比如据清道光十五年（1835）12月黟县万罗氏等所立加约，万罗氏等人所加约田块位于“土名碓前田”的地方[②]。一些塘堨的名字也冠以“碓”，比如在歙县，即有溉田三百亩的“水碓堨”[③]。

水碓舂米，舂声阵阵，在徽州地区民间认识中，以伤人闻名的老虎也惧怕碓声。地方志记载：徽州地区的虎“又畏舂碓声，闻舂碓则齿自酥”[④]，可见碓业是传统时期徽州民众生活的重要内容。

二、碓业出卖、典当的救济功能

建水碓的位置多选择在河畔，为防止所碓之物受到日晒雨淋，方便使用，各地的水碓都建有碓屋。徽州地区大型水碓，配套设施比较齐全，比如装有多口石臼、水磨，碓屋，小工具也不少，包括大小篾篓、米筛、风扇、粉箩等工具。

徽州地区碓业的出卖，有将碓屋、水磨、碓基等单独或组合起来出卖等多种情况。比如有出卖碓屋的情况。据清道光八年（1828）2月14日祁门胡阿倪立杜卖屋碓并余地契，立杜卖契妇胡阿倪“原有承祖买受本都一保土名东岸，经理六十七、六十八、六十九号，后重右边边间正房一间、厨屋四大股之一、碓屋三大股之一，所有房屋厅堂、厨屋，本家悉照老契存留”，胡阿倪将碓屋余地出卖给房叔管业。[⑤]有将水磨石及碓房出卖者。据清康熙三十八年（1699）3月11日黟县王显承等所立出卖水磨石契，出卖人王显承等“今有亭前水磨石一副，出卖与官廷富名

---

① 吴吉祜纂：《丰南志》卷二《舆地志》（省馆1981年抄本影印），《中国地方志集成》乡镇志专辑第17册，江苏古籍出版社1992年版，第268页。

② 《黟县十都宏村万氏文书》之《清道光十五年十二月万罗氏等立加约》刘伯山主编：《徽州文书》第二辑第八册，广西师范大学出版社2006年版，第21页。

③ 道光《歙县志》卷二之六《水利》。

④ 嘉庆《黟县志》卷三《物产》。

⑤ 《祁门十二都贵溪胡氏文书》之《清道光八年二月妇胡阿倪立杜卖屋碓并余地契》，刘伯山主编：《徽州文书》第二辑第一册，广西师范大学出版社2006年版，第242页。

下管业”，对此水磨石，“面议水磨石价九五银陆两正”；此外“又将碓屋一所、木料石块一并在内，亦同出卖与官廷富前去管业，面议原料价九五银三两五钱正，其银约至本年腊月送还不误，如违期，依乡起息。”①有将水碓附属设施另行出卖者。比如康熙五十四年（1715）农历十二月初九祁门谢阿胡立约出卖垙头石契，谢阿胡原先将碓出卖胡氏名下，即“原承祖四保土名第山碓□□，先年立契将碓并厂各项俱已出卖与胡名下”，但对于此卖碓契约“仍有碓上手大路边砌有礌头石，未在契内”，于是谢阿胡“今托中将本位该得分股尽数立契出卖与胡名下随碓管业，当得价银贰两正，在手足讫”②。

碓业事关徽州人民的粮食加工和民事问题，是徽民的重要产业之一。之所以存在不少碓业出卖、出典的实例，绝大多数情况都是为了弥补家用之不足。徽州文书显示了出卖碓业“因欠少使用”状况的普遍性。

早在明代，即有因“无分支用”的情况出卖碓基。嘉靖时期，祁门即有买卖碓基的活动，“十五都汪景美，今承祖买受得汪付俊碓基一块，坐落二保土名查湾住后新立四至，东至永三地，西南至立之地，北至汪三地，今为无分支用，自情愿将前项四至内地，本位十四分中合得一分，尽数立契出卖與族弟汪名下为业，面议时价文艮六分整，在手足讫，其价契当日两相交付。未卖之先即无重互交易”③。此出卖是因为“无分支用”。

在清代，出卖碓业或者碓业股份以济困的文书很多。有出卖碓屋以济困者，比如据清道光十三年（1833）12月歙县方大康公支下经手人方庭浪、庭枸所立卖碓屋契，歙县“立卖契人方大康公支下经手人方庭浪、庭枸，庭钐、庭万，今因欠少使用，自身情愿将祸字七千六百零六号内计山税一毛正，土名庙堪北山步碓屋一间，上至椽桁瓦片，下至柱磉地基四维墙壁、出入道路，立契尽行出卖与庭盛名下为业，三面议定时值

---

① 《黟县六都四图胡氏文书》之《清康熙三十八年三月王显承等立出卖水磨石契》，刘伯山主编：《徽州文书》第二辑第六册，广西师范大学出版社2006年版，第5页。

② 《祁门十二都贵溪胡氏文书》之《清康熙五十四年十二月谢阿胡立卖犿头石契》，刘伯山主编：《徽州文书》，第二辑第一册，广西师范大学出版社2006年版，第209页。

③ 《嘉靖祁门汪氏抄契薄之五七》，王钰欣、周绍泉主编，中国社科院历史研究所收藏整理：《徽州千年契约文书（宋元明篇）》卷五，花山文艺出版社1993年版，第371页。

价钱贰两正。”[①]

有将水碓股份出卖以济用者。比如据清咸丰七年（1857）3月吕清双的卖水碓契，“立卖契人吕清双，今因欠少使用，自身情愿将传字号内土名外坑下石桥头水碓一只，合身半股，出卖八股之一，立契尽行出卖与侄孙宏铣名下，三面言定时值价钱七百卄文正。”[②] 另如，咸丰八年（1858）10月吕邦闵所立卖水碓契也是这样：“立卖契人吕邦閔，今因欠少使用，自身情愿将传字号内土名外坑下石桥里水碓一只，十大股合身分法四股之一，并堨脑、水圳，尽行出卖与堂伯清海邦院名下经管，三面言定时值价钱苞芦一斗二升正，其苞芦当日收足，其水碓听凭随契经管，无得阻执。”[③]

在清代徽州，也有出当、出典碓业或者碓业股份以济困的诸多实例。有将所拥有的碓屋股份出当以济用者，比如清道光二十四年（1844）5月程门洪氏同侄大芳等立当榨屋契“立当契人程门洪氏仝侄大芳，今因欠少钱粮正用，自愿将祖遗分下己业果字等念六号计田税四分正土名凌子塘下其田起造碓屋壹所，该身分管六股之一。该身半股计田税三厘五毛正托中立契当与堂弟名下为业，三面言定德受足大钱肆仟文正”，同时还规定了利息，“每年秋之日交纳利谷四斗正，不得欠少，倘有欠少，听凭管业。”[④] 清代徽州水碓、碓基出典的原因也常常是“今因正用”。比如清光绪二十六年（1900）黟县万灶亮等人立典碓基及水路约所示：“立典约人万灶亮仝侄赓金，今因正用，自情愿将祖遗己名下之业，土名桑林水碓磨房地基并厨屋余地，及东大溪水路列碓、左边小溪水路列碓，壹并在内，尽行凭中立契出典与胡庆贵兄名下为业，三面言定时值典价纹银拾肆两正，其银当日亲手收足，其碓基及两处水路即听受典者管业，

---

① 《歙县三十二都金川方氏文书》之《清道光十三年十二月方大康公支下经手人方庭浪、庭枸立卖碓屋契》，刘伯山主编：《徽州文书》第三辑第四册，广西师范大学出版社2009年版，第13页。

② 《清光绪二十一年正月吕日高定立契簿》之《清光绪二十一年正月吕日高定立契簿之二十四》，刘伯山主编：《徽州文书》第三辑第四册，广西师范大学出版社2009年版，第218页。

③ 《清光绪二十一年正月吕日高定立契簿》之《清光绪二十一年正月吕日高定立契簿之二十四》，刘伯山主编：《徽州文书》第三辑第四册，广西师范大学出版社2009年版，第218页。

④ 《歙县九都十三图七甲程氏文书》之《清道光二十四年五月程门洪氏同侄大芳等立当榨屋契》，刘伯山主编：《徽州文书》第三辑第一册，广西师范大学出版社2009年版，第82页。

竖造水碓磨坊无阻。"[①]

上述择要介绍者均指出是为了"正用"的原因，具体原因言之不明。实际上，还有部分文书记载了出卖、出当水碓的具体原因，比如因家人重病、离世、男劳力亡故、还债等原因，说明了此种碓业经济交易明显起到了救急的功用。试举三例。清雍正二年（1724）11月，汪楚善"自情愿将承祖遗水碓一业三股内该身兄弟一股，并父置土名汪八碣鱼塆一口四周空地在内"凭中出当与张氏名下为业，规定"本九七色银肆两整，其利逓年秋收硬交下午谷陆砠，送门交纳"，对于所应缴纳的利谷，如若不交，则"听从执契管业"，汪楚善如此出当获得资金也是为了资金上的救急，即"今因兄病重无银使用"而根据"母命相商"所做的决定。[②]清道光八年（1828）2月14日，祁门胡阿倪杜卖屋碓并余地给房叔胡上机管业，"三面言定，时值价制钱肆千文整，其钱在手足讫，比日契价两相交付明白"，其中原因是"今因棺木无措"[③]。另，清嘉庆十二年（1807）12月歙县余士城之妻余叶氏所立卖水磨屋、磨、碓厅的契约："立卖屋契人余阿叶，今因夫故，先年所该债负，无物出办，将夫余士城续置新造水磨屋一所，是屋内磨一副，并平治林全副，并罗仓、罗筐□□、罗牵脚塔全副，磨桶□只，风扇一界车局，计铁心箍，共七件，水仓水漕全副，碓厅在内。今水磨伤损，不能修理。自情愿凭族央中公估值九七艮贰十壹两整，凭中出卖与程钦宏名下为业，其屋银比日是身亲手收足讫，其屋磨自用家伙听从拆毁，无得生情异说，并无执押等情。"[④]

从现有已出版徽州文书来看，水碓出卖极少是非救济家用的原因，笔者仅见到寥寥几则契约言明碓业出卖、出抵是因为管理因素。比如清康熙四十一年（1702）11月祁门陈禹占卖土碓"上下所共陆支""坐落十二

---

① 《黟县二都四图胡氏文书》之《清光绪二十六年冬月万灶亮等立典碓基及水路约》，刘伯山主编：《徽州文书》第一辑第一册，广西师范大学出版社2005年版，第397页。

② 《雍正二年汪楚善当水碓、鱼塘契》，王钰欣、周绍泉主编，中国社科院历史研究所收藏整理：《徽州千年契约文书（清民国篇）》卷一，花山文艺出版社1993年版，第232页。

③ 《祁门十二都贵溪胡氏文书》之《清道光八年二月妇胡阿倪立杜卖屋碓并余地契》，刘伯山主编：《徽州文书》，第二辑第一册，广西师范大学出版社2006年版，第242页。

④ 《歙县九都十三图七甲程氏文书》之《清嘉庆十六年十二月余阿叶立卖屋契》，刘伯山主编：《徽州文书》第三辑第一册，广西师范大学出版社2009年版，第62页。

都”，出卖原因是“管业不便”①。清康熙四十一年（1702）11 月祁门陈禹占卖土碓契约，陈禹占“有承祖买受丁村堌土碓，上下所共陆支，坐落十二都”，“因管业不便，自愿出卖與姑丈胡德馨名下为业，当得时值价纹银捌拾两正”，并加批道“其碓并地日后听陈将原价取赎无词。”② 另，清道光二十年（1840）10 月黟县汪贵保所立杜断抵碓屋约，如下所示。

“立杜断抵约人汪贵保，今因不便，自情愿将土名公坑监造碓屋□□，并水路□注碣石各塝，及碓屋、磨碓、家伙俱全，尽行凭中出抵与胡名下为业，三面议定，眼仝估值价银五拾两正，其银当日收足，其碓屋、碣石、并碓内家伙、屋外水道，即听管业招租。”③

三、碓业的管理

1. 对使用的管理

碓业如果是农户独资购置，使用权则归该户独自掌控，自属无疑。但徽州文书显示出，有许多水碓，尤其是大型水碓是合股经营。徽州地区大型碓业在产权方面常常是共业形式。比如嘉靖时期，祁门十五都有碓基为十四分共有，汪景美占有十四分之一④；清雍正年间徽州有碓磨分三股，汪楚善占有其中一股⑤。这种合伙形式当与徽州地区在商业经营过程中合资优势的经验有关，清光绪十一年（1885）4 月祁门郑丽光、郑义兴、黄兽泉、黄廷乡等四股合伙租到水碓一所时即明确指出“盖闻贸易之道，莫若合伙为妙”⑥。

---

① 《祁门十二都一图胡氏文书》之《清康熙四十一年十一月陈禹占立卖土碓并屋赤契》，载刘伯山主编：《徽州文书》第一辑第六册，广西师范大学出版社 2005 年版，第 194 页。

② 《祁门十二都一图胡氏文书》之《清康熙四十一年十一月陈禹占立卖土碓并屋赤契》，载刘伯山主编：《徽州文书》第一辑第六册，广西师范大学出版社 2005 年版，第 194 页。

③ 《黟县六都四图胡氏文书》之《清道光二十年十月汪贵保立杜断抵碓屋约》，载刘伯山主编：《徽州文书》第二辑第六册，广西师范大学出版社 2006 年版，第 70 页。

④ 《嘉靖祁门汪氏抄契薄之五七》，载王钰欣、周绍泉主编，中国社科院历史研究所收藏整理：《徽州千年契约文书（宋元明篇）》卷五，花山文艺出版社 1993 年版，第 371 页。

⑤ 《雍正二年汪楚善当水碓、鱼塘契》，载王钰欣、周绍泉主编，中国社科院历史研究所收藏整理：《徽州千年契约文书（清民国篇）》卷一，花山文艺出版社 1993 年版，第 232 页。

⑥ 《光绪十一年祁门郑丽光等立合同》，载王钰欣、周绍泉主编，中国社科院历史研究所收藏整理：《徽州千年契约文书（清民国篇）》卷三，花山文艺出版社 1993 年版，第 166 页。

对于合股水碓，就需要对使用权进行管理。徽州文书显示，徽州地区的合股水碓在使用时采取的是轮流使用的规则，使用天数的多少则根据股份占的多少。合股的水碓常在合同中详细规定在舂米时轮流使用的细则，以做到有规可循。比如清光绪二十三年（1897）10月休宁县五都余连德、余良煻、余翠令等三人所立合议墨。

“缘因水口外土名八公培脚水碓壹所，家伙全副。该身良煻名下四股之三，连德、翠令二家四股之一。因于光绪念三年拾月凭族五房公派打车，议定木料工价共计钱拾四千文，四股均派，日后榨车开磨，亦是四股均派，修拾水碓屋装修，亦照四股均派，其余零件仍余日期以作小修。当日三面凭族言定，每月六日连德，三日期翠令，逢六日期一应舂米日期。若要临期不舂，过去不能舂；倘若舂米日期将家伙物件损伤，亦要照赔；倘若重修耽搁日期，照除，两无异说。”①

对于利用碓作动力的的油榨业的管理方式，也是各股轮流使用。比如据清道光二十四年（1844）12月歙县程有宁同弟有宜、侄灶贵等立油榨交业单，在歙县土名凌子塘的地方有榨基，其榨内有“碾礲、碾子、木仓、锅灶、步碓、破榨零碎等件”，向来归六大股共业，使用方式是“计日眼十二日，每股各管两日”，程有宁等人分有一股半，根据六大股为十二天、每股二天的轮流方式，程有宁等人在十二天内有三天使用权。② 另，清道光二十四年（1844）9月歙县程有满对于利用水碓作动力的合股油榨的出卖规定了轮流使用的规则，该油榨位于“土名凌子塘”的地段，出卖给族侄名下，契约规定“十二日轮管一日”③。

除了需要对合股水碓的使用制定管理规定外，还需要对水碓使用的季节作出安排。比如清康熙间歙县溪南吴姓曾造碓两座，当时对于用碓也有规定，“引堨口水分流放碓，清明则筑坝截流归堨，处暑乃开。”④

---

① 《休宁五都五图余氏文书》之《清光绪二十三年十月余连德、余良墄、余翠令立合议墨》，载刘伯山主编：《徽州文书》第三辑第五册，广西师范大学出版社2009年版，第398页。

② 《歙县九都十三图七甲程氏文书》之《清道光二十四年十二月程有宁同弟有宜、侄灶贵等立油榨交业单》，载刘伯山主编：《徽州文书》第三辑第一册，广西师范大学出版社2009年版，第84页。

③ 《歙县九都十三图七甲程氏文书》之《清道光二十四年九月程有满立油榨交业单》，载刘伯山主编：《徽州文书》第三辑第一册，广西师范大学出版社2009年版，第83页。

④ 吴吉祜纂《丰南志》卷二《舆地志》（省馆1981年抄本影印），载《中国地方志集成》乡镇志专辑第十七册，江苏古籍出版社1992年版，第268页。

2. 对水碓修理的管理

对于独资建造并自己使用的水碓的修理，是自己负责。需要通过合约或规章对水碓维修进行管理或作具体规定的情况有两种：一是水碓出租时维修事宜该由东家还是承租人负责的问题，二是合股水碓的维修费用问题。

对于出租水碓的维修，租约中常常对水碓修理的责任分担作了规定。从现存契约来看，一种情况是大修（比如更换重要部件）由出租人（东家）承担，小修由承租人负责；还有一种情况是无论大修、小修均由承租人承担，但由东家对承租人的大修活动予以资金补贴。清嘉庆九年（1804）12月24日祁门王起松、王起树、王振观、王振磷、王振益所立出租水碓契约即记载了第一种情况："立出租约人王文贵公秩下起松等，今有土名牛栏坵水碓一所，共计陆枝，水磨一副，并碓内家伙等项物件，另立清单，自愿托中一并出租与谢友玉名下""其碓内修理，大修扎车、钉漕、换车心、水坝恐损，俱系是身自认，其小修并木料工食槩行尽是承租人自办修理，不致推挨异说。其碓言定议租陆年为满，再行另约复租，自租之后二各无悔，如悔者甘罚白银五钱公用，今欲有凭立此出租约存照。再批：新造水碓用费银贰拾两正，言定收租银五年扣除，每年扣银肆两正。"[①] 道光年间祁门租佃水碓的契约也显示大修由东家负责、小修由承租人负责的制度。据清道光二十九年（1849）3月祁门盛胜周立承租碓屋并地约，盛胜周承租水碓，规定"所有石堨、北车、钉槽及屋碓，大修碓东，小修是身自理"后又加批道："修整车轮，碓客自理""本年修理用去木料工银贰拾契千贰百文，将念九年卅年两年租银扣除，仍找碓东银叁仟贰佰文。"[②] 黟县水碓的出租契约也规定了大修碓东、小修承租人负责的情况，比如清道光九年（1829）正月黟县胡功益所立承碓约规定："所有大修翻椿、钉漕、换车心等，系碓东认，其小修俱系承租人自理，毋得异说。"[③]

① 《祁门三四都一图小洲王氏文书》之《清嘉庆九年十二月王文贵公秩下起松等立出租水碓等约》，刘伯山主编：《徽州文书》，第二辑第一册，广西师范大学出版社2006年版，第106页。

② 《祁门三四都一图小洲王氏文书》之《清道光二十九年三月盛胜周立承租碓屋并地约》，载刘伯山主编：《徽州文书》，第二辑第一册，广西师范大学出版社2006年版，第142页。

③ 《黟县六都四图胡氏文书》之《清道光九年正月又侄胡功益立承碓约》，载刘伯山主编：《徽州文书》第二辑第六册，广西师范大学出版社2006年版，第67页。

清光道光十六年（1836）农历二月初六祁门谢锦华所立契约显示，谢锦华对承租碓屋的维修是第二种情况，即是无论大修、小修，均由承租人承担。

“立承祖［租］约人谢锦华，今承租到王文贵祀名下碓屋壹重，计贰间，计碓伍枝，石臼陆箇，石磨壹付，并僚车、车盤、车槽、风箱、米盆，在碓什物，一并槩行，是身托中承租前来舂磨粮食。三面言定，逓年交纳租银捌仟贰佰文正，其租银订定四季交付，不得短少过限。如有等情，自愿出碓任凭另租他人。其碓屋内家伙、碓磨，大小修理均系是身办管，所有槩换车心，出租人贴补钱伍佰文。再，祀舂磨粮食等项，承租人不得计取该祀之租，身无异说。今欲有凭立此承租约存照。”①

对于合股水碓的维修，契约中也常常规定了按股份负担的原则。可见，合股形式有助于对碓业的维护及物资添置。比如祁门郑丽光、郑义兴、黄兽泉、黄廷乡等四股合伙租到水碓，“每股并出本洋拾捌元，共计洋七十贰元正，以作碓中修送添置应用家伙等件，碓中各事以及账目概交黄廷卿执管”，对于此碓业的营业结算，若有结余则“四股均分”，反之，则“蚀本且四股公认，且溪边事业难保无洪水之患，今宜各从天命，毋得反悔异说”，而且规定“余积之资不得先以私自移用，必待年终开销”②。很显然，合股形式也增强了抵抗经营风险及自然灾害的能力。

四、碓业发展所引发之纠纷

明清时期碓业发展及交易便利了谷物加工业，为一些人群增加了谋利的途径，缓解了农民经济困窘等状况，但也引发了一些民间纠纷。这些纠纷反映在水碓设置与航道通行、农业灌溉、本土文化等多方面的冲突中。

碓业发展造成的问题首先体现在碓业与水运业之间的冲突。在明清时期的徽州地区，在溪流江河的岸边设置水碓，甚至可根据水势大小设

① 《祁门三四都一图小洲王氏文书》之《清道光十六年二月谢锦华立承租碓屋约》，载刘伯山主编：《徽州文书》，第二辑第一册，广西师范大学出版社 2006 年版，第 132 页。

② 《光绪十一年祁门郑丽光等立合同》，载王钰欣、周绍泉主编，中国社科院历史研究所收藏整理：《徽州千年契约文书（清民国篇）》卷三，花山文艺出版社 1993 年版，第 166 页。

置多个水碓。这不仅改变了徽州地区原有溪流江河的景观，而且设置水碓，容易冲毁桥梁，影响航道及交通运行。这在以水运为主要长途运输方式的传统社会来说，无疑容易引发纠纷。

早在明代，歙县有因为水碓使用影响水道交通而产生民间纠纷的情况。据歙县《丰南志》记载，“今嘉靖二十六年有本族逆仆叶桢回造作水碓，致冲桥梁，削弱来往簰筏”，因为此次造碓对当地人民影响颇大，即所谓“为恶百端，乡民受害”，所以经公处断对水碓予以拆毁，“此有通判胡公顺道，经过本里具告鸣公，命拆毁改正。”① 祁门县地方志所言“水碓隘河身，磁土伤龙骨”②，也指出了水碓设置对河道的妨碍。

在水道上增设水碓妨碍了洪水的分流。关于水碓被洪水冲毁的记载，即是此体现。比如徽州府在明万历元年（1573）“八月，婺源水骤起数丈，漂流船只舂碓”③。不仅明清，甚至直到民国年间，仍有水碓遭洪水冲毁的情况。歙县吴月明等四人占有一水碓股份的五分之四，四人“情因车田八亩坵吴家门前厕所塝下水碓壹堂，其基地系身等祖父辈昔年向车田本族有茂公支租来，与首茂公支合造而成，共计五大股”，吴月明等四人占四股，首茂公一股。此水碓在民国年间被洪水冲毁，契约如此言：“执管以来幸无异议，讵料民国壬戌年秋洪水为灾，碓遭冲毁，稽延迄今，尚未修造。”④

在水道上增设水碓妨碍了农业灌溉。要建造水碓，就需要在溪流江河中筑坝（徽州地区用“堨”表示）以驱动水碓设施中的水轮。而徽州地区的“堨”除了用来驱动水碓，还可兼作灌溉之用，这二者有时会产生矛盾。这种水碓使用与灌溉用水的冲突在农本社会引起了官方注意。早在明崇祯年间，徽州府歙县知县傅岩就规定，“仍禁豪右造碓，致妨灌溉，旱涝有备。”⑤ 对于灌溉用水与水碓用水之间矛盾的存在，徽州地区定有管理制度。比如在黟县“黟水源高，塘堨潴水行水俱易，顾人力勤

① 吴吉祜纂《丰南志》卷二《舆地志》（省馆1981年抄本影印），载《中国地方志集成》乡镇志专辑第十七册，江苏古籍出版社1992年版，第268页。

② 同治《祁门县志》卷五。

③ 道光《徽州府志》卷十六之一《祥异》。

④《民国十六年元月（歙县）吴月明等立卖水碓据》，载黄山学院编撰：《中国徽州文书》第六卷，清华大学出版社2010年版，第304页。

⑤ 傅岩：《歙纪》卷之五《事迹》，陈春秀校点，黄山书社2007年版，第56页。

惰何如耳，堨下必有水道，或因之为水碓，视操碓臼之工者十倍也，且以泄急涨俗有公约，三时溉田、冬日归碓，此议关于民生不可摇者。"①也有关于碓堨与田堨之间用水纠纷的事例。据 1934 年歙县的《碓堨水利登记》，清代光绪年间出现村民因为大水冲塌田堨而没有修理的情况，赖此田堨作农业灌溉的农民却私自放他户碓堨之水以灌田，歙县地方官作出判决"碓堨、田堨，上下各别，堨名不同。碓堨之水，只该碓户放磨营生。田堨被水冲塌，赶紧邀集各田户修理，捉水灌田。日后碓户与田户各执各管，俟后不得混争"②。这些管理措施在很大程度上保证了灌溉水利与水碓业的共同发展。

由于徽州地区重视堪舆风水之说，水碓的设置改变了原有自然景观，有些徽州民众将水碓设置与人事兴废及堪舆文化联系起来。比如清婺源人单启泮在江西从事木业致富后回报乡里，除了倡捐重修桥渡外，因为"族中房口数不利，堪舆家归咎村口水碓"，单启泮于是重新购地建造水碓，由此"族赖以安"③。

五、小结

综上所述，明清时期，水碓对徽州地区农产品加工具有重要作用。而且，富裕农家通过经营水碓也增加了谋利的途径，从徽州地区地名、水名、田地、塘堨名等多有冠以"碓"的状况，也可见水碓对徽州社会的重要性。在明清时期的徽州，水碓的出卖、典当缓解了农民经济困窘状况，民间社会也对水碓的使用、维修定有管理措施。但明清徽州水碓业的发展也与水运航道、农业灌溉、本土文化存在一定的冲突。总体而言，学界对于传统时期水碓业的研究很有限。本节就明清时期徽州地区的水碓业问题进行的探讨，期望能促使学者对这些问题展开进一步的研究。

---

① 嘉庆《黟县志》卷十一《政事·塘额》。

② 王振忠：《徽州歙县白杨源：一个盆地小区域社会的初步调查与研究》，《上海师范大学学报（哲学社会科学版）》2012 年第 3 期。

③ 光绪《婺源县志》卷三十四《人物·义行》。

第六章　水利建设篇

第一节　明清时期徽州地区灌溉水利的发展

一、徽州灌溉水利发展背景及问题的提出

徽州地区广布山陵丘地，山多田少是导致粮食紧张的重要原因，比如祁门县“山居十之八，水居十之二”①，“徽州介万山之中，地狭人稠，耕获三不赡一，即丰年亦仰食江楚十居六七，勿论岁饥也”②。同时，明清时期人口的增加也加剧了粮食紧张的局面，比如黟县，“黟在万山中，其地故非沃壤，然山地皆折田，无偏苦之弊，所患者田少耳，岁收不给三月，而昔人谓一年耕足饱三岁，则古今户口多寡之别也”③。关于明清时期徽州地区粮食供应严重不足的记载是很明确的，甚至出现一遇米禁便“皇皇枵腹以待”的状况：徽州本地所产粮食“仅资三月之食”④，“天下之民寄命于农，徽民寄命于商……一日米航不至民有饥色，三日不至有饿殍”⑤，休宁县“邑以山多田少，粒米是急，日仰给东西二江，一遇公禁私遏，旬日之艘未至，举皇皇枵腹以待”⑥。

有关于米禁的具体事例的记载：“窃照徽州府属山多田少，所出米谷即年岁丰稔亦仅供数月民食，每每仰给邻封江西浙江等处贩运接济，

---

① 同治《祁门县志》卷十二《水利志·坝》。
② 道光《休宁县志》卷之一《疆域·风俗》。
③ 嘉庆《黟县志》卷九《政事·田地》。
④ 道光《徽州府志》卷四之二《水利》。
⑤ 道光《休宁县志》卷之一《疆域·风俗》。
⑥ 道光《休宁县志》卷之一《疆域·风俗》。

……乾隆十六年内徽郡偶遇旱荒，溪河浅涸，兼值江浙两省歉收米少，客贩绝迹，该处米价不特昂贵无比，且至无米可买，民情窘迫。……惟是他属以米贵为患，而徽郡尤以无米为患。”①

当地农人常常需要采薇葛以果腹，比如，休宁县“岁收仅仅不给半饷，多仰取山谷甚至采薇葛以食”②；祁门县“入甚薄，岁祲粉蕨葛佐食，即丰年谷不能三之一”③；黟县“土刚不化，农人终岁勤劬，亩收不给，多远取于池、饶，贫不能负者，采岩谷薇葛以充腹”④。

对这种山多田少的地区来说，依赖外部市场稻米输入是解决粮食不足问题的途径之一，但外部市场有时是不太稳定的，一遇米禁便“民情窘迫”，由此显示出发展本地的粮食生产以缓解粮食紧张的途径很重要。

此外，徽州地区坡陡流急，呈现出河流易盈易涸，塘堰易于冲击、淤塞的特点。这种自然特点决定着在旧有的技术条件下，对灌溉水利设施的修复不是一劳永逸的，往往反复兴修，如明清期间对鱼梁坝的兴修就有6次之多。关于这不利的自然条件，有明确记载。歙县的情况是，“盖吾郡依山为治，山溪湍环，泄多潴鲜，加夏秋霖涨，挟蛟为灾，冲堤坏堰久须修复，势固然也”⑤。所以，“高滩峻濑，非障导疏引则利无由兴，且时有泛溢之害”⑥。在清前中期，因山区掠夺性开发造成水土流失，也加剧了该地区易盈易涸、塘堰易于冲击、淤塞的情况。⑦

这些都说明了，化水害为水利，发展粮食生产，缓解民食问题，对灌溉工程的修治便极为重要。对于发展本地山区灌溉水利在解决民食问题方面的重要性，时人也是有认识的。富裕徽商曾为修筑休宁县东圩堨捐献巨款，事后徽州人金声在为此事予以大力赞扬时指出：“且吾乡邑中容或有可耕之地如东圩者，倘尽如先生之不惜其利以利人，则仰食之忧

---

① 民国《歙县志》卷十五《艺文志·奏疏》。
② 道光《休宁县志》卷之一《疆域·风俗》。
③ 康熙《祁门县志》卷一《风俗》。
④ 嘉庆《黟县志》卷三。
⑤ 道光《歙县志》卷二之六《水利》。
⑥ 道光《歙县志》卷二之六《水利》。
⑦ 参见陈瑞：《清代中期徽州山区生态环境恶化状况研究——以棚民营山活动为中心》，《安徽史学》2003年第6期。

庶几其少豸乎。”[1] 那么，面对粮食紧张的局面，徽州地区灌溉水利有没有发展从而促进本地的粮食生产呢？

徽学涵盖的研究领域非常广泛，学界对徽商、徽州文化的研究成果甚丰，在徽州农业方面，租佃制度、亩产量以及棚民开发的研究也较系统，但有关明清时期徽州地区灌溉水利发展情况的论述多零星见于有关东南山区或安徽水利的考察中[2]，因非专论，故失之简略在所难免。笔者拟对明清时期徽州地区灌溉水利的发展情况作一较系统考察，期望对丰富徽州社会史的研究有所裨益。

二、明清徽州田额及灌溉工程数量考释

1. 田额的扩大

徽州地区广布山陵丘地，早在宋元时期，该地区就修建了大量的塘堰设施，农田灌溉的发展，有力地促进了该地区的粮食生产。至明清时期，徽州地区灌溉水利有所发展是明显的，具体而言，可以从塘堰灌溉工程数量的增多、塘额的扩大、对旧有塘堰工程的修治、对水资源利用的扩大与改进等方面得到体现。徽州地区皖南山区灌溉水利的发展无疑会使灌溉面积有所扩大，这从明清时期田额数量的比较（见表7）可以得到反映。

表7　徽州府明清塘额、田额数字比较表＊　单位：亩

地点	塘额			田额		
	明初	弘治间	清代	明初	弘治间	清代
歙县	8328	14194	14520.7	289446	336942	353721.6
休宁县	8767	10158	10175	317299	355263	359707
祁门县	—	—	1590.6	113181	151343	183438.7

① 道光《休宁县志》卷之二十一《艺文·纪述》。

② 相关研究主要有以下：载张芳：《明清农田水利研究》，中国农业科技出版社1998年版；王社教：《明代苏皖浙赣地区的水利建设》，《中国历史地理论丛》1994年第3期；王社教：《清代安徽农业生产的地区差异》，《中国农史》1999年第4期。

续表 7

地点	塘额			田额		
	明初	弘治间	清代	明初	弘治间	清代
婺源县	254	1196	1647.2	303457	378995	429211.3
绩溪县	2533	3381	4001.7	123406	133486	143191.3
黟县	120	127	181.2	109148	120784	121923.2
徽州府	20000	29058	32116.6	1214608	1476815	1590967.6

＊说明：明初及弘治间数据均出自弘治《徽州府志》卷二《田地》；清代数据均出自道光《徽州府志》卷五之一《食货志·赋役》

从表 7 可以得出，明清时期，徽州地区的灌溉面积是有明显增加的，清代徽州府的田额与明初及弘治间相比分别增加了 30.98%、7.73%。

2. 塘堰灌溉工程数量的增多

若以清代道光年间塘堨坝陂的所数与明代中期相比较，会发现徽州地区的塘堰数目有明显的增加，试以该地区清道光间与明弘治间的塘堨坝陂数列表如下。

表 8　明清徽州府塘堨坝陂数目表

府县名	明弘治间		清道光间	
	数目（所）	出处	数目（所）	出处
休宁县	塘 72、堨 24，共 96	弘治《徽州府志》卷 2《水利》	塘 295、堨 172 陂 2、坝 1，共 470	道光徽州府志卷 4 之 2《营建志·水利》
歙县	塘 72、堨 35，共 107	同上	塘 149、堨 63、坝 2，共 214	同上
祁门县	塘 5、陂 32，共 37	同上	塘 40、堨 185、坝 4，共 229	同上
婺源县	塘 31、陂 39、堨 41，共 111	同上	塘 70、陂 122、堨 185，共 377	同上

续表 8

府县名	明弘治间		清道光间	
	数目（所）	出处	数目（所）	出处
绩溪县	塘 12 堨 60，共 72、	同上	塘 43、堨 108、坝 2，共 153	同上
黟县	塘 6、堨 165，共 171	同上	塘 111、堨 127，共 238	同上
徽州府	6 县总共 594	同上	6 县共 1681	同上

从表 8 可看出徽州府清道光间的灌溉工程数增加了 1087 所，达到明弘治间数目的两倍有余，增加的幅度不小。由于不同资料的记载有差别，需要作一取舍及修正。对于有些资料记载的数目与表 8 只有几个之差的情况，因总体上影响不大，误差很小，笔者在此不再赘述，而只对记载有显著差异的情况作一取舍。同治《祁门县志》卷十二《水利志》认为有关该县水利的其他记载有误，指出祁门县明代塘 30 所、堨 142 所（共 172 所）、清代塘 40 所、堨 185 所（共 225 所），明代的数字比上表要大许多。道光《徽州府志》卷四之二《营建志 · 水利》所记载的婺源县明代水利的数字也高于上表：塘 43 所、堨 138 所、陂 121 所，共 302 所。即便如此，此两县明清灌溉工程数目清代仍比明代要多。

另外，上表中黟县的清代数据可能过低，因为道光前的嘉庆时期该县即有塘 112 所、堨 230 所，共 342 所（见嘉庆《黟县志》卷十一《政事 · 塘堨》。并且，其后的《黟县三志》卷十一《政事 · 塘堨》记载又增加塘 12 所、堨 25 所，共 379 所）。

对于清代歙县，道光《歙县志》卷二之六《水利》对前志之记载作了修正，既是修正，可信度当大一些，并且“今按之方隅，并据现开报者校正数条”，记载有：塘 235 所（其前靳志为 122 所），堨 61 所（其中有 11 所新增），共 296 所，今取此作歙县清道光间数字，此后至民国期间，歙县水利仍有发展，民国《歙县志》卷二《营建志 · 水利》载：塘 434 所（共灌田 23849 亩）、堨 280 所（共灌田 42871 亩）、坝 4 所，共 718 所，塘堨共灌田 66720 亩。

上述记载说明了徽州府明代和清代塘堨坝陂数目分别为 920 所、

1863 所，增加了 943 所，这样清道光间数目也有明代的两倍。

我们还可以取康熙中期的数字作为参照，至康熙中期，徽州六县共有塘 510 所，堨 633 所，陂 112 所，堤 2 所，坝 4 所，渠 2 所，各类灌溉工程共有 1263 所[①]。从弘治间的 594 所至康熙间的 1263 所，再至道光间的 1681 所，增加的趋势也是明显的。并且，考虑到一些小型工程漏报的情况可能存在，水利发展的程度可能还要大一些。

在这些增加的灌溉水利工程中，有大型水利工程。比如，知县周舜岳新筑江柏山堨，溉田千余顷；知府龙晋新开的良堨，溉田有三千余亩，均是属于新筑的，但这样的情况非常少。由此可见，明清时期，对于大型的灌溉水利工程而言，增加不多，对宋元时期留下的已有大型灌溉工程进行维护与修缮是客观存在的，该时期所增加的主要是小型的灌溉水利工程。

3. 塘额的大幅度扩大

徽州地区坡流陡急，数日无雨，农田即告旱；山洪暴发，即冲田毁屋，为了缓解农田告旱的问题，大力发展塘水灌溉是很重要的。所开之塘不仅输税，而且在贸易时也是田塘同价。比如祁门县，“邑田依山开垦，多耕垄上，地高而水少，河溪之水又不能激，而在山三日不雨则田旱，十日不雨则苗槁，土人乃以人力为天功，潴而为塘。”[②]在徽州地区，开塘对水稻的灌溉意义如此重要，所以与其他地方塘在折实时“以多折少”不同的是，徽州地区的塘在折实田亩时基本上是等折。[③]塘水灌溉的发展是该地区灌溉水利发展的重要一方面，这表现在塘的数量的增多和塘额的大幅度扩大两方面。关于塘的数量，徽州府在明弘治间与清道光间分别为 198 所、708 所（见表 8），增加 510 所，增长率约为 257%。塘水灌溉的发展在塘额上也有充分反映（见表 7），徽州府清代的塘额比明初及明中期分别增加了 60.58 %、10.52%。可以看出明清时期徽州地区塘水灌溉的发展是很可观的。塘水灌溉的发展扩大了灌溉面积，有力地促进了当地粮食生产的发展。

---

① 康熙《徽州府志》卷八《水利》。

② 康熙《祁门县志》卷一《水利》；同治《祁门县志》卷十二《水利志·塘》记载一样。

③ 据道光《徽州府志》卷五之一《食货志·赋役》：“徽州府塘额为 32116.6 亩，折实田数为 34868.9 亩，甚至是略微以少折多”。

三、明清时期徽州地区对塘堰工程的修治

明清时期的徽州地区，无论是官方还是民间，对灌溉设施的修治都用力颇多，有力地促进了粮食生产的发展。据笔者不完全统计，皖南地区灌溉设施的新建和修缮共有112次之多，其中徽州地区占有57次，这说明了徽州府对塘堰工程的修治在皖南地区是颇为突出的。资料中对有些所修灌溉设施的溉田亩数有记载，现将其中溉田面积较大的工程的修治状况①按照官修、民修予以列表（见表9、表10）。无论是新筑还是对旧有设施的修缮，对灌溉面积扩大的效果是一样的。从表中可知，在修筑的灌溉设施中，大型工程中有溉田面积达十万亩以上的，溉田点面积亩数达28万亩之多②。

表9　明清徽州官方修筑灌溉水利列表

时间	县别	水利名	灌田亩数	主持人	出处
洪武初	绩溪	筑堨凿渠	溉千余亩	知县蔡美	道光《徽州府志》卷八之二《职官志·名宦》,
正统间	绩溪①	浚溪筑堨	溉田千余亩	县尹张魁	弘治《徽州府志》卷之四《名宦》
天顺间		良堨	溉田三千余亩	知府龙晋	弘治府志卷之四《名宦》
成化间	歙县	吕堨	溉田3300余亩	知县段蒙	弘治《徽州府志》卷二《水利》

---

① 对一些小型水利也有修筑，溉田面积不大，表中没有罗列。如弘治《徽州府志》卷二《水利》记载："成化间知县欧阳旦在休宁县开顷田堨（溉田三十余亩）、兰山堨（溉田五十余亩）"；道光《休宁县志》卷四《水利·灌溉》载："成化间知县陈寓开凤山堨（溉田七十余亩）。"

② 注：若同一工程修复几次，只以一次计入，不重复计算，数百、数千的概念以500、5000计算，徽州官民修筑灌溉工程的溉田面积有286906亩。另外，据笔者统计，皖南山区官民修筑灌溉工程的溉田面积共577506亩，则徽州几乎占一半，由此可知徽州地区对灌溉工程修筑的力度是比较大的。

续表9

时间	县别	水利名	灌田亩数	主持人	出处
成化间	歙县	澄清堨	溉田四十顷	明成化间建	道光《歙县志》卷二之六《水利》
嘉靖间	黟县	江柏山堨	溉田千余顷	知县周舜岳	道光《徽州府志》卷四之二《营建志·水利》
万历间	休宁	富国堤	溉田千顷	知县李乔岱	道光《休宁县志》卷四《水利·灌溉》
康熙末	歙县	吕堨	溉田3300余亩	中翰郑永建	道光《歙县志》卷二之六《水利》
乾隆间	歙县	官塘	灌田235亩	何公	道光《歙县志》卷二之六《水利》
乾隆间	歙县	吕堨	溉田3300余亩	太守何达善	道光《歙县志》卷二之六《水利》
乾隆间	歙县	丰堨	灌田1871亩	太守何达善	道光《歙县志》卷二之六《水利》
乾隆末	歙县	丰堨	灌田1871亩	太守峻亮	道光《歙县志》卷二之六《水利》
嘉庆初	歙县	吕堨	溉田3300余亩②		道光《歙县志》卷二之六《水利》
道光间	歙县	青山堨	溉田二百余亩	道光间新建	道光《歙县志》卷二之六《水利》

说明：①表中溉田亩数是根据弘治《徽州府志》卷之四《名宦》而得，道光《徽州府志》卷八之二《职官志·名宦》记载同；

②表中数字是北渠灌溉面积，另外，南渠溉田面积有1600余亩。另，乾隆《江南通志》卷62《河渠志·水利》：言其灌二百顷，录此以备考

表 10　明清徽州民修灌溉水利一览表

时间	县别	水利名	灌田亩数	主持人	出处
洪武间	歙县	永丰新堨	灌三千余亩	民人胡寿乡*	弘治《徽州府志》卷二《水利》
明初	歙县	千古堨	灌田三百余亩	里人洪同昌等	道光《歙县志》卷二之六《水利》
	歙县	水碓堨	溉田三百亩	里人曹自鋈	道光《歙县志》卷二之六《水利》
成化间	歙县	新塘	溉五百余亩	里人胡仕仪	弘治《徽州府志》卷二《水利》
成化间	歙县	永丰新堨	灌三千余亩	孙永贵	道光《歙县志》卷二之六《水利》
清初	歙县	昌堨	溉四千余亩	吴自新	道光《歙县志》卷二之六《水利》
乾隆间	歙县	詹塘	溉田五百亩	吴绍基	道光《歙县志》卷二之六《水利》
乾隆间	歙县	张潭堨	溉田一千八百亩	吴永衡等四人	道光《歙县志》卷二之六《水利》
明清	休宁	齐堨	溉田千亩	贡生程守基	道光《休宁县志》卷之十五《人物・尚义》
明清	休宁	云塘等塘坝	增灌田数百顷	庠生程佑	道光《休宁县志》卷之十五《人物・尚义》
明清	休宁	（本村）石堨	自博村以下田亩皆赖灌溉	附贡生戴纯恩	道光《休宁县志》卷之十五《人物・尚义》
明前期	休宁	千秋堨	溉田四千余亩	里人戴尚清等	弘治《徽州府志》卷二《水利》
弘治间	休宁	巴潭堨	溉田三千余亩	吴存浩、吴存威	弘治《徽州府志》卷二《水利》

续表 10

时间	县别	水利名	灌田亩数	主持人	出处
	婺源	汇源堨	灌田数百亩	里人众建	道光《徽州府志》卷四之二《营建志·水利》
明季	婺源	尚书陂	溉二顷余亩	张益重	

说明：道光《歙县志》卷二之六《水利》：洪武间，歙县永丰新堨系“路口胡寿乡开，溉田三千七百余亩。”

除上面所列的，其他未予记载的小型灌溉水利兴修可能还有许多，我们无法弄清它们具体的修筑事迹。但从上面所列，我们已经可以窥见明清时期徽州地区灌溉水利修治之力度已经颇为可观了。

四、对水资源利用的扩大与改进

明清时期徽州地区在前代利用水资源的基础上又有所发展，除了表现在上文所述的灌溉工程数量的增加以外，还表现在利用方式和类型的多样化以及利用合理性的提高等方面。

徽州地区根据水源的不同，对蓄水、引水灌溉予以多种运用方式，采用塘、堨、坝、陂等各种灌溉设施。比如，对于地处旷野的坂田来说，以“堨”来利用溪水溉田，“田在山谷者为山田，在旷野者为坂田，坂田远山谷沿溪，不资塘水资溪水，乃为堨，堨者，古堤防意也，以溪水迅奔激、不少流，必扼之障之，水始为用，故造堨不减塘。”①

在提水灌溉方面也有进展，表现在提水工具方面。除有筒车、龙骨车等其他山区所常用的工具外，提水工具也有所创新。徽州府歙县郑复光“雅善制器，而测天之仪、脉水之车尤切民用，当世卒无有能器其才者”②，婺源人齐彦槐“仿泰西水法，造龙尾、恒升二车，用一车当翻车之五，人一当十，迅捷奔腾，靡有渗漏，林文忠则徐试之于塘，塘宽十

① 康熙《祁门县志》卷一《水利》。

② 《安徽通志稿》卷六《列传》。

亩深二尺，戽干七寸，视晷甫三刻”①，但未见其具体推广情况如何。

在灌溉用水方面也是多有管理制度。对于灌溉用水与水碓用水以及水运等用水之间的矛盾，多定有协调相互冲突的制度。比如黟县“黟水源高，塘堨潴水行水俱易，顾人力勤惰何如耳，堨下必有水道，或因之为水碓，视操碓臼之工者十倍也，且以泄急涨俗有公约，三时溉田、冬日归碓，此议关于民生不可摇者”②，保证了水资源的合理有效地利用。除此，一些较大的灌溉设施对农民的灌水次序也有所规定，并且一直要求予以遵守。比如乾隆间歙县吴永衡、吴维丰、吴苍榕、吴存诚等倡修溉田有三千余亩的张潭堨时，规定了灌水次序：“照田派浚，分期放水。”③ 又比如，早在嘉靖间，绩溪县就针对灌田达3000余亩的岩脚堨的灌水问题，“立议分作六广轮灌，遵行至今”④，对合理、综合地利用水资源是有利的。

五、小结

明清时期，徽州粮食紧缺、水利设施易于被洪水冲毁。而对这种情况，无论是官方还是民间，对灌溉设施的修治都用力颇多。徽州地区还新建了塘堨坝陂等灌溉工程，灌溉面积有明显增加，促进了粮食生产。

第二节　明清徽州绅商投资家乡农业水利状况及原因

徽州社会经济史研究中，关于徽州官府、宗族、绅商对自然灾害救

---

① 《安徽通志稿》卷五《列传》。另，据汪家伦、张芳《中国农田水利史》（农业出版社1990年版）第439页：“道光年间工部侍郎徐士芬曾制出玉衡、恒升二车的样车，今录此备考。”

② 嘉庆《黟县志》卷十一《政事·塘额》。

③ 道光《歙县志》卷二之六《水利》。

④ 嘉庆《绩溪县志》卷二《水利》。

助的问题已有较多关注[①]，对徽州水利建设中乡绅和商人群体的作用问题，多零散见于相关研究，尚难见到专门论述。[②] 即使兴水利的义举没有修祠庙族谱、办学校、赈济饥民等方面投入的资金多，但水利兴修直接影响徽州农业再生产的维持及百姓安居乐业，兴水利是明清徽州地区绅商义举的重要方面。

一、政府出帑修筑及资金紧缺问题

明清徽州官方对水利兴修很重视，多有地方官府向上级申请拨款。比如在歙县，对于渔梁坝，明成化间知县张贞曾予以修筑[③]；弘治间张正也“出帑钱即故址重砌以石，凡九层，蓄水二三里。”三年后即坏圮，地方官彭泽又予以复修[④]；万历间知县方承郁、崇祯间知县叶高标对渔梁坝也都予以主持修筑。[⑤] 该县吕堨溉田 3300 余亩，明成化间知县段蒙、清康熙末中翰郑永建、清乾隆间太守何达善等均予以官修，或督促里人修筑维护[⑥]。歙县丰堨溉田 1871 亩，乾隆前期太守何达善、乾隆末太守峻亮均主修修筑。[⑦] 此外，在歙县，万历年间知县张涛向巡抚申请拨款修筑张公堤[⑧]，天启间知县倪元珙、乾隆间太守何达善对回龙坝、官塘分别予以官修。[⑨]

在绩溪县，明代洪武初知县蔡美、正统间县尹张魁对当地水利设施予以官修，分别溉田千余亩[⑩]，明代御史胡松白、知县陈约也曾“发帑筑

---

① 比如卞利的《徽商与明清时期的社会公益事业》，《中州学刊》2004 年第 4 期，周致元的《明代徽州官府与宗族的救荒功能》，《安徽大学学报（哲学社会科学版）》2006 年第 1 期。

② 季坤、李小玲的《明清徽商参与地方水利事业初探》（《华北水利水电学院学报（社科版）》2007 年第 1 期）论述的是徽商对行商之地的水利事业的影响，对徽商向家乡水利投资状况基本没有涉及。

③ 道光《徽州府志》卷八之二《职官志·名宦》。

④ 乾隆《江南通志》卷六十六《河渠志·水利治绩四》。

⑤ 道光《歙县志》卷二之六《水利》。

⑥ 道光《歙县志》卷二之六《水利》。

⑦ 道光《歙县志》卷二之六《水利》。

⑧ 道光《歙县志》卷二之六《水利》。

⑨ 道光《歙县志》卷二之六《水利》。

⑩ 弘治《徽州府志》卷之四《名宦》，卷之十二《词翰二·记》。

坝”促进生产。[1] 乾隆间绩溪县知县萧昌对登源石坝、东门石坝的兴修也予以官方支持，“奉准动帑，以工代赈。”[2]

在黟县，江柏山堨溉田号称“千余顷”，明嘉靖间知县周舜岳予以主持修筑[3]。在休宁县，成化间知县欧阳旦对兰山堨、顷田堨予以官修[4]，成化间县令陈寓、万历间知县鲁点对凤山堨、鲁公堤予以修筑。[5]

上述修筑没有出现地方绅商的大力捐助现象，应该主要是官府出帑修筑，或是官府主持的“里人共建”形式。里人集资修筑的记载有一些例子。比如休宁县独耸岩的顶部有池水，“里人凿渠引水下注，溉田千亩。”[6]灌溉田亩很多。婺源的水口堨、汇源堨分别是“洪姓众建”“里人众建”[7] 而成。休宁的兖山堨也是天顺间县令主持下“计田亩，出财力”[8] 而修成。

从史料记载来看，地方官府向上级申请拨款、“以工代赈”以及“里人共建”等水利资金筹措方式，以明代前中期为多。时至明后期及清代，水旱灾害对旧有水利多有毁坏，水利兴修势在必行。兴修水利需要耗费大量的资金，但政府拨款或“里人共建”实力有限，政府在筹备过程中往往会出现“难其费”的窘境，必须增加获取资金的渠道。史籍记载了水利修筑资金缺乏的情况。比如，祁门阊江水流湍急，县令洪哲一心想治理，但苦于经费无着。[9] 又如歙县渔梁坝，是扬之水、丰乐水、富资水及布射诸溪会流之地，渔梁坝的修建对徽州的农业和商道畅通十分重要，在康熙年间，太守朱廷梅等倡议重修，也苦于缺少资金。[10] 东圩堨的修筑也存在这种情况。东圩堨创于元代，至清初，休宁县东圩堨年久失修，“当道者思有以除其害而兴其利，往往苦于费大而中阻”，起初也是难以

---

① 嘉庆《绩溪县志》卷二《水利》。
② 嘉庆《绩溪县志》卷二《水利》。
③ 道光《徽州府志》卷四之二《营建志·水利》。
④ 弘治《徽州府志》卷二《水利》。
⑤ 道光《休宁县志》卷四《水利·灌溉》。
⑥ 道光《休宁县志》卷之一《疆域·山川》。
⑦ 道光《徽州府志》卷四之二《营建志·水利》。
⑧ 乾隆《江南通志》卷六十六《河渠志·水利治绩四》。
⑨ 万历《祁门县志》卷三《民行》。
⑩ 道光《徽州府志》卷四之二《营建志·水利》。

筹到足够的资金。[①]

可见，有些工程如果仅仅依靠地方政府的资金支持，或者农民“照亩科费”，兴修往往难以完成。政府水利兴修，不得不依赖作为地方精英力量的绅商等组成的富裕阶层。

二、明清徽州绅商对水利修筑的捐助

对于徽商，日本的臼井佐知子指出，明万历四十五年（1617）盐业纲引制度确立以后，“徽商的势力超过山西商，从而执掌商界之牛耳。”[②]明清徽州乡绅和商人群体实力雄厚，其捐助对一些水利工程兴修的实行起了重要作用。比如渔梁坝，康熙年间太守朱廷梅修筑时苦于经费无着，只得“即申请抚憲并致书绅士之家广陵者，绅士谊笃维桑，慨任工费”[③]。这些家居广陵（扬州）者，有方如珽、许承谟、巴士进、许悌友、汪人御等，他们“输钱万缗”[④]，尽为富商。歙县“岩镇至杲溪十余里，为田万亩”，原本有堨可资灌溉，但“岁久湮塞，旱涝无备”，乾隆年间徽州郡守何达善劝富户捐资修筑，徐朴村对“大修诸堨”之事“所捐又独多”，这种修筑对当地来说是一大福祉，“数年来徽人倍享其利”[⑤]。

还有一些工程是徽州绅商向官府首倡疏浚或主动独自捐资修筑的。比如休宁县东圩堨，在汝吉经商的汪姓富商听说东圩堨失修“闻而慨然”，“独肩其责，鸠工伐石，不一载而复还旧观，计费万二千金有奇”，在徽商的捐助下，东圩堨才得以发挥了灌溉作用，附近田亩才“偏布沟洫，纵横累累数千余亩，因其地而治之不可谓非此邦一大利也”[⑥]。又比如歙县岩镇盐商迭出，其中汪尚广对于当时“歙河淤塞”的情况，“请于官，首倡疏浚，至今赖之”[⑦]。又如清代嘉庆年间休宁上资人汪五就，捐

---

① 道光《休宁县志》卷之二十一《艺文·纪述》。

② ［日］臼井佐知子：《徽商及其网络》，《安徽史学》1991 年第 4 期。

③ 道光《徽州府志》卷四之二《营建志·水利》。

④ 乾隆《江南通志》卷六十六《河渠志·水利治绩四》。

⑤ 民国《歙县志》卷十五《艺文志·记》。

⑥ 道光《休宁县志》卷之二十一《艺文·纪述》。

⑦ 道光《歙县志》卷九。

金筑家乡石堤，长达2里许，乡人亲切称呼石堤为“五就公堤”[①]。

下面把徽州绅商对徽州水利投资的情况列成表供参考。

表11　　徽州地区水利兴修中的绅商资助情况表

序号	时间	县别	水利名称	捐助事项	捐助人	溉田亩数	出处
1	洪武间	歙县	永丰新堨		胡寿乡	三千余亩	⑥
2	明初	歙县	千古堨		洪同昌、洪良廉	灌田三百余亩	④
3		歙县	水碓堨	捐资数千缗	曹自鎏	溉田三百亩	④
4	成化间	歙县	新塘	捐资开浚	胡仕仪	溉五百余亩	⑥
5	成化间	歙县	永丰新堨	重浚	孙永贵	灌三千余亩	④
6	弘治间	歙县	十亩段水池	买田20亩凿石筑治	都人王廷侑		⑥
7	清初	歙县	昌堨		吴自新	溉四千余亩	④
8	康熙间	歙县	渔梁坝	输钱万缗	方如珽等		①
9	乾隆	歙县	大修诸堨		倡捐		⑤
10	乾隆间	歙县	张潭堨		吴永衡、吴维丰等	一千八百亩	④
11	乾隆间	歙县	丰堨	独任所用石工	徐士修	一千八百七十一亩	④
12	乾隆间	歙县	张潭堨		吴永衡等四人	溉田1800亩	④
13	乾隆间	歙县	大圣塘	重修	汪允祐	溉田二百亩余	④
14	乾隆间	歙县	登云堤	捐资数千缗创建	汪景		④
15	乾隆间	歙县	詹塘	捐千缗挑浚	吴绍基	溉田五百亩	④

① 嘉庆《休宁县志》卷十五《人物·乡善》。

续表 11

序号	时间	县别	水利名称	捐助事项	捐助人	溉田亩数	出处
16	乾隆间	歙县	吕堨	奉令倡捐		三千三百余亩	④
17	嘉庆初	歙县	吕堨		金敦厚等	三千三百余亩	④
18	嘉庆间	歙县	东河水射	创建	鲍志道		④
19	嘉庆间	歙县	吕堨	捐助修筑	鲍东曜、汪兆荣等		⑪
20	道光间	歙县	大母堨		鲍庆泽		⑪
21	明前期	休宁	千秋堨	改筑	戴尚清等	溉田四千余亩	⑥
22	明前期	休宁	齐程二堨	率众改筑	富户汪世宁		⑥
23	弘治间	休宁	巴潭堨	捐资伐石	吴存浩、吴存威	溉田三千余亩。	⑥
24	万历间	休宁	富国堤		胡世用等三人	有田千顷	②
25	明清	休宁	塘坝	屡捐金挑浚筑坝	庠生程佑	增灌田数百顷	⑦
26	明清	休宁	石堨	独立修筑	附贡生戴纯恩		⑦
27	明清	休宁	齐堨	不假众力	贡生程守基	溉田千亩	⑦
28	清初	休宁	东圩堨	计费万二千金	汝吉汪先生	数千余亩	②
29	嘉庆	休宁	五就公堤	捐金筑石堤	汪先伊		⑨
30	万历	祁门	阊门	捐金四千元	汪琼		⑩
31	康熙间	祁门	丁村坎坝		监生章贻仁		③
32	乾隆间	祁门	聚源坝	倡众捐输			③
33	乾隆间	绩溪	东门石坝		胡正会		⑪
34	明季	婺源	尚书陂		张益重	溉二顷余亩	⑪

续表 11

序号	时间	县别	水利名称	捐助事项	捐助人	溉田亩数	出处
35	嘉庆	婺源	养生潭		朱环卿、朱佩卿		⑧
36	乾隆间	黟县	效上塍	独立筑	余种德		⑪

出处：①《江南通志》卷六十六《河渠志·水利治绩四》；②道光《休宁县志》卷之二十一《艺文·纪述》③同治《祁门县志》卷十二《水利志·坝》④道光《歙县志》卷二之六《水利》⑤民国《歙县志》卷十五《艺文志·记》⑥弘治《徽州府志》卷二《水利》⑦道光《休宁县志》卷之十五《人物·尚义》⑧嘉庆《续婺源县志》⑨嘉庆《休宁县志》卷十五《人物·乡善》⑩万历《祁门县志》卷三《民行》⑪道光《徽州府志》卷四之二《营建志·水利》

由表可知，徽州绅商对徽州水利有大量的投资，受益田亩面积在 15 万亩以上。绅商投资水利建设的事迹集中在歙、休两县，徽州其他四县（祁门、黟县、绩溪、婺源）记载较少。这种情况恐怕与富裕徽商多出自歙县和休宁有关，二地多有经营高利润的盐、典业者。

三、明清徽州绅商捐助水利修筑的原因分析

在明清徽州地区，徽州绅商投资水利与其他义行的原因并不是完全一致的。之所以明清徽州地区出现这种绅商积极投资水利的情况，笔者认为有下列原因。

1. 政府的倡导

在表中，有些是绅商自己主动捐助的，有些捐助行为背后有政府官员活动的影子，即倡捐行为。例如万历年间休宁县令李公欲修富国堤，在资金不足的情况下，委托当地富裕绅商胡世用等三人督修，此堤非常重要，溉田有千顷之多。[①] 清代康熙年间徽州渔梁坝的修筑也得益于官府的提倡，知府朱廷梅倡修此坝，“于是邑人方如斑、许承谟、巴士进、许悌友、汪人御等输钱万缗，以白石叠十层。”[②]乾隆间祁门的“聚源坝”，

① 道光《休宁县志》卷四《水利·灌溉》。

② 道光《歙县志》卷二之六《水利》。

也是知县赵国用等以“倡众捐输”募修的方式而成[①]。乾隆间徽州太守何达善重视水利兴修，曾“令民开浚沟洫堤防蓄水”，对于“郡内所在塘堨”，“谕绅耆倡率开筑”，起了很好的效果，即“故今虽有小旱，不能为灾，利泽实溥。”[②]歙县溉田3300余亩的吕堨的修筑也是里人奉太守何达善倡捐“复浚”[③] 而发挥灌溉作用的。清初休宁县东圩堨，灌溉达数千亩，其倾圮之后的修筑得力于在汝吉经商的汪氏巨富，但也离不开“当道者思有以除其害而兴其利”的提倡[④]。还有其他政府倡捐的相关例子，详见表12。

表12　　徽州绅商投资水利中政府倡捐情况列表

时间	县别	水利名称	捐助人捐助事项	溉田亩数	倡导官员	出处
洪武间	歙县	永丰新堨	胡寿乡承檄修筑	灌三千余亩		⑥
康熙间	歙县	渔梁坝	方如斑等5人慨然任工费		知府朱廷梅	①
乾隆	歙县		倡捐，大修诸堨		太守何达善	⑤
乾隆间	歙县	张潭堨	吴永衡等四人奉令倡修	一千八百亩	太守何达善	④
乾隆间	歙县	丰堨	徐士修独任石工	一千八百七十一亩	太守何达善	④
乾隆间	歙县	吕堨	奉令倡修	溉田三千三百余亩	太守何达善	④
乾隆间	歙县	堨（名不详）	扬州富商徐朴村	为田万亩	太守何达善	⑤
嘉庆初	歙县	吕堨	金敦厚等奉宪修浚	溉田三千三百余亩		④
万历间	休宁	富国堤	义民胡世用等三人督修	千顷	李乔岱	②

① 同治《祁门县志》卷十二《水利志·坝》。
② 道光《徽州府志》卷八之二《职官志·名宦》。
③ 道光《歙县志》卷二之六《水利》。
④ 道光《休宁县志》卷之二十一《艺文·纪述》。

续表 12

时间	县别	水利名称	捐助人捐助事项	溉田亩数	倡导官员	出处
清初	休宁	东圩堨	汝吉汪先生捐资计费万二千金有奇	数千余亩		②
乾隆间	祁门	聚源坝	倡众捐输		知县赵国用	③

出处：①《江南通志》卷六十六《河渠志 · 水利治绩四》；②道光《休宁县志》卷之二十一《艺文 · 纪述》；③同治《祁门县志》卷十二《水利志 · 坝》；④道光《歙县志》卷二之六《水利》；⑤民国《歙县志》卷十五《艺文志 · 记》；⑥弘治《徽州府志》卷二《水利》

对于大型水利而言，农民自已无法修筑，因为“徒以具徒治搧，其力非一家之所能胜，接畛连阡，其议非一人之所能定，不得不苟且目前邀（侥）幸天事。”① 明清时期，徽州政府官员在大型水利兴修中起了不可或缺的作用，表现在组织管理及倡捐方面。官员倡捐有力促进了徽州地区的粮食生产。清人金声对于在汝吉经商的汪氏富商捐资水利的事情作出感慨：“余惟徽地山多田少，岁食皆仰给于饶越……且吾乡邑中容或有可耕之地如东圩者，倘尽如先生之不惜其利以利人，则仰食之忧庶几其少豸乎。”②

2. 粮食紧缺等自然因素

作为地方精英力量的徽州乡绅和商人群体，要想维护徽州传统秩序，实现乡村社会稳定，必须直面民食问题。现实情况是，明清时期徽州地区粮食供应严重不足，甚至出现一遇米禁便有人饿死的状况。关于这种粮食紧张的情况史籍多有记载。比如道光《休宁县志》指出：“徽州介万山之中，地狭人稠，耕获三不赡一，即丰年亦仰食江楚十居六七，勿论岁饥也。天下之民寄命于农，徽民寄命于商……一日米航不至民有饥色，三日不至有饿殍。”③ 关于外米运输受阻导致民情窘迫有具体事例：“乾隆十六年内徽郡偶遇旱荒，溪河浅涸，兼值江浙两省歉收米少，客贩绝

① 嘉庆《东流县志》卷十四《沟洫志》。

② 道光《休宁县志》卷之二十一《艺文 · 纪述》。

③ 道光《休宁县志》卷之一《疆域 · 风俗》。

迹。”[①] 所以徽州的米价不仅仅是昂贵无比，而且是无米可买，民情窘迫。徽州地区人民常常需要取蕨葛等充饥，比如休宁县“自休以西尤称斗入，岁收仅仅不给半饷，多仰取山谷甚至采薇葛以食”[②]。祁门县“岁祲粉蕨葛佐食，即丰年谷不能三之一”[③]。黟县“土刚不化，农人终岁勤劬，亩收不给，多远取于池、饶，贫不能负者，采岩谷薇葛以充腹”[④]。

民无食则威胁社会现存秩序。在民食紧张的情况下，能保证徽州地区自身生产出足够的粮食便显得非常重要，坝塘堨等水利建设便显重要。道光《徽州府志》载，徽州“水利之不可不亟讲者有二焉：其一在塘堨也。地处陡峻梯山而耕，河流之水不能而使上，田在山谷，既远溪流，潴而为塘，乃资灌溉。平坂之田近溪流者，乃得濬治堤防，筑而为堨，此以人力为天功者。”[⑤]可见灌溉水利工程建设对于徽州的重要性。

再加上徽州地区河流易盈易涸，塘堰易于冲击、淤塞。道光《歙县志》载：“盖吾郡依山为治，山溪湍环，泄多潴鲜，加夏秋霖涨，挟蛟为灾，冲堤坏堰久须修复，势固然也。”[⑥]所以“高滩峻濑，非障导疏引则利无由兴，且时有泛溢之害。”[⑦] 这种自然特点决定着，在旧有的技术条件下，对灌溉水利设施的修复不是一劳永逸的，往往反复兴修，如明清期间对歙县渔梁坝坝的兴修就有六次之多。要发展粮食生产，解决民食问题，对塘堨灌溉设施的发展及维护尤为重要，这是徽州绅商在维护徽州传统秩序时不能不考虑的问题。

3. 徽州儒商的仁义观念

学界对徽州文化多有研究，比如台湾学者连启元（Chi - Yuan Lien）聚焦于汪道昆《太函集》中《儒侠传》，对徽州文化特质，进行了解读[⑧]；罗卓文以《清代徽商与乾嘉学者互动论》一文，探讨了乾嘉时代

---

① 民国《歙县志》卷十五《艺文志·奏疏》。
② 道光《休宁县志》卷之一《疆域·风俗》。
③ 康熙《祁门县志》卷一《风俗》。
④ 嘉庆《黟县志》卷三。
⑤ 道光《徽州府志》卷四之二《营建志·水利》。
⑥ 道光《歙县志》卷二之六《水利》。
⑦ 道光《歙县志》卷二之六《水利》。
⑧ 连启元：《儒侠之辨：汪道昆对徽州人物‘儒侠’形象的论述与型塑》，《明代研究》第19期，2012年。

徽商与学者间彼此间的互动，以及所带来的文化伦理精神的发展及其对社会的影响①；Dillon Michael 在 *History Today* 刊物上发表了文章，探讨了儒家与徽商行为的关系。②

婺源是朱子故里，受朱熹理学思想的影响很深，人民重视仁义廉耻观念，史载“田野小民，亦皆知耻畏议”③。徽商的大量史料表明，儒家思想和程朱理学从观念文化层面对徽商产生了深刻的影响。徽商对儒家义利观的崇尚与其义举密切相关，“徽商因义而用财，不惜耗费大量商业利润用于‘义举’”④。明清徽商“义举”现象突出不仅反映了徽州文化的特质，也反映了徽州商人的特征。学者指出，徽州商人的“义举”行为“反映徽商乐善好施的良好商业道德，而且更说明了徽商的儒商本质”⑤。

从上文列举可知，徽商多有不惜巨金投资水利者，这种积极捐助灌溉水利建设与其儒商本质及仁义观念有密切关系。明清时期的徽商素以“仁义”著称，笃信“生财大有道，以义为利，不以利为利”，致富不忘回报社会。慷慨捐资乡里事例很多，比如，歙县岩寺商人佘文义，经商致富后，对各种社会慈善事业大力捐助，佘文义“置义田、义屋、义塾、义冢，以赡族济贫，所费万缗。”还在岩镇水口造石桥，所造桥被称为佘公桥。⑥ 徽商如此热衷慈善事业，有些商人为了公益事业而自己财产所剩无几。比如婺源商人汪肇基在外经商十余年致富，乡人劝买田为子孙计，他说“吾虽未读书，独不闻愚而多财则益其过乎?”因为“不惜捐赀”，“年六十，仅存薄田数亩。”⑦

地方志对徽州地区富裕徽商水利捐助的好义之风多有记载，赞扬他们对“山桥水堰之属”等各项公益事业往往“输金千万而不惜”，赤贫

① 罗卓文:《清代徽商与乾嘉学者互动论》,《鹅湖月刊》第404期，2009年2月，第55—62页。

② Dillon, Michael, “The merchants of Huizhou: Commerce and Confucianism”, *History Today*, 1989, Volume 39, Issue 2, p. 24—30.

③ 光绪《婺源县志》卷三《疆域·风俗》。

④ 王廷元:《论徽州商人的义利观》,《安徽师范大学学报（人文社会科学版）》1998年第4期。

⑤ 卞利:《徽商与明清时期的社会公益事业》,《中州学刊》2004年第4期。

⑥ 许承尧:《歙事闲谭》卷十四《佘公桥》，李明田、彭超、张爱琴校点，黄山书社2001年版，第457页。

⑦ 光绪《婺源县志》卷三十五《人物志·义行》。

之士甚至“蓄积十数年，一旦倾橐为之。”[①]。乾隆年间徽州郡守何达善曾对徽州富户（主要是徽商）在公益事业上不惜捐巨资予以修筑的情况给予赞扬：“幸此邦诸君亦多孚余素志，率竭力赞襄而其乐善不倦，慷慨捐输，虽盈千累万，无少吝惜者。”[②]

4. 徽人强烈的宗族意识

徽州有着最丰富、最完整家族史的文献。《寄园寄所寄》云：“新安各姓，聚族而居，绝无杂姓搀入者。”在徽州地区，人们非常重视坟宅、族谱、宗族等问题，“父老尝谓，新安有数种风俗胜于他邑：千年之冢，不动一杯；千丁之族，未尝散处；千载之谱系，丝毫不紊”。徽州宗族制度强调同宗的人员要相互扶助，和睦相处，所以明清徽州族人之间“相亲相爱，尚如一家”的实例很多。徽州地方社会秩序与徽州宗族有着密切的关系，海外学界也有人注意到这一点，比如新加坡南洋理工大学的 Viana Venus 对徽州地区 900—1600 年期间土地、宗族等问题作了探讨。[③]

在徽州地区，无论是缙绅还是商人，都在基层社会中具有较为显赫的地位，他们不仅有强烈的宗族意识，也热心宗族事物、捐助宗族公益事业，他们也可以凭借这样的实践获得宗族成员更多的尊重。

所以，在徽州水利设施损坏的情况下，捐资水利的义举自然是绅商们强宗固族并提高在宗族中声望的方式之一。再者，徽商“以末取财，用本守之”。不少成功徽州商人在外地获得大量商业利润后，在家乡购置土地，从而将商业利润转变为封建土地资本。当家乡水利设施严重损坏的情况下，自然会危害到徽商在家乡购置的土地的收益，在这种情况下，徽商会花费一些资财发展家乡的水利事业，以维持家乡农业的发展。

地方绅士投资水利的行为，实际上也提高了其在宗族中的声望。在徽州水利兴修事迹中，捐款较多的乡绅对所修水利设施具有管理权力，比如“世为堨长”。这方面记载不少，明前期休宁千秋堨是戴尚清“率众

---

① 同治《黟县三志》卷三《地理·风俗》。

② 民国《歙县志》卷十五《艺文志·记》

③ Viana Venus, “The Making of a New Rural Order in South China: I. Village, Land, and Lineage in Huizhou, 900 - 1600”, *International Journal of Asian Studies*, 2015, Volume 12, Issue 2, p. 245 - 247.

改筑，子孙世为堨长葺之，溉田四千余亩。”[①] 天顺间，休宁县令在兖山堨修筑时，当地绅士汪世宁捐助积极，县令“委汪世宁为堨长主修之”[②]。又如，康熙间祁门丁村坎坝是由监生章贻仁修筑，此后此坝便由其总管，一直到同治间均是“章氏子孙修之”[③]。乾隆间歙县张潭堨存田一千八百亩，当地绅士吴隐成便有总理此堨修筑的大权，并“会同鲍敬球、黄之纲等照田派浚，分期放水”[④]，管理着水权的使用。

四、小结

在徽州，地方政府与底层民众之间存在着巨大的权力空间。在农业水利建设方面，国家财力有限，乡绅和商人群体的捐资缓解了国家财力不足的状况，在农业生产的稳定与发展方面起了较大的作用。徽州地区乡绅和商人群体捐助水利事业的原因是多方面的，包括政府倡导的政治因素、粮食紧缺的自然因素、徽商儒商的仁义观念、徽人强烈的宗族意识以及通过投资水利事业以提高其在宗族中的声望等原因。

① 弘治《徽州府志》卷二《水利》。
② 乾隆《江南通志》卷六十六《河渠志・水利治绩四》。
③ 同治《祁门县志》卷十二《水利志・坝》。
④ 道光《歙县志》卷二之六《水利》。

第七章　生态环境篇

第一节　明清时期徽州水灾与徽州社会

明代以前，皖南自然灾害以旱灾和涝灾为主要种类。以徽州为主体的皖南山区旱灾和涝灾的发生既有气候原因，也有地质原因。陈伟对唐永徽元年（650）至1940年徽州地区自然灾害作了统计分析，认为“旱灾和涝灾是徽州地区最常见的自然灾害”，并且徽州地区的涝灾是多发性的。这种涝灾不仅有暴雨性洪涝灾害的情况，还常常伴随有山洪暴发、泥石流等破坏力大的灾害，在这样的背景下，徽州人民在水利工程和建筑方面都注意到了防灾措施。[①] 还有学者关注到了明代以前皖南水灾问题，[②] 周尚兵指出，唐代后期长江中下游地区的自然灾害比前期增多且频度增大，而在长江上游地区，自然灾害较少见，他从生态环境的角度作了分析。[③] 杨艳龙运用历史地理学的方法对皖东南地区的湖泊变迁进行了较全面系统的研究，指出皖东南地区因为盲目围垦造成湖泊面积缩小，由此容易产生水旱灾害。在灾害种类中，洪涝是影响皖东南地区农业发

---

① 陈伟：《徽州地区自然灾害与防灾技术措施》，《自然辩证法通讯》2000年第3期。

② 薛瑞泽指出：“六朝时期是水灾多发期，水灾多集中在长江中下游地区”，见薛瑞泽：《六朝时期的水灾及救助》，《金陵职业大学学报》2003年第3期。甄尽忠对唐代水灾的发生概况、月份分布及成因作了较系统的梳理，见甄尽忠：《论唐代的水灾与政府赈济》，《农业考古》2012年第1期。

③ 周尚兵：《唐代长江流域土地利用形式及自然灾害原因》，《中南民族学院学报（人文社会科学版）》2001年第5期。

展的主要灾害，洪涝灾害带来的损失巨大。①

明清时期，皖南自然灾害依然很严重，对皖南地方社会产生了深刻的影响。徽州社会经济史研究中，学界对明清徽州灾害问题作了研究。②关于明清徽州水灾对徽州社会多方面的影响及成灾严重的原因，尚难见系统性论述。③

一、徽州山区水灾对地方社会的严重破坏

与旱灾相比，水灾虽然持续时间不太长，但破坏性大。对徽州地区，在明后期至清代期间发生频率高。

据统计，徽州地区明初至嘉靖间前水灾发生年份为 17 个，平均约 9 年发生一次；嘉靖间至清代水灾发生年份为 78 个，平均每五年发生一次。可见明后期至清代徽州水灾发生频率明显高于前者。从水灾严重程度来说，史料对一些危害不大的水灾往往只简约地提到“水”，而对危害较大的水灾，则对危害记载得较详细。如此，明清时期徽州地区发生水灾比较严重的记载均在明嘉靖间以后，有 1456 年祁门大水，1487 年祁门大水，1527 年休宁大水，1582 年祁门大水，1648 年绩溪大水，1650 年绩溪大水，1651 年休宁蛟发，1696 年徽州六邑大水，1718 年歙县蛟发，1736 年徽州大水，1744 年歙县大水，绩溪蛟发，1766 年绩溪大水，1786

① 杨艳龙：《唐宋时期皖东南地区湖泊变迁初探》，《泉州师范学院学报（自然科学）》2001 年第 4 期。

② 现有研究主要是探讨徽州灾害及相关习俗，分析水旱灾害的发生频率、时空特点及地方社会对徽州灾害的救助，比如王振忠、卞利、周致元、吴媛媛、孔潮丽、李自华等先生的研究。相关论文主要有，王振忠：《清代徽州民间的灾害、信仰及相关习俗——以婺源县浙源乡孝悌里凰腾村文书〈应酬便览〉为中心》，《清史研究》2001 年第 2 期；卞利：《徽商与明清时期的社会公益事业》，《中州学刊》2004 年第 4 期；周致元：《明代徽州官府与宗族的救荒功能》，《安徽大学学报》（哲学社会科学版）2006 年第 1 期；吴媛媛、何建木：《晚清徽州社会救济体系初探——以光绪三十四年水灾为例》，《中国历史地理论丛》2007 年第 2 期；吴媛媛：《明清徽州灾害初探》，《兰州学刊》2006 年第 7 期；吴媛媛：《明清徽州水旱灾害研究》，《安徽史学》2008 年第 4 期；孔潮丽：《1588—1589 年瘟疫流行与徽州社会》，《安徽史学》2002 年第 4 期；李自华：《清代婺源的水旱灾害与地方社会自救》，《农业考古》2003 年第 1 期。

③ 比如，吴媛媛指出“不过总体而言，在徽州地区旱灾对农业生产的影响要小于水灾”，但对水灾影响的论述失之简略是为美中不足，参阅吴媛媛：《明清徽州的水旱灾害与粮食种植》，《古今农业》2007 年第 2 期。

年绩溪“蛟发”，1788 年祁门大水、“蛟发”，1828 年徽州大水，1831 年祁门大水，“蛟发”，1855 年祁门“蛟发”，1862 年祁门“蛟发”，1868 年祁门蛟洪陡发，1885 年黟县山洪。[①] 明中后期以来徽州水灾在总体上更严重。[②]

明清时期徽州水灾对徽州社会的破坏表现在对徽州农民生存权的威胁以及对徽州地方设施的损毁等方面。

徽州水灾对农民的生存权产生很大威胁，这与水灾类别有关。徽州地区水灾可分为久雨所致的滞涝灾害与暴雨所致的山洪暴发。若从对民畜的淹毙等破坏来看，山洪暴发危害甚大。[③] 在安徽省，“南部水少山多，如果天久不雨，易于涸竭，一遇骤雨巨注，则山洪容易爆发。”[④] 山洪来时能冲毁房屋，或溺毙人口，时人对此颇为畏惧。当地人对山洪的认识有一种看法，以为是“蛟”这种动物兴风作浪所致。“蛟”是传说中的能致洪灾的一种龙，尚难从科学上解释。时人甚至总结了“蛟”这种动物的识别及讨伐方法，显示了当地人对预防山洪暴发途径及经验的高度重视。《阳湖孙让伐蛟说》即是此类文之一，兹介绍如下。

“祁门高山复岭，每多蛟害。乾隆五十三年为害尤烈。今详述伐蛟之法，用以先事预防。按，蛇與雉交，生卵遇雷，入地数丈，自能转动，久吮地泉，遂成为蛟，状似蛇，四足细，颈有白，婴大者数围，蛟所生地，冬雪不存，夏苗不长，鸟雀不集，其土色红，其气朝黄暮黑，星夜有光上冲，遇雷雨则渐起，其色與气亦渐显而明其未出土时远闻如秋蝉闷在人手鸣声，此时能动不能上腾，乘其未出掘而煮食之，味甚美。或先用不洁之物镇之或用铁与犬羊血埋之，或夏月田间作金鼓声禁之，或用荆树汁灌之，皆可以默消其灾于无形，预弭其祸于将作。以上征验之

① 安徽省水利勘测设计院编：《安徽省水旱灾害史料整理分析（公元前 190—1949 年）》，1981 年印，第 47—58 页。

② 据吴媛媛对明清徽州水旱灾害频率的研究，“明初至明中期，旱灾发生远多于水灾；明中后期从发生水旱灾害的绝对次数上来看，是明清以来灾害发生最频繁的时期”（参见吴媛媛：《明清徽州水旱灾害研究》，《安徽史学》2008 年第 4 期）。

③ 可贵的是，王振忠教授以《应酬便览》为史料，考察了洪水泛滥对婺源人员、房屋、牲畜和店业的破坏，参见王振忠：《清代徽州民间的灾害、信仰及相关习俗——以婺源县浙源乡孝悌里凰腾村文书应酬便览为中心》（《清史研究》2001 年第 2 期）。

④ 子山：《安徽省经济地理概况》，《先导月刊（南京）》1935 年第 2 卷第 5 期，第 91 页。

法宜家喻户晓，父谕其子，兄告其弟，经行幽岩奥壑，随时加察，随地寻验，如遇深冬雪所不存，春夏草木不生，平时鸟雀不集及气色异于常地者，即照法椎劚，此乃阖邑室家丘墓存亡所系，为人即所以为己之急务也。道光五年四月望日。”[①]

史籍多有明清时期徽州“蛟水齐发”的记载，可以足显水灾之严重。“多蛟并发”的出现，反映了流域内多处水灾，破坏更为剧烈。兹列举数则记载如下：歙县明万历三十五年（1607）大水，“巨蛟纷出”[②]；清顺治八年（1651）“休宁大水，商山出蛟二十八条，漂没庐舍”；清康熙五十七年（1718）歙县“万蛟齐出”；清乾隆九年（1744）绩溪“七月蛟水陡发”；乾隆十二年（1747）绩溪“蛟水陡发二次”；乾隆五十一年（1786）绩溪“大雨，蛟发数处”；乾隆五十三年（1788）祁门“东北诸乡蛟水齐发，城中洪水陡起，长三丈余”，“为从来未有之灾”[③]。

明清时期的蛟发较严重的有九次，也皆发生在明嘉靖至清代时期。此时期“多蛟并发”由于发生急，蛟发常造成人民死亡，对民众生存威胁很大。比如明代永乐七年（1409）祁门县大雨“溺死男妇六十余人”[④]；清康熙五十七年（1718）歙县“万蛟齐出西北两乡……漂淹人畜以万记”；清乾隆九年（1744）绩溪县“蛟水陡发，漂没人口”；清乾隆十二年（1747）绩溪“蛟水陡发二次，漂没人口数百”；清乾隆五十三年（1788）祁门大水“溺死六千余人”[⑤]。与徽州邻近的山区县份的蛟灾的破坏也很剧烈。据族谱资料，皖南太平县的李学纹“乾隆元年丙辰生，乾隆十八年癸酉蛟水充殁，葬西冲垎。”[⑥] 太平县的李文茂“雍正五年丁未

---

① 参见同治《祁门县志》卷三十六《祥异》。

② 凌应秋辑：《沙溪集略》，载《中国地方志集成》乡镇志专辑第17册，江苏古籍出版社1992年版，第643页。

③ 安徽省水利勘测设计院编：《安徽省水旱灾害史料整理分析（公元前190—1949年）》，1981年印，第51—54页。

④ 祁门县地方志办公室整理《祁阊志（外四部）》，2004年印，第59页。

⑤ 安徽省水利勘测设计院编：《安徽省水旱灾害史料整理分析（公元前190—1949年）》，1981年印，第53—54页。

⑥《江南宁国府太平县馆田李氏宗谱》卷十《景公世系》，清光绪三十一年（1905），木活字本，第87页。

生，乾隆十八年癸酉被蛟水冲卒”[①]。在皖南太平县馆田地区，有对乾隆年间李文度家族人口死亡的记载，“文度公，乾隆十六年丁丑生……乾隆癸酉蛟水发，全家殒命，仅存一幼孙”，文度公之子李当福，“当福公……乾隆十八年全家被蛟水溺毙。”[②]

明清时期，皖南徽州因水灾会出现大量人口死亡，若尸体不能及时得到掩埋，当地人会认为死者魂魄不得安身。更为现实的问题是，容易导致疫病流行，对生态环境的危害很大。在尸骸掩埋这件重要事情上，地方富户及热心公益的人士往往会大力捐助。这方面的事迹很多，清代徽州多有继承先志以掩埋灾后尸骸之善行的情况。比如清代歙县汪京仕，“大里人，诸生，食贫能文，父东源尝拚骼三十余具，京仕承父志请于官给印券行之，遂捐馆谷拼沙壩下等十九处棺骸三十具，为逐冢题志，并刊《拼骼志》，以待其后人之来访者。”[③]

徽州府附近的山区县份也有这种情况，仅举太平县族谱中一则为例。康熙年间太平县李文玮是“雍正甲寅岁贡候选训导”，其掩埋灾民的事迹为，“康熙戊子水灾，公馆于长寿乡，出馆谷捞浮尸百有三馆，置义地掩瘗并树碑，命子孙岁时祀之。”[④] 在嘉庆年间的太平县，义塚是“梨树岭地二坵，一系监生崔敦本所买，一系监生崔承懿所助，癸酉夏，蛟水发，浮尸漂棺，敦本與弟监生正衡捞救置棺，分二处埋之。”[⑤] 另据太平县馆田地方的族谱材料，有诸多热心此类生态问题的地方人士，比如“时生公……康熙戊子水灾，公倩人捞漂流棺骸，妥蓋一处，各标记，俟人认畀归。”[⑥]

除了溺毙人口，明清徽州水灾还损毁徽州地面各种设施。这种损毁对徽州的人文景观及地理环境均有影响。明清徽州水灾对地面设施的影

① 《江南宁国府太平县馆田李氏宗谱》卷十《景公世系》，清光绪三十一年（1905），木活字本，第94页。

② 《江南宁国府太平县馆田李氏宗谱》卷十二《旻公世系》，清光绪三十一年（1905），木活字本，第16页。

③ 民国《歙县志》卷九《义行》。

④ 《江南宁国府太平县馆田李氏宗谱》卷七《景公世系》，清光绪三十一年（1905），木活字本，第28页。

⑤ 嘉庆《太平县志》卷三《风俗》。

⑥ 《江南宁国府太平县馆田李氏宗谱》卷十四《昱公世系》，清光绪三十一年（1905），木活字本，第9页。

响，包括冲毁房屋、桥梁、街市、公共设施、亭宇、堤坝等。

明清时期水灾对徽州百姓民房建筑损毁很严重。比如在祁门县，明永乐七年（1409）洪水进入祁门县县城，史载“大雨，洪水入城”“凡漂官民房屋三百五十余间，卷籍、学粮俱以淹浸”①；明景泰七年（1456），祁门大水“漂荡民居，渰死人畜”②；明万历十年（1582）祁门水灾“漂没民居”③；清乾隆五十三年（1588），祁门大水损伤“民房三千一百余间”④；清咸丰五年（1855）祁门蛟水陡发“荡民居”⑤。在绩溪清乾隆九年（1744），蛟水陡发，漂没“田园、庐舍”⑥。在休宁，清顺治八年（1651）蛟发，“漂没庐舍”⑦；清雍正十年（1732）7月安徽巡抚程元章在奏折中也指出，“吾徽州府属休宁县于闰五月十三日骤雨彻夜，山水陡发，近溪民房被水冲坍数十余间。”⑧ 歙县也有房屋遭到洪水漂没，比如明万历三十五年（1607）歙县“淫雨不止，大水巨蛟纷出，冲没庐舍村口，永洲、上三元阁、弄亭台树木俱漂去”⑨；清康熙三十一年（1692）歙县大水，“溪西街上坝冲塌十余丈，漂去街口房屋十余间，民不能居里中，六续折移，嗣是连遭水患，今变为沙滩矣”⑩；清康熙五十七年（1718）歙县“淫雨不止，巨蛟纷出，水长数丈大，冲塌沿街溪民

① 祁门县地方志办公室整理《祁阊志（外四部）》，2004年印，第59页。

② 安徽省水利勘测设计院编：《安徽省水旱灾害史料整理分析（公元前190—1949年）》，1981年印，第47页。

③ 道光《徽州府志》卷十六之一《祥异》。

④ 安徽省水利勘测设计院编：《安徽省水旱灾害史料整理分析（公元前190—1949年）》，1981年印，第54页。

⑤ 安徽省水利勘测设计院编：《安徽省水旱灾害史料整理分析（公元前190—1949年）》，1981年印，第56页。

⑥ 安徽省水利勘测设计院编：《安徽省水旱灾害史料整理分析（公元前190—1949年）》，1981年印，第53页。

⑦ 安徽省水利勘测设计院编：《安徽省水旱灾害史料整理分析（公元前190—1949年）》，1981年印，第51页。

⑧ 中国第一历史档案馆编：《雍正朝汉文硃批奏折汇编》第22册，江苏古籍出版社1989年版，第910页。

⑨ 凌应秋辑《沙溪集略》，出《中国地方志集成》乡镇志专辑第17册，江苏古籍出版社1992年版，第643页。

⑩ 凌应秋辑：《沙溪集略》，载《中国地方志集成》乡镇志专辑第17册，江苏古籍出版社1992年版，第643页。

房无数”[①]。

明清时期徽州水灾对徽州桥梁多有损毁。比如在黟县，明嘉靖七年（1528）黟县大水导致“桥坏”[②]，黟县九都的古槐桥在清嘉庆十九年（1814）被洪水冲圮，“朱振熊、朱作楹，合族人重建。”[③] 在祁门县，明成化二十三年（1487）“祁门大水，平政桥圮”，清道光十一年（1831）祁门“大水，舟行市上，仁济桥倒塌”[④]；祁门县清同治元年（1862）“西乡蛟，山崩桥圮”[⑤]。在休宁县，明嘉靖六年大水“桥梁多冲毁，溺死者无数”，清康熙五十七年（1718）休宁“诸山蛟并发”，“圮桥梁，溺人畜”[⑥]；又如，休宁县登封桥“旧桥为水所坏”，在乾隆五十四年（1789）黟县绅士胡学梓对此桥重建。[⑦] 在绩溪县，顺治五年“绩溪大水，冲圮桥梁数处”[⑧]；清康熙五十七年（1718）绩溪“诸山蛟并发”“圮桥梁，溺人畜”，清乾隆五十一年绩溪“平政桥冲断两硐”[⑨]。在歙县，孙公桥“康熙丙子大水冲击，遂致损坏，其后嗣名昱者，竭力补救之”[⑩]；清康熙五十七年（1718）6 月歙县水灾“漂没桥梁无算”[⑪]。在婺源县，清后期“有石桥被洪水冲坏，族以功巨难就，架木为梁”，婺源蕉源人吴时镇“有义举，施金修复”。[⑫]

明清时期徽州水灾也常常对街市有冲毁。比如明万历十年（1582）

---

① 凌应秋辑：《沙溪集略》，载《中国地方志集成》乡镇志专辑第 17 册，江苏古籍出版社 1992 年版，第 643 页。

② 嘉庆《黟县志》卷一《沿革纪事表》。

③ 道光《黟县续志》卷十一《桥梁亭宇》。

④ 安徽省水利勘测设计院编：《安徽省水旱灾害史料整理分析（公元前 190—1949 年）》，1981 年印，第 47、56 页。

⑤ 同治《祁门县志》卷三十六《祥异》。

⑥ 安徽省水利勘测设计院编：《安徽省水旱灾害史料整理分析（公元前 190—1949 年）》，1981 年印，第 48、72 页。

⑦ 嘉庆《黟县志》卷一《沿革纪事表》。

⑧ 道光《徽州府志》卷十六之一《祥异》。

⑨ 安徽省水利勘测设计院编：《安徽省水旱灾害史料整理分析（公元前 190—1949 年）》，1981 年印，第 72、54 页。

⑩ 佘华瑞纂：《岩镇志草》，载《中国地方志集成》乡镇志专辑第 27 册，江苏古籍出版社 1992 年版，第 114 页。

⑪ 安徽省水利勘测设计院编：《安徽省水旱灾害史料整理分析（公元前 190—1949 年）》，1981 年印，第 53 页。

⑫ 张海鹏、王廷元主编：《明清徽商资料选编》，黄山书社 1985 年版，第 343 页。

“祁门水抵县仪门，城坏数十丈”[①]。歙县的溪西街也在清康熙三十一年（1692）被洪水冲蚀街口石坪，并且“因循不修，复遭大水，防溃难复，而溪西街之宇舍尽徙他所，不复有街市矣。”[②] 清乾隆十八年（1753），歙县又发大水，“溪东街水深三尺。”[③]

洪水还导致一些仓储设施被毁，对农民的正常生产有一定的影响。比如嘉庆年间绩溪县的社仓承担着“每岁农民春贷秋偿”的作用，运作方式是“每出一石扣耗一升”，绩溪社仓原有四个，但“乾隆九年、十二年北村仓遭蛟水冲没。”[④] 又如在祁门县，明代初期设税务部门在县城南部，但“永乐己丑夏，大水，局宇悉为所漂”[⑤]；祁门县的公共设施常平仓也遭到此种洪灾破坏。史载祁门常平仓旧有仓五十六间“共贮谷二万八千石，以备凶荒，乾嘉以来屡被水患，漂坏殆尽，道光中知县唐冶修复之。同治初贼至被毁，存者惟常平一仓，今亦徒名矣。”[⑥]

亭宇被水灾冲毁在史籍中也多有记载。比如在祁门县，明成化十年（1474）11 月一则文书显示，祁门县六都的旌善、申明二亭地基“被洪水冲塌，随修随坏”[⑦]。在歙县，永思亭为洪象先所创建，“康熙丙子年复大水，亭又漂没”，洪象先之孙洪涛声“有志重兴焉”；镇泽亭是当地人潘膺祚所建“于康熙丙子大水冲塌，庵亦渐就颓废，雍正丙午归于文会，不六七季，片瓦无存矣”；鞠水亭也在“康熙戊戌六月大水荡去”；该县抚宷亭也被损坏，“康熙戊戌六月二十六日溪水暴涨，高跃于簷，遂浮之而倾。”[⑧]

徽州水灾漂没官民房屋还造成大量徽州地方原始文献资料的遗失。

---

① 安徽省水利勘测设计院编：《安徽省水旱灾害史料整理分析（公元前 190—1949 年）》，1981 年印，第 49 页。

② 凌应秋辑：《沙溪集略》，载《中国地方志集成》乡镇志专辑第 17 册，江苏古籍出版社 1992 年版，第 606 页。

③ 凌应秋辑：《沙溪集略》，载《中国地方志集成》乡镇志专辑第 17 册，江苏古籍出版社 1992 年版，第 643 页。

④ 嘉庆《绩溪县志》卷三《积贮》。

⑤ 祁门县地方志办公室整理：《祁阊志（外四部）》，2004 年印，第 26 页。

⑥ 李家骧编：《祁门县乡土地理志稿本》，第 10 页左，自藏本。

⑦ 王钰欣、周绍泉主编：《徽州千年契约文书（宋元明篇）》卷七，花山文艺出版社 1993 年版，第 200 页。

⑧ 佘华瑞纂：《岩镇志草》，载《中国地方志集成》乡镇志专辑第 27 册，江苏古籍出版社 1992 年版，第 112 页。

比如据《徽州文书》第三辑第五册，在契号0001－0252的契约中，共有126则契约系“民国二十六年十二月休宁县土地陈报无契土地证明书”，这些土地证明书遗失原因可分为：因为匪类，因为蛟水，因为匪类、蛟水。其中因为匪类导致土地证明书遗失的有96则；因为匪、蛟水的有25则；因为蛟水的有3起；原因未记载的有2则[①]，所以水灾是次于匪类导致文书遗失的原因。

这里加以补充说明的是，徽州山区水灾对桥梁、建筑的冲毁严重且频繁。面对这种局面，有一些设施由于各种原因无法得到及时修复。但是，地方社会面对事关地方交通出行、经济文化发展的各种设施被冲毁，也不能无动于衷，许多人积极投身于水灾后的社会救助。徽州地方社会中经济较有实力者往往慷慨捐资，对水灾造成的桥梁损毁等情况进行资助。比如，在歙县高阳桥，“明弘治间许胜生等易石重造，洞凡三，嘉靖三十六年洪水冲圮，胜生裔孙济安等率族众捐资修复。”[②] 何永涟“黟县人，事盲母最孝，谨宗祠，溪塝村口石桥并为水冲损甚巨，永涟命子兴修，岁饥，又命子平粜”[③]。

除徽州府以外，皖南其他山地所在府县在洪水发生时也多有桥梁和建筑被冲毁，相关记载非常多。这里择一例来介绍。在嘉庆年间的太平县，对山水爆发引致的桥梁冲毁以及地方社会救助作了如此记载：“地多溪河，山水骤发，桥易圮、渡易漂，往往随败随建，捐资自数十百金至万余金者时不乏人，复置田以资修治，道路崎岖，喜修砌、建茶亭、置茶田、点夜灯，以利行人，皆俗之最厚处。”[④]

邻近徽州的太平县，也多有对水灾所毁桥梁等设施的修复予以赞助的地方人士，比如“招春公……喜作湖海游，年未四十，富甲乡里，广厦连阡，人争艳羡，刱建凌霄书馆，为本家士子读书讲学地，乾隆癸酉水灾，家室俱罹于劫，书馆亦荡然无存，继子文选助祭田二十亩入宗祠，

---

① 刘伯山主编：《徽州文书》第三辑第五册，广西师范大学出版社2009年版，第213—338页。

② 民国《歙县志》卷二《津梁》。

③ 光绪《重修安徽通志》卷二百五十一《义行》，续修四库全书“史部·地理类”第六五四册，页五八。

④ 嘉庆《太平县志》卷三《风俗》。

每岁清明，值年首，士必鼓乐诣公墓祭扫，永为成例焉。”[①] 又如，“茂林，加捐同知衔。诰授奉政大夫，中年后客居汉口，以冶业致富。光绪戊戌闻宗祠倾塌，捐资重建殆八千斤，又尝继承先志，以天爱公所造六顺石桥被水冲塌，迭公桥又屡坏难修，复捐二千金，估工凿石重造六顺桥。此外治路作亭、合修宗谱及汉口清明会义塚，诸善举所费不赀，毫无吝惜，道光二十年（生）。”[②] 节妇也参与到灾后重建上来，比如对于太平县的水口庙，“明昺公之兄隆公首建，乾隆癸酉水没，节妇、廪贡生李啓基之母孙氏，捐银千两重建。”[③]

当然，皖南地方政府面对水灾的破坏并非无动于衷的，他们积极予以赈灾的史料不胜枚举。此外，地方官还向朝廷呈上奏折，请求中央政府予以帮助。为节省篇幅篇幅，兹举一例为证。清乾隆九年（1744）安徽巡抚准泰的奏折内容有如下请求：“所有徽州府属之歙县、休宁、婺源三县地方，臣等前以该属僻处万山，市米缺少，请拨协本色之外，其不敷赈粮，照依乾隆九年米贵折赈之例，每石给银一两二钱等因具题”，朱批为“所奏俱悉”[④]。另如，清嘉庆二十年（1815），针对皖南南陵县五六月份的水灾，安徽巡抚胡克家遵旨查明南陵县漫堤被淹各圩情况，并请接济，皇帝朱批为：“候旨行”[⑤]。

二、明清徽州水灾成灾原因分析

徽州地区水灾程度严重与徽州地区的自然特点、经济开发、水利设施管理等因素有关。

首先，徽州地区洪灾破坏严重是与其自然特点密不可分的。徽州地

① 《江南宁国府太平县馆田李氏宗谱》卷十四《昱公世系》，清光绪三十一年（1905），木活字本，第9页。

② 《江南宁国府太平县馆田李氏宗谱》卷三《景明公世系》，清光绪三十一年（1905），木活字本，第74页。

③ 《江南宁国府太平县馆田李氏宗谱》卷二十二《桥梁》，清光绪三十一年（1905），木活字本，第76页。

④ 朱批奏折，署理安徽巡抚准泰：《奏为徽州府休宁等县地方被水灾赈情形事》，乾隆九年十二月二十，中国第一历史档案馆藏，档号：04－01－02－0039－011。

⑤ 朱批奏折，安徽巡抚胡克家“奏为遵旨查明南陵县漫堤被淹各圩应请接济及此外各属毋庸调剂事”，嘉庆二十年十二月初八，中国第一历史档案馆藏，档号：04－01－05－0279－013。

区自然方面呈现出坡陡流急、河流易盈易涸、塘堰易受冲击、淤塞的区域特点。祁门县地方志指出当地水流如建瓴的自然特点，祁门县处万山中，“赖山谷涧水涓涓细流滋润山田，大雨水涨汇于溪壑，由高注下势如建瓴，不能停滀。”[①] 歙县也是如此，“盖吾郡依山为治，山溪湍环，泄多潴鲜，加夏秋霖涨，挟蛟为灾，冲堤坏堰久须修复，势固然也”[②]，所以“高滩峻濑，非障导疏引则利无由兴，且时有泛溢之害”[③]。

其次，徽州水灾之频繁及灾情之严重，与山地无序开发，尤其棚民的垦殖活动有很大关系。明清时期徽州田地开垦的扩大可以从官方册载田额的增加上得到体现，据弘治《徽州府志》卷二《田地》及道光徽州府志卷五之一《食货志·赋役》，明初、明弘治间、清前期徽州府的田额分别为 1214608 亩、1476815 亩、1590967.6 亩，是有明显增加的。这些开发有些是以破坏生态平衡为代价的。徽州田地过度垦殖使得一些湖泊被垦为田地，影响了蓄水能力，加重了洪灾成灾程度。比如歙县的高湖即是“在旦公坟前，昔为湖，今亦为田”[④]。更为重要的是，徽州地区大量山地被开垦，导致山地植被破坏，泥沙俱下，河道淤塞。徽州契约对此多有记载，比如在祁门县，汪兆恭、凌明笔、黄廷可、胡有龙在共立禁约里指出，韩溪地带山地无序开垦导致“河道阻塞，鱼遭陷害，山无柴薪，不时火灭”的问题，当地为此规定了禁令：“禁山场家外人等毋许掘种苞芦。”[⑤]

徽州山地无序开垦及泥沙俱下导致了徽州地区湖塘渠堨淤塞，灌溉效果大打折扣，史籍中此类记载颇多。早在明代后期，在歙县，就有良堨、胡七、小满等塘堨“以储蓄泄，日久淤塞”[⑥]；《岩镇志草》也指出

① 同治《祁门县志》卷十二《水利志·溪河》。

② 道光《歙县志》卷二之六《水利》。

③ 道光《歙县志》卷二之六《水利》。

④ 吴吉祜纂：歙县《丰南志》卷二《舆地志》（1981 年抄本影印），载《中国地方志集成》乡镇志专辑第 17 册，江苏古籍出版社 1992 年版，第 269 页。

⑤ 《嘉庆二十二年祁门凌氏立〈合同文约謄契簿〉之一八六、一八七》，载王钰欣、周绍泉主编，中国社科院历史研究所收藏整理：《徽州千年契约文书（清民国篇）》卷十一，花山文艺出版社 1993 年版，第 378、379 页。

⑥ 傅岩：《歙纪》卷之五《事迹》，陈春秀校点，黄山书社 2007 年版，第 56 页。

了清前期的永丰堨“今堨淤难濬”①；歙县的詹塘在十六都詹塘村，“原溉田五百畝，后淤塞”，至乾隆年间因为淤塞的原因，仅仅“溉田三十余畝”②；歙县的鲍南堨“初灌田三千七百余亩，叠废叠兴”，至乾隆间经修治后仅能灌田一千八百七十一亩③；歙县的张潭堨是宋代开濬的，“蔓延十余里，灌田三千余亩，后以修理废弛，仅存田一千八百亩”④；休宁县的程佑所在的村庄也存在“村有云塘淤浅”⑤的情况。

山地无序开垦及泥沙俱下还使沙洲得以形成。《宣统元年休宁县告示》指出休宁县十六都“土名大清溪”的地方，有黄口沙洲，“税十六亩余”，此沙洲的形成是清前期水土流失拥塞河流所致，“水逢沙涨，积有余亩”⑥。

徽州地区山地无序开垦还有地域特点，即棚民开发的影响。在清前中期，因山区掠夺性开发造成水土流失加剧了该地区塘堰易受冲击、淤塞的情况⑦。徽州地区棚民问题在乾隆年间非常严重。时人认为，徽州地区“棚民开种山场由来已久，大约始于前明，沿于国初，盛于乾隆”⑧。外乡人到徽州搭棚垦种玉米对山地生态破坏严重，史载乾隆年间“其种法必焚山掘根，务尽地力，使寸草不生而后已。”⑨皖南地方志指出：“乾隆五十四年（1789）府院朱以徽属地方蛟水陡发、庐舍漂没、田亩杀压，皆因棚民挖山之故，严饬概行驱逐。今棚民更多于昔，地方官亟宜禁止也。”⑩乾隆年间文书也指出棚民在徽州山地的玉米垦殖所造成的多方面的生态破坏，据乾隆四十六年（1781）七月祁门县的告示，祁门县三四

① 佘华瑞纂《岩镇志草》［雍正十二年（1734）抄本］，载《中国地方志集成》乡镇志专辑第27册，江苏古籍出版社1992年版，第107页。

② 吴吉祜纂：歙县《丰南志》卷二《舆地志》（省馆1981年抄本影印），载《中国地方志集成》乡镇志专辑第17册，江苏古籍出版社1992年版，第268页。

③ 道光《徽州府志》卷四之二《水利》。

④ 道光《徽州府志》卷四之二《水利》。

⑤ 光绪《重修安徽通志》卷二百五十《义行四》，清光绪7年（1881）刻本。

⑥《宣统元年休宁县告示》，载王钰欣、周绍泉主编，中国社科院历史研究所收藏整理：《徽州千年契约文书（清民国篇）》卷三，花山文艺出版社1993年版，第445页。

⑦ 陈瑞：《清代中期徽州山区生态环境恶化状况研究——以棚民营山活动为中心》，《安徽史学》2003年第6期。

⑧ 道光《徽州府志》卷四之二《水利》。

⑨ 嘉庆《绩溪县志》卷三《食货志·土田》。

⑩ 嘉庆《旌德县志》卷之五《物产》。

都生员汪懋珍等四姓“原有本都八保土名盘坑、美坑、田坑、晏坑等处山场”，但是“接连以来招异租佃，效尤不息”，这些外来流民垦殖造成了严重的生态影响，即“一经招异锄挖，不惟卸沙塞田，坑租无产，抑且恐藏奸仇，酿祸滋事，难防不测。”①

嘉庆年以后，徽州棚民开垦玉米对生态的破坏仍然很严重。嘉庆年间人们便认识到棚民开垦使得“沙土不能停留，每一大雨沙泥即随雨陡泻、溪涧渠堨渐次淤塞”②。发展至道光年间，徽州府玉米种植已不是零星点缀，“昔间有而今充斥者，惟包芦”③。道光《徽州府志》指出：“自皖民开种苞芦以来，沙土倾泻，溪堨填塞，河流绝水利之源，为害甚大，六邑均之”④；徽州府玉米种植“自皖民漫山种之，为河道之害不可救止”⑤。在黟县，道光年间，县北有东沙渠，因泥沙堆积“水渠高几于城等，山势逼近，沙随水下，时加梳治，水过则仍淤”，胡廷瑞治理黟县水患，除了清理淤泥外，还采取禁止招徕棚民的举措，“于是决议禁山招民”⑥。黟县绅士所作竹枝词也描述了徽州玉米种植的消极影响：“腊腊包芦满旧蹊，半锄沙砾半锄泥。沙来河面年年长，泥去山头日日低。”其词注曰：“棚民租山种苞芦，休宁、祁门皆受其害，黟近亦渐有之。”⑦ 至咸丰年以后也是如此。清咸丰五年（1855）9月23日祁门县政府发布的告示也明确指出了棚民开垦玉米对生态的消极影响。⑧ 同治年间祁门县地方志也指出，徽州棚民垦山，结果是“雨集则沙石并陨，雨止则水源立竭。不可复耕者所在皆有，渐至壅塞大溪”，“原田多被涨没，一邑之患莫甚于此”，“自棚民开垦，河道日高，水在砂下。”⑨ 光绪《重修安徽通志》也指出：“近因棚民居山垦种，雨

① 王钰欣、周绍泉主编：《徽州千年契约文书（清民国篇）》卷二，花山文艺出版社1993年版，第22页。

② 道光《徽州府志》卷四之二《营建志·水利》。

③ 道光《徽州府志》卷五之二《物产》。

④ 道光《徽州府志》卷四之二《营建志·水利》。

⑤ 道光《徽州府志》卷五之二《物产》。

⑥ 同治《黟县三志》卷十五之四《艺文志·人物类》。

⑦ 欧阳发、洪钢编：《安徽竹枝词》，黄山书社1993年版，第74页。

⑧ 刘伯山主编：《徽州文书》，第二辑第二册，广西师范大学出版社2006年版，第78页。

⑨ 同治《祁门县志》卷十二《水利志》。

涨土溃，壅入溪壑，河身渐高。”[①]

山地无序开发导致水土流失、溪流淤塞，严重影响了河流的泄洪能力，无疑会使得水灾更容易发生，并且使得成灾程度更严重。

再次，徽州水灾之成灾严重性与水利设施的修筑有关。明清徽州水灾对地方水利设施的损毁不绝于书，包括梁坝、河塝、河碓、河堤、田堨等。徽州梁坝遭水灾损坏，明末歙县学人张光祁在《渔梁观水》写道“暴涨乘春急，奔涛下石梁”[②]，即是对徽州山洪频发对梁坝冲击的生动写照。在绩溪县，“登源石坝”在清乾隆十二年（1747）遭蛟水冲击[③]；在祁门，清乾隆五十三年（1788）大水，“东北诸乡蛟水齐发……乡间梁坝皆坏”[④]。

河塝倒塌也有实例，比如在歙县，清乾隆三十四年（1769）发生洪水，“桥屋前河塝倒塌十数丈”[⑤]。河碓是当地农民舂米的重要设施，也遭到了洪水冲毁，比如明万历元年（1573），婺源水骤起数丈“漂流船只舂碓”[⑥]。洪水还导致了河堤坍塌，比如在乾隆年间“洪水暴涨，复坍塌河堤十数丈”[⑦]；歙县卫龙隄在明后期也被洪水冲荡，“卫龙隄，即北溪石岸，往往遇山水汛涨，岁多冲荡，嘉靖丁亥六月初一日，洪水尤甚，民之受害不可胜数体。”[⑧] 田堨被损坏也常见诸史志，比如明万历十年（1582）祁门大水，漂没田堨“不可胜数”[⑨]；徽州著名的“吕堨”也曾被蛟水损坏，“兹因吕堨南渠数为蛟水所坏溃决湮淤，难资灌溉”[⑩]；1932

---

① （清）沈葆祯、冯焯等修：《重修安徽通志》卷六十五《水利》，清光绪七年（1881）刻本。

② 汪世清辑注：《明清黄山学人诗选》，上海古籍出版社 2009 年版，第 47 页。

③ 道光《徽州府志》卷四之二《水利》。

④ 同治《祁门县志》卷三十六《祥异》。

⑤ 凌应秋辑：《沙溪集略》，载《中国地方志集成》乡镇志专辑第 17 册，江苏古籍出版社 1992 年版，第 643 页。

⑥ 道光《徽州府志》卷十六之一《祥异》。

⑦ 凌应秋辑：《沙溪集略》，载《中国地方志集成》乡镇志专辑第 17 册，江苏古籍出版社 1992 年版，第 732 页。

⑧ 吴吉祜纂：《丰南志》，载《中国地方志集成》乡镇志专辑第 17 册，江苏古籍出版社 1992 年版，第 261 页。

⑨ 道光《徽州府志》卷十六之一《祥异》。

⑩ 《清嘉庆五年二月十六家坊首等公具重修吕场南渠公启》，载周向华编：《安徽师范大学馆藏徽州文书》，安徽人民出版社 2009 年版，第 191 页。

年歙县大水“水涨二丈有余，本村数堨连成一片。”①

史料显示，水利设施若有较好的维护、修筑，则能较好抵御水灾侵袭，人们所受损失则较小；反之，则破坏很严重。

徽州山洪能否成灾与水利设施的完善程度有关。比如在歙县，溪旁修筑堤岸对溪流附近居民抵御水灾来说颇为重要。歙县《丰南志》云，“沿溪一带屡为山洪倾溃，嘉靖丁亥汛滥尤甚”，但此后当地人民“伐石筑堤岸，而民居以安”；在丰南地带的茶园之西也是“一遇山洪，田土崩析不已”，此后经过众议，“募资再筑上流之隄，水势既杀，民赖以安。”② 绩溪县“东门石坝”在绩溪县东门外，“旧为溪水冲突”，在明代，府县官方发帑予以修筑，“延袤一百八十三丈，高一丈六尺，水患遂息”③。在黟县五都钟山金村，前临叫作“武水”的大溪，“每年四五月间洪涛激发，冲塌石磅，村中田地多漂没，历供虚粮。光绪三十年溪流向村愈激，渐逼民居。”但在清光绪三十二年（1906），金铭勋等人发起修筑倡议，“族人踊跃助之，就昔之溪位筑石坝、开深沟，导水复故道，工程逾两年之久，费用近三千之多，颇称坚固，金村水患自此得免。”④这些说明了，河流堤岸的修筑能减轻洪涝灾害的灾情。

相反，若水利设施修筑不及时，洪灾来时则破坏性更大。比如在歙县，凌应秋《昉溪议》指出乾隆朝以前昉溪被洪水冲塌而维修费用难以筹措的情况：“仙姑桥下连年洪水，已经冲坍溪旁数丈”，但是因为“费用不下数十金”而出现资金难以筹措的情况⑤。昉溪在乾隆以前被冲毁后没有修缮，这样一来，乾隆年间又遭到洪水冲击，成灾程度更大：“以故今岁复遭洪水。如蚕之食，如蔓之延，又坍塌溪旁数十丈，已至大路，势必连及屋舍。凡沿溪一带，自仙姑桥起讫新桥口止，一日发水一日横

① 吴吉祜纂：《丰南志》，载《中国地方志集成》乡镇志专辑第17册，江苏古籍出版社1992年版，第595页。

② 吴吉祜纂：歙县《丰南志》卷二《舆地志》（省馆1981年抄本影印），载《中国地方志集成》乡镇志专辑第17册，江苏古籍出版社1992年版，第267页。

③ 道光《徽州府志》卷四之二《水利》。

④ 民国《黟县四志》卷十一《塘堨》。

⑤ 凌应秋辑：《沙溪集略》（乾隆三十四年撰，抄本），载《中国地方志集成》乡镇志专辑第17册，江苏古籍出版社1992年版，第730页。

冲，无所底定，将何以为继哉？”[①]

三、砂积田亩：徽州水灾对农田生态的影响

1. 关于砂积田亩

徽州水灾的频繁发生，有大量田地被冲圮、损坏或淹没。地方志对明清时期徽州地区田地被大水所损多有记载。比如徽州“富国堤”溉田千亩，在万历年间因水患“堤决百余丈，田淤三百余亩”[②]；清顺治五年（1648）绩溪大水，冲圮田千余亩；清顺治七年（1650）绩溪大水，“淹没田地千余亩”；清康熙五十七年（1718）歙县万蛟齐出，“损坏田庐”；清乾隆元年（1736）“徽州大水，损坏田亩”；清乾隆九年（1744），绩溪蛟水陡发漂没田园；清乾隆十二年（1747）“绩溪蛟水陡发二次”漂没田庐[③]。乾隆年间歙县的“昉溪”也是如此，“先年水势行西，对溪田地数百亩冲没无存。”[④] 清道光八年（1828）大水，冲没田庐甚多；清咸丰五年（1855）祁门蛟水陡发“坏田亩”；清同治七年（1868），祁门县发生蛟洪，“坏田亩，不可计数”[⑤]。

被损坏或淹没农田的面积多达到千余亩。比如清顺治五年（1648）绩溪大水，“冲圮田千余亩。”[⑥] 另如清乾隆五十三年（1788），祁门大水“伤田四千四百亩”[⑦]。

与圩区不同的是，山洪暴发所带来的泥沙使得受冲击田亩被沙石所盖。此种沙石覆盖是频频见诸记载的。比如，明万历三十年（1602）婺

① 凌应秋辑：《沙溪集略》（乾隆三十四年撰，抄本），载《中国地方志集成》乡镇志专辑第17册，江苏古籍出版社1992年版，第730页。

② 道光《徽州府志》卷四之二《水利》。

③ 安徽省水利勘测设计院编：《安徽省水旱灾害史料整理分析（公元前190—1949年）》，1981年印，第51、53、53、53、53页。

④ 凌应秋辑：《沙溪集略》（乾隆三十四年撰，抄本），载《中国地方志集成》乡镇志专辑第17册，江苏古籍出版社1992年版，第730页。

⑤ 安徽省水利勘测设计院编：《安徽省水旱灾害史料整理分析（公元前190—1949年）》，1981年印，第55、56、57页。

⑥ 道光《徽州府志》卷十六之一《祥异》。

⑦ 安徽省水利勘测设计院编：《安徽省水旱灾害史料整理分析（公元前190—1949年）》，1981年印，第54页。

源“大水，高数丈，山飞为田，田变为阜”[①]。明万历三十六年（1608）黄山暨境内大水“诸山并蛟发，田地冲涨，不计其数”；嘉庆年间徽州棚民开垦使得泥沙俱下，“每一大雨沙泥即随雨陡泻”，导致“今沿山田亩俱被壅涨更数十年，岂堪问乎？”[②] 同治年间祁门县“近来棚民为害，开垦四山，雨集砂卸，山下陇亩半为石田，而溪涧亦渐壅塞”[③]。清同治元年（1862）祁门“蛟发”，“砂积田庐”；清光绪十一年黟县山洪并发，“冲刷田、庐、坟、树。”[④]

契约文书也明显显示了洪水灾害导致田亩砂积的现象。比如清嘉庆十九年祁门县邱光逄所立卖田租契所显示。

“立卖杜契人，邱光逄，今因正用无措，自情愿托中将新买受民水田壹号，坐落八都三保土名银林坑，计田大小拾坵，计原租柒秤，因乾隆五十三年洪水冲损砂积，田三坵仍存成熟，田七坵并作原租七秤正，其田系是黟邑地界丽字号，其税粮系是建水之租买所黟邑，卖人完过，收约永远代纳，身亦当付建水艮两代纳，日后建水永远不累及会人，其田四至悉照黟邑鳞册可查，其田租尽数立契，毫无存留，凭中自愿出卖与重阳会内人名下，前去入田收租管业，三面议定时值价纹银拾柒两正，其价并税粮艮收过在内，当日两楚。”[⑤]

皖南非徽州府的山地也存在田亩砂积的情况。比如在皖南建德县，蛟水发生时，对农田生态的破坏也很严重，在该县，“县中多山，故山田为特盛。第水冲沙压，则往往败美田，县人病焉”[⑥]，当夏天蛟水发生时，山水暴涨“土崩石泐”[⑦]。皖南建德县的其他记载也有类似表述：“盖建德人多地狭，遂拓山为田，而田乃多陂陀硗确，而土杂砂石，不纯可田，

① 道光《徽州府志》卷十六之一《祥异》。

② 道光《徽州府志》卷四之二《营建志·水利》。

③ 同治《祁门县志》卷十二《水利志》。

④ 安徽省水利勘测设计院编：《安徽省水旱灾害史料整理分析（公元前190－1949年）》，1981年印，第69、56、57页。

⑤ 刘伯山主编：《徽州文书》第一辑第六册，广西师范大学出版社2005年版，第98页。

⑥ 周云编纂：《建德县风土记》卷之三《水利》，载姜亚沙、经莉、陈湛绮主编《中国风土文献汇编》第三册，全国图书馆文献缩微复制中心2006年版，第238页。

⑦ 周云编纂：《建德县风土记》卷之三《水利》，载姜亚沙、经莉、陈湛绮主编《中国风土文献汇编》第三册，全国图书馆文献缩微复制中心2006年版，第239页。

一旦欲均田，则或徒扰乎民而无益于国”①。

2. 砂积田亩引发的新的社会问题

明清时期徽州地区山洪暴发导致泥沙俱下，使得山底的田亩被砂石填压，由此导致了新的问题。清咸丰五年（1855）9月23日祁门县政府发布了告示，该告示明确指出了棚民开垦玉米所致砂积田亩的消极影响，并要求对棚民清册加强统计以防止窝匪藏奸，告示如下。

“为严饬稽查事，照得祁邑各乡向有棚民居住，但僻处深山，恐有窝藏匪情事，因此历奉编严禁添设。兹有等不法之徒将山租与外来游民，搭棚栖居，任意开垦，栽种苞芦，该棚民等良莠不齐，其中难保无匪徒溷迹，甚至山土被其锄松，因而沙泥下卸，以致田亩压积，国课虚悬，种种均为民害。”②

田地被砂堆积，为了维持农业生产的继续进行，将所积砂石挑去是需要解决的问题，挑砂的责任、费用是必须面对的问题。对此类问题的解决，有三种方案。

第一种方案是由田主出资并减租、由佃户挑砂。早在万历年间，休宁县即出现了此种解决方法，下则契约则显示由田主出资并减租、由佃户挑砂的情况。

“立佃约人金三，原佃到城居苏名下土名社屋前田共大小六坵，内一坵原租谷三砠，今被沙涨，凂中程七、金广领去担砂文银四钱五分，田让租一砠，每年议上秈谷二砠。日后再有砂涨，尽是本身之当，担砂不干田主之事。与廿九砠共业，共上秈谷叁拾一砠，不致少欠。又原买社屋塘一口，又本佃田内小塘一口，又桕树一根。今恐人难凭，立此担砂艮承佃约为照。每砠重廿四斤。万历三年四月廿五日立佃约人金三，中间人，程七，代笔人，金广。”③

除了由田主出资并减租、由佃户挑砂的方案，还有田主仅出资但不减租的情况，这时也是由佃户修治田亩。比如祁门县的下列契约。

① 周云编纂：《建德县风土记》卷之二《疆域》，载姜亚沙、经莉、陈湛绮主编《中国风土文献汇编》第三册，全国图书馆文献缩微复制中心2006年版，第61页。

② 刘伯山主编：《徽州文书》，第二辑第二册，广西师范大学出版社2006年版，第78页。

③ 王钰欣、周绍泉主编：《徽州千年契约文书（宋元明篇）》卷六，花山文艺出版社1993年版，第238页。

“立承挑沙做磡人程天贵，今承到石溪源吴振保租主名下本都六保土名石岭下，计田二坵，一亩六分皮膏全业，向系身佃。今经洪水汆积，是身承去挑沙做磡成田，言定饭食工钱十三千贰佰文，其钱按工支取，其磡包定五年之内不得损坏，倘五年之内损坏，是身自食自做。……光绪八年七月十九日立承挑沙做磡人程天贵。中见胡加丁。”①

第三种方案是，田主不出资，但田主仅在在租税上作出减免，由佃户挑砂。比如祁门的下则契约所明确显示的。

“立承佃约人潜邑王胜扬，今承到康惟成东名下粪草田皮并该田本身主租及各主租田壹号，坐落本都保律字一百卌八号，土名竹系坞，计田三坵，计主租四秤有零，其田因在高坎山坞坳，缘先年洪水冲卸，田砲砂积，抛荒有年，国课虚供。今身因在本坞承种山场锄种麻粟、布种松杉之便，是以前来承佃前田，前去入田挑砂做炮，开荒成田耕种，面议定自丙子年起至癸未年为满八年止，第甲申年秋收之日，接租主到田看验监收，照主租交纳，其田皮面议日后归承佃人管业，以准开荒、挑砂做炮工食。所议年内倘洪水冲击等情，均系是承佃管理，不致抛荒，借口异言，其主租至开荒年满之日照交，不得拖欠。如有短少，听凭租主另行招佃，……大清嘉庆贰拾壹年三月初一日立承佃约人王胜扬仝男王德有。”②

道光年间契约也有此类内容，现择一介绍如下。

“立承佃约人金松贵，今承到程傑公祀经手仝业人端培兄弟端论、弟侄端瀚兄弟名下六保土名葽塘口田，于道光十一年间洪水砂积，是身承去，挑沙上土成田。当日面言定七年内田不言租，以为工食之资。自丁未起至壬子年，过癸丑年，接田主登田对半监分，迭年始依原约，不得违误。恐口无凭，立此承约为据。……又批：石曹坞口荒田二块，亦在约内去砂上土成田。始依原约，年满对半监分，又照……道光廿六年八月廿六日立承佃约人金松贵。”③

有些被砂土覆盖的田亩系共业，田主不是一人。对于共业的田地被洪水冲损，挑去砂土需要资金，一般由共业各方按照股份分担。但是契

① 刘伯山主编：《徽州文书》第二辑第二册，广西师范大学出版社 2006 年版，第 146 页。

② 刘伯山主编：《徽州文书》第三辑第九册，广西师范大学出版社 2009 年版，第 176 页。

③ 刘伯山主编：《徽州文书》第一辑第八册，广西师范大学出版社 2005 年版，第 441 页。

约文书显示，有时共业田地的一方无力承担应该支付的修复资金，这时，无财力的共业业主方，选择了一种解决方案：把自己所拥有的田租份额出卖。比如在祁门，高公祀与佛生祀共业一田块，计步数一亩一分，实租十一秤，高公祀秩下孙大兴等得实租五秤正，“情因光绪十年洪水冲损，尚未挑复。今佛生祠已经仰秩下大椿畚做成田”，但高公祀秩下孙大兴等“无力派费”，解决方案是“故而兄弟商酌，遂将该租自愿立契出卖与族兄大椿名下为业，三面言定时值价英洋叁拾元正。内除洋拾伍元系认派租上做造之费，余洋比即收讫。”①

不能及时挑去砂土的砂积田块，便成荒田。有时候，官方也曾考虑为此类砂积田块的重新开荒提供政策支持。比如祁门县明天启元年（1621）的文书所示：

“直隶徽州府祁门县……查得东都土名梅木源口有闲旷官地贰分肆厘柒毫伍丝，随据东都二啚儒学生员李廷芳呈，本都五保鳞册收字玖佰陆拾壹号，土名梅木源口申明亭官地贰分肆厘柒毫伍丝，一向荒闲，堆积沙砾，呈乞公估时值，准输价银给赐贴文开荒承业等情。据此拟合就行，为此除外合行给帖，即将前项土名梅木源口申明亭官地贰分肆厘柒毫伍丝经公估时值价银伍分整，即令承业。”②

在明崇祯年间，徽州府歙县知县傅岩也曾对被冲毁农田的开垦提供政策支持：“本县地土硗瘠，蓄植树艺，民力颇勤。间有水冲淹没或遗弃荒芜之地，听民开垦。”③

上述几种解决方案都是为了能使得被砂淹没的田地能继续开垦。但实际上，出于地理环境、经济条件及灾害覆盖面等多种因素，有些被泥沙覆盖的田地不能继续开垦，由此便成为荒田。时人将祁门县的田地分为四类，其中有一类系临溪河，此类田地则“比年水灾，积沙成壑，不堪耕种，而有虚供赋输者。”④ 对此种荒田，佃户佃种时便遇到租额问题。一些契约也对此类田亩的田租租额作了规定。比如祁门立卖杜契人邱建水，因无银支用，自情愿托中将承祖父阄分民水田一号，出卖与邱光逢

① 黄山学院编撰：《中国徽州文书》第二卷，清华大学出版社 2010 年版，第 334 页。

② 周向华编：《安徽师范大学馆藏徽州文书》，安徽人民出版社 2009 年版，第 114 页。

③ 傅岩：《歙纪》，陈春秀校点，黄山书社 2007 年版，第 55 页。

④ 祁门县地方志办公室整理：《祁阊志（外四部）》，2004 年印，第 142 页。

名下，前去入田收租管业，其田“计田大小拾坵，计原租柒秤，因乾隆五十三年洪水冲损砂积，田三坵仍存实田，田七坵拆实租五秤正。”契约明确规定收租管业事宜：“无论干旱并砂积，遁年佃人硬交正租拾肆秤正无词。”①

即便有上述各种应对方案，因山洪暴发导致水佘沙积，还是容易造成纠纷，这在当时的山场买卖中是需要注意的。在祁门，山场买卖中便有契约明文规定水佘沙积不关买方之事，这样使得买方在买受后省却了日后可能出现的麻烦。比如清乾隆三十三年（1768）三月祁门程元俊等所立卖山契便是如此。

“立卖契人：程捷祀秩下元俊、元侃、嘉会等，今因钱粮无措，自情愿将承租买受本都七保山场一備，坐落土名汪舟坑、蛇形并生坟坞、郑家坞等处……四至内照原买受山场内，除在山坟茔存留禁步不卖，其余本家该得山场，凭中尽数立契出卖与本都啚僧首芝名下为业，面议时价纹银五两整，其银在手足讫。……定后二各毋悔，如违，甘罚白银二两公用，仍依此契为准。……再批：日后本家检出老契不得行用，倘有水佘沙积，不管买人之事。……乾隆三十三年三月十二日立卖契人程捷祀秩下元俊押。”②

在卖山契中，对可能出现的“水佘沙积”情况作出预先责任规定，或多或少显示了此种田块有遭遇“水佘沙积”的可能，也表明这种规定是为了避免日后的纠纷。田亩砂积所导致的地方社会的纠纷还体现在，在实行均田政策的时候，对砂田不易处理。比如在皖南建德县，又如此记载，“盖建德人多地狭，遂拓山为田，而田乃多陂陀硗确，而土杂砂石，不纯可田，一旦欲均田，则或徒扰乎民而无益于国。”③

四、小结

由上述可见，明清时期徽州水灾对徽州农民生活、农村社会、农业

---

① 刘伯山主编：《徽州文书》第一辑第六册，广西师范大学出版社2005年版，第97页。

② 刘伯山主编：《徽州文书》第一辑第七册，广西师范大学出版社2005年版，第135页。

③ 周云编纂：《建德县风土记》卷之二《疆域》，载姜亚沙、经莉、陈湛绮主编《中国风土文献汇编》第三册，全国图书馆文献缩微复制中心2006年版，第61页。

生产均有深刻的影响。明清时期徽州水灾程度严重与坡陡流急、塘堰易受冲击的自然特点有关，也与山地无序开发，尤其棚民的垦殖活动有很大关系，也与水利设施的完美程度有关。徽州水灾对农田生态的影响具有“砂积田亩”的地域性特点，由此也引发了新的社会问题。

考察水灾对徽州农村社会及农业生态等多方面的深刻影响，对进一步认识灾害与明清徽州地方社会之间关系有帮助，比如徽州地区徽商及地方精英热衷于社会事业捐助的问题。明清徽商崇尚儒家义利观，“徽商因义而用财，不惜耗费大量商业利润用于‘义举’”[①]，史籍也对富裕徽商好义之风的特点也有记载，对包括“山桥水堰之属”的各项公益事业往往“输金千万而不惜”，赤贫之士甚至“蓄积十数年，一旦倾橐为之。”[②] 热衷社会捐助的现象固然与徽州地区其好义成风的文化传统、儒商因素、宗族意识强等因素有关，但与徽州地区水灾频发的区域特点也有密切关系。

第二节　明清以来徽州野生动物资源变迁

考察明清以来区域性野生动植物变迁，不仅是生态环境变迁研究的重要方面，也能丰富明清徽州社会经济史研究。具体到徽州野生动物变迁的研究现状，据笔者管见，相关研究非常少，仅见吴媛媛关于徽州虎患问题的一篇研究论文。笔者考察皖南徽州野生动物变迁的深刻的社会背景和生态环境方面的动因，以丰富现有研究。

一、徽州地区野生动物渐趋灭绝的状况

明清以来徽州地区有不少野生动物有逐渐减少甚至渐趋灭绝的情况。

先来看虎类。可以说，因为明清时期徽州地区人们入山开垦加剧，破坏了虎类原有的生存环境。虎类在容身之地越来越少的情况下，会走

① 王廷元：《论徽州商人的义利观》，《安徽师范大学学报（人文社会科学版）》1998 年第 4 期。

② 同治《黟县三志》卷三《地理·风俗》。

向人类居住的领域，甚至会加害人类，虎患不时发生。但明清时期虎类时有所见，也可说明此时期虎类还有一定数量的存在。这方面的记载很多。谢肇淛在黄山雪峰的时候，即“常闻虎声”，虎的吼声使得“酒无不倾几上者”，并且出现看守水碓之人被老虎扼倒的情况，其时老虎看到“碓轮如飞”而发呆，这个时候，此人“手足皆被压不可动”，在这千钧一发之际，被困之人因机灵得以脱身：“适见虎势翘然近口，因极力啮之，虎惊，大吼跃走，其人遂得脱。”[①]

关于明清时期多虎的记载还有一些。比如在绩溪县，明万历八年（1580）夏“多虎”[②]；清康熙五十三年（1714）“绩溪多虎，山民震恐且入城”[③]；绩溪县清乾隆二十一年（1756）“春，多虎，白昼伤人”[④]；清乾隆二十一年（1756）春“绩溪多虎伤人”[⑤]。在祁门县，清嘉庆四年（1799）“近郭有虎患”[⑥]；同治年间祁门县有虎、豹。[⑦] 在歙县，明万历三十六年（1608）歙县“虎入通判署，噬伤九人”[⑧]；明万历三十六年（1608）“虎入郡通判署伤人”[⑨]。在婺源县，明万历三十八年（1610）“婺源多虎患入城”[⑩]；明天启元年（1621）、二年（1622）婺源“婺源多虎患”[⑪]。

明代休宁县也有虎类出没的情况，史籍记载，明代休宁县江有容，“邑诸生，父□龄，旅病芜湖，公甫童年，自肩襆被，星夜奔驰，中途遇虎，行不遐避，虎弗为害，会山水发没及腰膂，几至漂没，卒获保全。两昼夜行四百余里，父病已笃，竭力救治，赖以得瘥，寻奉父归，安贫读书”[⑫]。另如，明万历十八年（1590）“休宁虎昼入阳山寺，适土偶侧，

① 谢肇淛：《五杂俎》，上海书店出版社2001年版，第169页。
② 嘉庆《绩溪县志》卷十二《祥异》。
③ 道光《徽州府志》卷十六之一《祥异》。
④ 嘉庆《绩溪县志》卷十二《祥异》。
⑤ 道光《徽州府志》卷十六之一《祥异》。
⑥ 同治《祁门县志》卷三十六《祥异》。
⑦ 同治《祁门县志》卷十六《物产》。
⑧ 民国《歙县志》卷十六《祥异》。
⑨ 道光《徽州府志》卷十六之一《祥异》。
⑩ 道光《徽州府志》卷十六之一《祥异》。
⑪ 道光《徽州府志》卷十六之一《祥异》。
⑫ 江登云纂、江绍运续纂：《橙阳散志》卷三《人物》，清嘉庆十四年（1809）刻本。

斃之"[①]；清康熙十九年（1680）"休宁多虎暴"[②]。

到了民国时期，徽州虎类已不多见了。据地方志，民国年间歙县虎"今少产，似虎而无文者俗呼山猫。"[③] 不仅虎类，还有其他兽类也逐渐减少，只是"时有之"的状况。民国年间歙县熊"山中时有之"[④]。民国歙县的豹也是"山中时有之"[⑤]。

明代齐云山有豹、猿。[⑥] 但至民国年间，歙县的猿"许楚记莲花峰上有千年白猿，佝偻如老人，风日清霁恒徜徉山脊间……今不之见。"[⑦]

一些鸟类也渐趋灭绝。比如民国年间歙县的鹈鹕"旧志曾载之，今邑中未之见。"[⑧]

皖南野生动物渐趋减少甚至灭绝，既包括人类活动的原因，又包括自然灾害的原因。

二、人类活动对野生动物变迁的影响

在明清时期的徽州地区，山民开垦、修路等因素挤占了野生动物生存空间。除此因素，徽州野生动物渐趋减少还有其他原因。原因之一是人类捕杀野生动物以除害。明清以来，山中各种兽类不时侵犯人类的生存空间，或者破坏当地农业生产活动，这时徽州人民对它们采取了捕杀行为。此外，徽州人民捕杀野生动物还有出卖以获利的情况，这一点在猎户方面表现得更为明显。并且，明清时期徽州地区捕杀野生动物还有满足政府实物赋税需要的因素。

1. 人类经济活动挤占了野生动物的生存空间

在明清时期的徽州地区，人类活动挤压野生动物的生存空间。除了山地开垦，人类还会在原先虎类频繁出没的地方修建道路，以防被猛兽

---

① 道光《徽州府志》卷十六之一《祥异》。
② 道光《徽州府志》卷十六之一《祥异》。
③ 民国《歙县志》卷三《物产》。
④ 民国《歙县志》卷三《物产》。
⑤ 民国《歙县志》卷三《物产》。
⑥ 故宫博物院编，鲁点编纂：万历《齐云山志》，海南出版社2001年版，第238页。
⑦ 民国《歙县志》卷三《物产》。
⑧ 民国《歙县志》卷三《物产》。

袭击。比如在黟县，邵元平“黟县人，幼贫采薪，苦路险多虎，后稍积聚，自章岭下至横潭造石路三十余里，中建休憩亭二所，工成后三日，勉其子六人多为善事，端坐而逝。”① 当猛兽出现在人类活动的地点时，人类在能力许可的情况下便设法捕杀他们，这也加剧了物种灭绝情况。明代徽州即有民众逐虎的情况，“新安有众逐虎，虎窜入神祠中，见土偶人，庞然大也，搏之，偶踣而压，虎腰折焉，众生得虎。”② 徽州人民还会捕获其他野生动物。比如在明代，“新安樵者得小熊，大如猫，蹒跚庭中，犬至猛者见之亦溺下。”③

当人类经济开发节奏放缓时，动物生存空间相对更为宽松，这个时候，如果动物繁衍过快，就会又反过来影响到人类的生活。这种情况比较显著的例证是太平天国事件后徽州野猪的繁盛。太平天国事件后徽州山地野猪不时出没以危害农业生产。与徽州邻近的皖南山地也是此种情况，史料明确记载了宁国县“同治四年以后野豕伤稼”的情况，这种情况与人地关系有直接关系，即是“自兵火后人烟稀少，草木繁盛，野豕百十成群，所过田禾立尽，农民于禾熟时露宿田间，呼号四彻，同治四年以至七年，岁皆丰稔，豕损其十之三四，而米价仍，俭者食之者寡也。”④ 这段话明确指出了野生动物种群数量的增减与人类活动的密切关系。

2. 人类捕杀为害人民生命安全的猛兽

当人类过度开垦或自然灾害导致食肉性野生动物生存空间受到挤压时，肉食性野生动物更容易侵入人类生存领地，甚至会出现攻击人类的情况。明清时期徽州地区频繁出现的虎患即是这种情况。面对这种情况，人类的应对措施是采取捕杀，使得虎患消弭甚至促使虎类逐渐绝迹。史料中常有捕杀虎类的记载。

对虎类的捕杀活动，有些是在地方官的主持下进行的。试列举几则史料以说明这种情况。在绩溪县，明天启三年（1623）“绩溪多虎，伤数

---

① 光绪《重修安徽通志》卷二百五十《义行》，页五三。
② 谢肇淛：《五杂俎》，上海书店出版社2001年版，第168页。
③ 谢肇淛：《五杂俎》，上海书店出版社2001年版，第170页。
④ 民国《宁国县志》卷十四《灾异》。

百人，知县区日扬虔祷，设捕一日，连杀五虎。”[①] 祁门县明永乐八年（1410）“多虎，近城郭啖人，知县路达祷于神，设阱三百一十有四所，不逾时，获虎豹四十有六，患遂绝。”[②] 明永乐八年（1410）“祁门多虎，知县路达令民设木匣窝弓药矢，不踰时，擒虎豹四十有六，虎患遂绝”[③]。

民间也有自发对危害人类的虎类予以捕杀的情况。比如明景泰年间祁门人李有政“又募人除虎害”[④]。祁门县明万历三十六年（1608）二月，“有虎入城三日，居民尽闭户不敢出，至四日始聚众杀死。”[⑤] 吴之求“歙县人，尝独建灞源石桥，倡建大昌桥，子如彬尤好义，岁饥捐金平粜，邑地连淳安、昌化，深山穷谷数百里，民至冬日以掘蕨烧炭为生，忽有虎白昼食人，伤男妇二百余口，如彬访搏虎者，厚给工力，费逾千金，连杀五虎，民乃得安其业。”[⑥]

婺源县出现焚山逐虎的情况，这对虎类的生存环境来说可以说是毁灭性的破坏，明嘉靖十七年（1538）“婺源多虎，伤男妇二百余口，捕猎无策，民皆焚山逐虎，延烧苗木不啻亿万，又久不雨，麦无收，城东西俱失火，烧民居六百余家。”[⑦] 在休宁县，有赞誉民众勇于斗虎精神的记载，明万历二十一年（1593）“休宁临溪民一日杀五虎”[⑧]；明万历三十八年（1610）“休宁汉口虎入人家，为二妇人扼杀。”[⑨]

在捕杀的过程中，人们也认识了猛兽的一些习性，并总结了一系列捕获方法。比如，在嘉庆年间的黟县人们认识了虎类的习性，并总结出此类捕虎的方法。对于虎类来说，“遇之者当作势与敌而屡退，引至曲路，即可避去。虎不行曲径故也。……人但取苦竹枪直立当之，虎畏枪碍腹，不敢跃也。……惟畏火器及伞，人以伞张之，则不敢犯，捕虎者以火枪又以椶作毬掷之，虎衔椶毬，齿爪皆陷于椶，骤不能拔，即可捕

---

① 道光《徽州府志》卷十六之一《祥异》。
② 同治《祁门县志》卷三十六《祥异》。
③ 道光《徽州府志》卷十六之一《祥异》。
④ 光绪《重修安徽通志》卷二百四十九《义行》。
⑤ 同治《祁门县志》卷三十六《祥异》。
⑥ 光绪《重修安徽通志》卷二百五十《义行》。
⑦ 道光《徽州府志》卷十六之一《祥异》。
⑧ 道光《徽州府志》卷十六之一《祥异》。
⑨ 道光《徽州府志》卷十六之一《祥异》。

虎。又畏舂碓声，闻舂碓则齿自酥。”[1]

3. 捕杀为害庄稼的野生动物

有些野生动物为害农民所种庄稼，农民便想方设法捕杀，并售卖以求利。危害徽州山地庄稼的动物不少，如猴、野猪、野鼠等。民国年间歙县野鼠“为农作物之害”[2]。此外，民国年间歙县野猪也是农业大害，“能伤人，残害禾稼，猎人恒枪杀之。”[3] 嘉庆年间绩溪县的野豕也是“最害田稼”[4]。对野猪为害，徽州府还用矛捕杀，野豕“猎者矛”捕之。[5]

猴对庄稼的损害也大。在歙县，猴“群出觅食，为禾稼害”[6]；至民国年间，歙县猴“群处觅食，为禾稼害，性狡易驯，山东人常数岁一来捕之，以小者为珍云，售之利甚厚。”[7] 此外，民国年间歙县的雉“食谷类嫩叶，故为害鸟，猎者常取之以供食品。”[8]

4. 猎捕野生动物以获利

有一种捕杀纯粹是通过狩猎野生动物以获利。比如对豹的捕杀即是这种情况，民国年间歙县的豹“每为猎者所枪杀”[9]。人们对捕猎兽类的出卖，一是作为美味出售，二是将皮、毛等成分出卖作加工之用。

徽州地区多种动物都会被用来作美味出卖。在嘉庆年间的绩溪县，山牛“有重至四五百斤者，猎人亦间得之，味胜黄牛”[10]。此外，在民国年间的歙县，凫“俗名野鸭，……肉味美，供食品”[11]。在歙县，对于獐，“猎者恒获之，货诸市”；对于麂，也是“肉美于獐”[12]。

野生动物的皮毛也常常作为服饰类的加工材料。比如在嘉庆绩溪县，

---

① 嘉庆《黟县志》卷三《物产》。
② 民国《歙县志》卷三《物产》。
③ 民国《歙县志》卷三《物产》。
④ 嘉庆《绩溪县志》卷三《物产》。
⑤ 道光《徽州府志》卷五之二《物产》。
⑥ 民国《歙县志》卷三《物产》。
⑦ 民国《歙县志》卷三《物产》。
⑧ 民国《歙县志》卷三《物产》。
⑨ 民国《歙县志》卷三《物产》。
⑩ 嘉庆《绩溪县志》卷三《物产》。
⑪ 民国《歙县志》卷三《物产》。
⑫ 民国《歙县志》卷三《物产》。

獾“皮为裘甚暖”[①]。乾隆年间的皖南太平府山民捕捉獾的方法是，“獾……喜匿荒茔墓中，田家常熏穴而得之。”[②] 在歙县，獭“其皮价颇昂”，獾“毛温厚，可制裘”；松鼠“皮可制裘”[③]。熊胆也可入药，在歙县，熊“至冬则蛰黄尖南源山中，时有之，胆入药”[④]。歙县的野羊也可作为药用，“大山中有之，其血入药甚贵重。”[⑤] 此外，在歙县，鹭“羽均可为装饰品”[⑥]。

人们还捕捉一些鸟类作玩物，也会促使种群数量的减少。比如在民国时期的歙县，四喜“鸣声清越，人多畜之”；黄雀“性易驯”；相思鸟“土人有畜之者”[⑦]；竹鸡“人多笼养之”[⑧]。

5. 捕杀动物以满足赋税需要

人类对野生动物的捕杀有为官府提供实物赋税需要的因素，也会导致对徽州野生动物资源的大量捕杀，加剧了动物灭绝情况的发生。比如在徽州府，根据洪武九年的数字“每岁捕兽户九十四，每户办虎皮一张、杂皮九张，共皮九百四十张；捕禽户九，每户办翎毛四千根，共三万六千根。”[⑨]

三、自然灾害与野生动物资源变迁

影响徽州地区野生动植物变迁的自然灾害，以旱灾和冻灾最为突出。旱灾使得百草凋零，野生动物多有饿死。冻灾也会使野生动物因为寒冷和饥饿大量死亡。

1. 旱灾与野生动物变迁

当严重自然灾害发生时，不仅人类遭殃，一些食肉类野生动物的生

---

① 嘉庆《绩溪县志》卷三《物产》。
② 乾隆《太平府志》卷十二《物产》。
③ 民国《歙县志》卷三《物产》。
④ 民国《歙县志》卷三《物产》。
⑤ 民国《歙县志》卷三《物产》。
⑥ 民国《歙县志》卷三《物产》。
⑦ 民国《歙县志》卷三《物产》。
⑧ 民国《歙县志》卷三《物产》。
⑨ 弘治《徽州府志》卷二《土贡》。

存环境也出现恶化。由于食物链出现中断，一些野生动物便离开原有领地，侵入人类生存空间，这种状况以虎患表现得最为突出。这方面较突出的是当出现旱灾时，尤其是严重旱灾时，百草凋零，食草性动物剧减，虎类等食肉性动物生存困难。所以常常出现旱灾与虎患共存的情况。比如在绩溪县，明嘉靖三十一年（1552）“夏秋，绩溪旱，多虎”①；清乾隆十八年（1753）夏秋“绩溪旱，多虎伤人”②。绩溪县清乾隆二十九年（1764）“春，虎夜入城，居民震恐，夏无麦”③，“绩溪虎夜入城，居民震恐，夏无麦”④，也是灾害发生与虎患的共存。在婺源县也存在这种情况，元大德十年、十一年“婺源蝗洊，饥，多虎”⑤。明隆庆六年（1572）“休宁饥，多虎”⑥。

2. 寒冷天气与野生动物变迁

当天气奇寒时，万物凋零，不仅食草性动物无物可食，食肉性动物的食物来源也非常紧张。许多野生动物在奇寒的天气条件下被饿死或冻死。地方志对这种情况有明确记载。比如在祁门县，清咸丰十一年（1861）12月“大雪，计深四尺，鸟兽冻死无算。”⑦ 绩溪县有野生动物因天气寒冷而冻死的情况，清嘉庆五年（1800）农历正月“绩溪大雪，连四五日，平地三尺，山中高至丈余，麋鹿野豕，毙者无数。”⑧

这里再以虎类为例做一个说明。休宁县临溪地方虎群出现的年代是明万历二十一年（1593），而该年九月，“休宁霜杀禾苗”⑨。而在婺源县，也出现了寒冷天气与虎类出没相并存的状况，清顺治十年（1653）“婺源大雨雹，麦坏，又连岁多虎患”⑩。休宁县也有这种情况，清顺治十一年（1654）“休宁西乡多虎，白昼群行，……冬奇寒。”⑪

① 道光《徽州府志》卷十六之一《祥异》。
② 道光《徽州府志》卷十六之一《祥异》。
③ 嘉庆《绩溪县志》卷十二《祥异》。
④ 道光《徽州府志》卷十六之一《祥异》。
⑤ 道光《徽州府志》卷十六之一《祥异》。
⑥ 道光《徽州府志》卷十六之一《祥异》。
⑦ 同治《祁门县志》卷三十六《祥异》。
⑧ 道光《徽州府志》卷十六之一《祥异》。
⑨ 道光《徽州府志》卷十六之一《祥异》。
⑩ 道光《徽州府志》卷十六之一《祥异》。
⑪ 道光《徽州府志》卷十六之一《祥异》。

除了旱灾、极寒天气外，还有一些其他灾害影响野生动物的生存，但影响没有前二者重要。比如，“雷震”的发生也会导致一些动物数量的减少，在绩溪县明万历八年（1580）夏“大水，雷震，雀死万数”[①]。

四、小结

历史资料显示，徽州野生动物变迁的原因不是单一的。除了人们山地开垦逐渐侵占野生动物生存空间，使野生动物逐渐减少外，野生动物渐趋减少还与下列因素有关：人类为了消弭兽害采取了一系列捕杀措施；人们为了获得经济利益而对野生动物捕杀；冻灾、旱灾使得野生动物死亡。所以，生态与人类的双重因素最终造成徽州野生动物资源的渐趋减少。

① 嘉庆《绩溪县志》卷十二《祥异》。

第八章 结论及建议

本研究每个专题都是选取学界关注不够的问题作专题探讨，各自能独立成篇。各个专题研究之间不仅能归列为地理交通、人口迁移、农业技术、农业结构变迁、资源利用、生态变迁、自然灾害等几个大的方面，也存在着共同的主线，那就是“农业开发利用—生态环境变迁—地方社会应对”。

在实证研究的基础上进一步作出规律性总结和理论思考，无疑会对学科发展有所启发或推进。在总结徽州地区农业地理变迁表现的基础上，本部分对明清以来徽州地区人地关系以及内在规律作出自己的思考。

历史地理学者总结出：“历史农业地理学主要研究历史时期各地的农业自然环境、水利建设、土地开发利用、农林牧副渔猎业结构及各业内部结构、各农业经济区发展水平的差异、农业开发对自然环境的影响等等。”[①] 徽州地区历史农业地理的研究也应包括这些方面。

一、明清以来徽州农业地理变迁状况

1. 农业开发的自然环境

明清民国时期徽州山地丘陵的农业开发离不开其特有的自然环境条件。总体来说，徽州地区粮食生产方面呈现出自然环境先天不足的特点。

史料对徽州地区粮食生产的不利自然条件的记载比比皆是。比如徽州地区“地势高峻，骤雨则苦潦，旬日不雨又苦旱”，“徽州府属山多田少，所出米谷即年岁丰稔，亦仅供数月民食。”徽州地区作为山地丘陵的典型地区，山多田少、粮食紧张是徽学研究者的共识。

① 李令福：《历史农业地理学基本理论问题初探》，《陕西师范大学学报（哲学社会科学版）》2000年第4期。

在粮食生产不利的自然条件下，大量徽州百姓外出经商谋取生存。到民国时期，人们还如此记载徽州生存条件的恶劣："因之山多田少，地瘠民穷，由是徽属人民为环境所迫，大多往客地经商。"① 皖南徽州多山地的自然地理特点对当地的农业种植有重要的影响。主要表现在，徽州山地种植水稻不太适宜，玉米的种植正好符合了需要。玉米种植与土壤特性也有关，徽州地区的土山用作种植豆麦较常见，而石山种植玉米较多，这体现出资源的充分利用。

交通也是自然环境的重要一方面。徽州陆路、山路崎岖的区域性地理特点加重了道路运输的困难程度。徽州地区水运也有自身不利之处，具有"滩险三百六十"的区域特点，使得运输更为艰辛。在此交通背景下，接济的外米由于自然或社会因素而无法运抵徽州，不仅难以解决徽州地区粮食紧缺的状况，还会导致徽州饥荒等严重民生问题。

还要指出的是，徽州地区茶林类农业经济的发展却有着自己较为优异的自然禀赋。徽州茶业自明清以来闻名遐迩，徽州茶叶名产多，茶叶名产的出现与独特的山地资源有关。徽州人民还能积极开发山地资源，设法满足基本生活需求，根据当地资源特点发展特产经济，根据资源优势发展商品经济。

2. 水利建设

徽州地区呈现出坡陡流急、河流易盈易涸、塘堰易受冲击的区域特点。这就决定了，在原有的技术条件下，对徽州地区灌溉水利设施的修复不是一劳永逸的，往往需要反复兴修；这也说明徽州地区若欲化水害为水利，缓解民食问题，对灌溉工程的修治极为重要。

与芜湖圩区有大量湖泊不同，徽州地区的农田灌溉主要依靠各处田地所处溪流河道，当地民众于是根据各自田地所处的位置采取塘、堨等多种蓄水或灌溉方式，显示了因地制宜的特点。

明清时期徽州地区灌溉水利得到明显的发展，表现在塘堰灌溉工程数量的增多，塘额的大幅度扩大，对塘堰工程的修治，梯级堰坝工程技术的利用，灌溉用水方面管理制度的制定，以及根据水源的不同，对蓄水、引水灌溉予以多种运用方式，利用泉水灌溉，采用塘、堨、坝、陂等各种灌溉设施等方面。这些措施的效果是明显的，清代徽州府的田额

① 程宇尘：《各地生产状况：徽州生产概况》，《申报月刊》1935年第4卷第8期，第85页。

与明初及弘治间相比分别增加了30.98%、7.73%。

3. 土地开发利用

徽州土地开发活动，涉及农业开发的技术条件、农业开发类别等因素。

从技术条件来看，明清时期徽州地区能做到因地制宜、精耕细作、多劳集约，在育种、中耕、防治病虫害、种植制度、肥料技术、作物收获及加工等多个环节能对农业耕作技术作总结，体现了在传统的自然和社会条件下中国小农的智慧和勤劳。

徽州土地开发根据高地、低地的区别而因地制宜，“高地种菽麦，低地种秔稻，芝麻、芦穄”。先来看水稻生产，徽州当地农民能根据徽州地形土质特点有选择性地选用相应水稻品种。徽州地区还重视对玉米、粟等杂粮的生产。玉米在明后期以来栽种逐渐普及，也是因其具有耐旱耐涝、稳产高产、适于山地沙砾地区种植的特点，非常适合徽州山区的地理特征。另外，茶林产业也是土地开发利用的重要方式。徽州粮食生产不占优势，农家经济困难，所以“不得不力作于山，收茶木麻桐等产，以资弥补”。林业经济是当地农民的重要支柱之一，徽州地区人民对树苗繁育技术也有所总结。

明清时期徽州地区土地开发还呈现出精耕细作的特点。比如，徽州地区力求多熟种植，采用稻麦、稻油复种方式，民国时期总的复种指数接近90%，以求对耕地资源集约利用，最大限度地提高粮食产量。此外，徽州地区种植制度包括套种、间种、轮种等多种方式，也体现出资源集约利用的特点，是在人地关系日益紧张状况下，对资源约束条件所作的自动调整。

4. 农林牧副渔猎业结构

徽州地区的农、林、牧、副、渔、猎业结构，需注意两个因素，一是由于徽州本地的副业不发达，农民只能“靠山吃山”，故林业比较发达；二是由于徽州田额、塘额所占比重小，所以，若将徽州地区（以休宁县和歙县为例）与圩田、湖泊广布的皖南沿江圩区（以当涂县和芜湖县为例）相比，徽州农业结构存在着明显的林业较发达而副业、渔业不发达的状况。民国时期休宁县和歙县的畜牧业也不发达，这部分是因为畜牧业发展离不开充分的粮食生产条件。

徽州山区对山林的利用较多，而皖南沿江圩区由于湖泊众多，渔业生产比山区发达，二者共同体现了区域农业发展中资源依赖的特点。

表 13　　嘉兴等 8 县农业内部各业所占比重比较表　　单位：元

县名	合计	种植业		林业		畜牧业		副业		渔业	
		产值	所占比重（%）	产值	所占比重（%）	产值	所占比重（%）	产值	所占比重（%）	产值	所占比重（%）
嘉兴	24164755	18703092	77.40	241685	1.00	1243675	5.15	2700000	11.17	1276303	5.28
平湖	14229264	12680920	89.12	25000	0.18	1286250	9.04	140000	0.98	97094	0.68
无锡	55950000	38450000	68.72	—	—	7000000	12.51	10000000	17.88	500000	0.89
江宁	19734786	16660475	84.42	—	—	3011311	15.26	63000	0.32	—	—
当涂	15429216	12073714	78.25	—	—	2929502	18.99	210000	1.36	216000	1.399
芜湖	12538759	9508090	75.83	—	—	2343609	18.69	—	—	687060	5.48
休宁	7508000	6018500	80.16	1488500	19.83	—	—	—	—	1000	0.01
歙县	9548860	9248860	96.86	3010000	3.14	—	—	—	—	—	—

资料来源：谢国权《近代长江中下游沿岸中等城市商业研究》，《安徽师大学报（哲社版）》1996 年第 3 期。

这里说明一下，表中渔业所占比例仅为0或0.01%，说明了徽州地区总体多山，渔业发展自然条件不佳。但值得指出的是，明清时期徽州也有开凿池塘养鱼的情况，这是克服不利自然条件的结果。据《汪氏统宗谱》记载，明代永乐成化年间徽州处士汪明德“涉猎百家子史，通大义”，晚年曾有开塘之举，以成田园之乐，“晚年于所居之旁，围一圃、辟一轩、凿一塘，以为燕息之所。决渠灌花，临水观鱼，或觞或咏，或游或奕。”[①]

这种克服不利自然条件发展养鱼的情况在民国时期也存在。1934年，黄乐民认为合作事业是农村救济的一剂良药，提倡组织养鱼合作社，建议开塘养鱼，指出“原有的塘池，不是淤塞了，就是改了田”，当地百姓为了多收点粮食不愿开塘，“然而我总以为开塘防旱，是徽州山田的急要”，“徽州很多山僻的乡村，除却中秋开塘吃不到鲜鱼”。开塘以后，“不仅预防旱灾，且能四时都有鲜鱼，利益更不会不及田稻”[②]。民国时期徽州还有“养鱼花”的行业，比如歙县人们用芝麻的油饼肥田或者“养鱼花”[③]。传统时期徽州农民对溪流中的天然鱼类也有进行捕捉的情况。比如在民国时期的歙县，鳜鱼“多藏石罅中，桃花水涨时肉尤肥美，渔者辄编篛夜持燎捕之。”[④] 除了一般的用网捕鱼外，传统徽州地区还有用鸬鹚捕鱼的情况，比如据民国《歙县志》记载，鸬鹚“俗名水鸦，约颈以绳，使没水捕鱼，邑人有驯养者。”[⑤]

关于种植业结构，徽州农民对作物品种有改良和引进。尤为突出的是，皖南山区对玉米作物有引进和传播。虽然外来棚民种植玉米对皖南生态环境破坏明显，各级官府也予以轮番禁令，但本地山区人对玉米种植却呈发展态势。至民国时期，玉米种植在皖南山区农业生产及农民生活中已占有重要地位。延至1941年4月，皖南行署还发动了“一亩地运动”，规定人民不论男女，凡在十八岁以上、五十岁以下者，每人增垦荒地一亩，截至1941年12月，“增垦面积已达十八万八千九百余亩，收获

---

① 张海鹏、王廷元主编《明清徽商资料选编》，黄山书社1985年版，第292页。

② 黄乐民：《从镇江新安合作社想到徽州养鱼合作社》，《新安月刊》1934年第2卷，第11—12页。

③ 民国《歙县志》卷三《物产》江苏古籍出版社影印本，第99页。

④ 民国《歙县志》卷三《物产》。

⑤ 民国《歙县志》卷三《物产》。

玉蜀黍及山芋等杂粮三十七万二千七百余市担。”[1] 这种情况，与种植玉米能有力地缓解当地粮食紧张局面有密切关系。

5. 农业经济区发展水平

受制于皖南山多田少的资源特点，徽州地区的农业发展对茶业、林业的依赖性很大。徽州茶业对徽州农业经济发展及民生异常重要。茶业兴盛，则农家经济舒缓；茶业衰落，则农家经济困顿，下面这段记载则清晰地反映了这个问题。

“皖南则以屯溪为中心，此地则久成为徽浙赣茶市集中地。民之以全埠箱茶出口，岁有七八万箱，及民国十五年后，海外销场，日见增加，各茶市价格，随以剧涨。民十五至十七，三年间茶叶销数，突增十一万箱以上，计值银四五百万元，此时徽商经营茶叶者，异常增加。民间经济，亦赖以稍纾。前年茶号增加，比以往尤盛，山户山价，又复提昂，箱茶成本，亦愈加大。所运至沪埠上已制成之茶，因孟买、伦敦、巴黎等市有日本、印度、锡兰之倾销，价格愈趋愈下，兼之箱茶日久存积，有泛潮变味之虞，又加以经济之压迫，茶商至此，不得不忍痛抛沽。亏本之大，超出成本一倍有余。计全市各号亏折总数，约在百余万元。”[2]

“黄山毛峰”茶叶是民国时期徽州茶叶名产，该产区农民的日常经济也对茶业依赖甚强。黄山毛峰虽以“黄山”为名，但不是产于黄山，而是产于黄山之麓的汤口，“那大小二源的各村庄，如汤口、芳村、岗村、洽舍，都是出产黄山毛峰有名的山头”，“黄山脚下的茶农，除了种桐子、种杉树以外，就靠这一点茶叶，维持一家一年的生计。”[3]

除了茶叶，林木在徽州的重要性也有明确记载，比如祁门县“山多田少，民间日用咸赖山木”。民国时期的记载也指出：“青弋江上游山中，树林茂盛，遍地皆是。每年冬季，山农入山采伐木树，来春水涨时，搬运出山，顺流而下，集中马头镇。”[4]

关于徽州茶林经济发展的水平，可以参考民国时期的数据。在徽州，

---

① 《各省农业动态：安徽：皖南垦殖成绩（摘自三十一年第五期皖南经济通讯）》，《农报》1942 年第 7 卷第 4—6 期，第 108 页。

② 子山：《安徽省经济地理概况》，《先导月刊（南京）》1935 年第 2 卷第 5 期，第 96 页

③ 汪承祺：《徽州的茶业》，《皖事汇报》1936 年第 21 期，第 3 页。

④ 子山：《安徽省经济地理概况》，《先导月刊（南京）》1935 年第 2 卷第 5 期，第 100 页

茶叶鼎盛时代价值千万元，除了茶叶以外，还有杉树、松板价值百余万元，此外还有绩溪的蚕茧，休宁的粮食，歙县的珠兰、茉莉二花（制作茶叶所用的），都各有数十万之收入[①]。徽州的枣子也是用来补贴生计的特产之一，深渡的蜜枣每年的出产达数十万，销售于上海、杭州一带。[②]

二、农业开发对地理环境的影响

1. 农业开发对自然景观的影响

正如侯仁之所指出的那样，“历史地理学是现代地理学的一个组成部分，其主要研究对象是人类历史时期地理景观的变化，这种变化主要是由于人的活动和影响而产生的。”[③] 徽州地区农业景观的变化与当时人民的活动密切相关。

徽州农业开发活动对当地的生态景观有直接影响。以灌溉水利设施为例，清道光间塘、堨、坝、陂的数目是明代的两倍，足见地貌景观的变化。再比如，农业开发过程中，面对山地“坡流陡急”易致旱灾的情况，农民为了灌溉需要，有不少开凿池塘现象，也改变了耕地景观。徽州地区为了给农业作物施肥，也在田间地头开凿了不少粪窖或厕所。这些设施虽然在当代难以见到，但却是传统时期普遍性的景观。

明清民国时期皖南地区地面景观的变化与自然灾害及人类活动有关。以自然灾害因素为例，皖南徽州严重的水灾对地面设施有重要的影响，多次山洪暴发对皖南房屋、桥梁、街市、河碓、公共设施、亭宇、堤坝等造成冲毁，史不绝书。另一方面，皖南徽州人民不仅在灾后对部分设施作了修建（比如明清期间对鱼梁坝的兴修就有6次之多），还会发挥人类的聪明才智，新建许多地面设施。至民国时期，皖南地带修建了一些公路，呈现出多元交通的格局，这些地面建筑遗存承载着厚重的历史积淀。再比如，针对徽州溪河众多的自然特点，明清以来当地建造了许多水碓，也为当地一大景观。这些水碓对明清时期徽州地区农产品加工具有重要作用。

---

① 程宇尘：《各地生产状况：徽州生产概况》，《申报月刊》1935年第4卷第8期，第85页。

② 细草：《徽州的枣市——深渡》，《皖南人》1940年第1卷第5期，第10页。

③ 侯仁之：《历史地理学刍议》，《北京大学学报》1962年第1期。

2. 对生态环境的破坏

生态环境是指影响人类生存与发展的水资源、土地资源、生物资源以及气候资源数量和质量的总称，是关系到社会和经济持续发展的复合生态系统。明清民国时期，徽州地区生态环境的破坏表现在森林破坏、水土流失、自然水域面积缩小、生物多样性减少、水旱灾害严重等多个方面。

一是森林破坏、水土流失严重。清代以及民国时期，徽州山地丘陵地带大量棚民兴种玉米，他们对森林滥砍滥伐，常常导致“童山濯濯”的现象，造成了严重的水土流失。在山林植被受到破坏的情况下，明清以来徽州山区水土流失加剧，一遇暴雨，泥沙俱下，泥沙泻入溪河、塘堨，导致溪河、塘堨的淤塞。这种森林资源的破坏还与皖南矿业开采活动有关，矿业开采会导致壅压地亩，淤塞河道等生态问题。

二是自然水域面积变化及水污染。在皖南徽州山地丘陵地带，明清时期出现开田为塘的现象，这是水资源生态变迁的一种表现。此外，明代后期，徽州地方社会出现家奴危害地方之事，包括有的家奴对河塘里的鱼类进行毒杀以偷窃鱼类。这种情况无疑也破坏了当地的水环境。明代歙县地方官在案件审理时即遇到过此类情况，“审得汪志、梅黑铁、陈四老、黄观爵、王社老，皆人奴，而村落之蟊贼也。见旺才塘鱼可涎，用毒草投波，鱼浮尽窃。”[①] 据《民国二十三年七月休宁县第五区十一保七甲四户胡泽轩保甲规约》，休宁县第五区十一保居民若“每值河水幹涸之时用毒药捕鱼者”，则要受到“科以一元以上四元以下之罚金”的处罚，其处罚“概由保长宣告之”[②]。此类禁令的出现无疑说明了当地毒药捕鱼行为的存在，说明水污染在当时是明显存在的。

三是生物多样性减少。皖南地区物种丰富，但明清以来出现了生物多样性减少的状况。从动物资源来看，明清以来徽州地区有不少野生动物有逐渐减少甚至渐趋灭绝的情况，以虎、豹、熊等为典型。从对虎患的专门考察来看，皖南虎患以明清时期为突出，民国年间皖南发生虎患的县仍是山区所在县，但虎患的记载已很罕见了。虎类的渐趋绝迹与其

① 傅岩：《歙纪》卷之九《纪谳语》，陈春秀校点，黄山书社2007年版，第130页。

② 《民国二十三年七月休宁县第五区十一保七甲四户胡泽轩保甲规约》之《民国二十三年七月休宁县第五区十一保七甲四户胡泽轩保甲规约之二、三》，载刘伯山主编：《徽州文书》第三辑第10册，广西师范大学出版社2009年版，第499、500页。

所赖以生存的山林环境的严重破坏、食物链中断相关，也有人类捕杀的因素。对于皖南植物资源来说，高山纵横的地理特征使得当地的天然植被的种类很丰富。明清民国时期存在人类不合理利用的情况，比如徽州地区棚民对自然资源的肆意利用，使得当地白术、香椿等植被资源遭到了严重破坏。人们还会利用当地特有的奇花异草来发展花卉和盆景业，远销江南地带，也影响了植物物种的多样性。

四是水旱灾害严重。书中已对皖南水灾的严重性作了专题论述。这里再从徽州山区地带的水害发生频率的角度进行解读，以知道清前期棚民开发使得乾隆以后水灾加剧的状况（表 14）。从表中可知，徽州府和宁国府明清时期水旱灾发生频率呈现加大的趋势。

表 14　　皖南山区丘陵地带清中后期水旱灾害发生频率表

	徽州府		宁国府	
	水灾频率（年/次）	旱灾频率（年/次）	水灾频率（年/次）	旱灾频率（年/次）
明　代	6.57	5.41	13.8	14.5
顺治雍正间	7.07	5.75	4	3.83
乾隆至清末	4.4	8	3.26	5.87

资料来源：安徽省水利勘测设计院编《安徽省水旱灾害史料整理分析（公元前 190—1949 年）》，1981 年印

在徽州山区，水灾呈现山洪暴发型的特征，表现为在明后期至清代期间高频率发生的特点。徽州山区水灾还导致山地水土流失以及农田生态系统的破坏，突出表现是砂积田亩的问题。徽州山区不少田地被砂堆积，为了维持农业生产的继续进行，需要把田上所积砂石挑去，由此产生社会问题。明清民国时期，皖南山区的旱灾也很频繁，对当地农村社会也有多方面影响。

关于旱灾发生频率，据统计，徽州府旱灾情发生情况为，1368—1643 年 51 次；1644—1911 年 38 次；1912—1949 年 3 次[①]。与水灾类似，

① 安徽省水利勘测设计院编：《安徽省水旱灾害史料整理分析（公元前 190—1949 年）》，1981 年印。

徽州旱灾对当地农业生产以及农民生活的影响也是致命的。在歙县，“每年田利所入，依丰年而言，约仅供全县四月之需，若遇旱灾，殆不足一两月粮。”① 另如，民国年间休宁县发生旱灾，对农民收入影响很大，“今夏奇旱，农产无收，农民之苦痛，当更甚于往来矣。”②

需要补充的是，徽州地区生态环境破坏与人类资源开发活动有密切关联，但也要注意到，人类活动并不是唯一的原因。比如，明清以来皖南地区野生动植物有明显的变迁，有些明清时期常见的物种逐渐变得稀少甚至灭绝。这种变迁与山地开垦、人类捕杀等因素有关，也与冻灾、旱灾使得野生动物大量死亡、林木受到摧残的自然因素密切相关。所以，自然生态与人类的双重因素最终造成徽州野生动植物资源的渐趋减少。

三、明清以来徽州地区的人地关系

可以说，人地关系理论对历史地理学的发展关系重大。葛全胜等指出，“通过对历史时期人地关系的深入研究，必将推动历史地理学的飞跃发展，同时也将为全球变化与可持续发展研究做出重要贡献。”③ 理所当然，人地关系理论也是历史农业地理研究的重要内容。学者指出了历史农业地理的人地关系的内涵“历史农业地理还有一个特点即是把农业开发与自然环境之间的关系，即地理学所强调的‘人地关系’当作一项重要研究内容。”④ 可以认为，历史农业地理中的人地关系研究就是要阐述清楚农业发展与地理环境之间的关系，并探究其中的内在规律。

学界大量的实证性研究论文对农业发展与地理环境之间的关系作了提炼，但终究有一些模式化结论的缺憾。比如对明清民国时期的区域研究的很多论文，都能总结出农业开发导致生态环境破坏的结论。此类文章无疑是下了一番实证工夫并进行了观点的总结，是有价值的。可以说，

---

① 洪素野著：《皖南旅行记》，中国旅行社印行，1944 年出版，第 74 页，复旦大学图书馆特藏库藏。

② 殷梦霞、李强选编：《民国经济志八种（第二册）》，国家图书馆出版社，2009 年，第 480 页。

③ 葛全胜、何凡能、郑景云、满志敏、方修琦：《21 世纪中国历史地理学发展的思考》，《地理研究》2004 年第 3 期。

④ 李令福：《历史农业地理学基本理论问题初探》，《陕西师范大学学报（哲学社会科学版）》2000 年第 4 期。

这些微观、中观实证研究也是学界对全国性人地关系研究的必不可少的基础。但多数论文大多限于篇幅，难以对人地关系的内在演变机制作出更准确、全面的总结。实际上，多位专家学者已指出了当前历史地理学理论创新相对滞后的状况并表示担忧。① 侯甬坚敏锐地指出："如果单单因为伐木砍树、开垦土地、引水改水的行为，就判定为'环境破坏'的话，当事人的感情是受不了的。"② 确实，"历史农业地理学者已有一些人对人地关系做了有益的探索，但应该看到这方面的研究仍然比较粗略，如一提土地垦殖就说会导致上游水土流失、下游湖泊淤塞消失等等，这都已是常识"③。

以区域性的角度对历史农业地理中人地关系的考察，可以丰富人地关系理论。况且，没有一种人地关系理论适用于中国的所有地区。④ 所以，笔者将在前面几章实证性研究的基础上对徽州地区农业地理变迁中的人地关系做出分析。

首先需要思考的是，对于徽州地区人地关系，究竟怎样看待地理环境的作用？怎样看待人类活动的作用？中西方关于人地关系问题的代表

① 比如，1995 年陈国生指出："近数十年来虽然做了大量的历史农业地理研究，历史农业地理方面的文章和专著也陆续面世，但多是具体的、单个的，总结提高上升到理论的工作仍是历史农业地理的薄弱环节。""历史地理学理论研究的无声无息必然影响历史农业地理学的理论研究。"另，1999 年，朱士光指出，历史地理学研究存在的三大问题之一，便是"一般叙述多，变迁规律深入分析少"的现象。2001 年海山指出，对人地关系实质问题至今没有一个令人满意的解释，这就增加了协调人地关系的困难。邓辉 2001 年指出中国区域历史地理研究的落后之处："缺乏对地理空间内各自然、人文要素间相互作用及变化过程的总体认识"。熊梅 2013 年指出，"与西方相比，中国区域历史地理学的研究在研究内容和方法方面显得比较滞后"。分别参见陈国生：《论历史农业地理学的研究对象、内容及其层次结构和理论体系》，《湖北大学学报（哲学社会科学版）》1995 年第 3 期；朱士光：《关于当前加强历史地理学理论建设问题的思考》，《陕西师范大学学报（哲学社会科学版）》1999 年第 1 期；邓辉：《试论区域历史地理研究的理论和方法——兼论北方农牧交错带地区的历史地理综合研究》，《北京大学学报（哲学社会科学版）》2001 年第 1 期；熊梅：《地理学区域研究与区域历史地理学的取向》，《地理科学进展》2013 年第 32 卷第 8 期。

② 侯甬坚：《1978—2008 历史地理学研究的学术评论》，《史学月刊》2009 年第 4 期。

③ 李令福：《历史农业地理学基本理论问题初探》，《陕西师范大学学报（哲学社会科学版）》2000 年第 4 期。

④ 鲁西奇指出："人类活动与地理环境之间的关系，在每一个不同的地区，都可能表现为不同的型态与模式，都有不同的内涵"（鲁西奇：《人地关系理论与历史地理研究》，《史学理论研究》2001 年第 2 期）

性理论主要有：地理环境决定论、适应论、相关论（交替作用论、生态论、共创论）、唯意志论、可能论。[①] 如今，片面强调地理环境的决定性作用或人能动性的决定性作用的观点已不为人们接受。在区域性人地关系理论中，人们越来越倾向于在农业发展过程中既注意到地理环境的作用，也强调人类活动深远而重大的影响。

在徽州地区，自然界对人有作用，人也反作用于自然界。

首先，徽州地区农业开发的自然地理基础处于不利条件，这无疑制约了当地的农业开发的模式和水平。比如徽州山多田少自然条件使得当地常常出现粮食短缺的情况。如果仅仅考虑这“前世不修，生在徽州”的自然条件，在民食常常出现不足的背景下，一般的推论是，徽州的农业开发肯定非常困难。实际上，就是在这样的山多地少、民食不足的自然条件下，徽州的民众发挥了很大的主观能动性，对农业开发有诸多举措，水利灌溉的发展，精耕细作技术的深化，当地徽商、绅民的灾后救助以及水利捐助，农业开发的因地制宜，官方对农业生产和救灾管理，都反映了人的能动性的发挥。人的能动性的发挥还表现在人类对于环境的适应能力、修复能力在不断增长，保护环境的自觉意识也在逐渐理性化。关于明清时期徽州地区民众保护环境的自觉意识的记载很多，这里再列举徽州民众对渔业生态保护的举措作为补充。比如，徽州族谱对偷盗塘鱼的贼匪作了规定[②]；把有些塘作为鱼类放生之所[③]。

其次，对徽州地区来说，人不仅能克服自然条件的限制促进农业生产，人类的农业生产活动反过来对地理环境也产生了诸多影响。这种人对自然环境的影响不仅表现在人类开发对自然景观的影响，比如水利设施兴建、水碓设置、湖泊盈缩、交通地貌等；还表现在人类对自然资源的无序利用所导致的对生态环境的破坏，如森林破坏、自然水域面积缩小、水污染、生物多样性减少、水旱灾害严重等方面。我们在强调人类

① 海山：《关于人地关系实质问题的主要理论》，《内蒙古师大学报（哲学社会科学版）》2001 年第 2 期。

② 《明经胡氏龙井派宗谱》卷首《明经胡氏龙井派祠规》规定了偷盗塘鱼的处罚措施：“如盗瓜菜、稻草、麦秆之属，罚银五钱；五谷、薪木、塘鱼之属，罚银三钱，入公堂演戏示禁。”

③ 比如据《丰南志》，歙县的黄荆潭在关帝庙前“雷堨之水，析此而入丰南，人每以鱼放生于此”，见吴吉祜纂《丰南志》卷一《舆地志》（省馆 1981 年抄本影印），出自《中国地方志集成》乡镇志专辑第 17 册，第 252 页。

活动的影响时，不能一提开发，就绝对是对农业生产的促进，或绝对是对环境的破坏。

所以，人对自然环境的影响，既有促进农业开发的一面，也有无序开发所导致的生态破坏的一面。同时还要注意，在徽州地区长时段的农业地理变迁中，已经产生的生态破坏反过来又会对农业生产条件、农业开发活动产生影响，这样就形成了动态的过程。典型的例子就是，明后期以来徽州人招徕外地棚民垦种玉米，这是一种因地制宜的农业生产布局。但毁林开荒种植玉米的活动使得水土流失、溪流壅塞，山洪等水灾发生频率加大，水灾的破坏力更大。这种水灾破坏，也对农业生产产生了反作用力，徽州山洪频发致使泥沙俱下，田亩被泥沙所覆盖，对农业生态产生了深远的影响。再比如，明清民国时期，碓业是徽州较富裕家庭的重要产业。在明清时期的徽州地区，在溪流江河的岸边设置水碓，不仅改变了徽州地区原有溪流江河的景观，而且设置水碓易冲毁桥梁，还影响航道及交通运行。所以，明清以来徽州地区人地关系的演变，不是静止的，而是动态的。

至此可知，在明清以来徽州地区人地关系研究中，过分强调地理环境的作用以及过分强调人的能动性，既不符合辩证发展规律，也不符合历史事实。地理环境一方面限制了人类农业活动，同时，人类农业活动也对地理环境产生作用，徽州地理环境与农业开发处于不断运动变化而又相互影响、相互制约的过程中。

总之，这是一个双向互动的关系，有时能形成恶性循环，有时能形成良性循环①，从而在一个新的起点上达到一个大致的新的平衡。也就是说，人地关系是在自然环境与农业开发双向互动的基础上形成的动态平衡的关系。

① 在徽州人地关系中，也存在人类活动对农业开发的良性循环的例子，比如肥料的利用。史料显示，徽州地区在田间地头设置了大量的粪窖、厕所，作为收集农业肥料之用，这既是对地面景观的改变，是对废物的再利用，同时有机肥的施用使得徽州耕地地力不衰得到保证。徽州地区采取的轮作的种植方式，对农业生态来说，也是一种农业生产维持地力的良性循环的方式。实际上，中国农业土地利用率很高，但耕地种了几千年而地力不衰，国外学者叹为奇迹，农业史研究揭示出，有机肥的使用是传统农业的土壤地力保持千年不衰的重要原因。

四、明清以来徽州地区人地关系动态平衡的制约因素

侯仁之指出，历史地理学的主要工作，不仅要“复原过去时代的地理景观，而且还须寻找其发展演变的规律、阐明当前地理景观的形成和特点。”[①] 对徽州地区来说，考察农业开发与地理环境之间互动关系的内在规律也是需要进一步研究的内容。

明清以来徽州地区人地关系是在自然环境与农业开发双向互动的基础上形成的动态平衡的关系。若在实证性基础上，对徽州明清以来农业地理人地关系变迁中的制约因素作出总结，则更能加深我们对徽州地区人地关系内在规律演变的认识。

在考察这种内在规律时，多学科的视角尤为必要。必须指出的是，学界此前作了一些可贵的理论创新。[②] 本书认为，区域性人地关系，与该特定区域的“制度”和“文化”密不可分。将“制度”和“文化”作为分析人地关系内在演变规律的视角不仅是可行的，也是必要的。[③] 具体到徽州地区这一典型山区地域来看，制度与文化在人地关系互动中具有突出作用。下面将对徽州人地关系演变过程中的制度和文化因素作一考察。

1. 人地关系动态平衡过程中制度制约因素分析

制度是徽州地区人地关系演变的重要制约因素。徽州地区包括人口制度、山地产权制度、商品经济制度等在内的各种制度，在人地关系演变及动态平衡中有明显的制约作用。

人口制度。明清以来，户籍制度逐渐松弛。生态环境破坏与外来人口对徽州山地的无序开垦密切相关。徽州与外地之间的人口迁移的问题，

---

① 侯仁之：《历史地理学刍议》，《北京大学学报》1962 年第 1 期。

② 如朱士光在 1992 年提出人类历史时期人地关系是“多元复合双向制约体系”的新概念，吴传钧院士提出了人地关系地域系统理论，均极具创见。见朱士光：《关于当前加强历史地理学理论建设问题的思考》，《陕西师范大学学报（哲学社会科学版）》，1999 年第 1 期；吴传钧：《人地关系地域系统的理论研究及调控》《云南师范大学学报（哲学社会科学版）》2008 年第 2 期。

③ 一些历史地理学专家也指出了多学科视野探讨历史农业地理理论的重要性。比如王社教指出：“历史地理学这个综合、交叉学科的特点，使其并不能被一种固定的理论所僵化，而需要一种开放、融合的学科视野去接触、吸收其他学科的理论思维、实证研究，这或许本身就是历史地理学这个学科性质所决定的。”参见王社教、冯籁：《十年来中国历史地理学理论研究的进展》，《中国历史地理论丛》2011 年第 3 辑。

既包括徽州人外出经商等因素致使留存林木更易被盗砍的情况，又包括在人口自由迁徙的制度下，人口大量流入。对于黄山毛峰，“采茶之时，歙南、休宁的采茶工人，入山为人采茶，成千上万，不绝于途。”[①] 明清以来，徽州地区外来人口到徽州垦殖时有焚山或林木盗砍行为，这种对山地自然资源无序利用，破坏了当地农业生态环境。

人口制度对人地关系的制约还表现在徽州人口增长问题上。尤其是明后期至清代咸丰朝以前，人口激增，人地矛盾日趋紧张。叶显恩研究指出：“明清时期徽州的人口密度远比各地为高”，林木盗砍类契约文书对徽州人口在明清时期的激增也有明确表述，常常提及“子孙繁乱”的背景。显然，这种人口生育的没有有效节制导致“子孙繁乱”，对当地生态环境有重要影响。

产权及垦殖制度。徽州出现盗砍现象，包括对坟山荫木的盗砍和对山地林木的盗砍。这两种盗砍对徽州林业生态都有消极的影响。这种情况的出现与产权制度有密切关系，清代以来徽州驱禁政策接二连三出台以及棚民的长期存在，说明了驱棚政策执行效果大打折扣，这种情况出现在专制权力集中的清王朝，值得深思。其中原因之一，便是对契约法律效力的承认。更深层次来讲，订立契约是以所有权的存在为基础，对产权的拥有是契约之所以能订立的根本。族产易盗召，私产则更易盗召，毕竟不是国家所有或全民共有，这都为盗租提供了可能。产权的非公有性质使得族中“无赖不肖之徒”有可能把山场租给棚民。

商品经济制度。在农业制度中，商品经济制度也是重要一环。我们注意到，明清以来，徽州地区的大量林木被砍伐沿江运到浙江，使得一些地方出现“山成童秃”的情况，这与商品经济的自由市场有关。对于棚民，刘秀生也指出了棚民的商品经济的性质。实际上，在清代，辛勤开垦山地的徽州棚民在经营活动中能获得利益，利之所趋，棚民难以禁绝可以理解，携带资产前来招租的棚民中的有产者同样也是追逐商品经济利益的。再比如，近代安庆人在徽州地区垦种甘蔗、种植桐树、漆树，也都是为了获得经济收入。

善行激励制度。传统中国，对移风易俗予以制度设计常是地方政府

① 汪承祺：《徽州的茶业》，《皖事汇报》1936 年第 21 期，第 3 页。

最主要职能之一。地方政府常常在劝善方面不遗余力，采取多种制度设计，激励老百姓积极行善。在徽州地区，面对灾害救助和赈灾活动活动中涌现的善行、义民，官府有多样化的善行激励制度设计，这种激励性的制度设计包括将这些赈济穷困的事迹给予表彰、载入地方志、族谱等。①

我们由此可知，徽州农业开发活动以及生态破坏活动过程中制度因素的作用，不仅存在加深当地环境破坏的制度因素，也表现在对生态系统的修复活动，以及对生态破坏活动的遏制活动中。

在制度设计的过程中，地方政府官员、当地绅士、富商等地方性精英群体往往能达成共识，对只顾逐利的当地民众和外来移民的生态破坏活动进行遏制，并进而维护现有社会秩序。地方社会官员、绅士、富商等主体对生态环境破坏有各种积极应对的表现，常常体现出官商互动、官绅互动的情况。比如，政府的倡捐是徽州绅商积极投资徽州水利的重要原因之一，这是典型的官商互动。官绅互动也有充分体现，突出表现在徽州驱禁棚民、禁止盗砍事件中，文书、档案资料对此多有记载，比如，面对徽州坟山林木频遭盗砍的情况，徽州地方社会采取了一系列制度设计，包括制定村规民约，订立甘罚条约；为了在产权上对荫木予以保护，有时采取输山入公的制度设计；还有些墓主后裔会向官府寻求支持，政府便常常应请求发布告示，禁止当地民人盗砍等②。

村规民约的制度设计也对维护地方农业生态有一定的正面作用，徽州地区水利建设的相关制度建设就是这种情况。在明清时期的徽州地区，在灌溉用水方面多有管理制度，对于灌溉用水与水碓用水以及水运等用水之间的矛盾，民间也自发订立了协调制度，对一些较大的灌溉设施，

① 予以表彰的例子不少，如清代歙县张桂根，岩镇人，清嘉庆十九年（1814）岁大祲“输银三千两全活甚众，被议叙”，见民国《歙县志》卷九《义行》。徽州文化对公益文化积极倡导，地方人士热心公益的事迹将被记载族谱中，以使其名垂于后世。这是鼓励行善的措施之一，也是一种褒扬。又如，徽州的范氏族谱有如此规定：“乐助乃贤孙肖胤所为，亦祖宗之所期望者，在本人虽出仗义，在众人当为纪名。今将先年拨入祠田园若干人及助银建祠及节次置祭田祭器若干人，查据清明旧簿与石碑已载未载各名数同登祭产簿内。而修理先茔，平治村路，凡为公事劳费者，皆列名，仍刊入宗规，以劝将来之仗义者。”载《新安林塘范氏宗规》卷一（明刻本），载北京师范大学图书馆编：《明刻孤本秘笈丛刊》第12册，广西师范大学出版社2010年版，第521页。

② 参阅梁诸英：《明清时期徽州荫木砍伐及地方社会应对》，《中国农史》2013年第2期

对农民的灌水次序也有所规定。

2. 人地关系动态平衡过程中的文化制约因素分析

在人地关系中，以区域文化的视角分析人地关系中的互动关系，有独到的价值。在徽州地区，区域文化在农业开发以及生态环境应对方面发挥着特有的作用，这些区域文化以孝文化、风水文化、儒商文化、逐利文化等方面最为突出。

孝文化。皖南地区富户对桥梁、道路、亭宇多有修筑，富户的灾后赈济、扶危济困活动减轻了灾民成灾程度。富户对生态修复、灾后赈济多有捐助的情况，各地不同程度都存在。问题是这种捐助行为为什么在皖南尤其是徽州地区如此突出？原因之一是皖南徽州地区有孝文化的传统。正是在父母之命、继承父母未竟之志、光大祖先公益事业等孝文化因素的影响下，明清皖南徽州公益事业才能够发扬光大。[①]

风水文化。传统时期中国人重风水，尤其是在徽州府，风水文化在民众习俗中甚为重要。据中国第一历史档案馆资料，康熙年间安徽巡抚刘光美在奏折中指出“徽宁一带最重风水”，可谓深知徽州地方文化的特质。在徽州，明清时期农业设施建设要考虑“风水”的情况不乏个案的，在所谓的某个宗族的来龙龙脉的路线上，不得开挖厕所，不得建造房屋，不得设置水碓，不得从事农业开垦，不得采矿。如果违反，不仅要毁弃，还要受到经济处罚[②]。

皖南不仅信仰所谓的“龙脉”，还对祖宗坟山的风水非常重视，为了保护某位祖先的坟墓，会把周围数百亩的山地都列为风水林。徽州地区重视对祖墓的保护及清明祭祀活动，认为祖墓承载着荫庇后人及保存祖先魂魄的功能，民人多以保护祖先坟墓为己任，不得在事关祖宗坟山的风水地块从事开垦活动，不得兴建灌溉设施，甚至有后人想方设法不使

① 参阅梁诸英：《传统时期徽州地区公益事业兴盛与孝文化》，安徽省历史学学会 2016 年年会参会论文集。

② 如在明隆庆六年（1572）正月初四，祁门陈德信等 62 位陈姓族人所立陈氏乡约就有此类规定：“本里宅墓来龙、朝山水口，皆祖宗血脉，山川形胜所关，各家宜戒，谕长养林木以卫形胜，毋得泥为己业，掘损盗砍，犯者公同众罚理治。”《文堂陈氏乡约》，出自祁门《文堂陈氏家谱》卷末《约法揭要》，清光绪石刻本，2000 年修谱时重刊，第 29 页左。

自家祖坟被邻近的他户树木遮蔽。[①]

儒商文化。明清时期，徽人以经商著名，直到民国时期，“徽帮”的称谓仍较常见[②]。民国时期徽州外出经商的人还很多。在1926年的绩溪“吾绩的农产，素极丰富，手工业亦发达，所以本地居民，均能自食其力。但因向来习惯，男子出外营商者，约十之八九，以致客民日多。”[③]

此外，徽州商人“贾而好儒”的特征造就了其特有的仁义观念，并且徽州地区浓厚的宗族文化意识也是大量乡绅、富户乐于捐输的文化基因。徽商对水利设施修缮的捐助对农业生态的恢复有积极作用。

逐利文化。徽州地区出现无序开垦、盗砍事件等生态环境问题的发生，不完全是人民为了谋生存因素所致，也存在着民众逐利以及“人心不古”等风俗习尚的原因。明中后期以来，徽州地区的风俗趋于奢靡，不以古风为然，百姓逐利之风日渐明显。明清时期徽州地区族谱常常记载“人心不古”，其表现之一是徽州地方社会存在一些所谓的“棍徒”“豪强”不遵法纪及族规，这些“棍徒”“豪强”为了追逐经济利益，会罔顾现存风俗及社会秩序，对坟山、墓地的荫木肆行盗砍，荫木、林木盗砍与看管人失职、监守自盗、贪图小利有关，反映了徽州人道德水准的下滑。在逐利因素的驱动下，徽州地区资源消耗更趋于严重。一直至民国时期都是如此。在1926年的绩溪，“近数年来，本地少数人士，鉴于木板利益之大，率客民营此木业为生者日多，于是吾绩四乡之森林，尽为彼辈所垂涎，且不依正当手续，东拚山，西拚山，终于发生树案多起，或动武力，或诉讼解决，良可慨也！”[④]

劝善文化。在传统社会，老百姓心存敬畏，认为冥冥之中，人们所

① 在规定对祖墓及坟山林木不得砍伐的背景下，徽州地区有些祖墓附近存在着数百年的大木，这对维护当地良好的生态环境具有正面作用。相关记载很多，兹举一例：明代歙县的项氏家族，“始祖绍公蟠坑之墓，坐落在本县二十六都四保，丙糟字源三百四十一号”，绍公蟠坑之墓所在之山有“枫株古木已数百年”，见《歙县项氏族谱》之《归宗各代事曰》，明代抄本，不分卷，藏上海图书馆，第48页，上海图书馆藏。

② 比如，“徽帮”一词在民国时期使用情况仍不鲜见，光在《申报》就可见于《申报》第一千八百八十二号；《申报》第二千一百二十六号；《申报》第三千二百十二号；《申报》第三千二百五十一号；《申报》第六千二百五十六号。其他资料也有使用“徽帮”一词者，比如1952年的《安徽省农村调查》第3页，1937年的《安徽第九区风土志略》第35页等。

③ 程本海：《社评：评徽州的森林》，《微音》1926年第26期，第2页。

④ 程本海：《社评：评徽州的森林》，《微音》1926年第26期，第2页。

做的事情都有上天在观察，上天会根据善行还是恶行予以响应，具有“为善必有余庆”的信仰。[①]

在皖南徽州，族谱、地方志对义行会导致善报的记载很多，这种记载毫无疑问会强化人们的信仰，促使人们积极行善。再如，徽州地区对于偶尔出现的“虎不食人”的情况，常常作出伦理方面的解释，认为是人的孝行或宗教修为感动虎所致，这也是教育人们积极做个孝子、义人的生动个案。[②]

总之，传统时期徽州地区民间善人之所以热衷于造桥修路、“埋骼施棺”、水利修复等生态事业，可以说区域文化是重要的原因。在这些文化因素的推动下，徽州地区对桥梁、道路、亭宇多有修筑；绅士、富户的灾后赈济、扶危济困活动也减轻了受灾程度；堤坝等水利设施的修筑，也是当地农业生态系统重建的重要方面。此外，徽州公益事业中“埋骼施棺”等行为不仅是一种善行，也可有效防范因为灾民死亡而引起的流行疫病的传播。所有这些方面，都或多或少体现出皖南徽州民间善行对明清时期徽州地区生态环境的正面影响，也折射出徽州地区农业生态环境变迁与徽州文化之间互动之关系。

另外一方面，我们也要注意到，区域文化的制约作用还表现在某些文化因素对生态环境的破坏有助推作用，比如明清以来徽州人“人心不

---

① 明清时期徽州也确实存在所谓作了善事得到好的结果的具体实例。虽然二者之间不存在必然的因果关系，但这种巧合的实现，以及经过史家对此类事件的记载，无疑大大强化了人民对“积善必有余庆”的信念。比如在黟县，查永安“早岁服贾，善行甚多，年六十犹无子息，念村后查村岭为往来要道，慨然独任修之，路成产一子，时年七十有二矣”，见民国《黟县四志》卷六《质行》。另如，夏嘉宾“徽州人，寓居巢县，乐善好施，子孙五世同居，咸称善人之报”，见光绪《重修安徽通志》卷二百五十《义行》。《绩溪积庆坊葛氏族谱》记载，葛崇“尝途遇金数十，坐候失金人寻至，验明悉还之，初年艰子，还得嗣，人以为阴阳之报云”，出自《绩溪积庆坊葛氏族谱》卷之二（共八卷，首一卷，末一卷），葛文简纂修，明嘉靖四十四年（1565），刻本，页116。

② 有多则此类记载。如胡远照是黟县西递人，以孝著名，曾经“遭亲丧，哀泣如孺子，三年庐居”，曾经历过遇到老虎不为其所害的情况（出自嘉庆《黟县志》卷七《人物·义行》）；在歙县皮蓬庵，“国朝康熙己未有翠螺山僧雪庄枯坐皮蓬三年，虎皆远去，郡邑为建云舫山房”（出自道光《徽州府志》卷四之四《寺观》）。《清史稿》也记载歙县人郑明允以孝行感动虎类使不为害的情况：“郑明允，江南歙县人。康熙间，耿精忠兵至，明允侍母抱谱牒及先世遗笔入山。贼大索山中，明允夜负母匿僻坞，还挈二子，未至，雾溢山，虎声震林木，纳二子石穴中，疾趋侍母。贼退，二子亦无恙。”出自《清史稿》卷四百九十七《列传二百八十四》。

古”，逐利文化盛行，只顾个人利益，不顾整体生态利益的群体心态，就是典型的表现之一。

综上所述，某种制度或文化既可能是造成环境破坏的因素，也可能是环境破坏的制约因素，二者共同构成人地关系动态平衡的内部制约机制。

总体来说，在对徽州地区这一特定区域的农业地理变迁的研究中，徽州人地关系是在自然环境与农业开发相互影响的基础上形成的动态平衡的关系，而区域性制度和文化因素对这种动态平衡关系起着重要而深远的作用。

对徽州明清以来人地关系的阐释理论可以总结为：制度与文化制约下的区域人地关系动态平衡理论。

五、此研究的现实意义

历史农业地理的研究除了要考察农业地理的长时段变迁以及内在规律总结，还要注重这种规律总结对当前农业地理、农业布局以及农业开发的启发价值。多位专家指出，历史农业地理研究应该对现代农业以及可持续发展战略提供应有价值。[①]

要反思历史时期之农业开发及生态变迁，促进当今生态文明建设，一方面要总结历史时期农业开发、生态破坏的教训，在当代生态文明建设中避免犯相同和类似的错误，另一方面，对古代生态保护方面的有益经验，要加以借鉴和利用。

1. 对于生态环境问题要避免“先破坏后治理”的老路

对徽州地区来说，由于对山地资源的无序利用，大量山林资源受到破坏，加剧了水土流失。这种水土流失反过来使得水旱灾害更为加剧，

① 朱士光指出，“然而对可持续发展战略而言，为使其内容更加充实丰富科学合理，且具有充分的前瞻性与可行性，必须吸取此前整个人类历史时期社会经济发展与环境变迁方面的经验教训，因此，对有关的历史地理研究成果必然要认真对待，作为拟制可持续发展战略的重要依据”，参朱士光：《关于当前加强历史地理学理论建设问题的思考》，《陕西师范大学学报（哲学社会科学版）》，1999 年第 1 期。葛全胜指出，“通过对历史时期人地关系的深入研究，必将推动历史地理学的飞跃发展，同时也将为全球变化与可持续发展研究做出重要贡献。”参见葛全胜、何凡能、郑景云、满志敏、方修琦：《21 世纪中国历史地理学发展的思考》，《地理研究》2004 年第 3 期。

这时候就要对大量塘、堨等受损水利设施加以修缮。这实际上是“先破坏后治理”的农业开发思路。当前有些地方实际上也有这种生态环境方面“先破坏后治理”的情况。一些山区仍然把大量林木加以砍伐，运出山外，却不注意对山林的持续发展，这将导致这些地方一旦山洪暴发，会冲毁桥梁和家园，这种情况在改革开放后的徽州地区仍时有发生。

2. 要大力进行农田水利生态建设

反思历史，在徽州山区水旱灾害是最重要的生态灾害。不可否认，这种状况具有时代的局限性，那时发展山地灌溉水利受到资金和技术的两大制约。

在当今，包括皖南在内，许多地区的水利设施得到了很大的发展，可以说，许多在过去“靠天收”的农田如今成了旱涝保收田。这种状况不仅对促进粮食生产、保障粮食安全具有重要作用。而且，这种水灾、旱灾的极少发生使得生态性灾难很少出现。所以，在现有水利建设巨大成效的基础上，要继续对水旱灾害易发的田亩加强甄别，进行水利设施建设和维护，促进粮食生产。

3. 要避免对自然资源的不合理利用

在传统时期皖南徽州，农民为了生存和逐利，对能挖掘、利用、出卖的自然资源尽力利用。这种状况使得不少珍稀物种渐趋灭绝，严重破坏了生物物种多样性，背离了人与自然之间和谐发展的生态主旨。民国时期皖南大量珍贵花卉运往江浙销售导致珍贵花卉渐趋灭绝，以及皖南虎类的灭绝，就是其中的生动事例。当前，为了保护深山地带物种多样性，首先要对山地自然资源的利用作合理规划，警惕人们为了追逐金钱利益肆意破坏珍稀物种资源的状况。其次，为了解决山地居民的生存问题，弱化农业发展对山林资源消耗的过度依赖，要发展第二三产业，要增加当地农产品以及特产产品的附加值，促进农民增收，避免单纯依靠牺牲生态环境和破坏物种多样性以发展经济的错误道路。

4. 要利用区域文化因素促进生态环境保护

要借鉴传统时期利用文化因素促进生态环境保护的先人智慧。传统时期徽州富户对生态修复、灾后赈济多有捐助，徽州地区此类事迹如此突出的原因与孝文化密切相关。明清徽州有些生态建设的捐助是以其逝去的先人的名义来捐助的；明清徽州生态事业捐助事迹中父子相继、子承父命等事迹均在地方志中有记载，这些均彰显了徽州的孝文化。当今，我们也可以对此加以借鉴，通过设立专门官府网站，开辟“生态捐助榜”“生态保护好人榜”“生态保护世家”等对此类生态公益行为予以永久性表彰，鼓励人们积极投身生态文明建设。

5. *要充分发挥基层社区和乡村精英的作用*

当前我国生态环境保护存在着一个突出的问题，即是事事强调政府参与。实际情况是，政府部门存在人员不够、事务繁杂的不利条件。当前与明清时期社会治理的一个差别是，明清时期有“乡绅”这一社会精英群体承担了大量的民间纠纷和社会治理工作。而当今，在事事靠政府的情况下，大量基层社会的民间纠纷长期得不到解决，也缺乏类似明清时期“禁止毒药捕鱼”之类的生态环境保护类的乡规民约。在这种情况下，当前对“乡村精英”的再造，有利于生态环境保护。

6. *要加强对流动人口破坏生态环境行为的治理*

反思清代皖南地区，外来流动人口，即所谓的“棚民”在当地的玉米种植和矿业开采活动，对生态环境造成了严重的破坏。如今，人口迁移比历史时期更为频繁，加强对流动人口在生态环境破坏方面的管理，也不可忽视。

参考文献

一、古籍

1. 故宫博物院编，鲁点编纂：故宫珍本丛刊之万历《齐云山志》，海南出版社 2000 年版。

2. 嘉靖《徽州府志》，载《北京图书馆古籍珍本丛刊》之 29，书目文献出版社 1998 年版。

3. 嘉庆《宣城县志》，载中国科学院图书馆选编《稀见中国地方志汇刊第 24 册》，中国书店 1992 年版。

4. 姜亚沙、经莉、陈湛绮主编：《中国风土文献汇编》第三册，全国图书馆文献缩微复制中心，2006 年版。

5. 康熙《当涂县志》，载中国科学院图书馆选编：《稀见中国地方志汇刊》第二十三册，中国书店 1992 年版。

6. 刘汝骥：《陶甓公牍》，载《官箴书集成》第十册，黄山书社 1997 年版。

7. 梅曾亮：《柏枧山房诗文集》卷九《记棚民事》，彭国忠、胡晓明校点，上海古籍出版社 2012 年版。

8. 程昌纂修，程钫增补：《窦山公家议》，北京师范大学图书馆编《明刻孤本秘笈丛刊》第 12 册，广西师范大学出版社 2010 年版。

9. 顾炎武撰：《天下郡国利病书》，齐鲁书社 1997 年版。

10. 黎晨修：嘉靖《宁国府志》，明嘉靖十五年版。

11. 李士元修：嘉靖《铜陵县志》，明嘉靖四十二年版。

12. 彭泽修：弘治《徽州府志》，明弘治十五年版。

13. 傅岩：《歙纪》，陈春秀校点，黄山书社 2007 年版。

14. 乾隆《太平府志》，中国地方志集成影印本，江苏古籍出版社1998年版。

15. 乾隆《铜陵县志》，中国地方志集成影印本，江苏古籍出版社1998年版。

16. 乾隆《池州府志》，中国地方志集成影印本，江苏古籍出版社1998年版。

17. 包世臣著、潘竟翰点校：《齐民四术》，中华书局2001年版。

18. 曹德赞、张星焕修：道光《繁昌县志》，中国地方志集成影印本，江苏古籍出版社1998年版。

19. 曹梦鹤等修、孔传薪，陆仁虎纂：嘉庆《太平县志》，中国地方志集成影印本，江苏古籍出版社1998年版。

20. 程文翰编《善和乡志》，载《中国地方志集成》（乡镇志专辑第27册），江苏古籍出版社1992年版。

21. 丁廷楗等修：康熙《徽州府志》，清康熙三十八年版。

22. 陈柄德修：嘉庆《旌德县志》，中国地方志集成影印本，江苏古籍出版社1998年版。

23. 何应松修、方崇鼎纂：道光《休宁县志》，中国地方志集成影印本，江苏古籍出版社1998年版。

24. 贺长龄辑：《皇朝经世文编》，清道光七年版（1827）。

25. 胡有诚修；丁宝书等纂：光绪《广德州志》，中国地方志集成影印本，江苏古籍出版社1998年版。

26. 华椿等修、周赟纂：光绪《青阳县志》，中国地方志集成影印本，江苏古籍出版社1998年版。

27. 李德淦、周鹤立修、洪亮吉纂：嘉庆《泾县志》，中国地方志集成影印本，江苏古籍出版社1998年版。

28. 倪望重纂：光绪《祁门县志补》，中国地方志集成影印本，江苏古籍出版社1998年版。

29. 梁启让修：嘉庆《芜湖县志》，清嘉庆十二年版。

30. 凌应秋辑《沙溪集略》，《中国地方志集成》乡镇志专辑第十七册，江苏古籍出版社1992年版。

31. 鲁铨，钟英修、洪亮吉，施晋纂：嘉庆《宁国府志》，中国地方志集成影印本，江苏古籍出版社 1998 年版。

32. 陆延龄修、桂迓衡等纂：光绪《贵池县志》，中国地方志集成影印本，江苏古籍出版社 1998 年版。

33. 吕子珏修、詹锡龄纂：道光《黟县续志》，中国地方志集成影印本，江苏古籍出版社 1998 年版。

34. 马步蟾纂修：道光《徽州府志》，中国地方志集成影印本，江苏古籍出版社 1998 年版。

35. 漆日榛修：道光《贵池县志》，清道光二十六年版。

36. 沈葆祯、吴坤修等修：光绪《重修安徽通志》，上海古籍出版社 1995 年版。

37. 王让修：道光《祁门县志》，清道光七年版。

38. 卫廷璞纂修：雍正《建平县志》，中国地方志集成影印本，江苏古籍出版社 1998 年版。

39. 吴甸华修，程汝翼、俞正燮纂：嘉庆《黟县志》，中国地方志集成影印本，江苏古籍出版社 1998 年版。

40. 吴篪修，李兆洛等纂：嘉庆《东流县志》，中国地方志集成影印本，江苏古籍出版社 1998 年版。

41. 谢永泰修、程鸿诏等纂：同治《黟县三志》，中国地方志集成影印本，江苏古籍出版社 1998 年版。

42. 姚启元修：康熙《祁门县志》，清康熙二十二年版。

43. 周溶修；王韵珊纂：同治《祁门县志》，中国地方志集成影印本，江苏古籍出版社 1998 年版。

44. 张海等修：乾隆《当涂县志》，清乾隆十五年版。

45. 余华瑞纂：《岩镇志草》，载《中国地方志集成》乡镇志专辑第 27 册，江苏古籍出版社 1992 年版。

46. 石国柱、楼文钊修，许承尧纂：民国《歙县志》，中国地方志集成影印本，江苏古籍出版社 1998 年版。

47. 李吉甫撰：《元和郡县图志》，（唐）李吉甫撰，兰陵孙氏，清嘉庆二年版。

48. 王式典修：民国《宁国县志》，中国地方志集成影印本，江苏古籍出版社 1998 年版。

49. 吴吉祜纂：歙县《丰南志》，《中国地方志集成》乡镇志专辑第17册，江苏古籍出版社1992年版。

50. 吴克俊、许复修，程寿保、舒斯笏纂：民国《黟县四志》，中国地方志集成影印本，江苏古籍出版社1998年版。

51. 许承尧撰：《西干志》，载《中国地方志集成》乡镇志专辑第27册，江苏古籍出版社1992年版。

52. 许承尧撰：《歙事闲谭》，李明田、彭超、张爱琴校点，黄山书社2001年版。

53. 余谊密修、鲍寔纂：民国《芜湖县志》，中国地方志集成影印本，江苏古籍出版社1998年版。

54. 余谊密修、徐乃昌纂：民国《南陵县志》，中国地方志集成影印本，江苏古籍出版社1998年版。

55. 朱之英修、舒景蘅等纂：民国《怀宁县志》，中国地方志集成影印本，江苏古籍出版社1998年版。

二、族谱

1. 《古筑孙氏家谱》（四卷本），清嘉庆十七年版，刻本，上海图书馆藏。

2. 黄泰溶、黄泰华修：《姑孰黄氏宗谱》（八卷本，安徽当涂），1940年版，木活字本。

3. 《绩溪积庆坊葛氏族谱》，葛文简纂修，明嘉靖四十四年版，刻本。

4. 《江南宁国府太平县馆田李氏宗谱》，清光绪三十一年版，木活字本。

5. 明洪武间《休宁陈村陈氏族谱》，抄本，上海图书馆藏。

6. 《南陵工峰汤村徐氏宗谱》，上海图书馆藏。

7. 祁门《文堂陈氏家谱》，2000年版，重刊本，藏祁门县。

8. 《歙县项氏族谱》，明代抄本，不分卷，藏上海图书馆。

9. 歙县澄塘《吴氏家谱》，抄本，藏上海图书馆。

10. 孙光梱等纂修：《岘阳孙氏族谱》（安徽太平），清光绪二十三年版，木活字本。

11. 吴允榕编：歙县《吴氏永慕集》（乾隆十年版）。

12. 吴骞撰：《休宁厚田吴氏家谱》（乾隆五十一年版），载国家图书馆地方志家谱文献中心编：《清代民国名人家谱选刊》之十六，燕山出版社 2006 年版。

13.《休宁胡氏家谱》，清初抄本，上海图书馆藏。

14.《新安林塘范氏宗规》，载北京师范大学图书馆编《明刻孤本秘笈丛刊》第十二册，广西师范大学出版社 2010 年版。

三、档案

1. 安徽按察使闵鹗元：“奏为严立科条杜绝砍伐事”，清乾隆三十年六月十七日，中国第一历史档案馆藏，档号：04－01－08－0067－004。

2. 安徽巡抚色卜星额：《奏为安徽省各属居民及附住棚民分别编查保甲情形事》（道光十七年十一月二十五），中国第一历史档案馆藏，档号：04－01－02－0029－002。

3. 安徽学政德风：《奏为陈明徽州等府属考试情形并赈抚被水灾民事》，乾隆三十四年七月十四，中国第一历史档案馆藏，档号：04－01－23－0062－015。

4. 安徽巡抚广厚：“奏为遵旨审明南陵县民叶遇春赴京程控戴宿廷率众毁坝历控不为公断案依律定拟事”，嘉庆十六年四月十四，中国第一历史档案馆藏，档号：04－01－08－0028－004。

5. 安徽巡抚广厚：《奏为查明宁池广三府州属棚民日久相安请免勒令回籍并立法约束事》，嘉庆十六年三月二十九，中国第一历史档案馆藏，档号：04－01－02－0024－019。

6. 安徽巡抚冯煦：“奏为酌拟皖省垦牧树艺集资开辟荒山荒地奖励章程事”，光绪三十四年正月二十四，中国第一历史档案馆藏，档号：04－01－22－0067－020。

7. 安徽巡抚胡克家“奏为遵旨查明南陵县漫堤被淹各圩应请接济及此外各属毋庸调剂事”，嘉庆二十年十二月初八，中国第一历史档案馆藏，档号：04－01－05－0279－013。

8. 安徽巡抚刘光美："奏为安徽省地方开采山场利弊事"，康熙四十三年四月十九日，中国第一历史档案馆藏，档号：04－01－36－0082－001。

9. 安徽巡抚沈秉成："奏为广德州祠、山神庇佑民生灵显请列入祀典事"，光绪二十年，中国第一历史档案馆藏，档号：04－01－15－0085－021。

10. 安徽巡抚沈秉成："奏为办理上年被旱泸州等各属春抚并挖搜蝗蝻暨当涂县生蝻急捕情形事"，光绪十五年五月初二，中国第一历史档案馆藏，档号：04－01－04－0031－009。

11. 安徽巡抚唐绍镛："奏为建德县耆民查继民现年一百零一岁请旨旌表事"，嘉庆二十二年十二月二十五，中国第一历史档案馆藏，档号：04－01－14－0051－075。

12. 安徽巡抚张师诚："奏为泾县寿民潘廷誉实年一百岁五世同堂请旌表事"，道光五年十二月二十，中国第一历史档案馆藏，档号：04－01－14－0058－013。

13. 护理安徽巡抚印务布政使鄂云布："奏为南陵、泾县二县交界椰山脚下蝗蝻生发随即扑捕净尽事"，嘉庆十二年七月十五日，中国第一历史档案馆藏，档号：04－01－04－0023－010。

14. 两江总督萨载："奏为遵旨据实复奏徽州等府曾否得雨未据报无雨之处率属虔祷事" 中国第一历史档案馆藏，档号：04－01－23－0104－040。

15. 安徽学政德风："奏为陈明徽州等府属考试情形并赈抚被水灾民事"，乾隆三十四年七月十四，中国第一历史档案馆藏，档号：04－01－23－0062－015。

16. 两江总督曾国藩："奏报查明徽州绅民捐数请给奖叙事"，同治元年润八月十九日，中国第一历史档案馆藏，档号：04－01－35－0692－033。

17. 署理安徽巡抚准泰：《奏为徽州府休宁等县地方被水灾赈情形事》，乾隆九年十二月二十，中国第一历史档案馆藏，档号：04－01－02－0039－011。

18. 署理安徽巡抚朱珪："奏为绩溪县人民程嘉升寿届百龄事"，嘉庆三年十二月二十二，中国第一历史档案馆藏，档号：04－01－02－0141－010。

19. 芜湖市档案馆档案，卷宗号20－2－12。

20. 中国第一历史档案馆编；《光绪朝硃批奏摺》第三一辑，中华书局1995年版。

21. 中国第一历史档案馆：《光绪初年哥老会史料选辑》，《历史档案》1998年第3期。

22. “奏报徽州府属等州县得雪事”，乾隆时期，中国第一历史档案馆藏，档号：04－01－05－0250－029。

23. “奏为徽州千总饶明奎、把总李须润拿获盗犯出力请旨奖叙事”，光绪三十二年，中国第一历史档案馆藏，档号：04－01－08－0101－019。

四、调查资料

1. 安徽第九区行政督查专员公署编印：《安徽第九区风土志略》，1937年四月。

2.《安徽各县物产调查》，《工商半月刊》1934年第6卷第15号。

3.《半年来之芜湖高农乡村改进实验区》，民国刊行本，南京农业大学农业遗产室藏。

4. 卜凯著《中国农家经济——中国七省十七县二八六六田场之研究》，张履鸾译，商务印书馆，1936年中文初版，藏南京农业大学农业遗产室。

5. 华东军政委员会土地改革委员会编：《安徽省农村调查》，系华东农村经济资料第四分册，1952年12月，内部资料。

6. 洪素野著：《皖南旅行记》，中国旅行社印行，1944年三月出版，复旦大学图书馆特藏库藏。

7. 李家骧编：《祁门县乡土地理志稿本》，自藏本。

8. 林熙春、孙晓村：《芜湖米市调查》，社会经济调查所编《粮食调查丛刊》第四号，藏南京农业大学农业遗产室。

9. 钱文选：《甲戌广德旱灾大事记》，1935年版，复旦大学图书馆特藏部藏。

10. 孙文郁等:《豫鄂皖赣四省土地分类之研究》,金陵大学农业经济系印行,1936 年版,南京农业大学中国农业遗产室藏。

11. 殷梦霞、李强选编:《民国经济志八种》,国家图书馆出版社 2009 年版。

12. 殷梦霞、李强选编:《民国铁路沿线经济调查报告汇编》,国家图书馆出版社 2009 年版。

13. 殷梦霞、李强选编:《民国赈灾史料续编(第 14 册)》,国家图书馆出版社,2009 年版。

14. 张研、孙燕京主编:《民国史料丛刊(第 832 册)》,大象出版社 2009 年版。

15. 张研、孙燕京主编:《民国史料丛刊(第 554 册)》,大象出版社 2009 年版。

16. 张研、孙燕京主编:《民国史料丛刊(第 536 册)》,大象出版社 2009 年版。

五、现代著作

1. 安徽省水利勘测设计院编:《安徽省水旱灾害史料整理分析(公元前 190—1949 年)》,1981 年印。

2. 安庆市政协文史资料委员会编:《安庆文史资料》第八辑,安庆市彩色印刷厂印刷,1984 年印。

3. 安庆市政协文史资料委员会编:《安庆文史资料第十三辑》,安庆市彩色印刷厂印刷,1991 年印。

4. 安庆市政协文史资料委员会编:《安庆文史资料第二十三辑》,安庆市委机关印刷厂印刷,1991 年印。

5. 安庆市政协文史资料委员会编:《安庆文史资料第三十一辑》,安庆市委机关印刷厂印刷,2005 年印。

6. 卞利:《明清徽州社会研究》,安徽大学出版社 2004 年版。

7. 卞利:《徽州民俗》,安徽人民出版社 2005 年版。

8. 曹树基:《中国移民史(第五卷明时期)》,福建人民出版社 1997 年版。

9. 钞晓鸿：《生态环境与明清社会经济》，黄山书社 2004 年版。

10. 陈瑞：《明清徽州宗族与乡村社会控制》，安徽大学出版社 2013 年版。

11. 陈业新：《明至民国时期皖北地区灾害环境与社会应对研究》，上海人民出版社 2008 年版。

12. 陈学文：《徽商与徽学》，方志出版社 2003 年版。

13. 戴名世著，王树民编校：《戴名世集》，中华书局 1986 年版。

14. 范金民：《明清江南商业的发展》，南京大学出版社 1998 年版。

15. 冯剑辉：《近代徽商研究》，合肥工业大学出版社 2009 年版。

16. 冯贤亮：《太湖平原的环境刻画与城乡变迁（1368—1912）》，上海人民出版社 2008 年版。

17. 冯煦主编：《皖政辑要》，黄山书社 2005 年版。

18. 冯贤亮：《明清江南地区的环境变动与社会控制》，上海人民出版社 2002 年版。

19. 傅衣凌：《明清时代商人及商业资本》，人民出版社 1956 年版。

20. 傅衣凌：《明清社会经济史论文集》，人民出版社 1989 年版。

21. 葛剑雄主编：《中国移民史》，福建人民出版社 1997 年版。

22. 耿占军：《清代陕西农业地理研究》，西北大学出版社 1997 年版。

23. 龚胜生：《清代两湖农业地理》，华中师大出版社 1996 年版。

24. 郭声波：《四川历史农业地理》，四川人民出版社 1993 年版。

25. 华东军政委员会土地改革委员会编：《安徽省农村调查》，系华东农村经济资料第四分册，1952 年 12 月，内部资料。

26. 华林甫：《中国历史地理学 · 综述》，山东教育出版集团 2009 年版。

27. 韩茂莉：《中国历史农业地理》，北京大学出版社 2012 年版。

28. 黄山风景区管理委员会编：《黄山摩崖石刻》，学林出版社 2006 年版。

29. 黄山学院编撰：《中国徽州文书》，清华大学出版社 2010 年版。

30. 旌德县地方志编纂委员会办公室编：《旌德县志》，黄山书社 1992 年版。

31. 卡尔·A. 魏特夫:《东方专制主义》，徐式谷等译，中国社会科学出版社 1989 年版。

32. 蓝勇:《历史时期西南经济开发与生态变迁》，云南教育出版社 1992 年版。

33. 李伯重:《江南农业的发展，1620—1850 年》，王湘云译，上海古籍出版社 2006 年版。

34. 李士豪、屈若骞:《中国渔业史》，商务印书馆 1937 年版。

35. 刘伯山主编:《徽州文书》第一、二、三辑，广西师范大学出版社 2005 年、2006 年、2009 年版。

36. 刘道胜:《徽州方志研究》，黄山书社 2010 年版。

37. 刘和惠、汪庆元著:《徽州土地关系》，安徽人民出版社 2005 年版。

38. 栾成显:《明代黄册研究》，中国社会科学出版社 1998 年版。

39. 马其昶著，毛伯舟点注:《桐城耆旧传》，黄山书社 1990 年版。

40. 欧阳发、洪钢编:《安徽竹枝词》，黄山书社 1993 年版。

41. 祁门县地方志办公室整理:《祁阊志（外四部)》，2004 年印，皖内部资料。

42. ［日］中村治兵卫:《中国渔业史研究》，刀水书房 1995 年版。

43. ［日］斯波义信:《宋代江南经济史研究》，方健、何忠礼译，江苏人民出版社 2000 年版。

44. 史念海:《河山集》，三联书店 1963 年版

45. 唐力行:《明清以来徽州区域社会经济研究》，安徽大学出版社 1999 年版。

46. 唐启宇编著:《中国作物栽培史稿》，农业出版社 1986 年版。

47. 陶澍:《陶澍集》，岳麓书社 1998 年版。

48. 王恩涌:《人文地理学》，高等教育出版社 2000 年版。

49. 王建革:《传统社会末期华北的生态与社会》，三联书店 2009 年版。

50. 王利华主编:《中国历史上的环境与社会》，三联书店 2007 年版。

51. 王社教:《苏皖浙赣地区明代农业地理研究》，陕西师范大学出

版社 1999 年版。

52. 王世华：《富甲一方的徽商》，浙江人民出版社 1997 年版。

53. 汪世清辑注：《明清黄山学人诗选》，上海古籍出版社 2009 年版。

54. 王双怀：《明代两广闽台农业地理》，中华书局 2002 年版。

55. 王钰欣、周绍泉主编，中国社科院历史研究所收藏整理：《徽州千年契约文书（宋元明篇）》，花山文艺出版社 1993 年版。

56. 王钰欣：《徽州文书类目》，黄山书社，2000 年版。

57. 王振忠：《明清徽商与淮扬社会变迁》，三联书店 1996 年版。

58. 王振忠：《徽州社会文化史探微——新发现的 16 至 20 世纪民间档案文书研究》，上海社会科学院出版社 2002 年版。

59. 王振忠：《千山夕阳：王振忠论明清社会与文化》，广西师范大学出版社 2009 年版。

60. 王振忠：《新安江》，江苏教育出版社 2010 年版。

61. 王振忠：《明清以来徽州村落社会史研究》，上海人民出版社 2011 年版。

62. 文焕然等：《中国历史时期植物与动物变迁研究》，重庆出版社 2006 年版。

63. 吴传钧、郭焕成主编：《中国土地利用》，科学出版社 1994 年版。

64. 吴宏岐：《元代农业地理》，西安地图出版 1997 年版。

65. 吴松弟：《中国百年经济拼图：港口城市及其腹地与中国现代化》，山东画报出版社 2006 年版。

66. 谢肇淛：《五杂俎》，上海书店出版社 2001 年版。

67. 萧正洪：《环境与技术选择——清代中国西部地区农业技术地理研究》，中国社科出版社 1998 年版。

68. 杨国桢：《明清土地契约文书研究》，人民出版社 1988 年版。

69. 杨伟兵：《云贵高原的土地利用与生态变迁（1659—1912）》，上海人民出版社 2008 年版。

70. 叶显恩：《明清徽州农村社会与佃仆制》，安徽人民出版社 1983 年版。

72. 张芳：《明清农田水利研究》，中国农业科技出版社 1998 年版。

73. 张海鹏、王廷元主编：《明清徽商资料选编》，黄山书社 1985 年版。

74. 张海英：《明清江南商品流通与市场体系》，华东师范大学出版社 2002 年版。

75. 章有义：《明清徽州土地关系研究》，中国社会科学出版社 1984 年版。

76. 章有义：《近代徽州租佃关系案例研究》，中国社会科学出版社 1988 年版。

77. 赵华富：《徽州宗族研究》，安徽大学出版社 2004 年版。

78. 中国第一历史档案馆编：《雍正朝汉文硃批奏折汇编》第二十二册，江苏古籍出版社 1989 年版。

79. 周向华编：《安徽师范大学馆藏徽州文书》，安徽人民出版社 2009 年版。

80. 周晓光、李琳琦：《徽商与经营文化》，世界图书出版公司 1998 年版。

81. 邹逸麟主编：《中国历史人文地理》，商务印书馆 2001 年版。

82. 周中明：《桐城派研究》，辽宁大学出版社 1999 年版。

83. 周绍泉、赵华富主编：《1998 国际徽学学术研讨会论文集》，安徽大学出版社 2000 年版。

84. 朱万曙、卞利主编：《戏曲·民俗·徽文化论集》，安徽大学出版社 2004 年版。

六、近代报纸期刊

1.《安徽茶讯》第一卷 5 期，1941 年，复旦图书馆特藏库藏。

2.《安徽农业》（自十三期起至十八期止合订本），1948 年版，复旦大学图书馆藏。

3.《妇女时报》1911 年第 4 期。

4.《佛学半月刊》1936 年第 128 期。

5.《国际贸易导报》1934 年第 6 卷第 6 期。

6.《精武丛报》1936 年第 2 卷第 7 期。
7.《农报》1942 年第 7 卷第 4—6 期。
8.《社会周报（上海）》1934 年第 1 卷第 12 期，复旦大学图书馆藏。
9.《申报》，复旦大学图书馆藏。
10.《申报月刊》1935 年第 4 卷第 8 期。
11.《四川省立农学院院刊》1935 年第 2 卷第 1 期。
12.《皖南人》1940 年第 1 卷第 5 期。
13.《皖事汇报》1936 年第 21 期。
14.《微音》1925 年第 25 期。
15.《微音》1926 年第 26 期。
16.《先导月刊（南京）》1935 年第 2 卷第 5 期
17.《新安月刊》1934 年第 2 卷，第 11—12 期。

七、现代期刊论文

1. 卞利：《明代徽州的地痞无赖与徽州社会》，《安徽大学学报》1996 年第 5 期。

2. 卞利：《明代中后期至清前期徽州社会变迁中大众心态研究》，《安徽大学学报》2000 年第 6 期。

3. 卞利：《明清时期徽州森林保护碑刻初探》，《中国农史》2003 年第 2 期。

4. 卞利：《徽商与明清时期的社会公益事业》，《中州学刊》2004 年第 4 期。

5. 卞利：《清代中期棚民对徽州山区生态环境和社会秩序的影响》，载倪根金：《生物史与农史新探》，台北万人出版社出版，2004 年。

6. 卞利：《明清徽州的宗族管理、经济基础及其祭祀仪式》，《社会科学》2006 年第 6 期。

7. 曹树基：《玉米和番薯传入中国路线新探》，《中国社会经济史研究》1988 年第 4 期。

8. 曹树基：《清代玉米、番薯分布的地理特征》，《历史地理研究》第二辑，复旦大学出版社 1990 年版。

9. 常建华：《宋元时期徽州祠庙祭祖的形式及其变化》，《徽学》2000年卷。

10. 陈爱中：《漫说徽州洪氏》，《台湾源流》第44期，2008年9月。

11. 陈浩河：《祁门县社景村傩舞〈游太阳〉与汪华祭祀》，《黄山学院学报》2015年第4期。

12. 陈恩虎、吕君丽：《明清时期徽商在巢湖流域的经营活动》，《安徽史学》2010年第4期。

13. 陈国生：《关于中国历史农业地理学发展的几个理论问题》，《中国历史地理论丛》1995年第4期。

14. 陈柯云：《从〈李氏山林置产簿〉看明清徽州山林经营》，《江淮论坛》1992年第1期。

15. 陈琪：《古徽州民间"罚戏护林"习俗》，《安徽林业》2006年第4期。

16. 陈晔：《唐代江南的渔业经济及社会》，《浙江海洋学院学报（人文社科版）》2014年第3期。

17. 陈伟：《徽州地区自然灾害与防灾技术措施》，《自然辩证法通讯》2000年第3期。

18. 陈瑞：《清代中期徽州山区生态环境恶化状况研究——以棚民营山活动为中心》，《安徽史学》2003年第6期。

19. 陈瑞：《明清时期徽州宗族对社会问题的控制》《中国农史》2007年第4期。

20. 陈瑞：《明清时期徽州宗族的内部救济》，《中国农史》2007年第1期。

21. 陈瑞：《清代淮河流域商业重镇亳州境内的徽商——以乾隆、光绪〈婺源县志〉为中心的考察》，《中国地方志》2008年第12期。

22. 陈瑞：《元代安徽地区粮食作物的生产种植及其影响因素》，《中国农史》2009年第3期。

23. 陈瑞：《元代徽州路的手工业》，《安徽大学学报（哲学社会科学版）》2009年第1期。

24. 陈瑞：《元代徽州宗族祖茔规约二则释读》，《史学史研究》2009

年第 1 期。

25. 陈树平：《玉米和番薯在中国传播情况研究》，《中国社会科学》1980 年第 3 期。

26. 陈雯怡：《“吾婺文献之懿”－元代一个乡里传统的建构及其意义》，《新史学》第 20 卷 2 期，2009 年 6 月，第 43—114 页。

27. 陈学文：《明清徽商在杭州的活动》，《江淮论坛》1990 年第 1 期。

28. 陈学文：《明清时期徽商在浙江衢州》，《史林》2008 年第 4 期 。

29. 陈艳君：《明代皖南经济发展研究》，2006 年安徽师范大学历史系硕士论文。

30. 陈忠平：《明清徽商在江南市镇的活动》，《江淮论坛》1985 年第 5 期。

31. 春扬：《 徽州田野调查的个案分析——从“杀猪封山”看习惯的存留与效力》，《法治与社会发展》2006 年第 2 期。

32. 邓辉：《试论区域历史地理研究的理论和方法——兼论北方农牧交错带地区的历史地理综合研究》，《北京大学学报（哲学社会科学版）》2001 年第 1 期

33. 丁希勤：《唐宋汪华的神话故事与徽州社会变迁——以〈新安忠烈庙神纪实〉为中心》，《安徽史学》2013 年第 3 期。

34. 丁希勤：《唐宋徽州程灵洗的神话故事考》，《安徽史学》2015 年第 2 期。

35. 冻国栋：《唐宋间黟、歙一带汪华信仰的形成及其意义》，《魏晋南北朝隋唐史资料》2009 年卷。

36. 方利山：《隋唐歙州汪华平议》，《黄山学院学报》2009 年第 1 期。

37. 范金民：《 清代徽商与经营地民众的纠纷——六安徽州会馆案》，《安徽大学学报》2005 年第 5 期。

38. 冯尔康：《试论清中叶皖南富裕棚民的经营方式》，《南开大学学报》1978 年第 2 期。

39. 封越健：《十八世纪徽商典铺的经营管理与典当制度—以休宁茗洲吴氏典铺为中心》，《近代史研究所集刊》第 78 期，2012 年 12 月，第

29—86 页。

40. 傅贵：《贾而好儒—徽州商帮的兴衰》，《历史月刊》第 160 期，2001 年 5 月。

41. 傅玉璋：《明代安徽、江苏地区的水灾与赈济》，《安徽大学学报》1992 年第 1 期。

42. 高申兰、陆敬严：《我国连机水碓古今考》，《同济大学学报（人文社科版）》1995 年第 1 期。

43. 葛剑雄：《从历史地理看徽商的兴衰》，《安徽史学》2004 年第 5 期。

44. 葛剑雄：《面向新世纪的中国历史地理学》，载复旦大学历史地理研究中心主编：《面向新世纪的中国历史地理学——2000 年中国历史地理国际学术讨论会论文集》，齐鲁书社 2001 年版。

45. 葛剑雄：《中国历史地理学的发展基础和前景》，《东南学术》2002 年第 4 期。

46. 葛庆华：《太平天国战后皖南地区的移民活动》，《中国历史地理论丛》2002 年第 2 期。

47. 葛全胜、何凡能、郑景云、满志敏、方修琦：《21 世纪中国历史地理学发展的思考》，《地理研究》2004 年第 3 期。

48. 关传友：《论清代徽州社会对生态环境的保护》，《南京林业大学学报（人文社会科学版）》2010 年第 2 期。

49. 郭松义：《玉米、番薯在中国传播中的一些问题》，载《清史论丛》第七辑，中华书局 1986 年。

50. 海山：《关于人地关系实质问题的主要理论》，《内蒙古师大学报（哲学社会科学版）》2001 年第 2 期。

51. 韩朝建：《寺院与禁山体制：明中叶五台山的开发（1453 - 1566）》，《明代研究》（台）第 19 期，2012 年 12 月。

52. （韩国）朴元镐：《从柳山方氏看明代徽州宗族组织的扩大》，《历史研究》1997 年第 1 期。

53. 侯仁之：《历史地理学刍议》，《北京大学学报》1962 年第 1 期。

54. 侯杨方：《明代黄册底籍中的人口与家庭——以万历徽州黄册底籍为中心》，载张国刚编《家庭史研究的新视野》，三联书店，2004

年版。

55. 侯甬坚：《1978～2008历史地理学研究的学术评论》，《史学月刊》2009年第4期。

56. 胡中生：《徽州人口社会史研究的理论视野和概念创新》，《探索与争鸣》2004年第8期。

57. 胡兆量：《徽州专区经济地理调查报告》，《教学与研究》1955年第2期。

58. 黄彩霞：《从杭州商会的公益善举看社会的变迁——兼与在杭徽商会馆比较》，《安徽师范大学学报（人文社会科学版）》2012年第5期。

59. 金家年：《丹阳湖的历史变化与水阳江流域的农田开发》，《安徽大学学报（哲学社会科学版）》1998年第2期。

60. 臼井佐知子：《徽州汪氏家族的迁徙与商业活动》，《江淮论坛》1995年第1期。

61. 孔潮丽：《1588—1589年瘟疫流行与徽州社会》，《安徽史学》2002年第4期。

62. 连启元：《儒侠之辨：汪道昆对徽州人物‘儒侠’形象的论述与型塑》，《明代研究》第19期，2012年。

63. 李茂林：《试论中国古代渔业的可持续管理和可持续生产》，《农业考古》2012年第1期。

64. 李伯重：《1823－1829年华亭－娄县地区的物价》，《清华大学学报（哲学社会科学版）》2007年第1期。

65. 李令福：《历史农业地理学基本理论问题初探》，《陕西师范大学学报（哲学社会科学版）》2000年第4期。

66. 李自华：《清代婺源的水旱灾害与地方社会自救》，《农业考古》2003年第1期。

67. 梁诸英：《明清时期徽州地区灌溉水利的发展》，《南京农业大学学报（社会科学版）》2006年第1期。

68. 梁诸英：《重商求利：皖江地区传统农耕文化的近代嬗变》，《安庆师范学院学报（社会科学版）》2008年第8期。

69. 梁诸英：《 契约与民生：清代徽州棚民长期存在之反思》，《安徽史学》2009年第3期。

70. 梁诸英：《明清徽州绅商投资家乡农业水利状况及原因》，《池州学院学报》2011 年第 4 期。

71. 梁诸英：《明清徽州荫木砍伐与地方社会应对》，《中国农史》2013 年第 2 期。

72. 梁华东《隋唐五代时期皖南地区农业开发初步研究》，《中国历史地理论丛》2000 年第 2 期。

73. 廖声丰：《清代前期的芜湖榷关及其商品流通》，《中国社会经济史研究》2004 年第 1 期。

74. 林景苏：《徽州文化的回乡情结——以徽派建筑宅第为中心的考察》，《鹅湖月刊》，第 332 期，2003 年 2 月。

75. 刘秀生：《清代闽浙赣皖的棚民经济》，《中国社会经济史研究》1988 年第 1 期。

76. 刘敏：《论清代棚民的户籍问题》，《中国社会经济史研究》1983 年第 1 期。

77. 刘平生：《安徽南陵大工山古代铜矿遗址发现和研究》，《东南文化》1988 年第 6 期。

78. 刘玉峰：《唐代矿业政策初论》，《齐鲁学刊》2001 年第 2 期。

79. 刘自兵：《中国历史时期鸬鹚渔业史的几个问题》，《古今农业》2012 年第 4 期。

80. 林齐模：《旧制度的危机——太平天国战争对安徽田赋征收的影响》，《安徽史学》2002 年第 3 期。

81. 罗卓文：《清代徽商与乾嘉学者互动论》，《鹅湖月刊》第 404 期，2009 年 2 月。

82. 卢茂村：《黄山屯溪区的水碓与水磨》，《农业考古》2003 年第 3 期。

83. 鲁西奇：《人地关系理论与历史地理研究》，《史学理论研究》2001 年第 2 期。

84. 牛楠：《唐宋徽州交通探析》，《齐齐哈尔大学学报（哲学社会科学版）》2012 年第 5 期。

85. 吕小鲜编《嘉庆朝安徽浙江棚民史实》，《历史档案》1993 年第 1 期。

86. 满志敏：《小区域研究的信息化：数据架构及模型》，《中国历史地理论丛》2008 年第 2 期。

87. 潘法连：《安徽历代农学书概述》，《古今农业》1992 年第 2 期。

88. 邱仲麟：《从禁捕到渔甲：明代江浙地区出海捕鱼管制措施的变迁》，《清华学报》（台湾）第 35 卷 2 期，2005 年 12 月。

89. 邱仲麟：《花园子与花树店—明清江南的花卉种植与园艺市场》，《中央研究院历史语言研究所集刊》，2007 年 9 月。

90. 邱仲麟：《明代的煤矿开采—生态变迁、官方举措与社会势力的交互作用》，《清华学报》（台湾），第 37 卷第 2 期，2007 年 12 月。

91. 邱仲麟：《金钱、欲望与世道—方弘静论嘉万之间的社会风气变迁》，《东吴历史学报》，第 28 期，2012 年 12 月。

92. 任启坤、张居中：《安徽史前稻作农业研究的回顾与展望》，《农业考古》2005 年第 1 期。

93. ［日］臼井佐知子：《徽商及其网络》，《安徽史学》1991 年第 4 期。

94. 唐力行、徐茂明：《明清以来徽州与苏州基层社会控制方式的比较研究》，《江海学刊》2006 年第 1 期。

95. 唐力行：《徽州方氏与社会变迁—兼论地域社会与传统中国》，《历史研究》1995 年第 1 期。

96. 唐力行：《从碑刻看明清以来苏州社会的变迁——兼与徽州社会比较》，《历史研究》2000 年第 1 期。

97. 唐力行、徐茂明：《明清以来徽州与苏州社会保障的比较研究》，《江海学刊》2004 年第 3 期。

98. 唐力行：《明清以来苏州、徽州的区域互动与江南社会的变迁》，《史林》2004 年第 2 期。

99. 唐力行：《从杭州的徽商看商人组织向血缘化的回归——以抗战前夕杭州汪王庙为例论国家、民间社团、商人的互动与社会变迁》，《学术月刊》2004 年第 5 期。

100. 唐力行：《多元与差异：苏州与徽州民间信仰比较》，《社会科学》2005 年第 3 期。

101. 唐力行：《徽州旅沪同乡会与社会变迁（1923—1953）》，《历史研究》2011 年第 3 期。

102. 唐力行：《徽州旅沪同乡会的社会保障功能（1923—1949）》，《上海师范大学学报（哲学社会科学版）》2012 年第 3 期。

103. 唐力行：《城乡之间：徽州旅沪同乡会的救乡功能》，《安徽史学》2013 年第 1 期。

104. 唐力行：《城乡之间：1947 年歙县旅沪同乡会扑灭家乡疟疾运动会》，《史林》2013 年第 1 期。

105. 唐文起：《旧中国长江下游县级经济结构研究——对嘉兴等八县经济结构变迁的剖析》，《中国经济史研究》1994 年第 3 期。

106. 陶善才、方宁胜、张勇：《桐城方氏：中国文化世家的绝唱》，《书屋》2011 年第 7 期。

107. 滕显间：《宋代矿业经济管理概略》，《北京师范大学学报》1986 年第 5 期。

108. 陶荣：《近代杭徽公路的开通与徽州市镇社会近代化》，《黄山学院学报》2009 年第 2 期。

109. 陶明选：《明清以来徽州民间信仰研究》，复旦大学 2007 年博士论文。

110. 汪柏树：《良法虽垂 颓风难挽——清代徽州环溪吴氏家族禁山碑约探讨》，《黄山学院学报》2006 年第 6 期。

111. 汪柏树：《新安之神 靖民之神——罗愿〈新安志〉关于汪华的研究》，《黄山学院学报》2009 年第 1 期。

112. 王传满：《明清徽州节烈妇女的宗教信仰》，《中国石油大学学报（社会科学版）》2010 年第 1 期。

113. 王春芳：《清代前期安徽在稻米供需格局中的地位》，《安徽大学学报（哲学社会科学版）》2007 年第 5 期。

114. 王春芳：《清末至抗战前安徽在全国稻米供需格局中的地位》，《安徽史学》2009 年第 3 期。

115. 王春芳：《稻米贸易与近代安徽长江流域市镇的发展》，《安徽大学学报（哲学社会科学版）》2012 年第 3 期。

116. 王昌宜：《宋代徽州的民间宗教信仰——以〈新安志〉为中心》，《合肥学院学报（社科版）》2011 年第 4 期。

117. 汪家伦：《宋代圩田的开拓与圩区水利》，《长江志季刊》1990年第1期。

118. 汪孔丰：《元末明初移民与明清桐城文化的兴盛》，《北方论丛》2012年第2期。

119. 汪立星：《六朝时期安徽中南部地区城市发展概况初探》，《安徽广播电视大学学报》2013年第3期。

120. 王菱菱：《论宋代矿业管理中的奖惩制度》，《河北大学学报》1996年第3期。

121. 汪庆元：《明清徽商与杭州崇文书院考述》，《徽学》2004年。

122. 王社教：《明代苏皖浙赣地区的水利建设》，《中国历史地理论丛》1994年第3期。

123. 王社教：《清代安徽农业生产的地区差异》，《中国农史》1999年第4期。

124. 王世华：《论徽商对“三农”的贡献》，《学术界》2008年第1期。

125. 王廷元：《论明清时期的徽商与芜湖》，《安徽史学》1984年第4期。

126. 王廷元：《明清徽商与江南棉织业》，《安徽师大学报（哲学社会科学版）》1991年第1期。

127. 王廷元：《论徽州商人的义利观》，《安徽师范大学学报（人文社会科学版）》1998年第4期。

128. 王燕琦：《安徽徽州发现千年神奇石窟群》，《紫荆》总第146期，2002年。

129. 王业键、黄莹珏：《清中叶东南沿海的粮食作物分布、粮食供需及粮价分析》，载《中央研究院历史语言研究所集刊》，1999年6月。

130. 王宇尘：《清代安徽粮食作物的地理分布》，《中国历史地理论丛》1992年第2期。

131. 王振忠：《徽州商业文化的一个侧面——反映民国时期上海徽州学徒生活的十封书信》，《复旦学报（社会科学版）》1999年第4期。

132. 王振忠：《〈唐土门簿〉与〈海洋来往活套〉——佚存日本的苏州徽商资料及相关问题研究》，连载《江淮论坛》1999年第2期、

1999 年第 3 期、1999 年第 4 期。

133. 王振忠：《清代徽州民间的灾害、信仰及相关习俗——以婺源县浙源乡孝悌里凰腾村文书〈应酬便览〉为中心》，《清史研究》2001 年第 2 期。

134. 王振忠：《清代徽州民间的灾害、信仰及相关习俗——以婺源县浙源乡孝悌里凰腾村文书〈应酬便览〉为中心》，《清史研究》2001 年第 2 期。

135. 王振忠：《〈新安吕氏宗谱〉中的一份明初徽州户帖》，《华南研究资料中心通讯》第 40 期，2005 年。

136. 王振忠：《晚清民国时期江南城镇中的徽州木商——以徽商章回体自传小说〈我之小史〉为例》，载《社会·历史·文献——传统中国研究国际学术讨论会论文集》，2006 年。

137. 王振忠：《历史地名变迁的社会地理背景——以明清以来的皖南低山丘陵为中心》，载郑培凯、陈国成主编《史迹·文献·历史：中外文化与历史记忆》，广西师范大学出版社 2008 年版。

138. 王振忠：《明清以来徽州的礼生与仪式》，载《传统中国研究集刊（第八辑）（第四届传统中国研究国际学术讨论会论文集）》，2009 年。

139. 王振忠：《徽州与衢州：江南城乡的片断记忆——稿本〈静寄轩见闻随笔、静寄轩杂录〉初探》，《社会科学》2011 年第 3 期。

140. 王振忠：《徽州歙县白杨源：一个盆地小区域社会的初步调查与研究》，《上海师范大学学报（哲学社会科学版）》2012 年第 3 期。

141. 王振忠：《上海徽商余之芹的生平及其时代——近代徽州重要史料〈经历志略〉研究》，《安徽史学》2013 年第 2 期。

142. 魏金玉：《明代皖南的佃仆》，载《中国社会科学院经济研究所集刊》第三辑，中国社会科学出版社 1981 年版。

143. 魏丕信：《水利基础设施管理中的国家干预——以中华帝国晚期的湖北省为例》，载陈锋主编：《明清以来长江流域社会发展史论》，武汉大学出版社 2006 年版。

144. 魏天安：《宋代渔业概观》，《中州学刊》1988 年第 6 期。

145. 吴秉坤：《清代徽州银洋价格问题》，《黄山学院学报》2010 年第 1 期。

146. 吴传钧：《人地关系地域系统的理论研究及调控》，《云南师范大学学报（哲学社会科学版）》2008 年第 2 期

147. 吴媛媛：《明清徽州灾害初探》，《兰州学刊》2006 年第 7 期。

148. 吴媛媛、何建木：《晚清徽州社会救济体系初探——以光绪三十四年水灾为例》，《中国历史地理论丛》2007 年第 2 期。

149. 吴媛媛：《明清徽州的水旱灾害与粮食种植》，《古今农业》2007 年第 2 期。

150. 吴媛媛：《明清徽州水旱灾害研究》，《安徽史学》2008 年第 4 期。

151. 吴媛媛：《明清徽州粮食问题研究》，《安徽大学学报（哲学社会科学版）》2009 年第 6 期。

152. 吴智和：《明代渔户与养殖事业》，《明史研究专刊》1979 年第 2 期。

153. 谢宏维：《生态环境的恶化与乡村社会控制——以清代徽州的棚民活动为中心》，《中国农史》2003 年第 2 期。

154. 谢宏维：《清代徽州棚民问题及应对机制》，《清史研究》2003 年第 2 期。

155. 谢宏维：《清代徽州外来棚民与地方社会的反应》，《历史档案》2003 年第 2 期。

156. 谢国兴：《安徽的对外贸易与经济变迁，1877 ~ 1937》，《近代史研究所集刊》第 20 期，1991 年 6 月。

157. 谢国权：《近代长江中下游沿岸中等城市商业研究》，《安徽师大学报（哲社版）》1996 年第 3 期。

158. 徐国利、林家虎：《近代徽州与安庆地区文化人物的结构特征及其成因比较研究》，《安徽师范大学学报（人文社会科学版）》2009 年第 3 期。

159. 薛瑞泽：《六朝时期的水灾及救助》，《金陵职业大学学报》2003 年第 3 期。

160. 尹玲玲：《明清时期安庆地区的渔业经济》，《安徽史学》2001 年第 4 期。

161. 尹玲玲：《明清时期太平及池州地区的渔业》，《安徽史学》

2004 年第 3 期。

162. 闫彩丽：《晋商徽商兴起原因之比较研究——从地理环境看其相同点》，《内蒙古农业大学学报（社会科学版）》2010 年第 1 期。

163. 杨松水：《论清代皖中绅士在保障城乡社会互动中的作用》，《中国农史》2007 年第 2 期。

164. 杨立新：《皖南古代铜矿的发现及其历史价值》，《东南文化》1991 年第 2 期。

165. 杨升南：《商代的渔业经济》，《农业考古》1992 年第 1 期。

166. 杨艳龙：《唐宋时期皖东南地区湖泊变迁初探》，《泉州师范学院学报（自然科学）》2001 年第 4 期。

167. 姚兆华：《旌德大米》，《旌德县文史资料》第 2 辑。

168. 袁婵、李莉、李飞：《明清时期徽州涉林契约文书初探》，《北京林业大学学报（社会科学版）》2010 年第 2 期。

169. 翟屯建：《徽商与明清时期江南经济的发展》，《东南文化》1993 年第 3 期。

170. 曾京京、朱自振：《中唐至五代歙州经济发展初探》，《古今农业》1995 年第 1 期。

171. 甄尽忠：《论唐代的水灾与政府赈济》，《农业考古》2012 年第 1 期。

172. 张爱民：《近代安徽人口的变迁》，《安徽师大学报（哲社版）》1996 年第 3 期。

173. 张朝胜：《民国时期的旅沪徽州茶商——兼谈徽商衰落问题》，《安徽史学》1996 年第 2 期。

174. 张民服、谭宇：《明清徽商与晋商之比较研究——从历史地理看其相同点》，《平顶山学院学报》2006 年第 4 期。

175. 张佩国：《祖先与神明之间——清代绩溪司马墓“盗砍案”的历史民族志》，《中国社会科学》2011 年第 2 期。

176. 张宪华：《东晋南朝皖南的社会经济》，《安徽师范大学学报（人文社科版）》2004 年第 4 期。

177. 张小坡：《明清徽州村社运作与宗族关系初探》，《安徽大学学报（哲学社会科学版）》2014 年第 6 期

178. 张雪慧：《明代徽州地契反映的土地所有权的发展变化》，《华南研究资料中心通讯》第13期，1998年。

179. 张育滋：《明清时期的杭州徽商——以黟县宏村迁杭汪氏为例》，《史耘》第14期，2010年6月。

180. 张志超：《安徽圩田初探》，《古今农业》1991年第1期。

181. 赵冈：《清代的垦殖政策与棚民活动》，《中国历史地理论丛》1995年第3期。

182. 赵赟：《强势与话语：清代棚民历史地位之反思》，《中国农史》2007年 第3期。

183. 郑小春：《清代徽州的民间合约与乡村治理》，《安徽大学学报（哲学社会科学版）》2009年第1期。

184. 郑小春：《从繁盛走向衰落：咸同兵燹破坏下的徽州社会》，《中国农史》2010年第4期。

185. 中岛乐章：《清代徽州的山林经营、纷争及宗族形成——祁门三四都凌氏文书研究》，《江海学刊》2003年第5期。

186. 周绍泉：《明清徽州亩产量蠡测》，《明史研究（第2辑）——纪念谢国桢先生九十诞辰专辑》，1992年。

187. 周致元：《明代徽州官府与宗族的救荒功能》，《安徽大学学报》（哲学社会 科学版）2006年第1期。

188. 邹怡：《产业集聚与城市区位巩固：徽州茶务都会屯溪发展史（1577—1949）》，《中央研究院近代史研究所集刊》第66期，2009年。

189. 邹逸麟：《明清时期北部农牧过渡带的推移和气候寒暖变化》，《复旦学报》1995年1期。

190. 祝碧衡：《论明清徽商在浙江衢、严二府的活动》，《中国社会经济史研究》2000年第3期。

191. 朱开宇：《家族与科举：宋元明休宁程氏的发展，1100—1644》，《台大文史哲学报》第58期，2003年5月。

192. 朱士光：《关于当前加强历史地理学理论建设问题的思考》，《陕西师范大学学报（哲学社会科学版）》1999年第1期。

193. 朱士光：《关于中国环境史研究几个问题之管见》，《山西大学学报（哲学社会科学版）》2006年第3期

194. 钟沧荣：《中国商帮的兴衰—以行为主义的观点来探讨》，《岭东学报》第22期，2007年12月。

195. 中国国家博物馆等：《安徽贵池铜山牌唐代冶炼遗址的发掘》，《考古学研究》2012年第3期。

196. 邹怡：《产业集聚与城市区位巩固：徽州茶务都会屯溪发展史（1577－1949）》，《近代史研究所集刊》，第66期，2009年12月。

197. 周尚兵：《唐代长江流域土地利用形式及自然灾害原因》，《中南民族学院学报（人文社会科学版）》2001年第5期。

198. 朱小阳：《一篇新发现的明代徽州鱼商材料》，《中国史研究》2008年第2期。

199. 朱小阳：《明代徽州鱼商经商地涟湖地望考》，《安徽史学》2008年第6期。

200. Dillon Michael, "The merchants of Huizhou: Commerce and Confucianism", *History Today*. 1989, Volume 39, Issue 2, p. 24—30.

201. Fan Jinmin, "The social background of the emergence of regional merchant groups in the Ming Dynasty", *Frontiers of History in China*, July 2007, Volume 2, Issue 3, p. 345—378.

202. Leung, YF, "Environmental impacts of tourism at China's World Heritage Sites: Huangshan and Chengde", *Tourism Recreation Research*, 2001, Volume 26, Issue 1, p. 117.

203. Lo, Kai－Yin, "The ArchiCulture of the Huizhou House", *Arts of Asia*. 2005, Volume 35, Issue 3, p. 124－129.

204. Viana, Venus, "The Making of a New Rural Order in South China: I. Village, Land, and Lineage in Huizhou, 900－1600", *International Journal of Asian Studies*. 2015, Volume 12, Issue 2, p. 245－247.

205. Wang Chuanman, "On Variations in Huizhou Women's Chastity Behaviors During the Ming and Qing Dynasties", *Chinese Studies in History*, 2012, Volume 45, Issue 4, p. 43—57.

索　引

C

D

H

J

L

后　记

拙稿由我的博士后出站报告修改而成。在此，特别要感谢的是复旦大学王振忠教授。作为我博士后的合作导师，王老师给了我一个继续深造的机会、宽松的学习和科研环境。从博士后阶段选题的确定到具体的研究和写作，都凝聚着王老师的才学、智慧和汗水。此外，王老师一丝不苟、精益求精的治学精神，深深地感染了我，并且将继续影响着我此后的治学生涯。在博士后研究开题及考核过程中，复旦大学姜义华、满志敏、吴松弟、吴景平、章清等诸多专家提出的写作建议使我获益匪浅，在此深表谢意！

参评《中国社会科学博士后文库》需要两名同行专家填写推荐表。导师王老师拔冗推荐本书，此外，南京大学范金民教授在百忙之中审阅书稿予以推荐。在此表示深切谢意！

本书的写作得到了中国博士后科学基金资助项目"明清以来徽州地区农业地理研究"（批准号为 2012M520810）和国家社会科学基金项目"明清民国时期皖南生态环境变迁与地方社会"（批准号为 12CZS047）的资助。在此对资助单位谨致谢忱！感谢方志出版社的于伟平总编辑和责任编辑张昊先生，他们的精心审阅为书稿增色不少，正是他们的热情、敬业和工匠精神才使得本书以更完善的面目与读者见面。

本书也是教育部人文社会科学重点研究基地重大项目"近代徽州民众日常生活与社会变迁研究"（16JJD770001）的阶段性成果。

梁诸英

2018 年 5 月

第六批《中国社会科学博士后文库》专家推荐表 1

推荐专家姓名	王振忠	行政职务	无
研究专长	历史地理、明清史、社会史	电　话	13817182990
工作单位	复旦大学历史地理研究中心	邮　编	200433
推荐成果名称	明清以来徽州地区农业地理研究		
成果作者姓名	梁诸英		

（对书稿的学术创新、理论价值、现实意义、政治理论倾向及是否达到出版水平等方面做出全面评价，并指出其缺点或不足）

自 20 世纪 80 年代以来，徽学在中国史研究领域中异军突起，目前已蔚为大国。而徽州历史农业地理，则是迄今为止尚未得到系统研究的一个学术领域。对该课题的深入探讨，无论是对徽学还是历史地理研究，均具有重要的学术价值。

梁诸英先前受过良好的农学史学术训练，后又关注历史地理的相关研究。近年来，他对皖南区域社会经济的诸多方面，都做过较多细致的探讨，所发表的多篇学术论文，在学界有较好反响。目前所见有关明清以来徽州农业地理的研究书稿，全书视野开阔，思路颇为清晰。作者较为充分地发掘各类文献（包括民间文书），在此基础上，通过扎实的实证性研究，提出自己的认识与见解。在诸多方面推进了徽州农业地理的探讨，对徽学研究的细化与深入亦颇具学术价值。

总体上看，这是一部资料翔实、颇具新意的学术著作，推荐入选博士后文库予以出版。倘能注重新兴技术手段的运用，更为直观地展示农业地理现象的区域分异，论著或将更为完善。

签字：王振忠

2016 年 12 月 15 日

说明：该推荐表由具有正高职称的同行专家填写。一旦推荐书稿入选《博士后文库》，推荐专家姓名及推荐意见将印入著作。

第六批《中国社会科学博士后文库》专家推荐表 2

推荐专家姓名	范金民	行政职务	无
研究专长	明清史	电　话	13851843985
工作单位	南京大学历史学院	邮　编	210023
推荐成果名称	明清以来徽州地区农业地理研究		
成果作者姓名	梁诸英		

（对书稿的学术创新、理论价值、现实意义、政治理论倾向及是否达到出版水平等方面做出全面评价，并指出其缺点或不足）

既有研究于徽州历史农业地理的关注不多，《明清以来徽州地区农业地理研究》一书，搜集和征引了诸多档案、契约、方志、族谱及近代农业调查等一手资料，深入探讨了明清以来徽州农业的地理格局及其演变的内在机制，细致分析了徽州农业地理的长时段区际变化过程和农业发展的空间特征，一定程度上填补了徽学和区域农业历史地理研究的空缺，富有学术价值和一定的现实参考意义。全书既有实证，又有理论探索。作者对历史地理学领域的核心问题——"人地关系"问题作出了自己独到的思考和总结，总结出人地关系是在自然环境与农业开发相互影响的基础上形成的动态平衡的关系，区域性制度和文化因素对这种动态平衡关系起着重要而深远的制约作用。这一提炼或能推动历史农业地理学的学术创新和学科发展。

该著的不足之处是地图配置不够，于历史时期徽州农业布局的空间特征表现得不太直观；农业结构篇的涵括不够全面，或可改为种植结构。

该著是有材料、有新论的创意之作，故予推荐出版。

签字：范金民

2016 年 12 月 10 日

说明：该推荐表由具有正高职称的同行专家填写。一旦推荐书稿入选《博士后文库》，推荐专家姓名及推荐意见将印入著作。